2004 中国城市发展报告

国家统计局城市社会经济调查总队
中国统计学会城市统计委员会 编

中国统计出版社
China Statistics Press

(京)新登字041号

图书在版编目（CIP）数据

2004中国城市发展报告／国家统计局城市社会经济调查总队，
中国统计学会城市统计会编.
－北京：中国统计出版社，2004.12
ISBN 7-5037-4588-6

Ⅰ.2…
Ⅱ.①国…②中…
Ⅲ.城市经济－经济发展－研究报告－中国－2004
Ⅳ.F299.2

中国版本图书馆CIP数据核字（2004）第135656号

2004中国城市发展报告

作　　者／国家统计局城市社会经济调查总队，中国统计学会城市统计委员会
责任编辑／吕　军
E-mail／cbsebs@stats.gov.cn
封面设计／张　冰
出版发行／中国统计出版社
通信地址／北京市西城区月坛南街75号
邮政编码／100826
办公地址／北京市丰台区西三环南路甲6号
电　　话／（010）63459084　63266600-22500（发行部）
印　　刷／科伦克三莱印务（北京）有限公司
经　　销／新华书店
开　　本／787×1092毫米　1/16
字　　数／320千字
印　　张／20.5
印　　数／1—1300
版　　别／2005年1月第1版
版　　次／2005年1月北京第1次印刷
书　　号／ISBN 7-5037-4588-6/F・2009
定　　价／80.00元

《2004中国城市发展报告》

编委会与编辑部

前　言

2004年是全国实现“十五”计划的关键一年，也是深化改革、扩大开放、促进发展的重要一年。城市的发展已经是整个国民经济发展的重要组成部分，是带动区域经济发展的火车头。同时，城市的发展也面临越来越多的问题需要解决。实践表明，城市发展必须遵循和认真落实全面、协调、可持续的科学发展观，统筹城乡发展，统筹区域发展，统筹城市经济社会发展，统筹人与自然的和谐发展，这既是城市管理者，也是城市研究者必须长期坚持的重要指导思想，也是解决当前经济社会发展中诸多矛盾必须遵循的基本原则。

2004年《中国城市发展报告》也在开拓、发展中贯彻落实城市科学发展观的要求，不断从新视角、新思维审视城市发展的方方面面。城市综合实力评价、城市现代化问题、城市化进程等城市发展的热点问题，是我们始终热切关注的重要主题和栏目。

城市综合实力评价是国家统计局城市调查总队自1992年以来开发研究的重要主题，是为各级城市管理者提供决策依据，为社会各界人士分析研究城市发展的重要产品之一。2004年公开发布的城市综合实力评价引起了社会的广泛关注，很多城市利用城市综合实力评价的结果进行分析、研究，寻找城市发展中的不足，城市之间正在形成相互借鉴、互相学习、取长补短、共勉共进的良好氛围。可以肯定，城市综合实力评价已经成为不可或缺的重要品牌。本期《报告》对2003年城市综合实力50强城市的特点作了基本分析。四川省以全省范围的城市为基础开展了城市综合实力评价研究，对四川城市发展现状做了详细阐述。

“城市现代化论坛”是提供给那些致力于研究城市现代化问题的

专家与学者对城市现代化问题研究与探讨的重要平台。前几年，一些舆论和城市认为我国的很多城市已经接近或基本实现了城市的现代化，甚至排出了实现现代化的时间表；而一些专家和学者从我国目前的发展现状和与发达国家存在较大差距的事实分析，认为我国实现城市的现代化还尚需时日。因此，如何科学的界定和解释城市现代化问题，以事实求是的态度分析和对待我国城市与发达国家城市之间的发展差距，从而按科学发展观的要求，制定以实现城市现代化为目标的城市发展战略至关重要。福建省以“实现福建城市中心现代化目标”为主题，阐述了福建城市发展的状况和实现城市发展的中远景目标；武汉市就如何科学评价城市现代化进行了理论上的详细阐述。

城市化仍然是我们讨论的热门话题。可喜的是，本期《报告》收集的有关城市化的内容非常丰富，转变了过去只注重研究城市化整体发展战略的固定模式，而在深层次、以点带面的分析上有所突破。其中关于城市化质量及评价的研究具有新的思维。该课题对我国在城市化进程中存在的问题和误区，以及建立城市化综合指标评价体系上进行了开拓性的思考和充分的研究。此外，城乡统筹问题、城市化进程带来的“城中村”问题、城市中暂住人口问题等都是当前我国在加快城市化进程中需要关注的大问题。

“城市热点聚焦”中的重点文章之一是关于我国户籍制度变迁的内容，这篇文章的精彩之处是作者精心收集参阅的大量历史资料，对我国户籍制度的变迁进行了系统研究，并提出了改革思路。此外，关于城市就业与失业的问题也是当前城市发展中值得关注的问题；水资源的问题更是关系到人的生存、城市的可持续发展的重大问题。

2004年《中国城市发展报告》继续沿着城市发展的轨迹，记录发展的每一个镜头、设计城市发展的美好蓝图，为每一个关注城市的人，为每一个生活在城市的人，无论他是一个管理者，还是一个普通市民都做出我们的一份贡献。

国家统计局城市调查总队　　总队长
中国统计学会城市统计委员会　会　长　黄朗辉

2004年12月

编者说明

本报告的明确主题是宣传和展示我国城市发展中取得的成就、揭示发展进程中的问题，以期所有关心城市发展的人士，无论是官员、学者或是企业家，能够从中得到一些启示或帮助。如果能够就城市发展问题和我们进行探讨，能够对报告提出有益的建议，我们将不胜感激。

本报告从构思到定稿，得到了很多机构、团体及个人的帮助。我们首先要感谢各省市统计部门每年辛勤地收集城市统计资料，没有他们的努力，就不会有大量翔实可靠的信息资料。我们也由衷的感谢下列省市统计部门、城调系统的经济统计专家发来的稿件：安徽、福建、河南、湖北、湖南、四川、武汉、常德等城市社会经济调查队。此外，本书得以面市，离不开统计出版社的大力支持，他们对新事物的不断追求和体认，使得我们的工作得以顺利进行。

本书是国家统计局城市调查总队工作人员及中国统计学会城市统计专业委员会一些专家的共同成果，其中的观点仅反映个人的学术研究结果和看法。

因书籍编辑工作量大，出版时间紧迫及编者水平有限，难免存在不足之处，热忱欢迎广大读者指正。

目　录

一、城市发展状况

二、城市综合实力比较研究

三、城市现代化论坛

四、城市化研究

五、城市热点聚焦

六、2003 年城市发展主要指标

专栏:

一、城市发展状况

2003 年中国 10 大人口最多的城市（市辖区，下同）

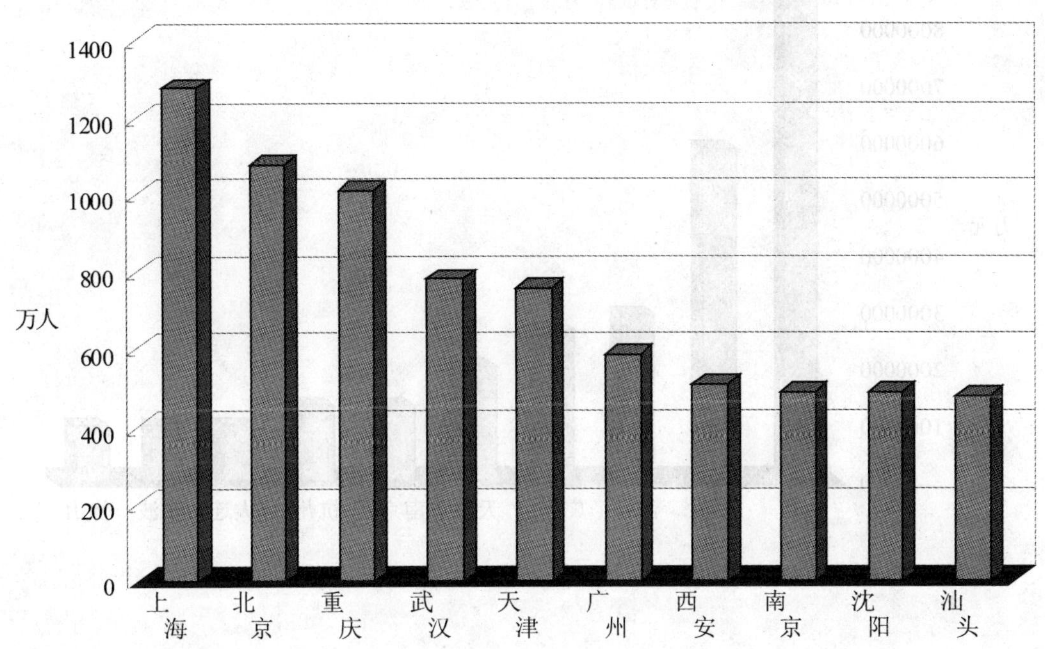

2003 年地区生产总值前 10 位城市

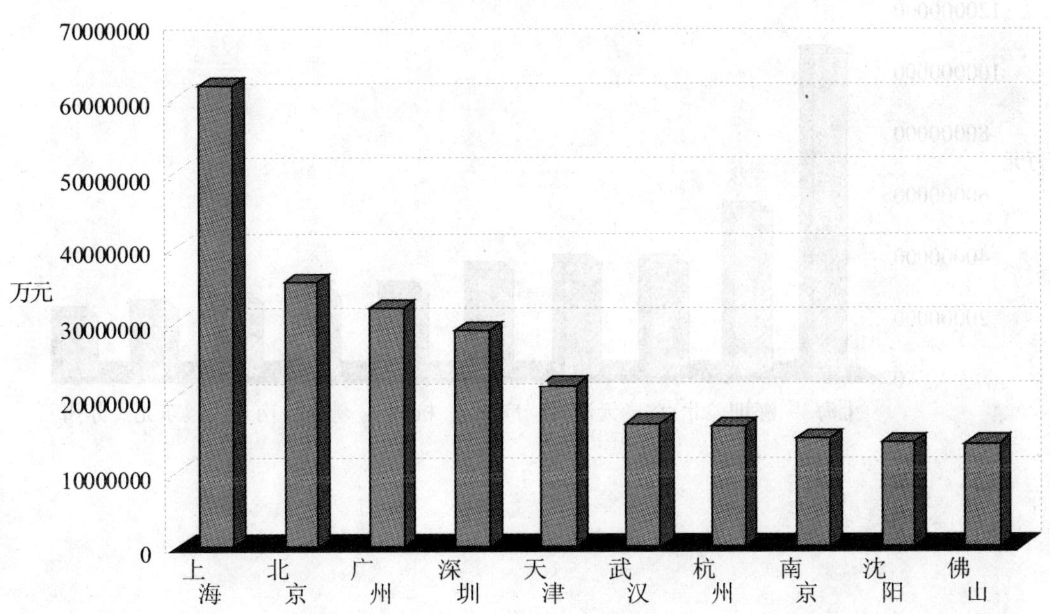

2003 年地方财政收入前 10 位城市

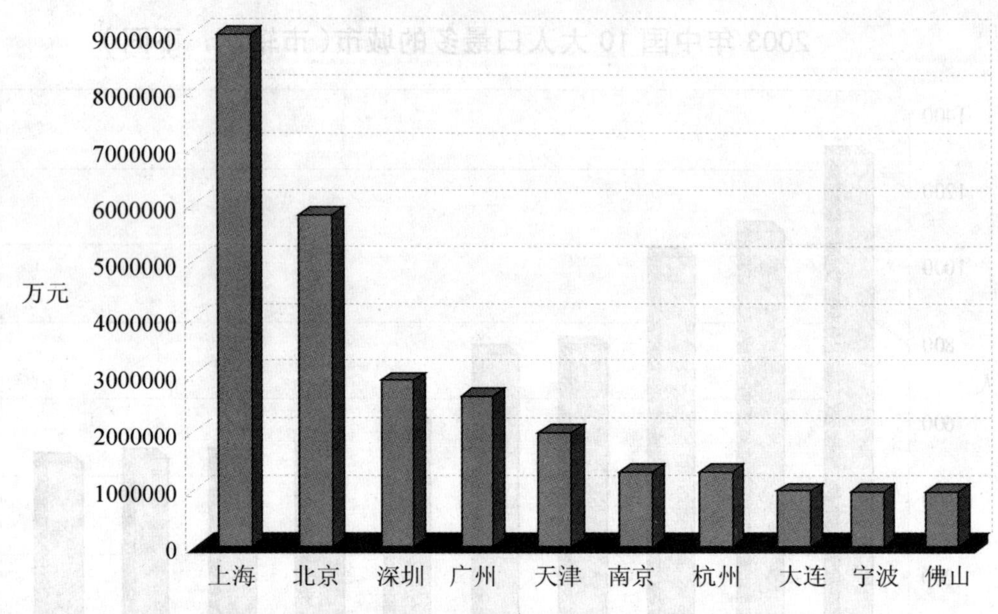

2003 年工业生产总值前 10 位城市

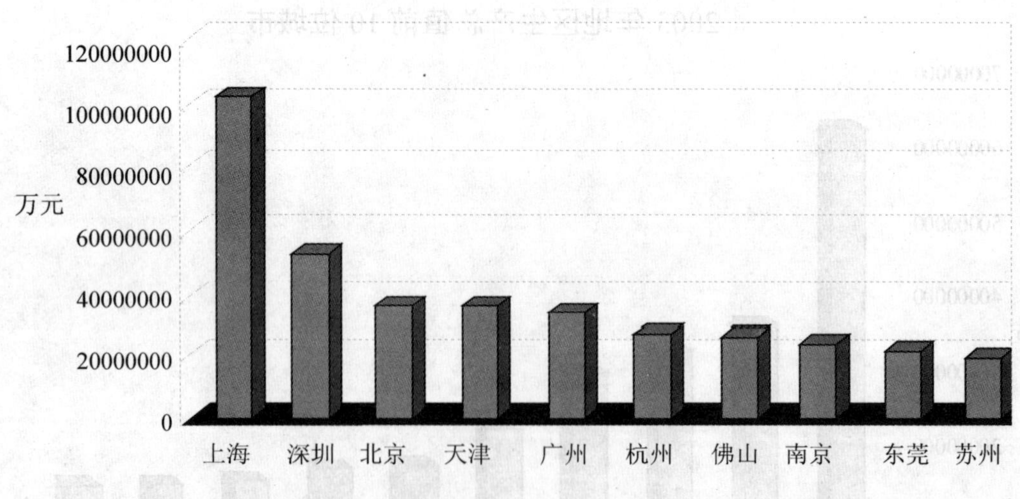

2003 年全部地级城市增加值比重（%）

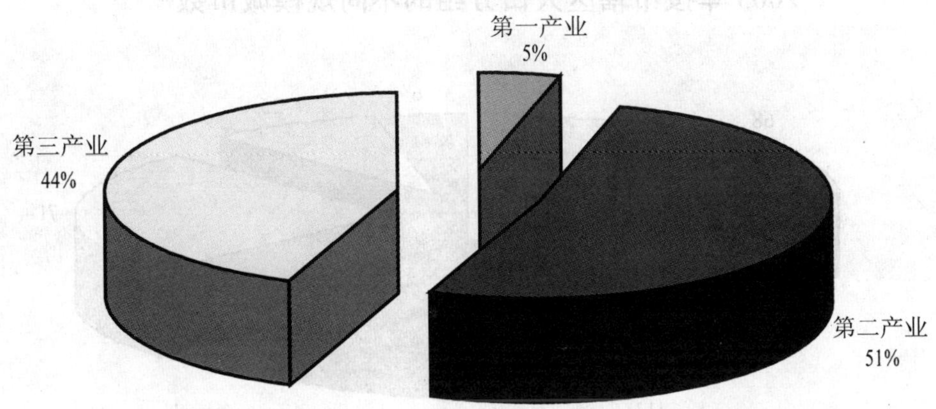

2003 年地级城市部分行业增加值占三产比重（%）

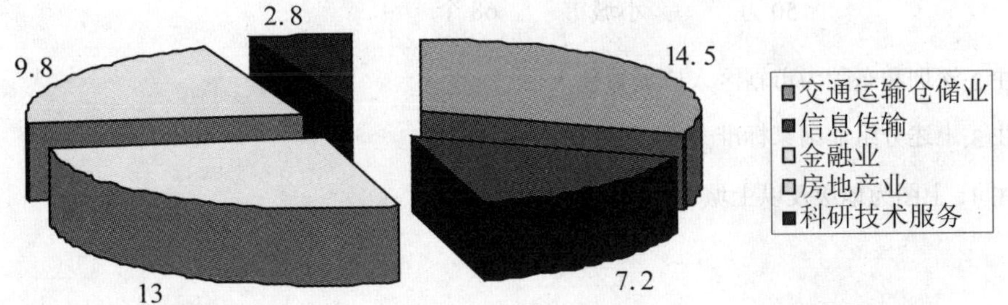

2003 年按市辖区人口分组的不同规模城市数注

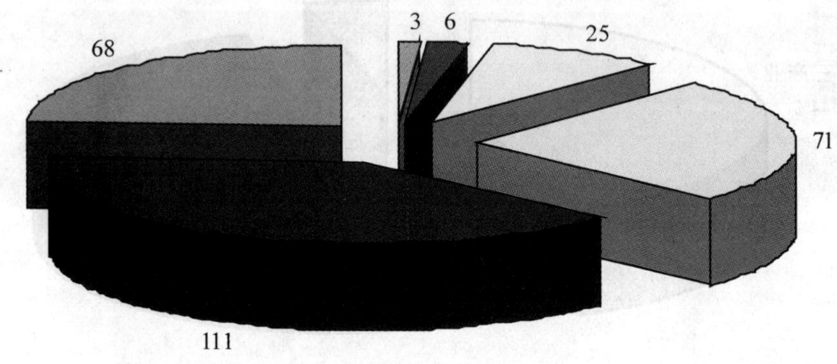

注 1:市辖区人口	>1000 万	巨型城市	3 个
	500-1000 万	超大城市	6 个
	200-500 万	特大城市	25 个
	100-200 万	大城市	71 个
	50-100 万	中等城市	111 个
	<50 万	小城市	68 个

注 2:深圳和东莞为市辖区人口加暂住人口。

注 3:上述分组非国家标准,供研究参考。

注 4: 上图为地级及以上城市。

2003年我国城市社会经济发展概况

2003年全国人民在党中央、国务院的正确领导下，团结奋斗，开拓创新，努力克服前进道路上的困难，克服非典疫情和多种自然灾害的影响，使国民经济继续保持稳定发展的局面，顺利实现了经济和社会发展的主要预期目标。城市发展依然保持良好势头，城市功能继续完善，城市发展在国民经济中的地位与作用不断增强。

一、城市发展保持良好势头

2003年，我国城市增长趋于稳定，城市人口规模及区域进一步扩大。至年底，全国共有建制市660个，其中直辖市4个，副省级市（中央计划单列城市）15个，地级市267个，比上年增加了7个，县级市374个，减少7个。

2003年，全部地级城市人口（不包括所辖县，下同）34196.96万人，比上年增长3.9%。城市非农业人口20778.4万人，比上年增长9.2%。行政区域土地面积565104平方公里，比上年增长4%，占全国面积的5.9%，其中建成区面积21926平方公里，比上年增长10.5%。

大城市发展平稳，中等城市发展较快。2003年，在全国所有建制市中，市区人口达400万以上的城市11个，占全国城市1.7%，比上年增加1个；200－400万人口以上的城市22个，占全国3.3%，比上年减少1个；100－200万人口的城市141个，占全国21.4%，增加3个；50－100万人口的城市274个，占全国41.5%，比上年减少5个；20－50万人口的城市172个，占全国26.1%，增加1个；20万以下的城市为40个，占全国6.1%，比上年增加1个。

二、中国城市化已进入加速发展期

中国城市化已进入加速发展期，城市发展和竞争力的不断增强，正成为中国经济增长和竞争力增强的重要引擎和源泉。

2003年大中城市加速发展，推进了全国城市化水平，全国总人口为129227万人，城镇人口为52376万人，我国城市化水平（市镇人口占总人口的比重）达40.53%，比2002年提高1.43个百分点，达到了1998年世界发展中国家的平均水平（38%）。随着城市经济的发展和区域市场化、国际化的深入和人们认识的提高，中国的城市化率由1993年的28%，提高到2003年的40.5%，10年提高了12.5个百分点，城市化率明显提高。

三、我国城市主要经济指标继续保持增长态势

2003年，我国国民经济继续保持着较

快的发展，国内生产总值116898亿元，按可比价格计算，比上年增长9.1%。全部地级城市（不包括辖县，下同）年实现地区生产总值74776亿元，按可比价格计算，比上年增长21.5%；占全国国内生产总值的63.8%，比上年提高0.8个百分点。从产业结构来看，全部地级及以上城市第一产业增加值为3424.3亿元，比上年增长9.4%，占全国的20%；第二产业增加值39298.9亿元，比上年增长23%，占全国的64%；第三产业增加值33428.4亿元，比上年增长14%，占全国的86%。从城市实现的地区生产总值看，地区生产总值超过200亿元的城市有81个，比上年增加12个，其中超过1000亿元的城市有18个，比上年增加5个。这些城市是：上海、北京、广州、深圳、天津、武汉、杭州、沈阳、南京、佛山、大连、重庆、成都、无锡、苏州、大庆、济南、宁波。

2003年全部城市地方财政一般预算内收入（包括市辖县）8077.6亿元，比上年增长13%，占全国财政总收入的37.2%。分城市看，地方财政一般预算内收入超100亿元的城市13个，分别是上海、北京、深圳、广州、天津、南京、重庆、杭州、大连、宁波、青岛、无锡、苏州。

四、我国城市外贸、外经投资热度与经济发展互动

2003年随着房地产、物流、信息网络、金融保险等现代服务业成为中国城市经济发展的支柱产业，越来越多的国内外投资者青睐中国服务业市场。而更多的城市决策者也意识到，扩大利用外资和发展民营经济，加强城市基础设施建设，大力发展服务业已经成为城市发展的新动力。2003年全部地级城市（不包括所辖县）限额以上批发零售贸易业商品销售总额41813.7亿元，占全国的43.8%；全年社会消费品零售额28116.7亿元，比上年增长12.9%，限额以上批发零售贸易企业数19452个，比上年增长2.9%；从业人员数1258万人，比上年增长16.3%。2003年外商直接投资持续增长，全年全部地级城市当年实际使用外商投资额为566.3亿美元，比上年增长了16.8%。外贸出口保持平稳增长态势。

2003年的外贸出口虽受非典疫情和多种自然灾害的影响，但仍继续保持增长的势头。年末35个大中城市实现进出口总额5229.1亿美元，同比增长31.8%，占全国的61.5%。其中出口2708.2亿美元，同比增长38.2%，占全国61.8%；进口2520.9亿美元，同比增长25.6%，占全国61.1%；经过20年的不断发展，中国产品的国际竞争力明显增强，其一是低成本的优势正在日益显著地发挥作用；其二是产品的科技含量不断增加。

受非典疫情的影响，2003年我国国际旅游业总收入174.1亿美元，比上年减少14.6%。全部地级城市（包括县）国际旅游收入142.2亿美元，占全国国际旅游外汇收入的81.7%。

五、固定资产投资创历史新高

随着社会主义市场经济体制的建立和完善，城市作为市场经济的重要载体，城市的土地、公共设施等资源，开始从非经营性资产逐步转化为可经营性资产，市场配置

城市资源的范围不断扩大，程度不断提高各项投资继续大幅增长。2003年，全部地级城市（不包括所辖县，下同）共完成全社会固定资产投资28891.4亿元，同比增长25.2%，增速提高21.6个百分点；全年新增固定资产18884.2亿元，同比增长23.8%，增速提高10.8个百分点；其中房地产开发投资完成额8547.6亿元，同比增长27.5%占固定资产投资的26%；住宅投资5634.6亿元，同比增长23.4%。

六、人民生活水平不断提高，各项社会事业协调健康发展

（一）城镇居民可支配收入实际增长9.0%

2003年，随着国民经济较快增长，城镇居民人均可支配收入保持了持续增长的良好势头，全年达到8472元，比上年增长10.0%，扣除物价上涨因素，实际增长9.0%。消除"非典"影响后，人均消费支出也继续增长，全年达到6511元，比上年增长8.0%，扣除物价上涨因素，实际增长7.0%。

不同层次居民收入差距拉大，高低收入户实际生活水平差距扩大，按人均可支配收入由高到低排队并进行五等份分组，2003年，占总体20%的最高收入组家庭人均可支配收入为17472元，比上年增加2012元，增长13.0%；占总体20%的最低收入组家庭人均可支配收入为3295元，比上年增加263元，增长8.7%。最高组与最低组的收入之比由2002年的5.1：1扩大到5.3：1，最高组收入增长速度明显高于最低组。另外，从恩格尔系数的变化来看，占总体20%的最低收入组家庭的恩格尔系数为46.1%，比上年的45.8%略有上升；占总体20%的最高收入组家庭的恩格尔系数为31.8%，比上年的33.1%有所下降，说明高低收入户的实际生活水平差距继续扩大。

东、中、西差距格局未变，2003年，东、中、西部地区城镇居民人均可支配收入分别为10366元、7036元和7096元，比上年分别增长10.8%、10.5%和8.4%；人均可支配收入之比为1.47：1：1.01（中部为1），与上年相比，变化不大。

（二）城镇居民消费支出实际增长7.0%

从时间序列看，2003年消费支出增幅走势呈V字形。一季度人均消费性支出比去年同季增长8.9%；二季度由于受"非典"影响，同比增长只有4.3%；三季度，逐渐消除了"非典"对居民消费的影响，消费支出开始恢复性增长，同比增长8.0%；四季度同比增幅达到10.4%。

（1）食品支出增加，恩格尔系数下降。

据2003年城镇居民家庭调查资料显示：城镇居民人均食品消费2417元，比上年增长6.4%，恩格尔系数由上年的37.7%下降到37.1%，下降了0.6个百分点，食品消费逐步向营养、科学、多样化方向发展，生活质量有明显提高。2003年人均粮食消费支出194元，占食品支出的8.0%，同比回落0.4个百分点；肉、禽、蛋及水产品消费704元，占食品支出的29.1%；蔬菜及奶制品消费361元，占食品支出的14.9%，同比上升0.9个百分点。

（2）医疗保健、交通和通信、居住仍是

居民消费的旺点。

随着生活水平的提高，居民对吃、穿、用等需求基本得到满足，消费重点开始向行、住和保健方面转移。2003年医疗保健、交通和通信、居住三项支出增长速度明显高于总消费支出增长速度。城镇居民人均医疗保健支出476元，比上年增长10.7%；交通通信支出721元，比上年增长15.2%，到2003年末，居民百户拥有手机90部，比上年增长43.2%；居住支出人均699元，比上年增长12.0%，其中水电燃料支出413元，比上年增长15.6%。居民家庭住宅配套率已达84.1%，炊用燃料气化的家庭已达86.1%。

(3)穿、用及教育文娱支出增长平缓。

2003年，城镇居民人均用于衣着、家庭设备及服务、教育文化娱乐支出分别为638元、410元、934元。比上年分别增长7.9%、5.6%、3.6%，增长速度均低于总消费支出增长速度(未扣除价格因素)。

(三)非消费性支出增长明显快于消费性支出增长

2003年人均非消费性支出2221元，比上年增长19.2%，高于消费性支出增幅11个百分点。非消费性支出占家庭总支出的比重为25.4%，比上年提高1.8个百分点。其中转移性支出1018元，增长11.5%；购房建房支出690元，增长28.8%；社会保障支出503元，增长22.9%。

七、城市文化教育功能日益凸现

文化一直被认为主要起到促进人的发展，丰富人的精神生活，推动社会发展和国际交流等作用。近年来，城市文化的经济功能正在逐步被认同、发现和推动，如文化产业、新媒体产业、创意产业、数字内容产业、版权产业等等，文化产业这个概念被广泛关注。至2003年末，全部地级城市(不包括所辖县，下同)用于娱乐、教育、文化服务21.7万元，比上年增长5.3%；共有高校1524所；在校人数1101万人，比上年增长24.9%。中等职业学校5286所，在校人数596.2万人。普通中学20978所，比上年增长1%；在校人数2307.4万人，比上年增长4%。小学67843所，比上年减少2%；在校人数2839.2万人，基本与上年持平。全年成人高等教育学校在校学生490万人，比上年减少3%。

结合国家机构改革调整和发展科研机构，至2003年年末，各类专业技术人员达1832.5万人，比上年增长13.9%；其中中级职称以上人员为654万人，比上年增长13.6%。

八、城市建设取得显著进展，城市环境整治工作取得新成效

(一)城市基础设施建设持续发展。大力发展服务业已经成为城市发展的新动力。2003年末全部地级城市实有铺装道路面积24.5亿平方米，比上年增长15.6%；年末实有公共汽(电)营运车辆24.4万辆，比上年增加2万辆，增长8.9%；每十万人拥有公交车数量达68辆；全年公共汽车客运总量358.3亿人次，比上年增长0.7%；出租汽车79.2万辆，比上年增长1.7%。

(二)城市供水、和居民生活用水不断增加。2003年，全部地级城市生活用水143.7亿吨，比上年增长3.7%，城市供水

总量414.4亿立方米，比上年增长4.8%。

（三）社会公共事业继续发展。至2003年末，全部地级城市剧场、影剧院达2477个，基本和上年持平，公共图书馆图书总藏量30195.2万册件，比上年增长2.5%；平均每百人公共图书馆藏书88册。

（四）城市卫生保健事业建设加快。以控制费用、改善服务、提高质量为主题，积极推动医保、医疗、医药联动改革，满足城市居民不同层次的医疗服务需求。至2003年末，全部地级城市拥有各类卫生机构21451个，比上年增长2.3%，医院床位数157.5万张，比去年增长1%；医生数83.5万人，比上年增长1.3%。

（五）城市绿化成效显著。在城市区域不断扩张和规模不断增大的同时，在各级政府和部门的共同努力下，我国城市生态环境水平明显提高净化城市环境，为城市居民创造高质量的生活，是城市实现可持续发展的重要内容。2003年末，我国全部地级城市建成区绿化覆盖面积71.3万公顷，比上年增长18%，同比上升4.3个百分点，建城区绿化覆盖率由上年的30.4%上升至32.5%；园林绿地面积99.8万公顷，公共绿地面积18.1万公顷，人均公共绿地面积5.3平方米。城市林业也进入了快速发展的时期，城市森林得到有效保护，城市绿化隔离带、城市绿色通道建设有新进展。

（六）城市生态环境卫生设施建设得到明显改善，市容市貌持续好转。由于对各种污染源进行综合治理，加大投入发展环保产业，倡导清洁消费，污染增长的趋势得到初步遏制。至2003年，全国地级城市（包括市辖县）环境污染治理投资额达到2125.3亿元，同比增长59.7%；工业废水排放量203.3亿吨，比去年减少1.5个百分点，工业废水排放达标量184亿吨，比上年增长4%；城市空气质量达到国家空气质量二级标准的城市占41.7%，主要是各级政府加大了投资力度，对城市污染防治采取有力的措施。

（撰稿：崔如春）

中国城市发展重点解决的七大问题

1、科学地制定城乡规划，严格规划监督管理。

2、加强设施建设，提高城市功能，改善人居环境。

3、深化改革，加强城市运行的管理。深化城市市政公用事业改革，加快市政公用事业市场化进程。城市建设发展要讲求实效、量力而行，实行可持续发展的战略。

4、推进信息化建设，提高城市管理水平。城市管理要适应城市发展的需要，适应信息化社会发展的趋势，提高城市管理的信息化程度，加强城市信息基础实施建设，构建良好的城市管理信息化网络和环境。

5、保护历史文化遗产和风景名胜资源。历史文化遗产是中华民族悠久历史和灿烂文明的历史举证，是人类共同的财富，是不可再生的资源，各级政府要加强监督管理，严格查处破坏历史文化遗产和风景名胜资源的行为。

6、转变政府对城市规划建设管理的职能，发挥城市综合功能，加强城市规划建设管理研究，为各行各业发展创造条件。

7、城市工作事关城市居民的切身利益，政府在城市发展中应当及时了解和倾听百姓的想法和意见，并积极鼓励百姓参与相关工作，提高城市文明水平

（摘编：赵惠云）

加快城镇发展　拉动中原崛起

——2003年河南省城市社会经济发展综述

2003年，在省委、省政府的正确领导下，我省的城镇化建设以全面建设小康社会为统揽，各城市结合当地实际，制定了详细的发展规划和措施，加快城市发展步伐。全省城镇化速度加快，城镇经济快速增长，综合实力增强，城市管理水平提高，城市基础设施建设速度明显加快，城市居民的生活水平提高，生活环境改善，为实现中原崛起发挥了较大的带动作用。

一、2003年河南城市社会经济发展情况

（一）全省城镇人口增加，城镇化水平提高。2003年，我省城镇年末总人口达到2630万人，占全省总人口的比重由上年25.8%提高到27.2%，提高1.4个百分点。其中17个省辖城市市区人口达到1580万人，比上年增加39万人，是改革开放以来我省城镇化发展速度最快的一年。

（二）建成区面积增加，城市规模扩大。2003年末，全省17个省辖城市建成区面积由2002年的944平方公里增加到1016平方公里，一年里新增加72平方公里。建成区面积增加10平方公里以上的市有：郑州市14平方公里，洛阳、焦作、许昌三市各10平方公里。我省城市数量为38个，占全国城市总量的5.77%，在全国各省区中居第4位。在全省38个城市中，市区非农业人口在100万人以上的特大城市有郑州、洛阳2市；50－100万人的大城市有平顶山、新乡、安阳、焦作、开封、南阳、商丘7市，20－50万人的中等城市有信阳、濮阳、许昌、鹤壁、漯河等8市；20万人以下的小城市有济源、义马、邓州等21市。

（三）城市社会经济高速增长，综合实力大大增强。2003年，全省城市经济出现了“高增长、高效益”的格局。全省17个省辖市市区国内生产总值（价值量为当年价，速度为可比价，下同）达到2255亿元，较上年增长13.4%，是进入新世纪以来增速最快的一年。二、三产业增加值分别达到1199亿元和957亿元，比上年增加230亿元和108亿元。从各市市区的发展速度上看，增速超过15%的有：安阳市（17.0%）、新乡市（16.8%）、漯河市（15.6%）。而连续两年以上增幅在10%以上的有安阳市、新乡市、漯河市、郑州市、洛阳市、平顶山市、鹤壁市、焦作市、许昌市、信阳市、周口市。从总量看：市区国内生产总值郑州首次超过了500亿元，达到530亿元，洛阳市达到318亿元，超过百亿元的有南阳、安阳、濮阳、平顶山、新乡和信阳6个城市。

从经济效益看:17 个省辖市地方财政预算内收入 151 亿元,同比增长 16.7%,国有及 500 万元以上非国有工业企业利润总额 96 亿元,同比增长 62.7%。

(四)结构性生产旺盛,市场物价涨势初现。2003 年,全省 17 个省辖市市区完成工业增加值 962 亿元,较上年增加 164 亿元,主要工业产品产量如钢铁、非金属矿制品、交通设备制品、专用设备制品等大幅度增长,固定资产投资完成额 1017 亿元,增长 46.7%,实现社会消费品零售额 984 亿元,增长 16.7%,年末金融机构存款余额 4745 亿元,增长 20.4%,贷款余额 3648 亿元,增长 22.8%,存贷差达到 1097 亿元,出口高于进口约 12 亿美元。由于受突如其来的"非典"和严重的洪涝自然灾害的影响,农业基础不稳,生产滑坡,粮食、蔬菜产量下降,市场物价一改多年的疲软状态,从第三季度物价上升加速,9 月份城市食品价格就上升了 4.9%。2003 年,城市居民消费价格比上年上升 1.7%,全省原材料、燃料、动力购进价格和工业品出厂价格分别上升 7.8 个百分点和 5 个百分点。

(五)基础设施建设加快,环境保护加强。2003 年,在城市规模扩大的同时,城市的基础服务设施和环境保护建设速度也在加快。随着改革的不断深化,各市政府在多元化建设和经营城市方面出台了一些大的举措,在投融资方面继续深化改革,融资渠道拓宽,融资规模明显增大,有力地推动了城市的基础设施建设。2003 年,17 个省辖市市区建设维护资金支出达到 79 亿元,年末实有铺装道路面积 8866 万平方米,比上年增长 7.2%,排水管道总长度 5998 公里,增长 8.3%,水厂综合生产能力日供水量达到 836 万吨,每天增加 2 万吨。用电量 496 亿千瓦小时,居民生活用电 50 亿千瓦小时,比上年增长 11%。用煤气和液化气人口 811 万人,比上年增长 1.2 倍。年底 17 个省辖市市区园林绿地面积达到 2.9 万公顷,比上年增长 8.2%,建成区绿化覆盖面积 3.3 万公顷,绿化覆盖率达到 10.24%,提高 0.58 个百分点。城市环境基础设施建设完成投资 62 亿元,加强对淮河、黄河等河流湖泊的综合治理,污染源的治理投入了 18 亿元,工业的废水排放达标量和烟尘去除量分别比上年增长 1.5% 和 9.7%,环境噪声达标区增加 14 平方公里,生活垃圾无害处理率有 11 个城市上升,其中平顶山、安阳、濮阳、三门峡和驻马店 5 市达到 100%。

(六)社会文化事业蓬勃发展,居民生活继续提高。2003 年,全省各市在加快经济发展的同时,也十分重视各项社会事业的全面发展。教育改革进一步深入,高校招生规模继续扩大,中等教育结构优化,实用型的高职、中职教育发展较快。2003 年全省 17 个省辖市共有普通高校 71 所,比上年增加了 9 所,在校学生 44.6 万人,比上年增加 11 万人;成人高等教育在校生数增加 3.6 万人。随着城镇化加快,城市中小学入学难的压力仍然较大,全年增加中学 11 所,在校生数增加 10.8 万人;城市的小学教育进行资源整合和优化,基础性教育的整体质量提高。全省 17 个省辖市市区基本医疗保险参保人数达到 296 万人,比上年增长 18.4 %,基本养老保险参保人数达到 279 万人,比上年增长 11.8 %,失业保险参保人数也有所增加，居民最低生活已保人数达到54万人。社会公共事业有所发展，公共图书馆藏书量8599千册件，社会福利院235个，社区服务设施2130个，比上年增加322个。城市居民的生活继续得到提高。2003年，全省城镇居民人均可支配收入达到6926元，扣除物价因素后比上年实际增长9%，市区居民年末存款余额达到2484亿元，增长18.3%。居民消费需求趋旺，消费结构升级呈现以下特点。一是住房消费达到了一个阶段性高峰，由于城镇化、房改、建筑材料涨价的预期和改善住房层次需求等因素的综合作用，刺激了住房消费的快速增长。2003年，城镇居民人均居住支出566元，比上年增长13.4%，购房与建房支出人均467元，比上年增长52.1%。城镇居民人均住房消费1033元，比上年增长28.1%，占消费总支出的16%，其增幅和比重是近年来不曾有的。二是以汽车为代表的新消费热点继续升温，百户家庭已拥有汽车0.54辆，增速达63.6%。三是居民防患意识增强，积极参与社会保障。全年城市居民人均社会保障支出264.42元，比上年增长16.0%，这为城市居民未来的生活安定提供了一定的资金保障。四是医疗保健支出增长较快，增速达到13.8%。五是通讯信息产品普及程度大幅度提高。2003年我省城镇居民交通与通讯支出比上年增长11.8%，平均每百户家庭拥有家用电脑19.2台，增长25%，拥有移动电话66.3部，增长46%。

二、城市发展中需要解决的问题

近年来，虽然我省的城镇化发展速度明显加快，城镇化水平近两年来以每年平均近1.4个百分点上升，在各省区中的位置有所前移，但发展中仍存在一些需要解决的新问题和深层次的问题，加之我省是全国第一人口大省，农业人口所占比重较大，所以要完成省政府制定的城镇化发展目标，赶上全国平均水平，如期完成全面建成小康社会的奋斗目标，任重道远。

（一）我省城镇化基础差、起点低、增速慢于全国平均水平。2003年，我省城镇化水平只有27.2%，而全国城镇化水平已达到40.5%，比全国低13.3个百分点；我省城镇化水平比2000年提高4.01个百分点，而全国比2000年提高4.31个百分点，3年扩大0.3个百分点。我省城镇化相当于全国11年前的平均水平。城镇化水平在全国各省中排后几位，这与我省经济总量居全国前几位的现状极不相称。根据河南"十五"计划和中共河南省委、河南省人民政府关于《河南省全面建设小康社会规划纲要》确定的目标：到2005年，全省城镇化水平要提高到30%左右，到2010年全省城镇化水平达到38%以上，2020年达到50%以上，必须每年都按照近两年的提升速度方可如期完成。

（二）城市规模小、环境和基础设施差、综合实力仍然不强。虽然城市数量多，但城市规模偏小、城市基础设施落后，是我省城市的总体特征。单从数量来看，我省城市在全国的位次居第4位，但从城市规模看，中小城市较多，综合实力不强。全省17个省辖市市区国内生产总值平均只有133亿元、地方财政收入不足9亿元，均大大低于全国的平均水平，不及沿海城市和经济较发达地区的县(市)级水平,县级市则相当于其乡镇的水平。国家统计局城调总队近日对2002年全国279个地级以上城市综合实力评估中,一、二类城市我省仅有郑州(29位)入围。三类城市只有漯河(73位)、新乡(90位)、洛阳(94位)、濮阳(102位)、三门峡(103位)进入。安阳、开封等11市是四类城市。在现有的38个城市中,不同程度的存在着环境和基础设施水平偏低的问题。我省的城市环境和基础设施的许多人均主要指标在全国都比较落后。环境和基础设施在当今城市经济社会发展中占有极重要的地位,既是城市存在和持续发展的必要条件,又是城市产生聚集效益的基础,直接影响着城市人口吸纳功能和对周边经济社会发展的辐射带动功能的发挥。

(三)中心城市的优势不突出、对区域经济、社会发展的带动作用不强。经济较发达地区,往往表现为一个或多个中心城市核心区,这些中心城市规模大、实力强,对区域的社会经济发展发挥着巨大的带动作用。我省目前除省会郑州外,豫东南、豫西南及豫北地区都缺乏重量级的区域性中心城市 。即使是郑州,虽然具有得天独厚的区位优势,但其规模及实力与周边省份的武汉、南京、西安相比,也明显处于劣势。省会城市的首位度与周边省份相比,人口首位度和国内生产总值的首位度也是比较低的。郑州市要成为国家区域性中心城市还有赖于"郑东新区"的早日建成,实现大城市带动战略,发挥其独特的龙头功能。商丘、南阳、信阳、周口、驻马店等省内边远区域性城市,由于撤地建市后的时间较短,尽管不同程度地扩大了市区规模、提高了综合竞争实力,但终因城市实力不够强大,加之周边农村人口基数偏大,尚未能很好地发挥出边远区域中心城市的辐射带动作用,普遍存在着"小马拉大车"现象。

(四)观念滞后、职能交叉、城市管理水平亟需提高。近年来,我省城市建设步伐加快,但城市普遍存在着"脏、乱、差"现象,存在着一些不可忽视的问题。其主要表现:一是重建设、轻管理,重视经济效益、忽视社会效益,重视眼前利益、忽视长远利益的观念还未真正扭转过来,城市管理还未完全摆脱计划经济的模式和框框。二是城市管理机构重叠,政出多门,各自为政,分散管理情况严重;部门职能交叉,自成体系,相互推诿扯皮,效率不高。三是城市管理重点局限在经济建设领域,往往无暇顾及城市社会、经济、环境的综合协调和可持续发展,城市管理处于较低层次状态。四是城市管理立法滞后,有法不依、执法不严、以罚代管现象时有发生。五是部分城管人员素质低下,没有从根本上杜绝执法违法现象。

三、加快城市发展的对策建议

在今后我省城镇化的快速发展过程中,必须结合当地实际,针对城市发展的特点和存在的问题,从全国、全省城市发展的战略高度出发,在当前及今后相当长的时间内,着力解决好以下几个方面的问题:

(一)提高认识、转变观念、树立科学的城市发展理念。目前,全国城镇化发展势头方兴未艾,犹如百舸争流,进慢则退。形势喜人,形势逼人,时不我待。所以,必须坚定信心,树立积极的科学态度,采取跳跃式、超常规的发展思路,快速稳健地推进城镇化进程。在推进城镇化过程中,要树立科学的、综合的、战略的城市发展观,不能主观冒进,盲目蛮干。因为城镇化是社会经济发展到一定阶段的产物,并贯穿人类社会的终结。所以,不能超越客观条件,"孤军深入",单纯地追求城镇化。否则,就会不可避免地出现许多新的问题,得不偿失,更不能追求那些没有实际意义的城市形象工程。

(二)转变职能、因地制宜、搞好城市发展的总体规划。各城市政府,要切实搞好政府职能的转变,根据各自的实际情况,把近期发展与远景发展结合起来,搞好城市发展的总体规划,坚持"一幅蓝图绘到底",咬定发展不放松。在具体实施中,要采用"积木式"和"滚动式"的发展思路,尽可能的减少"建建、扒扒、挖挖"式的重复建设和土地资源的闲置浪费。要制定和完善城市法规制度,建立一个良好的运行机制,协调好各方面的利益关系。为此,要加快转变城市政府的职能,破除束缚城市生产力发展和管理水平提高的种种体制性障碍,实行政企分开、政事分开、建管分开和管养分开,继续简政放权,减少或集中行政性审批事项,不断实现体制创新和机制创新,提高办事效率。

(三)全面推进、重点突出、选择科学的战略发展模式。在河南城镇化模式选择上,要根据我省的结构特点,统筹城乡两个战场,坚持"壮大区域中心城市,大力发展中小城市,积极发展小城镇"的"三头并进"方针,同时应突出重点,在实际执行中要有一定的灵活性。首先,应优先发展省会郑州市,使之成为与西安、武汉等城市规模相当的全国性区域中心城市,发挥其龙头带动作用。其次,加快发展以郑州为中心的中原城市群和省内区域中心城市的建设步伐。洛阳、焦作、新乡、开封和许昌五市相距郑州较近,区域内交通方便,矿产资源丰富,工业各具特色,科教文卫集中,加快其发展必将对全省产生重大影响;商丘、南阳、信阳、周口、安阳等市属于省内边远中心城市,应尽可能的拓展城市空间,壮大经济实力,以带动所在区域经济社会的快速发展。其三,提升县域经济的发展速度。我省的县和县级市数量较多,且有一定的经济基础,蕴藏着较大的发展潜能。要适当地减少行政管理程序,降低行政运行成本。税收政策应适当调整,增加县以下的财政收入,减轻农业税负,逐步改变基层和农业经济困难的局面,创造一个相对平等公正的环境,增加其活力,使之在市场竞争中快速发展。其四,加快城镇建设的步伐。要积极组织引导农村剩余劳动力外出务工经商,实现人口向城市的快速转移,并鼓励其带回资金和技术及管理经验,回家乡创业,发展和壮大城镇经济。我省目前仍有近四分之三的农村人口,从长远的角度看,实现农村现代化,促进农业集约规模化,大力发展非农产业,人口向市镇转移,才能从根本上快速提升我省的城镇化水平。

(四)大胆尝试、积极创新、走市场化运作的道路。近年来,我省各市政府在城市建设市场化运作方面,都进行了一些有益的尝试,并取得了一定成效,但观念、力度与较发达的省份相比,还远远不够。搞大规模的城市建设,资金是最根本的支撑。面对城市建设的巨额投入,必须解放思想,拓宽思路,牢固树立经营城市的理念,广泛运用市场经济手段,多渠道筹措资金,形成以政府投入为导向,广泛吸收社会资金和外来资金共同参与基础设施建设的多元化投融资新机制,以此推进城市建设的良性发展。一是在政府垄断土地一级市场的前提下,通过公开招标,拍卖城市国有土地使用权,以地生财,滚动发展。同时要杜绝土地的搁荒闲置,实现动态平衡。二是对城市基础设施项目实行授权经营和委托代理,吸引国内外投资者参与城市的建设经营。三是对已形成的城市基础设施资产和城市无形资产,通过公开出让、拍卖、特许经营等多种形式增值变现,不断拓宽城市建设的融资渠道。

(五)加强管理、搞好服务、营造一个良好的投资创业环境。要进一步树立和弘扬河南形象,优化城市环境,提高城市品位,打造中原城市品牌。“栽下梧桐树,引来金凤凰”。在硬环境方面:要加大城市道路的绿化,增设城市街心公园,着重加大城区绿化面积,逐步改变我省整体城市绿化覆盖率低的状况。增加优化综合服务设施和文化休闲娱乐设施,要加强环境保护和卫生设施建设。在软环境方面:要加强政府的宏观管理职能和行政管理部门的服务意识,加快办事效率,提高服务水平,搞好综合治理。据近两年河南城市行业服务作风调查来看,总体上是好的,一些行业和区域都建立了文明服务窗口或一个窗口办公,城市行业作风有较大改观,但一些城市和行业“门难进、脸难看、事难办”和“乱收费、乱罚款、乱摊派、乱检查、乱培训”的情况没有根除。所以,要进一步规范行政管理行为,建立良好的经济秩序。要加强城市预测预警,防患于未然,进一步明确和严格责任制,提高城市居民社会公德素质,搞好城市精神文明建设,优化城市生产和生活环境。在城市建设管理上,要把握好综合化、市场化、规范化和社会化的改革方向,建立高效、合理、动态发展的现代化城市管理体制。一是理顺职能机构的权限划分,建立统一领导与分级负责、综合管理与专业管理相补充的网络型组织管理体系。二是建立依法管理机制,用法律来调整城市各个方面的关系。三是提高执法队伍素质,真正做到有法可依、执法必严。

(六)扩大就业、强化保障、提高城市居民的生活水平。近年来,随着社会主义市场经济体制的逐步完善,经济体制改革不断向纵深发展,根据“有进有退,有所为有所不为”的调整战略原则,国有资本将逐步从许多行业淡出,国有企业职工下岗、自谋职业在所难免。要适当放宽因政策调整而失业的国企职工的退休条件,同时还要给予就业和再就业的优惠政策,要继续加快社会保障体系建设,真正做到应保尽保。对特殊困难的城镇家庭,要采取有效措施,给予必要的救助。坚持“初次分配讲效益,再次分配讲公平”,加大市场经济条件下的宏观调控力度,缩小贫富差距,提高城镇居民生活水平。

(撰稿:常万普)

中国城市的社会经济地位进一步加强

中国是世界文明古国之一，城市的形成和发展历经3000多年的历史。有的学者认为，中国出现的最早期的城市可以追溯到4000年前的夏代。据不完全统计，到商代末期，中国计有早期城市共26座。主要特征是，规模不大，城市职能单一，一般以政治职能为主。随着历代王朝的不断演变，城市也不断发展和扩大，特别是商业性农业、手工业的迅速发展，商品流通的日益频繁，逐步改变了城市职能单一的局面。随着时间的推移，城市是不断发展的。可以说古代城市的兴衰都是和朝代的繁荣没落紧密相连的。

中国近代城市的发展是非常重要的时期。鸦片战争，敲开了中国历时2000多年闭关自守的门户，被迫开放对外贸易口岸，大量外国商品和资本输入到国内，同时西方近代工业等先进技术对中国城市的发展产生重要影响。早期的近代工业主要是加工工业和纺织工业为主，其投资的重点主要集中在沿海地区的一些城市，可以说，中国近代工业是帝国主义列强入侵中国才开始发展起来的。在沿海和沿江地区逐步形成了殖民地型港口贸易城市，在华北和东北，新兴的矿业城市是帝国主义列强掠夺和瓜分中国矿产资源的基地。近代城市的分布也极不均衡，自1840年以来，中国东部沿海地区是城市最为集中的地区，沿江带次之，内陆地区较少。城市规模也不大，据1933年的统计资料，全国大中小城市人口只有约4600万人，不到全国人口的10%。大城市比较发达，中等规模城市较少，50万人口以上的城市共10个，人口已占城市总人口的35.5%。虽然中国近代工业有所发展，但城市的发展步履阑珊，仍然不能摆脱农业大国的历史地位。

中华人民共和国建国55年来，城市作为政治、经济和人民生活的中心，是工业和第三产业的聚集地，是交通枢纽和命脉，因此，城市为人类创造了最主要的物质财富，始终都是经济建设的主力军。这一点在改革开放以后更为突出。改革开放以来，我国城市建设进入了一个新的发展阶段，城市经济迅速发展，随着生产力水平的提高和经济的发展、社会的进步，人口逐渐向城市集中。城镇数量大幅度增加，逐步进入了依照城市规划进行建设的科学轨道，不同程度地改善了投资环境和生活环境，城市面貌焕然一新。从沿海到内陆，城市一直都是改革开放的主战场，也是制度创新和产业升级的主角，城市结构和各项功能更趋完善，城市体系逐渐形成，城市在经济社会发展中的中心地位日益突出。

一、城市发展基本状况

(一)城市数量

1949 年,全国共有城市数 132 个,1978 年城市总数增加到 193 个。近 30 年的时间里,仅增加了 61 个城市。改革开放以后的前 10 年至 1988 年,城市数目达到 434 个,增加了 241 个,相当于前 30 年增加量的 4 倍。从 1988 年至 1997 年,城市数量增加到 668 个。随着经济的不断发展,国家调整行政区划的步伐加快,一些大中城市行政管辖范围不断扩大,城市数目减少。至 2003 年底,全国共有建制市 660 个。其中直辖市 4 个,副省级市(中央计划单列城市)15 个,地级市 267 个,县级市 374 个。如果突破行政体制的框架,以城市的基本定义和性质确定城市标准,中国城市的数量远不止几百个。

(二)城市区域

建国以来,全国城市市辖区域扩张十分迅速,特别是改革开放以来,这一现象更为明显。1984 年,全国全部 295 个城市市辖区土地面积只占全国面积的 7.6%,其中城市建成区土地面积只有 8842 平方公里。由于城市数量的增加和自身规模的扩张,2003 年仅全国 286 个地级及以上城市市辖区土地面积已达到 56.5 万平方公里,占全国面积的 5.9 %,其中,城市建成区面积已经达到 21926 平方公里,比 1984 年全部城市的建成区面积大 1.4 倍。

(三)城市人口

城市人口规模不断扩大。1949 年至 2003 年近 55 年的时间,市镇人口规模由 5765 万人增加到 5 亿多人,增长了 8 倍。

2003 年底全部地级及以上城市人口达到(不包括辖县,下同) 34197 万人,其中,城市非农业人口 20778.4 万人。

大中城市数量增长较快。2003 年城市结构和规模逐步向大中城市发展。在全国所有建制市中,市区人口达 400 万以上的城市 11 个,占 1.7%;200 – 400 万人口的城市 22 个,占 3.3%;100 – 200 万人口的城市 141 个,占 21.4%;50 – 100 万人口的城市 274 个,占 41.5%;20 – 50 万人口的城市 172 个,占 26.1%;20 万以下的城市为 40 个,占 6.1%。基本上形成大中小相配套的城市网络体系。

二、城市的区域中心作用

城市的中心作用体现在方方面面。通常认为城市是政治中心、经济中心、文化中心、科技中心、交通枢纽等等,但最重要的是经济中心。就城市发展与经济关系而言,经济发展是城市的实体,是城市发展的主要内容;城市是经济发展的组织者,是经济发展的载体。城市的区域经济中心地位,首先是指城市对组织经济、管理经济、发展经济的核心作用。城市不是孤立存在的,任何一个城市,不论其规模大小和所处的地理位置如何,其内部的经济活动,城市和外部的经济活动构成了一定的辐射范围和吸引范围。一般而言,城市越大,其辐射、吸引范围也就越大。特别是现代大城市,由于本身具有生产集中、技术先进、金融发达、交通便利、信息灵通、人才荟萃等有利条件,所产生的经济能量成倍放大,对区域经济发展的辐射作用和带动力更强。实践表明,城市越大,这种作用也越大。例如英国的伦敦、美国的纽约、法国的巴黎、日本的东京是公认的国际大都市，中国香港、新加坡等也是区域性的大都市，其辐射范围全球化。可以说，城市的中心作用对推动区域经济和社会的发展是至关重要，并且不可替代。当然中小城市的区域中心地位也不容忽视，大中小城市必须协调发展，形成一个合理的城镇体系，不断带动区域经济持续健康发展。

三、城市经济社会发展处于主导地位

1949 年 - 1978 年是新中国成立后我国城市发展的第一个 阶段。从建国初期的恢复重建，到"大跃进"年代的大起大落，再到"文化大革命"时期的停滞不前，我国城市发展走过了一段曲折的路程。这一时期对城市建设和城市发展的认识还不够科学、不够深刻，甚至存在着较大的偏差，对城市发展中暴露出来的问题也没有给予足够的重视，更没有及时地加以解决，导致城市发展十分缓慢。1949 年，具不完全统计，城市财政收入不到全国的 2%，社会商品零售额只占全国的 10% 左右。事实证明，城市体系发展的迟缓和落后，不可能造就工业化的先进国家。

1978 年至今是新中国成立后我国城市发展的第二个阶段。这一阶段，我国经历了政治上的拨乱反正，经济上从计划经济体制向市场经济体制的转变，初步建立了有中国特色的市场经济体系。在这一过程中，我国城市发展重又走上正轨，城市无论数量还是质量都发生了巨大变化，取得了举世瞩目的成就。同时，伴随着我国改革开放的伟大实践，我们对城市发展的认识也在不断深化。

作为国民经济增长的引擎，城市在经济总量、投资、消费、外贸、旅游等诸多领域逐渐占据主导地位。特别是居于中心城市地位的全部地级及以上城市（不包括辖县，下同），虽然只占全部城市的一半不到，但其综合实力在城市体系中居于核心地位。

2003 年地级城市实现地区生产总值 74776 亿元，占全国国内生产总值的 64%。从产业结构来看，2003 年全部地级及以上城市第一产业增加值为 3424.3 亿元，占全国的 20%；第二产业增加值 39298.9 亿元，占 64.1%；第三产业增加值 33428.4 亿元，占 85.8%。地级城市的财力雄厚，2003 年全国城市实现地方财政收入（包括市辖县）8077.6 亿元，占全国地方财政收入的 82%。

2003 年全部地级城市（不包括辖县）批发零售贸易业商品销售总额（限额以上）41813.7 亿元，占全国的 43.8%；全年社会消费品零售额 28116.7 亿元，占 61%。

共完成固定资产投资 28891.4 亿元，占全国的 52%。

2003 年 35 个大中城市实现进出口总额 5229.1 亿美元，占全国的 61.5%；其中出口 2708.2 亿美元，占 61.8%；进口 2520.9 亿美元，占 61.1%。城市科教及文化卫生事业比较发达。至 2003 年末，全部地级城市（不包括辖县，下同）共有高校 1524 所，占全国的 98.2%，在校人数 1101 万人，占 99.3%；中等职业学校 5286 所，占 40.4 %，在校人数 596.2 万人，占 48.8%。普通中学 20978 所，占 26.4 %；在校人数

2307.4 万人，占 26.9%。小学 67843 所，占 15.9%；在校人数 2839.2 万人，占 24.3%。至 2003 年末，各类专业技术人员达 1832 万人，其中中级技术职称以上人员为 654 万人。

至 2003 年末，全部地级城市剧场、影剧院达 2477 个，公共图书馆图书藏量 30195 万册件；平均每百人公共图书馆藏书 88 册。

卫生保健事业健康发展。2003 年末，全部地级城市拥有各类卫生机构 21451 个，占全国的 34.1 %，医院床位数 157.5 万张，占 53.3%；医生数 83.5 万人，占全国的 44.7%。

四、城镇化是中国发展的必经之路

在温饱问题解决之后，农村发展面临着如何实现小康的问题。农村实现小康的最大困难，在于人多地少，不容易形成规模经营。解决农村问题需要从农村内部和外部多方面努力。一个根本性的问题，是城市的发展问题，是推动农村人口向非农产业转移，加快城镇化进程，这是工业化和城镇化进程的核心内容。"十六"大提出了全面建设小康社会的宏伟目标，而"全面繁荣农村经济，加快城镇化进程"已作为发展的重要战略目标之一。因此要在全面认识当前我国城镇化进程的基础上，从宏观上把握城镇化发展的总体思路，制定符合我国国情的城镇化发展战略和发展模式。总体思路主要把握两点，一是必须全力、迅速地发展城市经济，扩大积累；二是逐步、坚决地消除任何阻碍城镇化发展的壁垒。改革开放 20 多年来，我国经济社会取得了举世瞩目的成就，城镇化水平有了很大提高。城镇化率从 1978 年的 17.9%，提高到 2003 年的 40.5%。但由于特定的社会经济条件和历史原因，我国城镇化进程相对比较缓慢，城镇化水平不仅远低于发达国家 70 - 80% 的水平，也低于世界平均 47% 的水平。从现阶段我国经济发展实际看，较低的城镇化水平已经越来越成为制约我国经济和社会发展的重要因素，因此，加快城镇化进程势在必行。

"十六"大报告提出的"坚持大中小城市和小城镇协调发展"是我国城镇化战略的核心。在坚持可持续发展理念的基础上，东部地区精心培育和加速发展大都市密集区，以缩短和发达国家的差距，这迫切需要高层次的协调和相应的发展政策；中西部地区在大城市的辐射带动下积极发展基础条件好、具有发展潜力的中小城市和小城镇是当务之急，特别是加强基础设施建设，积极扶持和帮助乡镇企业聚集到中小城镇，避免铺张浪费和重复建设，提高小城镇的建设质量。西部大开发的战略是西部城镇化发展的有利时机。

城镇化的实质是产业和人口向城镇的不断聚集，是以产业活动为基础的，因此必须重视和加快城市的发展。从根本上讲，人口转移的规模取决于二、三产业的吸纳能力，这必须在不断发展的基础上扩大产业规模，必须寻找和培育新的经济增长点。在我国发达地区和城市，在发展高新技术产业的同时，也不能忽视发展劳动密集型产业，扩大就业机会。在中西部地区要大力发展劳动密集型产业，为他们寻求更多的市场,创造良好的外部环境。在市场准入方面,消除各种形式的对中小企业的歧视,鼓励创业;在税收方面纠正不公平待遇;在金融方面,发展能够真正为中小企业服务的中小金融机构。

深化城市经济体制改革,增强城市功能,全面提升城市的"拉力"作用是至关重要的。我国国民经济长期稳定的发展是推进城镇化进程的可靠保证,城市在国民经济和社会发展中的战略地位极为重要,也是加快城镇化进程和提高城镇化质量的重要载体。城市发展要有前瞻性,要深入研究城市发展的潜力,合理规划,可持续发展。要充分意识到我国城镇化发展已进入到中级阶段,这一阶段的特点是,城市规模将进一步扩大,城市数量快速增加,未来加快城镇化进程对可能导致城市基础设施不堪负重、城市贫困加剧、社会治安不稳定、生态环境恶劣等严重后果,对此要有充分准备。

21 世纪被称为城市的世纪,联合国前任秘书长加利在谈到城市的地位时曾经这样讲:"在未来社会里,城市特别占主导地位,城市的未来不仅决定了各国的前途,而且将决定整个地球的命运。"在中国全面建设小康社会征途中,城市的健康发展,城镇化进程的加快,将是区域经济社会发展的主旋律,前景是广阔的。

(撰稿:陈晓杰)

中国城市的形成与发展

中国是世界著名的文明古国，也是世界六大城市带发源地之一。特别是中国的城市文明自产生之日起就从未中断过，其丰富的内涵对当代中国城市有着广泛而深刻的影响。根据不同时期城市发展的主要特征，中国城市的发展史大致可分为以下几个时期：城市起源和初期发展时期；封建社会时期，新中国成立前和新中国成立后。

一、城市起源和初期发展时期

考古学资料证明，距今4000至5000年的龙山文化时期，生产力有进一步的发展，氏族社会走向解体，部落之间的战争也日趋激烈，这时出现了城市的萌芽——城堡。距今4400至4000年前的6座古城遗址，均位于黄河中下游地区，计有河南登封王城岗古城、淮阳平粮台古城、郾城郝家台古城、安阳后岗古城、山东章丘城子崖古城和寿光边线王古城。另外在内蒙古赤峰地区也发现同期所筑的石城。以上6座古城中，面积最大者为城子崖古城，约20万平方米，面积最小者为王城岗古城，仅1万平方米。由于它们规模小，功能单一，一般认为它们更具城堡的形态，离城市的标准尚有不小的差距。

公元前约2000年，我国进入传说中的夏代。70年代以来，在黄河中下游地区，夏和早商时期城市的遗址屡有发现，取得了重大突破。商代前期的城市遗址，目前已发现6座，在河南偃师二里头发现了距今约3600年前的宫殿遗址，一般认为是迄今所发现的最早的城市遗址。早期城市的功能是以政治、军事为主的。周初的城市，主要仍分布在黄河中下游地区，但向北已扩展至太原、北京附近，向南则至汉水、淮河流域。自此之后，我国城市的分布就以这一地区为中心，逐渐向四周生发。

二、封建社会城市的发展

春秋战国时期，随着生产力的发展，城市的经济功能大大强化，从而导致完整意义上的城市出现。

考古显示，在很多城市内曾有大面积的手工作坊。如洛阳王城的冶铜作坊，面积达20万平方米。其它如齐临淄、秦咸阳、燕下都等均有密集的手工业作坊遗址。赵邯郸、魏大梁为当时著名的冶铁中心。

早期城市，处于城乡刚刚开始分化的社会历史阶段，往往没有城墙，也没有全面的、有秩序的城市规划。到了春秋战国时期，各国间战争频繁，为城市防御目的普遍修筑了城墙，并在宫城外修筑第二道城墙，形成完整的城郭制度。

战国时期城市体系的等级结构比春秋

时期大为简化了。一方面，继续保持多中心的格局；另一方面，在各国内按郡县制（个别稍有不同），形成王都－郡城－县城三级城市体系。秦朝统一全国后，中国古代都城－郡城－县城三级城市体系初步形成。

汉代，城市的发展主要表现为在全国范围内建立了以首都、郡府、县城三级行政中心城市为主体的城市体系。其次，随着四川盆地的开发和丝绸之路的开辟，城市分布的地域范围较以前更为扩大了。

隋代，全国有郡194个，是秦时的4.85倍，县1255个，较秦增加了50%左右。这意味着隋的城市发展水平大大超过了秦。隋的郡县比为1：6.5，大大小于秦的1：20，表明中间规模层次的城市数量逐渐增加，从而显示中国城市规模体系渐趋成熟化。

继隋之后的唐代行政区划有重大变化，在郡之上设道，全国分为15道，道驻地通常为区域中心城市。这样，形成了以首都、道治、郡府、县城四级行政中心为主体的城市体系。这也是今天省、地、县三级地方行政区划的由来。

随着经济发展水平达到一个新的高峰，继战国时期之后，唐代大中商业城市再次大量出现。据统计，唐代城乡人口合计超过10万的大城市有15个，其中北方地区仅5个，即长安、洛阳、汴州（今开封）、太原、魏州；南方地区有10个，即扬州、成都、苏州、常州、杭州、湖州、会稽（今绍兴）、宣城、丹阳、广州。此外，还有一批数万人口的中等城市。

秦以后，随着中央集权统治的确立，首都成为全国最大的城市，唐代长安也不例外。据宋人宋敏求《长安志》称，长安所辖的长安、万年两县有近8万户居民。根据户和人口比例，约43万人。加上不列户籍的宫中人口、僧尼道、禁军等，估计唐长安城内外总人口约60万，这在当时世界上是规模最大的了。

继五代之后的北宋是一个蓄贫积弱、苟且偷安的朝代。但由于它统一了当时中国人口最多、经济最发达的东部地区，使社会与经济的发展水平仍超过了唐代。北宋在中国城市发展史上，也是继春秋战国之后的第二个高峰时期。人们甚至认为在北宋时期，产生了一次"城市革命"。主要表现在以下几方面：

（1）城市商业空前发展，传统的坊市制被打破。坊市制度的崩溃具有革命性的意义，它标志着中国商业由定时限地的古代型商业向全天的、不受地点限制的近代型商业转化，封闭的城市开始向开放型的城市转化。

（2）新型的城市型聚落——镇、市开始显现。我国的镇和草市均起源于南北朝时期。最初的镇属于边地军事系统中的低级驻军单位。宋代，镇逐渐向地方行政系统转化，其中经济功能突出者，成为县城以下的城市型聚落，又可分为交通型、商业型、手工业型等不同职能类型。著名者如港口镇青龙镇，为今日上海的前身，制瓷手工业镇景德镇等。宋代的草市则有两种类型，一种是附郭草市，本身属于城市的一部分，是城市地域范围不断扩大的结果，其中有些草市的面积还大大超过城的面积。另一种是农村中的周期市场，属于农村聚落。

但当规模扩大后，可升置为镇或县。镇和草市的出现，使城市等级体系的层次更为丰富。

(3)大中城市继续发展，首次出现百万人口的特大城市。北宋时，大中城市继续发展。首都开封城内的人口有近10万户，约50万人。由于当时城市的发展已突破城墙的范围，估计盛期时开封城内外人口有60万。较唐长安城增长1/3。加上十几万禁军、宫内人口、僧道、游民等不入籍人员，开封人口最多时估计接近100万，是我国有史以来可以较为确信的第一个百万人口城市。南宋是偏居江南的小朝廷，都城临安的人口少于开封，但估计仍可达70万人左右。开封和临安，在当时均为世界上最大的城市，这足以证明宋代社会经济的发展达到一个新的高峰。

元、明、清三代的统一局势，造就了我国城市发展史上最为雄伟、辉煌的都城——北京。明清时期城市发展中的最显著特征是在一些商品经济较发达地区，工商业市镇的大量涌现。它们不同于以往由封建统治者出于统治目的而设的王都州府县城，而是商品经济的产物。按职能类型，这些市镇可分为手工业型和商业型两大类。手工业市镇又可分丝织手工业、制茶叶、制糖业、制烟叶、制瓷业、矿业等不同类型。有些手工业市镇往往同时也是商业中心。从空间分布看，工商业市镇集中在商品经济比较发达的东南沿海一带，特别是在长江三角洲和珠江三角洲上。宋代长江三角洲上的苏州、松江、常州、杭州、嘉兴、湖州六府有71个市镇，明代增至316个，清代增至479个，平均每县分布8到9个市镇，构成四通八达、商品流通的市镇网络。

明清时期，大中城市也有一定的发展。除北京外，还有30多个大中城市，如南京、苏州、杭州、广州、福州、武汉、成都、重庆、开封、济南、临清等。其中，广州作为明清实行禁海政策后的唯一对外开放城市，发展尤为迅速，至鸦片战争前夕估计人口达80-90万，成为仅次于北京的全国第二大城市。苏州则是手工业最为发达的城市，在封建社会城市普遍为消费性城市的情况下，苏州已具备一定的生产功能。从城市的分布看，明清时期的大中城市大部分集中于东南沿海一带，江浙两省差不多占了全国的1/3，而整个北方仅占1/4。愈偏北和愈到内地，城市的发展就愈见低下。

三、新中国成立前的时期

1840年的鸦片战争，迫使清政府打开闭关自守的大门，开始加入世界经济体系。从19世纪中叶起，资本主义工商业首先在沿海沿江城市中出现，随后波及东北和内地广大地区。随着商品生产的发展，形成一批近代工商业城市，其中上海、天津、大连、青岛、广州、重庆等城市迅速崛起，其地位逐渐超过邻近的苏州、北京、济南、成都等传统城市。同时产生了不少新兴城市，它们多为矿业或工矿业城市，如抚顺、鞍山、本溪、唐山、焦作、大冶、萍乡、玉门等。由于我国煤铁资源主要分布在北方地区，使新兴城市也多位于东北及华北地区。这样，自魏晋南北朝以来，我国城市主要在南方发展的趋势发生了逆转，北方再次成为城市的主要发展区，其中东北成为我国近现代城市化速度最快的地区。

由于上海人口鸦片战争前仅为10多万,1949年人口增至545万,成为我国最大的经济中心。其它如武汉、重庆、南京、广州也先后成为百万人口的特大城市。在长江三角洲,还形成由上海、苏州、无锡、常州等城市组成的城市密集带的雏型。这些城市代表了更为先进的生产力,它们逐渐成为全国或大区的经济中心,并形成以它们为中心的商品生产、流通的经济网络乃至城市网络。另一方面,广大内地城市的变化不大,它们很少受现代经济的影响,其职能基本上仍起中心地的作用。这样,我国城市体系由一元的,以各级行政中心城市为主体的结构,转向以工商业城市为一方,传统的中心地城市为另一方的二元结构。在这个二元结构中,工商业城市居于统治地位。

据史料记载,中国现代市制源于清代,始置于民国时期。1921年北洋政府内务部以"大总统赦令"的形式颁布了《市自治制》,从国家意义上正式开创了中国的城市市建制,并设立了南京、上海两个特别市,无锡、杭州、宁波、安庆、南昌、汉口、广州、梧州为普通市。1928年共有北平(今北京)、天津、哈尔滨、上海、南京、青岛、汉口、广州8个特别市和苏州、杭州、蚌埠、芜湖、长沙等17个普通市。1945年抗日战争胜利和台湾省收复,全国设置城市数量猛增为43个,到1947年由于收复东北三省,设置城市上升到69个。到1949年底,全国共有设市城市132个,其中中央直辖市12个,省辖市53个,专署辖市67个。

四、新中国成立后的时期

新中国成立后,我国的社会经济面貌发生了翻天覆地的变化,城市的规模、结构和其在国民经济中的地位、作用也有了长足发展。大体可分为改革开放前计划经济体制下城市发展阶段和改革开放后城市快速发展阶段。

(一)计划经济体制下的城市发展阶段:

此阶段可分为三个时期,即1949年~1957年健康发展时期、1958~年1966年起伏发展时期和1966年~1977年停滞发展时期。

1、健康发展时期(1949年~1957年)

这一时期是中国社会经济制度发生根本变革的时期,城市经济发展以变消费性城市为生产性城市为特征。新中国成立后,政府提出了把工作的重心从农村转移到城市,并对千疮百孔的经济采取了一系列强有力的措施进行治理,使国民经济迅速得到了恢复。从1953年开始,实行国民经济发展第一个五年计划。这一时期,设置城市的发展主要表现在两个方面:一是撤消一批小城市,有重点地完善和发展了如武汉、成都、太原、西安、洛阳、兰州、哈尔滨、长春等大城市及鞍山、本溪、齐齐哈尔、等中等城市;二是随着以156项工程为重点的建设,新建了一批工矿城市,如纺织机械工业城市榆次;煤炭新城鸡西、双鸭山、焦作、平顶山、鹤壁等;钢铁新城马鞍山;石油新城玉门。城市体系处于比较稳定而且健康的发展中。据资料统计,自1949年至1957年的9年中,城市数量由1949年底的132个上升到176个,增长33.3%,平均年递增5个新城市。中国城市市区人口占总人口的比重由7.3%上升到10.95%。

2、起伏发展期(1958年~1965年)

第二个五年计划初期,在急于求成的"左"的错误思想指导下,违背经济发展规律,盲目推行"大跃进"运动。1958年~1961年间,城市的建制也和国民经济急剧膨胀,在三年"大跃进"后,我国城市由1957年的176个增加到1961年的208个,增长18.2%。城市人口也从7077万人增加到10132万人。由于大量的乡村人口进入城市,工农业比例失调,国民经济出现巨大波动,导致城市的就业、供应出现严重问题,国家不得不压缩城市人口,减少市镇建制。1961年以后,全国陆续撤消了52个城市,动员了近3000万城镇人口返回农村。同时将一部分地级市降为县级市,如石家庄、保定、唐山、张家口、邯郸、承德、安阳、鹤壁、焦作、三明、宝鸡、咸阳、玉门等。到1965年底,全国城市总数为168个与1957年相比减少8个。

停滞发展时期(1966年~1977年)

这一时期是中国社会经济处于"文化大革命"的10年动乱年代。一方面,盲目的下放城镇居民、干部和知识青年。另一方面,大搞"三线"建设,把大量资金、设备、技术力量"靠山、分散、进洞",正常的经济秩序被打乱,造成城市发展缓慢,城市体系处于长期停滞不前的状态中。到1977年全国城市总数为190个,比1965年增加22个,年平均增加2个。

(二)改革开放后城市快速发展阶段

1978年以来,改革开放使中国的政治、经济形势发生了深刻的变化。随着一系列改革开放措施的落实,农村经济有了较快的发展,城市经济中心作用加强,市领导县的新型城乡经济体制形成,城市建设和规划也逐渐走上了健康发展的科学轨道,中国城市设置进入快速发展的时期。

1、改革开放的起步阶段(1978年-1983年)

这一时期,改革以农村为重点,并逐步在城市进行试点。1981年-1984年国务院先后批准了常州、重庆、武汉、沈阳、大连、南京等城市进行城市经济体制综合改革试点。1982年中共中央提出改革地区体制,经济发达地区地市合并,实行市管县、管企业。通过一系列改革措施,城市经济辐射面增强,城市的中心作用得到进一步发挥,多年来的城乡分割被打破,城市经济向农村辐射延伸。农村经济向城市渗透,城乡交融,逐步形成网络型经济,促进了城乡经济的繁荣。经济的复苏与发展,激发了我国长期积累的城市化潜在的活力。主要是在农村经济迅速发展的带动下,乡村工业逐步兴起,小城镇和农村集镇得到较迅速的发展,自上而下的城市化开始显示出生机和活力。到1983年底,全国城市个数达289个,比1977年增加99个,增长52.1%,平均年增加16.5个

2、改革开放的展开阶段(1984年-1991年)

这一时期的改革是以建立社会主义有计划的商品经济为目标,同时城市经济体制改革成为整个经济体制改革的主体。1984年全国城市经济体制改革试点市已达到72个。在改革的不断深入的同时,还加大了对外开放的力度,继1979年设立深圳、珠海、汕头、厦门四个经济特区后,不断扩大对外开放城市的范围;1984年3月26

日国务院决定进一步开放由北向南的大连、秦皇岛、天津、烟台、青岛、连云港、南通、上海、宁波、温州、福州、广州、湛江、北海等十四个沿海港口城市,以及决定在长江口、珠江口两个三角洲和闽南三角地区开辟经济开发区。这些政策的连续出台,实质上为上述东部沿海地区逐步形成城市群创造了有利条件。作为我国对外开放的一个新的重要步骤。极大地促进了东部沿海地区经济高速发展以及乡镇企业的兴起。

1986 年国家"七五"计划提出了"切实防止大城市人口规模的过度膨胀,有重点地发展一批中等城市和小城市"的城市发展方针,同年,国务院批准试行新的市镇标准。。新的设市标准扩大了非农业人口的范围并降低了条件,设市模式从以镇设市改为撤县设市,适应了农村城市化发展的需要,大大推动了中国市建制的发展。到 1991 年底,全国城市总数已达到 479 个,比 1983 年增加 190 个,增长 65.7%。平均年递增 23.7 个城市。

3、改革开放的深入阶段(1992 年 - 2003 年)

党的十四大明确了建立社会主义市场经济体制的总目标,确立了社会主义市场经济体制的基本框架。城市作为区域经济社会发展的中心,其地位和作用得到前所未有的认识和重视。2002 年 11 月党的十六大制定了到 21 世纪中叶我国基本实现现代化,把我国建成富强民主文明的社会主义国家的宏伟目标,明确"提出要逐步提高城市化水平,坚持大中小城市和小城镇协调发展,走中国特色的城市化道路"。从此,揭开了我国城镇建设发展的新篇章,城市化与城市发展空前活跃。到 2003 年底,全国城市总数达到 660 个,比 1991 年增加 181 个,增长 37.8%,平均年增加 16.5 个。自新中国成立以来到 2003 年止,全国共新增 528 个城市,占全部城市的 80%。

(三)新中国成立以来城市发展的主要特征

一是城乡关系由相互分离转向趋于一体化发展。城市是相对于乡村的空间概念,是乡村的对立物,在相当长的历史时期内,城市在政治上统治乡村,在经济上掠夺乡村,在社会联系上摒弃乡村,城乡之间的政治、经济、社会关系日益趋于分割和对立。随着生产力的发展,农业技术现代化、农业服务社会化、农业劳动知识化程度不断提高,城乡差别、工农差别、脑力劳动与体力劳动的差别大为缩小,尤其是农村小城镇的迅速发展和日益现代化,形成一批新兴的城镇有力地推动了农村生活质量和社会环境日益趋向城市化。大量农民有条件由农村向城市转移,随着现代生产力的集中,从而使城市化水平不断提高。随着大城市承载能力的日趋饱和,产业和劳动力又不断从大城市向农村尤其是小城镇转移扩散。这两种趋势的汇合,使城市和乡村向一体化迈进。

二是城市的区域分布在不平衡中趋于平衡。2003 年,在全国 660 个城市中,东部地区 284 个,占 43.0%,中部地区 247 个,占 37.4%,西部地区 129 个,占 19.5%;400 万人口以上的城市,东部 7 个,中部 1 个,西部 3 个;200 ~ 400 万人口的城市,东部 16 个,中部 5 个,西部 1 个;100 ~ 200 万人口的城市东部76个，中部45个，西部20个；50～100万人口城市，东部132个，中部106个，西部36个；20－50万人口的城市，东部49个，中部73个，西部50个；20万人口以下城市，东部4个，中部17个，西部19个。从发展动态来看，改革开放20年多来，中西部地区城市化的进程显著加快，与东部地区的差距有所缩小。但是从总体上看，中西部地区城市不仅数量少、规模小、水平低，而且城市间关联性和均衡性较差，表明中西部地区还要经历一个逐步成熟的发展阶段才能迈入现代城市化进程。

三是城市结构由等级型向复合型转变。由于城市起源于政治中心，而政治中心的地位又有利于促进城市的建设和发展，从而使城市的规模和同其行政等级相联系，形成了中央、省、市、县、乡级别由上而下、规模也由大而小的等级型的城市结构。尤其是在行政力量对经济的干预强度较大的历史时期，这种等级型城市结构的特点就更为明显，政治中心城市不仅是行政区内交通通信中心，而且是经济和科技教育中心。随着现代生产力的发展和市场化程度的不断提高，非政治中心城市不断涌现，有的是依托当地自然资源而形成工矿城市，例如大庆市、东营市和克拉玛依市等是在大庆、胜利、克拉玛依油田开发过程中成长起来的；有的是在改革开放的政策环境中兴起的城市，例如深圳市；有的是以建设新兴工业项目发展起来的市，如三门峡市、丹江口市是在三门峡和丹江口水利枢纽建设过程中成长起来的，十堰市是在第二汽车制造厂建设过程中发展起来的，绵阳市是靠电子工业发展起来的。有的是以旅游业兴市，例如安徽的黄山市、张家界市、丽江市等。这些城市的规模和能级同其政治地位没有直接的关系，相互之间只有功能互通、互补的关系，没有行政隶属关系。当然也有一些城市因其规模上升引起其政治地位上升。从发展趋势看，非等级型城市将随着市场化、国际化、知识化进程的加快而不断增多。虽然等级型城市在较长时间内仍将是主体类型，但其政治功能将逐步淡化，从而形成复合型城市结构。

四是城市布局由单一中心向多元中心转变。传统的城市一个城市只有一个中心区，以中心区为核心，向周围展开和扩散，皇朝时代的北京市就是以中轴线展开布局的典型代表。对于50万人口以下的城市而言这种布局还是可以接受的，但对于100万人口以上的城市而言，就会由于人流、物流、车流的过于密集而制约城市功能的拓展，并且会降低中心区的环境质量，所以现代城市在布局上一般向多元中心格局转变。首先，在城区范围内，以若干居住中心为依托，形成若干规模和功能差异不大的次中心商业区，或者按照功能分类的若干小区，例如工业开发区、金融区、文教区等等。其次，是在城市周围形成若干卫星城镇，使之同主体城市相互贯通、相互依存。200万人口以上的城市，还可以同跨行政区的中小型城市形成相呼应的城市群体。城市布局由单一中心向多元中心的转变是城市现代化的必然趋势，也是城市布局的重要指导思想。我国在经历了20多年的改革开放进程，城市体系发展已逐渐走向成熟。以城市，特别是大城市发展为代表的,城市——区域空间为主体发展的新格局日益显现。一些区域具有区位、资源和产业优势,已经达到了较高的城市化水平,在东部沿海地区密集的城市、聚集的城市人口和经济总量就已经成为我国事实上的经济发展的核心。2002 年的统计表明,我国东部三个大都市密集区占全国 7.1% 的土地,而 GDP 总量占全国的 54.7%。

五是城市功能由政治型转变为产业型是城市功能的历史性转变,是现代化城市的起点和重要标志。我国城市目前仍处在不断强化城市产业功能的历史性过程之中,强化城市产业功能仍然是大多数城市应该继续为之努力奋斗的目标。但是从长期发展来看,城市功能将要发生第二次革命,即由产业型向人本型转变,即由以物为中心转变为以人为中心。首先,这是因为在经济现代化达到一定水平、人类生产步入小康阶段之后,在人与物的关系中,人将开始支配物,而不再被物所奴役,人们将更加关注自身的发展。现在最新的发展观已从单纯追求经济增长转向追求人类发展的目标,就是要提高人民生活的质量、扩大人民发展的机会和能力,包括接受教育和训练的机会,获得公共卫生服务的机会,从事就业劳动的机会也包括享受社会保障的机会。所谓能力,则是通过教育和培训提高就业竞争的能力、提高自身收入水平的能力、提高抵御风险的能力,也包括民主参与的能力。城市则将在这一转变中居于主导地位。其次,人类正在进入知识经济时代,未来的经济实力和竞争力越来越决定于人的素质,决定于人的知识层次和创新能力。像美国微软公司那样,主要以知识和人才为资本的新兴产业将代替以资源和有形资产为基础的传统产业,城市的竞争能力不再取决于工业化水平,而是取决于知识化和信息化水平,目前以产业中心为主要功能的城市,要逐步向以知识和信息中心为主要功能转变,也就是要着力于人才开发和知识创新。再次,未来政治和社会关系的演变,将使人的基本权利、人格、人性、人的才能和意愿得到更为充分的尊重,个人的发展更具有直接的社会意义。总之,未来的城市,将由以物为本转变为以人为本,城市布局、城市功能、城市管理都要充分体现市民的意愿,有利于市民的充分发展。

(撰稿:赵惠云)

小常识：城市是什么？

城市（城镇）

城市，是以非农产业和非农业人口聚集为主要特征的居民点。包括按国家行政建制设立的直辖市、市和镇。

城市是一定区域的政治、经济、科技、文化、教育、信息中心，是区域社会经济发展的基础，城市的发展主导着经济的增长和社会的文明。2003 年末，中国大陆拥有 660 个城市。

按行政级别分：

合计	直辖市	副省级市	地级市	县级市
660	4	15	267	374

按城市规模分：

合计	按城市市辖区总人口分组						
		400 万以上	200－400 万	100－200 万	50－100 万	20－50 万	20 万以下
660		11	22	141	274	172	40

国际化城市

国际化都市指在现代经济技术高度发达和广泛联系的基础上，具有世界或区域中心地位的现代化城市。按其国际化程度，可分为世界城市（全球大城市）和国际性城市两类。

中心镇

指随着农村经济的快速发展，符合区域经济和城镇建设合理布局原则，在历史发展中自然形成的，具有良好的区位优势和一定经济规模，在各乡镇中发展比较快，能够对周边一些乡镇起到辐射带动作用的建制镇。

集镇

指乡、民族乡人民政府所在地和经县级人民政府确认的由集市发展而成的作为农村一定区域经济、文化和生活服务中心的非建制镇。

（文章来自：中国城市网　摘：崔如春）

二、城市综合实力比较研究

2003年我国地级城市综合实力比较研究

2003年是我国"十五"规划发展中承上启下的关键的一年，在人民生活整体上达到小康水平后，我国进入全面建设小康社会，加快推进社会主义现代化的新的发展阶段。城市作为政治、经济和文化的中心，在推进城市化进程，实现全面建设小康社会发展中处于重要地位。正确评估城市的综合实力和竞争力，比较差异及分布状况，将有助于各城市认识自我，促进城市间的优势互补和良性竞争，有利于城市全面协调发展和提升城市综合实力，加速现代化进程。本课题在充分利用最新的城市基本情况统计资料的基础上，采用科学方法，通过定性和定量分析，对全部地级城市的综合实力进行比较分析，以期能够充分反映各城市在建设和发展中的优势与不足，为各城市制定适合自身的城市发展战略提供一点思路。课题内容分二个部分：第一部分为评估测算结果的基本分析。第二部分为城市综合实力的基本概念，侧重从理论上描述综合实力的含义、比较方法和指标体系。

对评估结果的基本分析

根据2003年城市基本情况统计资料，对全国284个地级及以上城市①的综合实力进行比较和评价，总结果如下：

将284个城市按得分情况分为四大类：

第一类(70分以上)：共有22个城市，分别是：上海、北京、深圳、广州、天津、南京、大连、杭州、沈阳、哈尔滨、成都、东莞、济南、佛山、无锡、长沙、武汉、宁波、长春、苏州、青岛、珠海。

第二类(30－70分)：共有27个城市，分别为大庆、福州、厦门、石家庄、常州、郑州、秦皇岛、烟台、乌鲁木齐、西安、合肥、南宁、呼和浩特、重庆、东营、昆明、威海、中山、南昌、绍兴、太原、惠州、温州、徐州、扬州、淄博、镇江。

第三类城市(0－30分)有53个；第四类城市(负分)有182个。

上述类别的划分从整体上看虽然表达了城市综合实力的强弱，但这种强弱是相对的。因为城市的综合实力和城市的发展历史、地理位置、城市规模等因素密切相关，如小城市和超大城市有很多不同，两者比较意义不大。因此城市之间的比较更应注重和考虑可比因素接近与否。本文因篇幅有限，不可能作深入细致的分析，仅将综

① 2003年底共有地级以上城市286个，由于拉萨缺乏资料，呼伦贝尔数据无法检验，均未参与此次比较。

合排位在前50位城市和各子系统前20位城市进行简单评述。

一、综合实力50强城市的基本分析

在对284个地级及以上城市的综合实力评价中,50强城市脱颖而出。这些城市作为全国和区域发展的核心,无论在人口规模、地域范围、行政级别等各方面都具有绝对代表性。2003年的资料显示,50强城市人口达到了14858万人,占全部地级城市的43.4%;行政区域土地面积为138896平方公里,虽然只占24.6%;但地区生产总值达51357.4亿元,占地级城市的67.4%;地方财政预算内收入达到4450.6亿元,占76.8%;全社会固定资产投资达到22054亿元,占67.1%;专业技术人员达到1171.2万人,占地级市的63.9%。这些城市的特点是:

(一)地域优势明显。50个城市中,东部地区呈现明显的分布优势,特别是沿海开放城市和经济特区城市更为突出,共包括了5个规模较大的沿海城市及特区城市。在50个城市中,东部及沿海地区城市达到33个,占66%;中部地区10个,占20%;西部地区7个,占14%。和2002年的评估结果的分布格局作比较,今年的评估结果表明了中部和西部地区城市所占比例持平,其中西部地区成都市位次上升。

(二)规模优势明显。城市人口规模对评估结果有着正相关的影响,即规模大的城市占有优势。50个城市中包括了28个200万以上人口(市区总人口)的特大城市和超大城市,占一半以上。城市规模大小依然是决定城市聚集效益、对外辐射能力和影响周边地区发展的重要因素之一。城市规模的适度扩张将会对进一步加快城市化进程起重要的促进作用。

(三)区域中心地位优势明显。50个城市大多数都是地区、全省或全国的政治、经济和文化的中心。50个城市中有4个直辖市,14个副省级市,21个省会城市和一些区域性的特色中心城市。50个城市的经济中心地位尤其突出,2001年国内生产总值均超过300亿元。

(四)3个大都市密集区优势明显:以长江三角洲、珠江三角洲和环渤海地区为中心的3大都市密集区发展最为突出。50个城市中有33个城市位于这3个区域,占了一半以上。

(五)东部省份优势明显:50个城市中,分布在江苏的城市最多,达到7个城市,山东和广东分别为6个市,浙江和辽宁分别是4个市。强市集中的省份也是经济大省。

二、子系统基本分析

各个子系统分别从城市发展的素质、潜力、人居环境、可持续发展等几个侧面反映城市的发展情况。通过对各子系统的结果分析,可以看出各城市内部发展的不平衡性,可以找到城市发展中存在的问题,以使城市决策者明确在突出城市发展特点的基础上,走可持续发展之路。

(一)"人口与劳动力"系统的比较结果

在该系统排位前50的城市中,具有比较优势的前20位城市是:北京、上海、哈尔滨、南京、西安、广州、长沙、天津、成都、武汉、昆明、石家庄、长春、沈阳、重庆、乌鲁木齐、郑州、大连、呼和浩特、太原。结果资料表明，中西部几个大的省会城市在人力资源和劳动力素质方面占有一定的优势，如哈尔滨、西安、长沙、成都、武汉、昆明、长春、重庆等城市在这一子系统中排在前列。这些城市有的在总结果比较中不属于第一类，但这些城市的规模和级别，及所处区域中心的地位，奠定了人口结构和劳动力素质等方面具有相对优势。

（二）"经济"系统的比较结果

该系统分为"经济规模"、"经济结构"、"发展速率"和"经济效益"四个二级子系统。具有明显比较优势的城市是：上海、北京、深圳、广州、天津、大连、苏州、宁波、无锡、杭州、东莞、长春、南京、烟台、济南、沈阳、青岛、佛山、成都、厦门。从结果看，东部城市优势明显，规模较大的城市优势明显；中、西部各有一个城市，长春、烟台为新增城市；苏州位次明显前移，由上年18位上升到第7位。这些城市都是经济聚集很强的综合发展类型的城市。增强城市的经济实力，一方面要扩大产业规模，但更重要的是加快产业结构的优化和升级，因此，这些城市具有广阔的发展前景。

（三）"社会"系统的比较结果

"社会"系统分为四个二级子系统："居民收入和消费水平"、"住房、医疗、服务"、"科技、教育、文化"、"社会治安"和"社会保障"。该系统具有比较优势的城市如上海、北京、深圳、广州、东莞、大庆、珠海、佛山、天津、长沙、郑州、杭州、福州、哈尔滨、盘锦、沈阳、十堰、大连、济南、常州。和上年相比，有17个城市依然保持前20位，天津、盘锦和十堰跻身前20位。二级子系统显示出，城市在"社会治安"、"社会保障"方面还有待进一步加强。

（四）"环境"系统

主要从"人口密度"、"治理投资"、"废物出力"、"绿化"四个方面评估和比较城市的环境。从结果来看，上海、北京、深圳、济南、东营、克拉玛依、福州、南京、威海、南昌、昆明、苏州、长春、珠海、常州、沈阳、武汉、绍兴、青岛、厦门等城市居于前列。其中东部及沿海城市在这一子系统中表现突出，20个城市中包括了15个城市。上海、北京和深圳分别在"治理环境投资"、"废物处理"和"绿化"方面具有明显优势。

（五）"基础设施"系统

该系统重点考虑"交通"、"通讯"、"供水和供电"能力。前20位的城市是：上海、北京、深圳、广州、天津、沈阳、南京、酒泉、佛山、东莞、武汉、杭州、无锡、成都、重庆、常州、宁波、青岛、珠海和东营。西部城市酒泉进入前20位，主要是"交通"指标具有优势，而重庆、宁波、杭州、武汉、沈阳等该指标有较明显的劣势。上海、深圳、广州、天津综合评价比较均衡，而北京在"交通"方面和基础设施较好的城市相比也有比较明显的差距。

目前，我国正处于城市化加速发展阶段，随着经济的发展和城镇人口的迅速增加，城市环境污染、城市基础设施滞后等越来越影响着城市发展的可持续性。加强城市的规划、建设和管理，改善城市生态环境，创造良好的城市居住环境，走可持续发展之路，是我国城市发展的长远方向。为此，在城市发展过程中要正确处理好经济效益与社会效益、经济发展与环境保护、经济发展与资源开发等方面的问题，在经济高速发展的同时，把城市建设成为布局合理、配套齐全、环境清洁、居住舒适的人类住区。这种走可持续发展之路是城市现代化的必由之路。

附1：综合实力50强名单

上海	北京	深圳	广州	天津	南京
大连	杭州	沈阳	哈尔滨	成都	东莞
济南	佛山	无锡	长沙	武汉	宁波
长春	苏州	青岛	珠海	大庆	福州
厦门	石家庄	常州	郑州	秦皇岛	烟台
乌鲁木齐	西安	合肥	南宁	呼和浩特	重庆
东营	昆明	威海	中山	南昌	绍兴
太原	惠州	温州	徐州	扬州	淄博
镇江	鞍山				

附2：城市综合实力评价的概念、方法和指标体系

一、城市综合实力的基本概念及主要特征

决定城市发展的根本因素是社会生产力与生产关系的状况。城市的综合实力是指一个城市在一定时期内经济、社会、基础设施、环境、科技、文教等各个领域所具备的现实实力和发展能力的集合。现实实力即为当前城市所聚集的要素的总量和规模，一般情况下城市的规模决定其辐射和影响的能力，是城市外部特征的具体体现，发展能力体现了城市各方面所具备达到先进程度（或现代化程度）的潜力和城市运行高效率所具备的最优环境，是城市发展动力的内部机制的具体体现。因此，城市综合实力的内涵及外延都非常丰富。

城市的综合实力亦由城市社会生产力和生产关系高度协调发展的水平来衡量，其主要特征表现在：

首先，明确城市综合实力是动态的，随时间的推移有可能增强，也有可能相对减弱，这一程度是可以测量的，比较研究应以某时间段为基础。客观上，城市社会经济的不断发展本身就是综合实力增强过程；

第二，城市综合实力又是相对的，判断强弱应有参照物进行对比。本课题的研究结果是各城市之间综合实力的相对比较，而不是绝对的概念；

第三，全面比较城市的综合实力必须综合考虑各个方面的因素。从系统论来看，城市是一个复杂的大系统，只有各子系统均处于领先地位，高度协调才能确认城市综合实力的真实状况。如果某一子系统一枝独秀而其它子系统相对弱得多，就不可能形成城市的综合优势。

当然，城市的形成和发展是复杂的，根据城市多元性的基本特征，其内部功能发展不是千篇一律的，有的城市在某一方面功能可能更强，成长更快，居于主导地位，

表 1 AHP 方法指标权重

一级子系统	二级子系统	指标名称	指标权重%
经济实力(43.93)	经济规模(21.96)	国内生产总值	10.64
		地方财政收入	6.52
		固定资产投资完成额	2.4
		社会消费品零售总额	2.4
	经济结构(5.5)	第二产业增加值占 GDP 比重	2.75
		第三产业增加值占 GDP 比重	2.75
	经济发展(5.49)	经济增长率	3.66
		经济增长波动系数(逆指标)	1.83
	经济效益(10.98)	人均 GDP	5.93
		人均地方财政收入	3.26
		规模以上工业企业百元资金提供利税	1.79
社会实力(31.07)	人口结构(3.37)	市镇人口占总人口比重	3.37
	生活质量(17.44)	城镇居民人均可支配收入	6.86
		每万人拥有电话机数	1.88
		每万人拥有医生数	1.88
		人均居住面积	3.55
		恩格尔系数(逆指标)	3.27
	社会保障和秩序(4.98)	每万人在校大中专学生数	5.27
		基本社会保障覆盖率	2.49
		每万人刑事案件立案数(逆指标)	2.49
设施环境实力(14.64)	基础设施(9.76)	公路密度	4.82
		排水管道密度	1.91
	环境保护(4.88)	建成区绿地覆盖率	3.03
		每平方公里工业 SO_2 排放量(逆指标)	2.44
		工业废水排放达标率	2.44
辐射实力(10.36)	对外开放程度(7.76)	货运总量	1.94
		客运总量	1.94
		邮电业务总量	3.88
	对外吸引能力(2.59)	实际利用外资金额	2.59
		总权重	100

表2　AHP方法和因子分析法的评价结果

位次	城市	层次分析法结果	功效系数得分	城市	因子分析法结果	功效系数得分
1	成　都	2.4246	100	成　都	1.761	100
2	攀枝花	0.8980	79.0604	攀枝花	1.0059	87.1925
3	绵　阳	0.2061	69.5700	绵　阳	0.1145	72.0731
4	德　阳	0.1594	68.9294	乐　山	0.1022	71.8645
5	乐　山	0.0089	66.8651	德　阳	0.0538	71.0435
6	宜　宾	-0.0219	66.4426	自　贡	0.0051	70.2175
7	南　充	-0.0832	65.6018	泸　州	-0.0759	68.8437
8	自　贡	-0.1671	64.4510	宜　宾	-0.1213	68.0736
9	泸　州	-0.1750	64.3426	南　充	-0.1225	68.0533
10	眉　山	-0.1828	64.2356	雅　安	-0.1435	67.6971
11	内　江	-0.2549	63.2467	眉　山	-0.1481	67.6190
12	雅　安	-0.2750	62.9710	内　江	-0.1637	67.3545
13	广　安	-0.3096	62.4964	广　元	-0.2214	66.3758
14	达　州	-0.4274	60.8806	广　安	-0.3126	64.8289
15	巴　中	-0.4277	60.8765	资　阳	-0.3527	64.1488
16	资　阳	-0.4315	60.8244	遂　宁	-0.3621	63.9893
17	广　元	-0.4492	60.5816	达　州	-0.4214	62.9835
18	遂　宁	-0.4916	60	巴　中	-0.5973	60

二、因子分析-聚类分析方法

1、因子分析结果

采用因子分析法不用事先计算权重，它的权重是在分析的过程中由样本数据自动生成的，是一种客观赋权。通过因子分析法提取了5个公共因子，对这5个因子的得分进行加权平均，得到综合实力得分。各个城市的评价结果见上面表2。

2、聚类分析结果

在得到各城市的综合实力评价结果之后，需要对结果进行集团划分，使各个层次城市的共同特点凸现出来，为分析地区发展的优势和劣势，找出地区发展的差距提供参考依据。在上述因子分析的基础上进行聚类分析，结果如表3所示。

三、两种结果的比较与选择

多指标综合集成的AHP方法和因子分析法是截然不同的两种方法，它们在综合评价中都是使用的比较广泛的方法，两种方法各有利弊。通过理论研究和实证研究，我们认为AHP方法的结果要更符合实际一些，更符合人们的价值观。这主要是因为 AHP 方法在确定权重时引入了一定的外部信息，使权数与考核的目的要求之间建立了一定联系，因此结果显得更加合理。同时，AHP 方法的原理和结果都比较简单易懂。因此我们选择多指标综合集成的 AHP 方法作为最后的研究方法，并对其结果进行更加深入的分析。关于 AHP 与因子分析的具体的比较研究可参见技术报告。

表 3　聚类分析结果

类　别	城　　市	综合得分	平均分
第一类	成　都	100	100
第二类	攀枝花	87.1925	87.1925
第三类	绵　阳	72.0731	69.0196
	乐　山	71.8645	
	德　阳	71.0435	
	自　贡	70.2175	
	泸　州	68.8437	
	宜　宾	68.0736	
	南　充	68.0533	
	雅　安	67.6971	
	眉　山	67.619	
	内　江	67.3545	
	广　元	66.3758	
第四类	广　安	64.8289	63.1901
	资　阳	64.1488	
	遂　宁	63.9893	
	达　州	62.9835	
	巴　中	60	

第四篇　对评价结果的分析

对评价结果进行分析的作用主要表现在以下三个方面：其一是评优，即通过排序评判出先进和落后，并分析其各类的特点。其二是揭示问题，即通过总排序和各层的排序与基础指标之间的联系，对其存在的问题进行揭示，从而对决策者提供有益参考。其三是通过历史对比反映出动态差异。

一、综合比较

从图 3 可以很直观地看出，只有为数

不多的几个城市得分在平均水平之上(得分为正数),大部分城市的得分都在平均水平之下(得分为负数)。这说明四川省的18个城市综合实力悬殊很大,两极分化严重,少数几个城市的综合实力遥遥领先,它们占据了整个四川省总产出的大部分,而大部分城市却发展平平,综合实力有待提高。根据得分情况,可以把上述18个城市划分为四个层次:

第一层次:成都、攀枝花。虽然这两个城市之间也存在较大差别,但是从得分来看,这两个城市得分远在平均水平之上,处于遥遥领先的地位。它们的共同特点是以工业发展为主,工业比较发达,经济发展效益较好,城市范围内的农业人口较少,非农业人口比重远高于其它城市,人口素质也比较高,城市化进程比较快,居民的生活质量比较好,科学教育水平比较高,城市基础设施建设比较完善,交通便利,与外界有着比较广泛的联系。总的说来就是在经济、社会、基础设施和辐射方面的实力都比较雄厚。不过,这两个城市的发展也不是完全相同的,虽然在同一层次,但也是相对于其它城市来说的。两个城市中,成都的综合实力是远远超出攀枝花的。成都在规模方面占了绝对优势,这方面是攀枝花所不能比拟的,尤其是在经济发展方面。攀枝花则在人均和效益方面占了优势,这主要是因为攀枝花是个典型的工业城市,第二产业发达,其产出在GDP中占了绝对比重。而且攀枝花主要是由从事第二产业的人聚集而成市的,人口不多,受“三农”问题的影响较少,因此很多方面的效益都比较好,人均水平比较高,甚至在某些方面还超过了成都。也就是说攀枝花能够跻身第一层次,并不是由于规模的原因,而主要是因为质量效益的原因。

第二层次:绵阳、德阳、乐山。这三个城市的发展水平都在平均水平之上,但是与第一层次相比存在较大差距。它们的共同点是在大多数方面发展比较均衡,工业发展具有一定的规模和技术水平,经济水平比较高,经济实力比较强,城市建设初具规模,农业也相对比较发达,人民的生活质量名列前茅,对外联系比较方便。

第三层次:宜宾、南充、自贡、泸州、眉山、内江、雅安、广安。这一类城市的发展水平虽然在平均水平之下,但是离平均水平相对来说不远,通过一定的努力不难进入第二层次。它们之中,大多数城市的工业发展尚可,但是多属于传统的老工业,如军工业,酒业等。新兴的、高技术含量的工业比较少,或是规模不大,构不成竞争优势。比起上两个层次的城市来,这些城市的农村范围较广,农业有一定的基础,但仍然比较薄弱,农业人口占据了一定规模。另外这一类城市中的大多数城市在综合实力的各个方面都各有所长,都有占优势的方面和相对比较弱的方面,发展不是很平衡。例如,宜宾在经济实力上比较强,但是在设施及环境方面就比较落后,雅安在大多数方面不具备竞争能力,但是它在社会实力方面具有一定优势。

第四层次:达州、巴中、资阳、广元、遂宁。这一类城市的综合实力比较差,远在平均水平之下。它们之中,大多数城市都处于边远地区,农村范围广阔且分布不集中,农业人口众多,工业落后,多以农副业为主，但规模较小，效益也不高，经济发展非常落后，人民生活水平较差，城市基础设施建设落后，由于交通等原因，与外界联系不多。

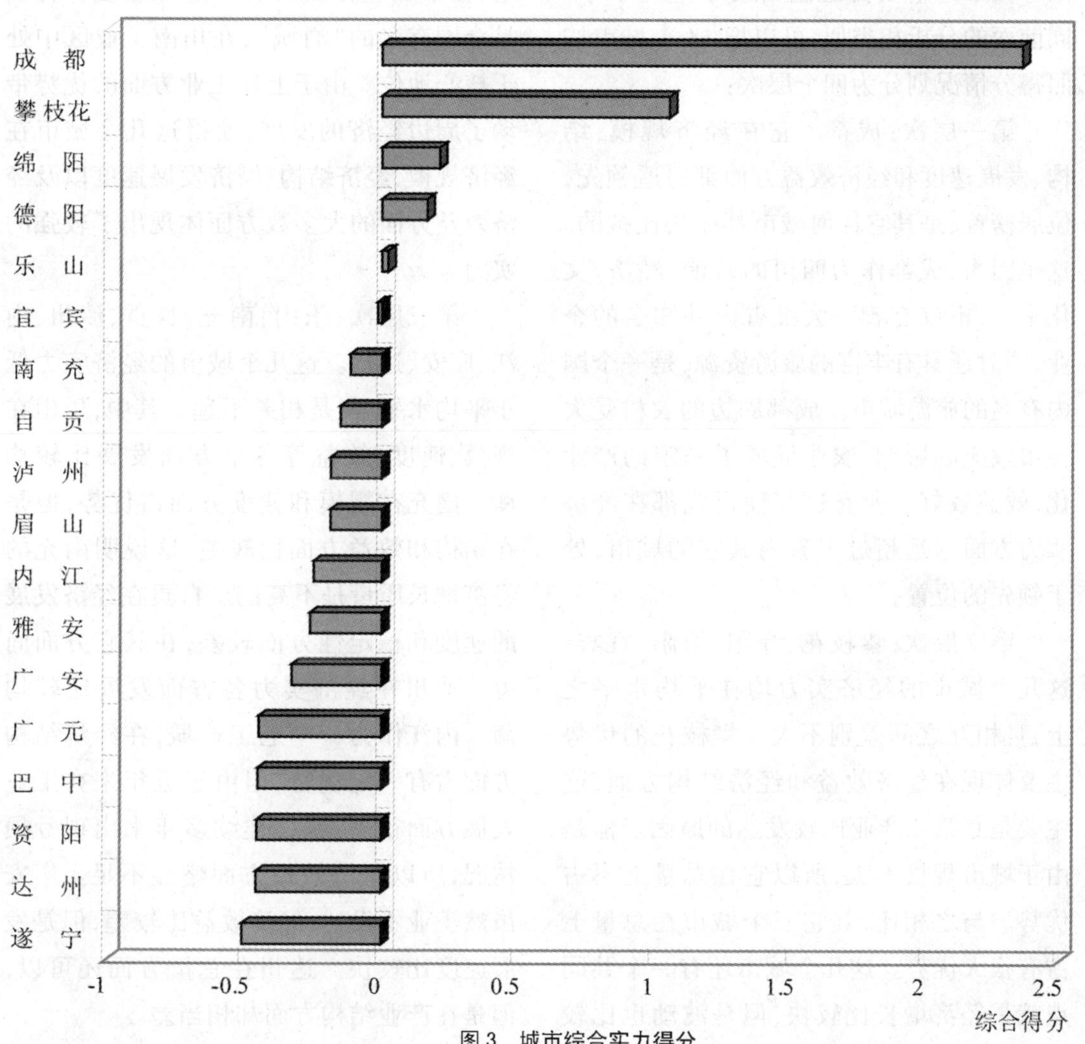

图 3　城市综合实力得分

二、对各个子系统的分析和比较

上述是对 18 个城市的综合比较，它从总体上反映了各城市综合实力的相对强弱。但是单凭综合得分来评价一个城市的实力是不够全面的，因为各城市的发展在经济、社会、设施环境以及与外界的联系等方面有着不同的表现和特点。因此，对各个子系统以及个别有代表性的指标的分析是必不可少的，它们分别从几个侧面反映了城市的发展情况，通过对各个子系统的分析可以看出各城市内部发展的不平衡性，这有利于我们更细致地找出各城市在发展中存在的问题，有利于各城市的决策者明确自身发展的优势和劣势，从而对城市现在的发展特点做出相应调整，进一步加快城市发展的步伐，走可持续发展的道路。

（一）经济子系统

在经济子系统中，成都处于一枝独秀的地位，而与之相对应的是广元、巴中、资阳等城市经济实力远远落后于平均水平。同前面的分析相类似，可以把18个城市按照得分情况划分为四个层次：

第一层次：成都。它在经济规模、结构、发展速度和经济效益方面都遥遥领先，位居榜首，是其它任何城市都无法比拟的。这是因为，成都作为四川的政治、经济、文化中心，不仅有着一大批省内外知名的企业，同时还具有丰富的旅游资源，是一个国内有名的旅游城市。成都周边的农村受大城市效应的影响，农业形成了一定的产业化，效益较好。所有这些使得成都在经济实力方面远远超过了省内其它的城市，处于领先的位置。

第二层次：攀枝花、绵阳、德阳、宜宾。这几个城市的经济实力均在平均水平之上，且相互之间差别不大。攀枝花的优势主要体现在经济效益和经济结构方面，这主要是其第二产业比较发达的原因。但是由于城市规模不大，所以它在总量上不占优势。与之相比，其它三个城市在总量上占有很大优势。这几个城市还有一个共同点就是经济增长比较快，但是波动也比较大，除德阳尚还可以外，其它的发展速度都很不稳定。另外，这几个城市的工业都比较发达，是省内有名的工业基地。攀枝花是一个典型的工业城市，在与凉山和西昌所形成的攀西工业区中处于中心地位。绵阳是全国有名的军事基地，在军工业方面有着传统的优势，同时它也拥有长虹等国内知名的企业，是一个拥有极强的发展潜力的新兴城市。德阳也是一个老工业基地，在军工业方面具有一定知名度。宜宾是全国有名的“酒城”，在川南工业区中处于核心地位。由于上述工业方面的优势带动了周边经济的发展，使得这几个城市在经济规模、经济结构、经济发展速度以及经济效益方面的大多数方面体现出了较强的实力。

第三层次：乐山、南充、自贡、泸州、内江、广安、达州。这几个城市的经济实力低于平均水平，但是相差不远。其中，乐山在规模、速度、效益等各个方面发展比较均衡。南充在规模和速度方面占优势，但是在结构和效益方面比较差，这说明南充的经济增长质量是不高的。自贡在经济发展的速度和稳定性方面较差，在其它方面尚可。泸州在经济实力各方面发展比较均衡。内江作为一个老工业城，在经济结构方面占有一定优势，但由于近年来在工业发展方面很不景气，连续多年来出现亏损情况，所以经济效益方面略显不足。广安虽然工业不发达，经济效益比较差，但是发展速度比较快。达州在总量方面还可以，但是在产业结构方面却相当差。

第四层次：眉山、雅安、遂宁、资阳、巴中、广元。这类城市的经济实力非常差，除了眉山在经济发展方面，雅安在效益方面尚还可以外，其它城市在各方面都是相当落后的。

表 4 经济子系统分析

位次	经济子系统			二级子系统			
	城市	子系统得分	功效系数	经济规模	经济结构	经济发展	经济效益
1	成 都	2.9369	100.0000	成 都	成 都	成 都	成 都
2	攀枝花	0.2786	70.5145	绵 阳	绵 阳	宜 宾	攀枝花
3	绵 阳	0.2451	70.1434	德 阳	攀枝花	乐 山	德 阳
4	德 阳	0.2425	70.1143	宜 宾	内 江	南 充	宜 宾
5	宜 宾	0.1812	69.4344	南 充	自 贡	广 安	绵 阳
6	乐 山	-0.0237	67.1617	达 州	泸 州	绵 阳	雅 安
7	南 充	-0.1644	65.6014	泸 州	德 阳	内 江	乐 山
8	自 贡	-0.1755	65.4774	乐 山	乐 山	德 阳	自 贡
9	泸 州	-0.1826	65.3987	自 贡	宜 宾	眉 山	泸 州
10	内 江	-0.1949	65.2625	内 江	南 充	达 州	达 州
11	广 安	-0.2220	64.9617	攀枝花	广 安	泸 州	遂 宁
12	达 州	-0.2846	64.2678	广 安	雅 安	攀枝花	内 江
13	眉 山	-0.3017	64.0786	资 阳	遂 宁	遂 宁	眉 山
14	雅 安	-0.3295	63.7699	眉 山	眉 山	自 贡	广 安
15	遂 宁	-0.3502	63.5405	遂 宁	广 元	巴 中	广 元
16	资 阳	-0.4522	62.4086	广 元	资 阳	资 阳	巴 中
17	巴 中	-0.5336	61.5054	雅 安	巴 中	雅 安	资 阳
18	广 元	-0.6694	60.0000	巴 中	达 州	广 元	南 充

(二)社会子系统

在社会子系统中,实力最强的是攀枝花和成都,最差的是遂宁、达州、巴中等。在这一系统中,与其它系统稍有不同,社会实力的强弱不再和城市规模有必然的联系。像攀枝花、雅安等一些小的城市也体现了较强的实力。

对于这一系统,同样可以划分为如下四个层次:

第一层次:攀枝花、成都。除了成都在居民的生活质量方面领先外,在人口结构、科学教育、社会保障和社会秩序方面,攀枝花都领先于成都。这主要是由于攀枝花人口比较少,且工人比重大,农业人口比重小,人口素质较高,于是在人口结构方面占显著优势,城市化水平相应也比较高,社会保障体系相对比较健全。

第二层次:德阳、乐山、雅安。它们虽次于攀枝花和绵阳,但是仍在平均水平之上。这三个城市中,除了乐山发展比较均衡外,其它几个城市都同时具有比较好和比较差的方面。如德阳在生活质量方面实力比较强，但是在社会保障和社会治安方面却是18个城市中最差的。雅安由于在人均方面占优势，所以在科学教育等方面还不算差，但是在社会秩序方面比较差。

第三层次：绵阳、南充、宜宾、自贡、眉山、广元。这一类城市的共同点是在各个方面的发展很不平衡，总是同时存在特别好和特别差的方面。如，绵阳在人口质量和生活质量方面都比较占优势，但是社会治安方面比较差，所以只能位居第三层次；南充在社会秩序方面占优势，但是居民的生活质量不高；自贡在非农业人口比重方面占优势，但是在科学教育方面比较差。

第四层次：内江、资阳、泸州、广安、巴中、达州、遂宁。这一层次的城市社会实力各方面普遍比较差，但是巴中、资阳等城市由于比较落后，所以犯罪率比较低，在社会治安方面反倒名列前茅。

表5 社会子系统分析

位次	社会子系统			二级子系统			
	城市	子系统得分	功效系数	人口结构	生活质量	科学教育	社会保障和秩序
1	攀枝花	2.1167	100	攀枝花	成　都	攀枝花	攀枝花
2	成　都	1.7872	95.3796	成　都	攀枝花	成　都	南　充
3	德　阳	0.3829	75.6853	乐　山	德　阳	乐　山	巴　中
4	乐　山	0.1984	73.0973	自　贡	绵　阳	雅　安	资　阳
5	雅　安	0.0277	70.7028	绵　阳	雅　安	南　充	宜　宾
6	绵　阳	-0.0079	70.2045	德　阳	乐　山	广　元	乐　山
7	南　充	-0.0880	69.0813	雅　安	眉　山	德　阳	眉　山
8	宜　宾	-0.1106	68.7635	广　元	自　贡	宜　宾	广　元
9	自　贡	-0.2070	67.4111	南　充	宜　宾	绵　阳	内　江
10	眉　山	-0.2446	66.8843	遂　宁	资　阳	内　江	成　都
11	广　元	-0.2886	66.2667	内　江	泸　州	眉　山	自　贡
12	内　江	-0.3192	65.8379	宜　宾	广　安	遂　宁	达　州
13	资　阳	-0.3451	65.4743	泸　州	内　江	泸　州	雅　安
14	泸　州	-0.3669	65.1685	达　州	广　元	自　贡	泸　州
15	广　安	-0.5212	63.0054	巴　中	南　充	广　安	遂　宁
16	巴　中	-0.5887	62.0582	眉　山	达　州	资　阳	广　安
17	达　州	-0.6895	60.6451	广　安	巴　中	达　州	绵　阳
18	遂　宁	-0.7355	60	资　阳	遂　宁	巴　中	德　阳

(三)设施环境子系统

在设施环境子系统中,实力比较强的是攀枝花和成都,实力比较差的是遂宁、资阳、达州等。可以将其划分为以下四个层次:

第一层次:攀枝花、成都。这两个城市的特点是经济都比较发达,城市化水平比较高,因而带动了基础设施建设。攀枝花排在第一位,主要是它在铺装道路面积的人均占有量、给排水以及城市绿化方面处于领先地位。但是由于其是工业城市,所以空气污染严重。成都作为一个老的城市,历史悠久,在城市的改造方面要相对困难一些,所以在基础设施建设方面稍次于攀枝花。但是与攀枝花相比,由于重工业比较少,高新技术产业相对要多些,所以在污染方面不算严重。

第二层次:绵阳、眉山、泸州、南充、巴中。这一层次的城市发展水平均在平均水平以上,且大多数城市在基础设施和环境保护方面的发展比较平衡。在这些城市中,最具特色的城市是眉山和巴中。眉山在其它的子系统中实力均比较差,但是在这一系统中却处于领先地位。因该说,这是眉山发展的特色,它虽然总体发展不是很平衡,但是在设施环境方面的发展却是值得借鉴的,这和其倡导的经营城市的理念是分不开的。正是因为这一理念的贯彻设施,才使得眉山市的基础设施建设在短期之内出现了质的飞跃。这也是眉山2002年的整体综合实力上升比较快的本质原因。巴中的发展与眉山是不同的,表现出极度的不平衡性,在基础设施方面是最差的,而在环境方面却是最好的。虽然平均下来后,巴中在该方面表现出较强的实力,但这实际上是不正常的现象。正因为工业落后,环境才污染小。而工业的落后又导致了城市整体发展水平的落后,最终反映为城市建设的落后。因此,工业的发展对巴中来说是极其迫切的。至于绵阳,它是近几年发展起来的新兴城市,在工业方面主要集中在高科技方面,对环境的污染比较小一些。作为新兴城市,也避免了老城市人口密度大,改造困难等弊病,所以城市的绿化和基础设施都比较好。

第三层次:自贡、广元、广安、德阳、乐山。在这一层次中,既有城市综合实力比较强的德阳和乐山,也有整体综合实力比较差的广元和广安。正如前面提到的一样,广元和广安主要也是由于环境保护得好,污染比较轻。同样,这两个城市的工业有待发展。与之相对应的是,乐山和德阳由于工业发展的原因导致环境质量恶化,它们需要的是进一步保护好环境,走经济环境协调发展的可持续发展道路。

第四层次:内江、雅安、宜宾、达州、资阳、遂宁。这些城市的基础设施建设普遍都比较差,环境也受到了不同程度的污染。它们是工业有待提高而环境也有待保护的一类城市。

(四)辐射子系统

在这一子系统中,实力的强弱与经济系统有密切的关系。这和我们一般的认识是一致的,即经济实力和辐射实力是互为因果的。经济实力强的城市必然与外界有着密切的联系和信息的交流。对外部的联系强度又与经济实力强弱有关,只有经济实力强的城市吸引力才大,信息才通畅。

这一子系统的层次划分如下：

表6　设施环境子系统分析

位次	设施环境子系统			二级子系统	
	城市	子系统得分	功效系数	基础设施	环境保护
1	攀枝花	1.5766	100	攀枝花	巴　中
2	成　都	0.9112	87.8488	成　都	成　都
3	绵　阳	0.5710	81.6372	绵　阳	绵　阳
4	眉　山	0.4054	78.6122	眉　山	攀枝花
5	泸　州	0.2341	75.4840	泸　州	眉　山
6	南　充	0.1888	74.6562	自　贡	广　安
7	巴　中	0.1524	73.9921	南　充	广　元
8	自　贡	-0.0217	70.8122	乐　山	南　充
9	广　元	-0.1279	68.8726	德　阳	泸　州
10	广　安	-0.2258	67.0865	广　元	宜　宾
11	德　阳	-0.2580	66.4980	雅　安	达　州
12	乐　山	-0.2799	66.0970	广　安	内　江
13	内　江	-0.3936	64.0206	内　江	德　阳
14	雅　安	-0.4790	62.4621	遂　宁	资　阳
15	宜　宾	-0.4821	62.4043	宜　宾	遂　宁
16	达　州	-0.5727	60.7506	资　阳	自　贡
17	资　阳	-0.5847	60.5311	达　州	雅　安
18	遂　宁	-0.6138	60	巴　中	乐　山

第一层次：成都。成都作为四川的特大省会城市，历史悠久，是全省的交通枢纽和信息中心，也是西南地区的交通枢纽，在交通和通讯方面具有不可比拟的优势。

第二层次：乐山、绵阳。这两个城市的共同特点是交通和通讯都比较便利，在对外联系方面都具备一定优势，且各有特色。绵阳的开放程度比较高，而乐山吸引外资的能力比较强。

第三层次：宜宾、南充、德阳、内江、达州、自贡、泸州、攀枝花。这些城市中的大多数均具有一定的城市规模，也具有一定的工业基础，但新兴工业不多。同时，除攀枝花外，都具有比较多的农业人口，农业还不够发达。攀枝花虽然交通也比较便利，与外界的交流和联系相对比较方便，在客运、货运和邮电业务方面也具有一定优势。但是由于城市规模不大，所以无论是对外的吸引能力还是对外的辐射效应都有一定局限性。

第四层次：广安、资阳、广元、遂宁、眉山、巴中、雅安。这类城市中大多数都是四川省的边远地区,交通极不便利,吸引外资能力不强。同时,由于自身经济实力不强,对外界辐射也有限。

表7 辐射子系统分析

位次	辐射子系统			二级子系统	
	城市	子系统得分	功效系数	对外开放	对外吸引
1	成　都	3.8877	100	成　都	成　都
2	乐　山	0.1118	65.2952	绵　阳	乐　山
3	绵　阳	0.0258	64.5049	宜　宾	德　阳
4	宜　宾	-0.0253	64.0352	南　充	攀枝花
5	南　充	-0.1120	63.2377	内　江	南　充
6	德　阳	-0.1262	63.1073	达　州	自　贡
7	内　江	-0.1630	62.7695	德　阳	遂　宁
8	达　州	-0.2153	62.2885	乐　山	广　安
9	自　贡	-0.2437	62.0275	泸　州	绵　阳
10	泸　州	-0.2718	61.7695	自　贡	内　江
11	攀枝花	-0.2855	61.6430	资　阳	巴　中
12	广　安	-0.3050	61.4644	广　安	广　元
13	资　阳	-0.3301	61.2330	攀枝花	宜　宾
14	广　元	-0.3463	61.0846	广　元	泸　州
15	遂　宁	-0.3485	61.0641	眉　山	资　阳
16	眉　山	-0.3659	60.9040	遂　宁	雅　安
17	巴　中	-0.4224	60.3849	巴　中	眉　山
18	雅　安	-0.4643	60	雅　安	达　州

三、各城市综合实力的历史比较

城市综合实力是一个动态的、发展的概念,各城市的综合实力状况在不同的时期会呈现出不同的特点,这也正是综合实力研究的意义所在。通过各城市综合实力的变化趋势,可以反映出各城市发展方面的特点,从中也可以看出政府政策等方面的实施效果。

从比较的结果来看(见表8),排在前四位的城市(成都、攀枝花、绵阳、德阳)位次没有发生变化,这主要是因为这些城市彼此之间存在的差距很大,所以一年之内各方面不大的变化还不至于引起位次的变化。宜宾从2001年的第5为降为2002年的第6位,乐山刚好相反;自贡从第7位降为第8位,泸州从第8位降为第9位,雅安则从第9位降至12位,下降了4位;内江从第10位降为11位,下降一位;达州从11位降为14位,下降了3位;南充从12位升至7位,上升了5位;广元从13位降为17位;资阳从14位降至16位;眉山从15位升至10位,上升了5位;遂宁从16降至18;广安从17升至13,上升4位;巴中从18升至15,上升3位。总体来看,降得比较多的依次是广元(4位)、达州(3位)、雅安(3位);升得比较多的是南充(5位)、眉山(5位)、广安(4位)、巴中(3位)。

表8 各城市综合实力的历史比较

位次	2001年			2002年		
	城市	综合得分	功效系数	城市	综合得分	功效系数
1	成都	2.3886	100	成都	2.4246	100
2	攀枝花	1.0002	81.0787	攀枝花	0.898	79.0604
3	绵阳	0.2331	70.6245	绵阳	0.2061	69.5700
4	德阳	0.2076	70.2770	德阳	0.1594	68.9294
5	宜宾	0.0339	67.9098	乐山	0.0089	66.8651
6	乐山	-0.0054	67.3742	宜宾	-0.0219	66.4426
7	自贡	-0.1354	65.6025	南充	-0.0832	65.6018
8	泸州	-0.1368	65.5835	自贡	-0.1671	64.4510
9	雅安	-0.1712	65.1146	泸州	-0.175	64.3426
10	内江	-0.2515	64.0203	眉山	-0.1828	64.2356
11	达州	-0.2809	63.6196	内江	-0.2549	63.2467
12	南充	-0.2848	63.5665	雅安	-0.275	62.9710
13	广元	-0.3871	62.1723	广安	-0.3096	62.4964
14	资阳	-0.4078	61.8902	达州	-0.4274	60.8806
15	眉山	-0.4081	61.8861	巴中	-0.4277	60.8765
16	遂宁	-0.4164	61.7730	资阳	-0.4315	60.8244
17	广安	-0.4317	61.5645	广元	-0.4492	60.5816
18	巴中	-0.5465	60	遂宁	-0.4916	60

从对表9和表10的分析中可以发现,达州综合实力下降比较快的原因主要是其社会实力和辐射实力在整体位次上下滑严重。应该说,社会总是在进步的,达州在以上两方面虽然也比2001年有了发展,但是这种发展是非常缓慢的,当其它城市以较快的速度发展时就显得相对落后了。所以,我们这里所说的综合实力的下降实际上指的是一种相对的下降,而不是绝对的下降。在以后的分析中,如果不作特别的说明外,都是指的相对下降,这也是为了称呼上的方便。在2002年,达州的社会实力

比2001年下降了9位，而辐射实力下降了3位，设施环境实力下降了2位。正因为如此，达州在经济实力有所上升(2位)的情况下整体实力仍出现了大幅度的下滑。

雅安的综合实力下滑主要是由于设施环境实力和经济实力的下滑。其中，下滑比较严重的是设施环境实力，共下降了6位，其次是经济实力，下降了3位。其它系统基本上保持不变。由于综合实力的下滑，雅安从中游位置退到了下游。

广元的综合实力下滑主要是由于经济实力和辐射实力方面的影响。虽然对自身来说相对量下降很少，由于这两方面刚好是其它实力相当的城市发展比较快的方面，所以相对比较之后综合实力就下降比较快。

对于综合实力上升比较快的南充(5位)，其在社会实力的各个方面都有了长足的进步。其中提高最快的是社会实力和设施环境实力，分别提高了8位和5位。其次是经济实力和辐射实力，分别提高了3位和2位。由于综合实力的提高，南充从中下游位置攀升到中上游。

眉山的综合实力提升得也比较快，从2001年的15位上升为2002年的10位，一共上升了5位。眉山的发展主要是得益于设施环境的发展。在短短的一年之中，眉山市在设施环境方面发生了质的飞跃，从2001年的最后一位迅速攀升至2002年的第四位，整整上升了14位，这种发展速度是不多见的，这说明眉山市对经营城市的理念的贯彻实施是卓有成效的。其次，眉山市在社会实力方面也有了一定的提高，相对位次上升了3位。但是，在以上两方面快速发展的同时，眉山在辐射实力方面却下降了4位，在经济实力方面也稍有下降。如果能做到均衡发展，眉山的综合实力提高还会更快。同时，也只有各方面的平衡发展才是一种健康的发展模式，顾此失彼的发展从长期来看是不可持续的，这是值得注意的。

广安的综合实力也上升了4位，这是因为其在各个系统都有了一定的进步。其中，发展最快的是设施环境方面，其次是经济方面，再次是辐射实力和社会实力方面。可见，与眉山相比较，广安的发展是比较均衡的，只要能坚持下去，其综合实力必定可以得到更加显著的提高。

巴中的综合实力也有了小幅提高，这主要是由于其社会实力和经济实力的提高。其中社会实力上升了2位，而经济实力上升了1位。

表9　各子系统综合实力的历史比较

位次	经济实力		社会实力		设施环境实力		辐射实力	
	2001	2002	2001	2002	2001	2002	2001	2002
1	成　都	成　都	攀枝花	攀枝花	攀枝花	攀枝花	成　都	成　都
2	攀枝花	攀枝花	成　都	成　都	成　都	成　都	乐　山	乐　山
3	德　阳	绵　阳	德　阳	德　阳	绵　阳	绵　阳	绵　阳	绵　阳
4	宜　宾	德　阳	绵　阳	乐　山	泸　州	眉　山	德　阳	宜　宾

续表

位次	经济实力		社会实力		设施环境实力		辐射实力	
	2001	2002	2001	2002	2001	2002	2001	2002
5	绵阳	宜宾	雅安	雅安	自贡	泸州	达州	南充
6	乐山	乐山	乐山	绵阳	乐山	南充	宜宾	德阳
7	自贡	南充	宜宾	南充	巴中	巴中	南充	内江
8	内江	自贡	达州	宜宾	雅安	自贡	泸州	达州
9	泸州	泸州	泸州	自贡	德阳	广元	自贡	自贡
10	南充	内江	自贡	眉山	广元	广安	内江	泸州
11	雅安	广安	广元	广元	南充	德阳	攀枝花	攀枝花
12	眉山	达州	内江	内江	资阳	乐山	眉山	广安
13	遂宁	眉山	眉山	资阳	内江	内江	广元	资阳
14	达州	雅安	资阳	泸州	达州	雅安	遂宁	广元
15	广安	遂宁	南充	广安	宜宾	宜宾	广安	遂宁
16	资阳	资阳	遂宁	巴中	广安	达州	资阳	眉山
17	广元	巴中	广安	达州	遂宁	资阳	巴中	巴中
18	巴中	广元	巴中	遂宁	眉山	遂宁	雅安	雅安

表10　位次变化比较大的城市在各系统的变化情况

城市 \ 系统		经济实力	社会实力	设施环境实力	辐射实力
位次下降城市	雅安(-3)	-3	不变	-6	不变
	达州(-3)	+2	-9	-2	-3
	广元(-4)	-1	不变	+1	-1
位次上升城市	南充(+5)	+3	+8	+5	+2
	眉山(+5)	-1	+3	+14	-4
	广安(+4)	+4	+2	+6	+3
	巴中(+3)	+1	+2	不变	不变

注:表中的数值表示上升或者下降的位次,"-"表下降,"+"表上升。

四、主要结论及建议

(一)主要结论

1、横向比较,综合实力最强的几个城市是成都、攀枝花、绵阳、德阳;最差的几个城市是遂宁、广元、资阳、巴中。其中,在经济实力方面,最强的是成都、攀枝花、绵阳、德阳,最差的是广元、巴中、资阳、遂宁;在社会实力方面,最强的是攀枝花、成都、德阳、乐山,最差的是遂宁、达州、巴中、广安;在设施环境实力方面,最强的是攀枝花、成都、德阳、乐山,最差的是遂宁、资阳、达州、宜宾;在辐射实力方面,最强的是成都、乐山、绵阳、宜宾,最差的是雅安、巴中、眉山、遂宁。

2、历史比较,综合实力上升最快的是南充、眉山、广安、巴中;下降最快的是广元、达州、雅安。其中,南充在各个子系统上都有了很大上升;眉山在环境设施方面一共上升了 14 位,发生了质的飞跃,这是引起其总体实力上升的决定性因素;广安在各个方面都有比较大的上升;巴中的位次上升主要是由经济和社会系统的发展引起的。所有位次上升的城市都有一个共同点,它们在社会发展方面和设施环境方面都比去年有所上升,且大多数城市上升幅度比较大。与之相反,达州、雅安等在社会实力和设施环境实力方面都是降幅比较大。这说明整体综合实力的强弱和这两个方面的相对实力强弱是有比较强的相关性的。

3、从总体结果上来看,四川省的 18 个城市发展非常不平衡,成都处于遥遥领先的地位,攀枝花的综合实力也比较强,而其它城市的实力大多数都在平均水平之下。

4、大多数经济增长比较快的城市对应的波动系数都比较大。这说明这些城市的发展是不稳定的,发展的质量不高。

5、"三农问题"始终是影响城市发展的重要因素。研究结果证明,那些农业包袱比较小的城市发展就相对要快些,城市综合实力一般都比较强。攀枝花就是一个比较典型的例子。攀枝花的综合实力比较强,这主要是由于它的农业人口比较少,城市化化水平比较高,第二产业比较发达。

(二)建议

1、在分析中发现,并非在规模和总量方面占优势的城市综合实力就强,如攀枝花这类的城市虽然在规模上不占优势,但是由于其在结构、人均和效益等方面较强,所以综合实力也比较强。也就是说,综合实力的强弱与其规模和总量有着非常强的相关性,但是并不是惟一的决定因素。因此,在发展过程中,不能只重数量而忽视了经济质量。提高效益才是发展的本质。

2、综合实力的位次和经济实力的位次基本上是一致的,这说明综合实力主要由经济实力所决定,经济的发展至关重要。但是,正如从前面的历史分析所看到的,综合实力的进步和社会实力的进步和基础设施建设也有着很大关系,这两方面进步比较快的则总体实力提升也比较快。所以,对这两方面也应该给予足够的重视。总的说来就是要坚持各方面的平衡发展。

3、要改变发展的不平衡性是一个长期的过程,需要政府建立一个长期合理的发展引导计划,并从政策上进行扶持。其中最重要的是要切实解决好"三农问题"。

(撰稿:四川省城调队课题组)

建立城市评价监测系统的初步设想

建国以来,我国城市社会经济有了长足发展,特别是改革开放20多年来,城市数量迅速增加,城市规模不断扩大,城市的综合实力明显增强,城市在国民经济和社会发展中的战略地位日益重要。但是城市历经半个世纪的发展,因历史的、地域的、政策的多种因素的制约,导致城市发展的不均衡,城市发展的差距扩大了,从而进一步加剧了区域差距的扩大,对整个国民经济的发展带来不利影响。为了谋求发展,各城市不断以加大投入、扩充地域、增大规模等各种方式来增强自身的综合实力,但一些城市终因多种条件限制,尤其是不能全面正确的比较、了解和评价自身与先进城市之间的差距所在,发展带有盲目性、片面追求高速度,忽视了城市的可持续发展,结果欲速则不达。

21世纪初,是我国城市化加速发展的重要时期,城市的发展面临新的机遇和挑战。有竞争才会有进步。为能保持城市经济社会的可持续发展,提高各城市发展的竞争力,促进城市健康、全面地贯彻面向21世纪的城市发展战略,当务之急是不断提升城市各级政府衡量、监测和调控社会经济发展的能力。为此必须建立一套为之服务的,全面反映城市发展变化的"城市发展评价监测系统"。这套系统的最终目的,一是将有效的在城市之间建立起一条信息通道,使城市之间相互了解和沟通成为可能,减少发展中的盲目性和短期行为;二是这套系统所具备的指标库将有助于各级市政府及时准确地把握其主要社会经济指标的实现程度,提高决策的科学水平;三是这套系统定期监测的职能将有助于各级市政府了解所实现目标的动态变动过程,并及时发现问题和迅速解决问题,极大地提高决策的速度和效率。

一、城市评价监测系统的基本内容及特点

国家统计局城市调查总队曾于1992年、1997年和2004年先后三次利用科学方法对我国地级及以上城市的综合实力进行了排序评价,评价结果引起了很多城市的极大关注。在充分利用评价结果的基础上,一些城市找出了差距,明确了发展目标。可以说,城市评价为帮助城市实现既定目标做出了积极贡献。实践表明,这三次评价也不可避免的存在不足之处,一是时间不连续,三次评价时间间隔长达5年甚至更长。由于时间较长,使城市在发展过程中不能及时发现问题而做出适当的政策调整;二是主题单一,两次评价都是针对城市综合实力而言,没有对其他热点主题

及各级市政府关心的问题予以关注，使城市各级政府所能了解的信息不够全面和完整；三是指标体系因间隔时间太长而逐渐老化，可比性较差；四是评价的服务体系没有建立，缺少满足政府和用户需求的制度手段。

建立评价监测系统将会极大地弥补上述不足。城市监测评价系统的主要内容是：以城市基本情况统计资料为基础，建立城市评价指标数据库，针对各城市所关心的主题内容建立相应的指标体系，并不断完善与发展，利用科学方法定期开展评价与分析，为各城市政府提供快速有效的决策咨询。其特点是：

（一）评价的多主题性。多主题的基本理念是要充分表达城市发展所要实现的多个目标。目前，城市发展的一个首要目标是实现城市整体实力的增强，但对城市发展的实现程度还有其他不同重要指标予以表达。因此对城市综合实力的评价是整个评价的基础，在这个基础上，可派生出其他重要评价主题，如，对城市可持续发展的评价、对城市竞争力的评价、对城市经济活力的评价及对城市生活质量的评价等。这些主题从不同角度、不同层面展示城市发展的水平、能力及质量。

（二）评价周期性。根据城市制定的年度发展计划和中长期发展规划的特点，这套系统可以周期性的开展评价工作。一般每年的不同时期开展不同主题的评价，也可连续地开展评价并定期向各城市提供评价结果及各类分析资料，达到对城市发展进程的监测目的，高质量的为各级政府提供决策咨询。

（三）系统的高效性。这套系统的一个显著特点是在一个较完整的指标体系的框架中，产生不同主题的指标体系，最大限度的利用已有指标，使不同主题所需交叉的指标重复性达到最小，以提高整个系统的利用效率。另外，在评价当中产生的更为细分的指标评价值也将作为系统的产品加以充分利用，从而提高整个系统的利用率。

（四）产品的丰富性。这套系统所产生的最终成果将以总报告、分报告及大量相关数据资料的形式提供给需要的城市及各类用户，以达到协助各城市了解自身、相互学习、共同提高的目的。

二、评价的基本原则

（一）从实际出发，以实事求是的原则为基本准则。最重要的是所收集的原始数据质量必须得到保证，因为它对最终结果产生直接的影响。城市基本情况统计体系确保了主要数据的重要来源，在经过三级审核的情况下，使数据质量得到充分保证。

（二）评价必须遵守国家及有关部门制订的相关法规。防止和杜绝滥排序等不正当行为。

（三）以城市发展战略和现代化建设的各项方针和政策为依据，涉及的评价主题和指标体系将与各城市的社会经济环境紧密相连，力求能反映城市的建设和发展状况的各个方面，重点是体现城市发展的内涵。

（四）评价所用方法力求合理、科学。评价的科学性也对最终结果产生直接影响。目前评价的方法有多种，最常用的有专家评价法、层次分析法、因子分析法等，每一种方法都有其特点，选择什么方法，主要考虑两点，一是尽量舍掉人为影响，二是遵循严谨、较简单易操作的准则。

三、指标体系的建立

建立评价监测系统指标体系是评价系统重要环节之一。总的原则，一是要能够反映城市发展的规律，科学、全面、系统和切实可行；二是指标设置要层次分明，重点突出，疏密结合，力求精练，避免一词多解含义不清。基本内容如下：

第一层次（主题层）城市综合实力

城市现代化程度

城市可持续发展

城市生活质量

城市竞争力

……

第二层次（综合指标）1、人力资源

2、经济发展

3、社会发展

4、环境状况

5、基础设施

第三层次（指标群）1、人口和劳动力规模

人口素质和结构

城市管理

2、经济规模

经济结构

经济发展速度

经济效益

3、城市生活消费

居住

医疗

生活服务

科技

教育

文化

社会治安

4、城市环境状况

环境投入

三废处理

能源消耗

城市绿化

5、城市基础设施

交通道路设施

通讯设施

城市基础建设

第四层次（指标层）（略）

上述指标体系共分五个基本层次，称为系统总的指标体系，在此基础上建立整个系统的指标库。基本特点：一是全面性，基本涵盖了主题层的各个方面，不同主题可以从中选择所需指标，避免重复，减轻工作量；二是灵活性，指标库的内容将随着科学和社会经济的发展而不断更新和完善，也可以随着主题的变动而增减，最终将不断丰富和充实指标库的内容；三是科学性，指标选择是在能够充分表达和反映不同主题的前提下经过各方专家研究和讨论所确定，一部分指标已在实践中发挥重要作用，对那些必要但收集困难的指标，可逐步建立收集渠道。

根据总的指标体系，可从中将不同的主题，选择与之配套的指标体系，如何确保指标体系能够充分表达和反映该主题，这需要在实践中不断进行深入系统地研究和探讨，这也是不断完善指标库的重要工作之一。各主题既有共性，又有个性。共性方面，各主题都是反映城市发展的状况，都是各级市政府普遍关心的问题，所用指标很多具有同一性；个性方面，从不同角度和侧重面反映了城市发展的内涵及先进程度。具体体现在：

（一）城市综合实力评价。决定城市发展的根本因素是社会生产力与生产关系的状况，城市的综合实力亦由城市社会生产力和生产关系高度协调发展的水平来衡量，即城市的综合实力是指一个城市在政治、经济、社会、基础设施、环境、科技水平、文教等各个领域所具备的实力和影响力的总和。因此，上述指标体系中，第二层次四个综合指标完全能够表达和概括城市发展的综合水平。

（二）城市现代化程度评价。城市现代化的基本特征和城市综合实力比较接近，是要求各个主要领域达到现代化水平，但要注意其标准随着科学技术的发展在不断变化。根本区别在于，"现代化是把现代先进的科学技术广泛应用于国民经济各个领域"。显然，没有现代先进的科学技术在城市中的广泛应用，就不可能产生现代化城市，衡量现代化的标准应不断赋予新的含义和内容。因此，评价现代化城市应在指标群中相应强化反映先进科学技术方面的指标。

（三）城市生活质量评价。生活质量的评价有重要意义，社会经济发展最终结果将体现在人的生活水平的提高和生活质量的改善等方面。评价城市的生活质量，应更强调以人为本，从满足人的物质、精神、健康、心理、环境等方面的需求出发探讨构造指标体系。上述指标体系中已基本概括了反映生活质量的各个方面，但仍需补充如健康、营养、休闲等方面的指标。

（四）城市可持续发展评价。城市的社会、经济、资源与环境相互协调的可持续发展是人类追求的共同目标。建立科学的衡量城市可持续发展的指标体系有利于引导城市全面、协调的发展。从可持续发展的基本定义出发，可以在第三层次指标群中进一步加强经济效益、资源有效利用及环境改善等方面的指标。

（五）城市竞争力评价。有关竞争力的评价，目前国际上虽已形成了基本完备的指标体系和计算方法，但有关竞争力的定义和表达尚存在争议。城市竞争力也和城市综合实力比较接近，但需要证明的是综合实力强的城市不一定具备很强的竞争实力，其主要区别归根到底应该是人才的竞争，高科技的竞争。因此，城市竞争力应更强化人才和高科技指标。

四、评价的基本方法

本系统主要的评价侧重两种方法：

（一）利用数理统计上的因子分析法，并以其他方法辅之。因子分析法的基本思想是从研究相关矩阵内部的依赖关系出发，把一些具有错综复杂关系的变量归结为少数几个综合因子，根据每个因子的重要性，确定因子的权数，即公共因子的贡献率。在建立因子分析模型的基础上，估计因子得分。实际操作过程是先对指标体系的各部分进行主因子分析，计算出城市在各个部分的公共因子和综合得分，在以各部分的综合得分作为观测变量实施主因子分析，计算出城市的总得分，最后利用聚类分析的方法科学地将各城市划分出不同的组或类。其优点是避免了人为记分和人为确定权数所带来的主观性，比较客观地反映了城市之间的差异。虽然最初建立模型存在一定难度，工作量也很大，但模型一旦建立起来，会起到事半功倍的效果。

(二)专家咨询法和综合指数法。专家咨询法是根据制定的评价指标体系，通过咨询专家给定各个部分(指标)的权重，计算平均权重，再使用平均权数对无量纲化的指标加权计算得出总得分。综合指数法是确定一个基数，以此作为对比参照系，通过数据变化，计算每个指标的得分，再将各个指标的得分相加得到总得分。这种方法的特点是计算简单，易于时期纵向对比，也是应用于评价监测系统的比较好的方法。

五、评价监测系统基本框架

评价监测系统的基本组成主要分为6个部分，1. 确定评价目标；2. 方法确定与指标设置；3. 数据收集与质量检测控制；4. 模型的建立和运算程序的利用；5. 对测算结果的初评价；6. 评价报告与监测分析。如图所示：

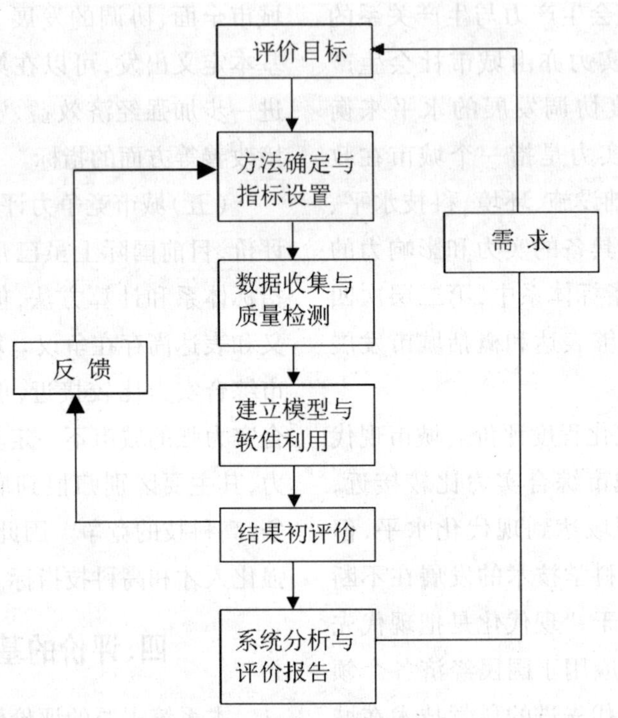

(一)评价目标。由整个系统的决策者根据对当前城市发展趋势的基本判断及需求方的具体要求确定评价目标及相应的评价主题。

(二)方法确定与指标设置。这是整个系统的基础部分，一旦评价目标明确、评价主题选定之后，就必须确定评价方法，并着手研究和建立反映评价对象的指标体系。这一工作只在评价系统建立之初开展，以后是不断更新和完善的过程。

(三)数据收集与质量检测控制。这一部分包括四个内容，一是指标设置必须和数据收集紧密结合，也就是所设指标要有数据来源。城市基本情况统计年报是主要数据来源,并与其他收集渠道相结合提供基础资料;二是数据的审核,建立完善的审核制度是确保数据质量的可靠保证。城市基本情况统计制度是在经过多年实践的基础上不断完善的统计制度,是保证数据质量的重要手段之一;三是对数据缺值、异常值的评价,特别是用科学的方法,如通过对历史资料或相关指标的分析,推算和评价所缺数据以及对异常值的有效处理,以使原始数据保持完整和准确;四是对数据进行分布检验,如进行正态分布检验,以及指标间的共线性检验,进一步确保数据质量。

(四)模型的建立和运算程序的利用。这是整个系统运算的核心部分,这一过程是确定因子分析模型和编制、开发计算机应用软件。由于运算量较大,借助现代化的运算工具,将使运算过程大为简化,提高运算效率。

(五)对测算结果的初评价。对大量的计算结果要进行初评价。特别是对结果可能有悖常理,或不符合逻辑的问题,要进行详细评价和测算,发现大的问题要及时反馈到各个环节进行重新检验与修订,充分保证计算结果的准确性。

(六)评价报告与监测分析。主要以两种形式提供结果分析,(1)以评价结果为事实依据,以不同主题以及各类分组资料为基本素材,全方位、多视角的提供评价报告。评价报告分为主报告,对评价对象总体进行描述与分析;各分报告,对城市规模、城市类型、地域等分组描述以及对单个城市进行时序分析和发展监测。评价报告最终将是各城市不断发展提高的重要决策依据。(2)通过各项指标进行定期监测和分析,特别是将各项指标的动态变化趋势进行政策性跟踪和反馈,以协助各城市政府有效地利用信息资源对各项发展计划是否继续执行还是适时终止,以及寻求发展的重点等重大决策做出判断。最终结果的利用还要根据需求方的实际需要对评价总目标不断进行调整和改进,使评价系统逐步完善。

城市发展评价监测系统的建立对于城市各级政府决策是非常必要的。但由于系统本身比较复杂,既需要大量的技术支持,也涉及多个部门予以支持与配合,以及各方的有效需求,工作量很大。本文只是提出一些基本设想,为今后的工作提供一些思路,具体还需要开展一些实证分析与研究。

(撰稿:陈晓杰)

三、城市现代化论坛

现代化进程评价方法探析

——兼析武汉现代化进程

发展是时代的主题，加快发展是强国富民的客观要求。目前，我国不同地区经济发展水平、资源禀赋等差异较大，实现现代化的时间也不会相同。研究现代化规律，运用现代化理论，特别是利用各种量化指标实时把握城市现代化实现程度和发展水平，准确把握中国现代化发展模式的特征，对制定国家、地区发展战略，保持经济和社会的持续发展有着重要意义。

一、二次现代化理论是研究现代化进程的理论基础

实现现代化是世界各国都要经历的从传统社会转变为现代社会的经济社会发展过程。一个国家的现代化，除了要经济现代化外，还有文化现代化、制度现代化、人的素质现代化等。世界现代化研究历时50余年，主要包括经典现代化理论、后现代化理论和二次现代化理论等三大体系。

二次现代化理论认为从18世纪到21世纪末，世界现代化过程可以分为两大阶段，其中，第一次现代化指从农业时代向工业时代、农业经济向工业经济、农业文明向工业文明的转变过程，第二次现代化指从工业经济向知识经济、工业文明向知识文明的转变过程。第二次现代化理论描述的第一次现代化就是经典现代化，描述的第二次现代化是正在进行尚没有完成的新现代化。二次现代化理论告诉我们，处于不同发展阶段的国家和地区，需要根据相应的现代化理论，研究制定相应的现代化发展战略。二次现代化理论克服了经典现代化理论、后现代化理论的不足，将现代化理论和文明发展理论统一起来，建立分析不同国家现代化水平的理论工具，是现代化理论体系的最新发展，这对正确认识我国所处的发展阶段，研究制定相应的现代化发展战略，有重要的指导意义。因此，本文使用二次现代化理论，以武汉为研究对象，分析现代化进程评价方法及过程。

二、现代化进程评价方法的选择

第一次现代化的动力是资本、技术和民主。其特点是工业化、城市化、福利化和普及初等教育等，为第二次现代化奠定物质和社会基础。第二次现代化的动力是知识创新、制度创新和专业人才。其特点是知识化、信息化、生态化和普及高等教育等。第二次现代化在总体上是对第一次现代化的继承和发展。在第一次现代化过程中，经济发展是第一位的，满足人类物质追求和经济安全。在第二次现代化过程中，生活质量是第一位的，满足人类幸福追求和自我表现；物质生活质量可能趋同，但精

神文化生活高度多样化。

现代化过程的长期性、复杂性的特点，决定了不存在一种能够反映现代化所有进程的"全能"评估办法。人们只能针对现代化的某一个阶段用一种相对准确的方法进行评估。国际上主要有 5 种现代化指标体系。其中，英克尔斯法应用得最为广泛，我国很多省市就是用这个标准评价现代化进程。英克尔斯法的应用也引起很大的异议，主要是：

(1)英克尔斯指标是一种静态指标，而人类社会的现代化是一个不断变化的动态演进过程，英克尔斯法不能反映知识化、全球化、生态化等的影响。

(2)英克尔斯指标不全面，主要强调现代化的经济社会数量特征，如人均 GDP、成人识字率、人口增长率等，缺少全面反映现代化的质的规定性。

(3)英克尔斯法的评测结果与别的方法差异较大。有人用英克尔斯法评价中国现代化进程，全国目前现代化实现程度已达 76.3% 的水平，但同时将中国与目前中等发达国家对比时，我国仅是中等发达国家平均水平的 40.4%，二者相差 35 个百分点以上。

这些对英克尔斯法的批评都有一定的道理，但也存在对方法本身认识上偏差。大家知道，一种理论的运用是有条件的，如果脱离条件、超出范围的使用，其结果可想而知。创立于 20 世纪 70 年代的英克尔斯法是对当时西方国家现代化进程的评估。根据二次现代化理论，西方国家大多在 20 世纪 60 年代完成了第一次现代化，即经典现代化，主要表现为经济规模迅速扩张、社会进步、国民素质提高等。英克尔斯法就是对这一过程中的一个阶段进行量化估计，也就是说英克尔斯法是用来反映、评估第一次现代化进程的一种方法，不是研究现代化的"全能"工具。如果英克尔斯法被用来评估包含知识化、网络化、全球化等内容的第二次现代化进程，即 21 世纪现代化进程，显然超出了其使用范围。正是因为国内在应用英克尔斯法时对应用范围注意不够，才导致了对这一方法的种种异议。比如，有人认为"英克尔斯法的评测结果与别的方法差异较大"，这是混淆了现代化的阶段性特点。英克尔斯法使用的是第一次现代化评价标准，而目前中等发达国家的平均水平标准高于第一次现代化评价标准。人们可以用这两种不同的标准衡量中国的现代化进程，但评价结果所包含的内涵不可等同论之。前者是反映中国第一次现代化进程的实现程度；后者是反映中国与目前中等发达国家的差距。衡量的标准不同，衡量的结果自然就不同。

英克尔斯法包含了反映人类社会第一次现代化进程的经济发展、社会进步的核心指标，标准是客观的：以 20 世纪 60 年代 72 个发达和不发达国家的发展水平制定的，这里使用英克尔斯法评价武汉市的第一次现代化进程。同时，以英克尔斯法为基础增加反映第二次现代化内容的指标，使用中等发达国家的平均水平作为标准，评估武汉的第二次现代化进程。这样使评价结果含义明确：1)使用英克尔斯法推荐的指标和标准具有国际可比性，评价结果能从时间纵向上清楚地反映出评价对象的第一次现代化(经典现代化)实现程度；从空间上反映出评价对象与20世纪60年代发达国家的差距。2)使用改进的英克尔斯法和以中等发达国家的平均水平作为标准,评价结果能反映出评价对象与"三步走发展战略"中第三步目标的差距。

2、衡量现代化标准的确定

现代化的内涵是不断发展变化的,过去工业化是实现现代化的主要标志,现在知识化、网络化等成为实现现代化所要求的目标①。这样的变化并不是否认工业化在现代化过程中的作用,因为工业化是知识化、网络化的物质基础。现代化过程的长期性、复杂性的特点,决定了不存在一种能够反映现代化所有进程的"全能"评估办法。人们只能针对现代化的某一个阶段用一种相对准确的方法进行评估。英克尔斯法包含了反映人类社会第一次现代化进程的经济发展、社会进步的核心指标,标准是客观的:以20世纪60年代72个发达和不发达国家的发展水平制定的,因此,这里使用英克尔斯法评价武汉市的第一次现代化进程。同时,以英克尔斯法为基础增加反映第二次现代化内容的指标,使用中等发达国家的平均水平作为标准,评估武汉的第二次现代化进程。

三、武汉现代化进程评估过程

1、第一次现代化进程评估

国内很多省市借用英克尔斯法进行现代化进程评估。由于认为标准太低,大都调高标准、增加指标,评价的结果自然是离实现现代化尚存在一定距离。其实这表现出在对如何才叫实现现代化的认识上存在偏差。首先,混淆了实现现代化的阶段性目标和最终目标。现代化是一个长期的过程,具有明显的阶段性特征。在不同的阶段,实现现代化有不同的目标或标准。

表1　英克尔斯现代化评价标准

评价指标	评价标准	美国(对照)
1、人均国民生产总值达(美元)	3000以上	2816　(1960)
2、农业产值占国民生产总值比重	15%以下	11%　(1929)
3、服务业产值占国民生产总值比重	45%以上	48%　(1929)
4、非农业就业人口占总就业人口比例	70%以上	79%　(1929)
5、成人识字率	80%以上	-
6、在校大学生占20-24岁人口比例	10-15%。	16%　(1945)
7、城市人口占总人口比例	50%以上	66%　(1960)
8、平均每名医生服务的人数	1000人以下	780人　(1960)
9、平均预期寿命	70岁以上	70岁　(1960)
10、人口增长率	1%以下	1%　(1965)
11、婴儿死亡率	3%以下	2.6%　(1960)

资料来源:孙立平,《社会现代化》,华夏出版社,1988,第24-25页。

① 《第二次现代化:人类历史发展的选择》,金振蓉,光明日报,1999年10月21日。

英克尔斯法标准是30年前制定的,评价指标和标准见表1。它所反映的现代化肯定不是我们要最终实现的现代化,但它是我们在实现现代化过程中必须经过的第一次现代化的阶段性标准。如果用"三步走发展战略"的第三步目标与英克尔斯法标准进行比较,就可发现前者是指第二次现代化,是一个国家或地区现代化过程中的高级阶段;后者是指第一次现代化即经典现代化,是一个国家或地区现代化过程中的低级阶段。如果各地按照自己的理解将英克尔斯法标准调高,评价的结果所反映的是一个什么样的现代化?没有一个现代化理论能够解释清楚。其次,缺少可比性。现代化发源于欧洲,但现在已经变成一个世界性的现象,这就要求现代化过程的评价结果必须具有可比性、统一性。各地不同程度地对英克尔斯法调高标准、增加指标,用来测评当地的现代化实现程度。各地评价标准不一,评价结果自然无法统一起来。有的说用5年,或说8年时间基本实现现代化。而且可以肯定,各地的"基本实现现代化"的内涵并不一致。在这当中,各地发展水平的高低是影响现代化进程的重要因素,但是衡量标准不统一则会影响对现代化进程的客观、准确的把握,进而影响实现现代化战略的制定、实施。运用第二次现代化理论阐述现代化的内涵、规范现代化评价标准,可以有效地避免现代化进程评价的混乱。根据第二次现代化理论,评价现代化进程的标准是客观的、统一的。现代化是一个由低到高渐次推进的过程。第一次现代化进程采用加权平均的英克尔斯法来评价,详见表2。

表2 武汉第一次现代化进程评价

评价指标	评价标准	权重(%)	2002年实际值	实现程度(%)
1、人均国民生产总值(美元)	3000以上	15	2365	78.8
2、农业产值占国民生产总值比重(%)	15以下	9	6.0	100.0
3、服务业产值占国民生产总值比重(%)	45以上	10	49.8	100.0
4、非农业就业人口占总就业人口比例(%)	70以上	8	69.6	99.4
5、成人识字率(%)	80以上	6	98.7	100.0
6、在校大学生占相应年龄人口比例(%)	10-15	8	49.3	100.0
7、城市化水平(%)	50以上	10	59.8	100.0
8、平均每名医生服务的人数(人)	1000以下	8	321.5	100.0
9、平均预期寿命(岁)	70以上	9	76.6	100.0
10、人口增长率(%)	1以下	9	1.1	90.9
11、婴儿死亡率	3%以下	8	7.86‰	100
第一次现代化实现程度(%)	96.0			

资料来源:《武汉统计年鉴2003》。

将表1与表2相比较,可以发现武汉地区的经济和社会发展水平大体上与20世纪60年代初的美国作为一个整体相近。武汉是中国的特大城市之一,现代化实现程度远在在全国平均水平之上。如果把武汉与美国某一个大城市相比较,其差距就不止40年。

2、第二次现代化进程评估

(1)确定评价指标体系

确定城市现代化指标体系时遵循如下原则:

全面性。评价指标应涵盖反映第二次现代化的各个方面。

科学性。评价指标应能准确地反映第二次现代化地内涵。

客观性。评价标准要力求准确衡量第二次现代化进程,在世界范围内具有同一性。

可操作性。现代化的评价工作涉及的指标很多,确定评价指标一要精炼;二要尽可能的利用现有统计指标。

数量化。为便于比较、分析,评价指标都使用数量指标。

评价结果的可信性取决于评价指标、评价标准及计算方法的科学性。要正确地确定评价指标体系,关键是依据现代化理论,结合我国的实际正确地理解、把握现代化的本质。在确定评价指标过程中,经过研究国内很多评价方法,我们发现各地现代化评价方法的指标选择存在一些问题。

1)评价方法的理论依据不足。国内多数评价方法是在英克尔斯法基础上调整指标、标准而成,没有阐述调整的理论依据。大家知道,调整指标必然影响评价结果,评价方法不是评价指标的简单堆砌。实现现代化是有客观内容的,如果不依据一种理论进行调整,又如何能阐释评价结果?

2)指标设置重复。评价指标应该少而精。有些评价方法将关联性强的指标列入评价范围,在这些关联性强的指标中有的指标就没有起到相应的评价作用。如有的方法同时使用了服务业占GDP比重和非农业就业人口占全部就业人口比重。这两个指标关联性强,都反映了产业结构变化,当第一个指标达标时,第二个指标也会达标,因此,只需使用其中一个即可。再比如,同时使用人均收入和恩格尔系数指标也会出现类似问题。

3)评价标准不统一。国内各地的评价标准都不相同,评价结果缺乏可比性,见表3。也就是说,宣布5年基本实现现代化的地方的实际现代化步伐不一定比宣布8年的地方快。

人类正从工业化时代进入信息化时代。我国在21世纪所追求的现代化目标已不再是传统现代化。中国现代化是按照有中国特色的综合现代化模式进行,即在第一次现代化尚未完成的时候就开始了第二次现代化进程。第二次现代化是人类现代化过程中的高级阶段,但不是最终阶段。第二次现代化的显著特点是在完成工业化的基础上,进一步实现国家的知识化、信息化和生态化。对中国特色的综合现代化模式,没有一个现成的适合中国国情的评估办法。以下以第二次现代化理论为依据,按照知识化、信息化、全球化、生态化、社会公平化等的规定性,从经济发展、社会进步、知识化水平、信息化水平、生活质量、可持续发展等六个方面确定评价第二次现代化的指标,详见表4。

表3 部分地区现代化进程主要评价标准

	深圳	哈尔滨	大庆	苏南	广东	中科院
人均国民生产总值(美元)	10000	8000	8000	8000	5000	23890
服务业增加值占GDP比重(%)	50	60	35	55	45	64.8
城市化水平(%)	70	60	60	65	50	77.7
成人文盲率(%)	无	0	无	5	无	2
R&D经费占GDP比重(%)	1.8	2	1.5	无	2	2
每万人研发人员数	无	无	无	无	30	26.6
每千人Internet用户数	50	无	无	无	60	49.4
每万人医生数	17	50	40	20	17	28
平均预期寿命	75	75	72	72	76	77.8
城市污水处理率(%)	60	95	无	无	90	无

资料来源:《中国现代化进程战略构想》,中国科学院,科学出版社,2002;《哈尔滨市城市现代化指标体系的研究》哈尔滨市城市规划设计研究院刘伟等。

(2)确定评价标准

评价标准的确定主要是贯彻客观性原则。按照"三步走战略",本世纪中叶我国要基本达到当时中等发达国家的水平,实际上就是要实现第二次现代化。世界"中等发达国家"水平是一个动态标准,随着时间在不断地发生变化。目前人们很难预知本世纪中叶中等发达国家的发展水平,所以,这里的第二次现代化评价标准基本上是以现在高收入国家的水平为依据而确定的。少数缺少高收入国家数据的指标评价标准参照国内经济发达地区的评价标准确定,详见表4。如表3所示,这一评价标准高于其他地方的标准,也稍高于中科院标准。这并不是意味着标准越高越好,关键是要坚持评价标准的客观性。比如有的地方将实现现代化的核心评价指标人均GDP定为8000美元,人们自然要问为何不是9000美元呢?用8000美元的标准算出的结果的含义是什么?这样确定的现代化评价标准缺少可比性。此外,确定现代化评价标准还要考虑折算方法的变化。现代化进程评价标准的单位是国际统一的,如按人民币计价的人均GDP要折算成美元,才能进行比较分析。据世界银行测算,2001年我国的人均GDP为890美元,若按购买力平价计算则为4260美元。对于发达国家的GDP,分别用汇率法和购买力平价法进行折算,其结果基本一致;对于发展中国家的GDP,这两种方法的折算结果则差异较大,购买力平价法高估了发展中国家的GDP。但是,如果我国再经过十、二十年的高速发展,经济发展水平、结构进一步接近发达国家后,可以肯定,用汇率法折算的我国GDP将接近于用购买力平价折算的GDP。如果现在用购买力平价法折算武汉的GDP，人均GDP这个指标就会接近翻番。虽然购买力平价法目前尚未在全球正式使用，但是用购买力平价法折算GDP比汇率法更科学，这一折算方法代替汇率法是大势所趋。

现代化是人类社会经济、政治、社会等各方面发生广泛、深刻变化的一个长期、复杂的过程，为了更好地分析、说明这一过程，这里使用被普遍用来衡量发展速度的加权平均指数法对现代化进程进行量化，计算方法是：

$$I = \sum Yi * Wi / \sum Wi。$$

上式中，I：现代化实现程度；

Yi：第i项评价指标实现程度，最大值为100%，Yi = Xi/Zi，当指标为逆向指标时，Yi = Zi/Xi；

Wi：第i项指标的权数；

Xi：第i项指标的实际值；

Zi：第i项指标的标准值。

计算结果详见表4。

表4 第二次现代化评价指标体系及武汉市现代化进程情况

评价指标	权数	2002年高收入国家	评价标准值	2002年实际值	2002年实现程度%
一、经济发展	21		41.7		
1. 人均国民生产总值（美元）	6	26310	>26300	2365	9.0
2. 工业增加值占GDP比重（%）	3	29	<29	35.8	81.0
3. 服务业增加值占GDP比重（%）	4	68.9	>68	49.8	73.2
4. 高新技术产业增加值占GDP比重（%）	5		>30	12.0	40.0
5. 国际贸易总额占GDP比重（%）	3	43.6	>43	12.2	28.4
二、社会进步	18		85.3		
6. 城市化水平（%）	7	77.7	>77	59.8	77.7
7. 成人文盲率（%）	4	2.0	<2.0	1.9	100
8. 基尼系数	4	0.34	0.37	0.42	88.1
9. 社会保险覆盖面（%）	3	99	>95	75.4	79.4
三、知识化水平	15		55.9		
10. R&D经费占GDP比重（%）	4	2.6	>2.6	1.7	65.4
11. 每万人研发人员数	3	32.8	>32	14	43.8
12. 每万人拥有的发明专利数	2	58	>58	3.3	5.7
13. 在校大学生占相应年龄组比例（%）	3	54.8	>55	49.3	89.6
14. 公共教育经费占GDP比重（%）	3	4.0	>4.0	2.2	55.0
四、信息化水平	15		48.0		
15. 每千人Internet用户数	4	405.6	>410	82.6	20.2
16. 每千人电脑拥有量	3	424.6	>425.0	106.2	25.0
17. 广播电视人口覆盖率（%）	2	100	100	100	100.0

续表

评价指标	权数	2002 年高收入国家	评价标准值	2002 年实际值	2002 年实现程度%
18. 每千人固定移动电话拥有量	1	1199.5	>1200	624.6	52.1
19. 每千人日报拥有量	2	284	>290	380.8	100.0
20. 信息产业增加值占 GDP 比重(%)	3	7.8	>7.8	2.9	37.2
五、生活质量	15		65.3		
21. 平均预期寿命	4	78.3	>78.3	76.6	98.2
22. 恩格尔系数(%)	3	20	<20	42.3	47.3
23. 卫生保健支出占 GDP 比重(%)	2	6.2	>6.0	0.5	8.3
24. 每万人医生数	2	28	>28	63.8	100.0
25. 每万人刑事案件发案数	1		<15	66.3	22.6
26. 婴儿死亡率(‰)	3	5.4	<5.4	7.9	68.4
六、可持续发展	16		44.9		
27. 环境保护投资占 GDP 比重(%)	3		>2.5		12.0
28. 人均电力使用(度/年)	2	8199.9	>8200	1606.9	20.0
29. 工业废水处理率(%)	2		>99	92	92.9
30. 城市污水处理率(%)	2		>90	21.4	23.8
31. 绿化覆盖率(%)	3	26(tree)	>45	34	75.6
32. 人口增长率(%)	4	0.5	<0.6	1.1	54.6

资料来源:世界银行 2003 年世界发展指标,武汉统计年鉴 2003。

第一次现代化的评价结果反映了与发达国家 20 世纪 60 年代初完成工业化时候的差距;第二次现代化评价结果反映了与目前世界发达国家的差距。依照这两套评价指标体系,2002 年武汉地区第一次现代化实现程度为 96%,武汉地区第二次现代化实现程度为 56.7%。这两个数据表明:①目前武汉地区可以被认为已实现第一次现代化,其发展水平大体相当于 20 世纪 60 年代初的发达国家。中科院依照同样的英克尔斯标准,将中国作为一个整体,计算出中国第一次现代化实现程度 2002 年已达到 79%,即我国已经在传统工业化道路上走过了近 4/5 的路程;②第二次现代化稳步推进,发展势头良好,信息化、网络化方兴未艾。但是,武汉地区离全面实现第二次现代化尚有 33.3 个百分点的距离,在追赶发达国家的道路上任重而道远。

(撰稿:肖红华)

实现福建中心城市现代化目标的战略研究

如何提高城市尤其是中心城市的综合竞争力,实现中心城市率先实现现代化战略目标,推动地区和国家经济的迅速发展,已成为我国各级政府面临的紧迫任务和重大课题。我省要实施中心城市带动战略,率先在中心城市实现现代化,以推动我省经济的迅速发展和提前三年在全国实现全面小康社会的目标。

一、中心城市现代化的内涵、评价方法

(一)中心城市现代化的内涵

中心城市是随着人类社会的发展而发展起来的阶段性、区域性的历史产物,它是在城市出现、建立、发展过程中被确认的。现代化是一个有着丰富内涵的概念。现代化是从传统到现代的转变。是以市场原则为取向,以工业化为主要表现形式的现代生产力对传统生产力的代替,并引起经济、政治、社会、文化的适应性变革过程。也是一个国家或地区在科学技术和革命的影响下,经济、社会、文化、习惯以及人们的思想观念和思维方式等方面发生重要变化的过程。

(二)现代化城市评价原则与方法

1、构建现代化城市评价指标体系的原则

一是比较研究原则。

二是定性研究与定量研究相结合的原则。

2、研究方法

本课题采用主成分分析法,是将多个变量化为少数相互独立的变量(主成分),根据每个主成分的重要性,确定其权重,即主成分贡献率,再通过对主成分进行加权计算,得到每个观测点(城市)的综合得分。

3、建立评价指标体系的基本内容

根据城市综合实力的特点及设计指标体系应遵循的基本准则,本课题根据基本框架,筛选出47个指标作为衡量和评估城市综合实力的基本指标,并由经济指标、社会发展指标、科教发展类指标三个子系统构成,基本包括城市发展的各个方面。

二、福建省中心城市现代化发展实证分析、目标预测与展望

(一)中心城市现代化发展实证分析与现代化发展水平测定

1、我省中心城市综合实力实证(聚类)分析

本课题采用主成分分析法,确定我国东部地区地级以上城市现代化发展水平梯度;用聚类分析将观测对象按一定规则分成组或类,对我国东部沿海15个省区市139个地级以上城市的综合实力进行评估

比较，将这些城市分为五大类，即经济发达城市，经济次发达城市、中等发达城市、发展中城市、欠发达城市。结果表明：我省的福州、厦门两个城市进入经济次发达城市行列；泉州市进入中等发达城市行列；漳州、三明、莆田、龙岩、南平五个城市进入发展中城市行列；宁德市列入欠发达城市行列。

根据沿海城市综合实力排序表明，我省九个中心城市在全国所处的位置还很不理想，在沿海139个城市综合实力排序中，福州、厦门、泉州分别位居16、17、54位，其余都在70位以后，宁德则位居第136位，位居倒数第三；对沿海139个城市进行聚类分析表明：作为省会城市福州和特区城市厦门均仅能进入二类城市，而进入三类城市也仅有泉州市，三明、莆田、漳州、南平和龙岩等五个中心城市则进入第四类，宁德市还居于五个层级中的最后一类，我省中心城市综合实力在沿海城市排序和聚类分析居于中下游偏多(见表1)。

表1：福建省九个地级市综合实力排序

	综合得分位次	排位	经济类位次	排位	社会类位次	排位	科教类位次	排位
福州	16	1	22	2	39	1	19	2
厦门	17	2	6	1	67	3	10	1
泉州	54	3	36	3	81	4	59	3
漳州	72	4	50	4	84	5	65	4
三明	77	5	80	7	54	2	79	5
莆田	85	6	71	6	87	6	89	6
龙岩	90	7	65	5	116	8	95	7
南平	99	8	92	8	104	7	112	8
宁德	136	9	129	9	130	9	137	9

2、福建中心城市基本实现现代化水平测定

首先，在原有中心城市综合实力评价体系47个指标中选出22个具有综合反映现代化发展水平指标，构成了中心城市现代化发展水平评价指标体系，同时制定各项指标实现现代化达到的标准值和权重。其次，仿照当前公认城调系统编制物价指数方法，建立一整套计算实现现代化程度程序和方法，通过加权计算方法，对经济、社会、科教现代化各项战略目标和总体目标用综合指数表示现代化实现程度。

(1)确定中心城市基本实现现代化指标体系的基本框架。

本课题现代化指标体系的基本框架由三大项22个指标构成，从经济、社会、科教三个方面较为全面地反映现代化发展现状(见表2)。

(2)确定基本实现现代化标准值。

按照课题研究目标，组织了有关专家学者参照城市现代化的国际标准，确定了一套代表统计系统的福建中心城市基本实现现代化评价标准值，共三大项22个指标评价标准（见表2），总体上相当于2010－2040年间上中等收入国家平均发展水平的预期值。

表2：基本实现现代化指标标准值

指标体系	标准值
一、经济类	
1. 人均GDP(元)	6000美元(5万元)
2. GDP增长率(%)	10%
3. 固定资产投资率(%)	35%
4. 人均社会消费品零售总额(元)	12000元
5. 工业增加值占GDP比重(%)	40%
6. 第三产业增加值占GDP比重(%)	50%
7. 第三产业从业人员占全部从业人员比重(%)	60%
二、社会类	
8. 城市人口密度(人/平方公里)	2500人/平方公里
9. 人口自然增长率(‰)	10‰
10. 恩格尔系数	30%
11. 人均居住面积(平方米)	20平方米/人
12. 每万人拥有医生数(个)	20人
13. 城市居民人均可支配收入(元)	15000元/人
14. 每万人拥有公共交通车辆(标台)	35辆/每万人
15. 建成区绿化覆盖率(%)	35%
16. 人均拥有两项城市维护建设资金(元)	2000元
17. 垃圾粪便无害化处理率(%)	100%
三、科教类	
18. 教育事业费支出占地方财政预算内支出比重(%)	20%
19. 每万人高等学校在校生数(含成人)(人)	1200人
20. 每万人拥有各类专业技术人员数(人)	2000人
21. 人均邮电业务总量(元)	2500元
22. 电话普及率(部/百人)	65部/百人

(3)确定各项指标的权数。

本课题采用主观赋权法与客观赋权法相结合的方法确定权重（见表3）。

表3:指标体系权数总表

指 标 体 系	参考权数	综合权数
一、经济类	50	48.0
人均 GDP(元)	23.5	12.6
GDP 增长率(%)	14.0	5.9
固定资产投资率(%)	23.5	8.7
人均社会消费品零售总额(元)	20.2	8.7
工业增加值占 GDP 比重(%)	7.0	4.1
第三产业增加值占 GDP 比重(%)	6.0	4.6
第三产业从业人员占全部从业人员比重(%)	5.8	3.4
二、社会类	30	32.0
城市人口密度(人/平方公里)	8.1	2.2
人口自然增长率(‰)	9.1	2.5
恩格尔系数	11.5	4.1
人均居住面积(平方米)	14.5	4.8
每万人拥有医生数(个)	13.7	3.2
城市居民人均可支配收入(元)	7.7	3.9
每万人拥有公共交通车辆(标台)	7.4	2.5
建成区绿化覆盖率(%)	5.2	2.5
人均拥有两项城市维护建设资金(元)	9.7	2.7
垃圾粪便无害化处理率(%)	13.1	3.6
三、科教类	20	20.0
教育事业费支出占地方财政预算内支出比重(%)	13.3	3.3
每万人高等学校在校生数(含成人)(人)	18.6	3.7
每万人拥有各类专业技术人员数(人)	27.2	5.6
人均邮电业务总量(元)	13.8	2.7
电话普及率(部/百人)	27.1	4.7

(4)中心城市基本实现现代化水平测定。

通过上述步骤后,即可用综合加权指数评价方法测算我省中心城市现代化水平实现程度。用该方法计算出 1990 - 2002 年我省九地市城市现代化的实现程度结果(见表4)。

表4:1990——2002年中心城市现代化实现程度总表

单位:%

年份	福州	厦门	莆田	三明	泉州	漳州	南平	龙岩	宁德
1990	42.78	49.63	36.35	38.41	37.22	38.51	36.42	33.94	29.57
1991	46.66	50.98	37.34	40.17	39.82	40.14	37.78	39.26	31.87
1992	48.18	55.47	39.86	42.66	40.83	42.38	38.87	41.03	32.12
1993	50.14	57.90	41.38	48.65	44.23	44.74	40.96	44.57	33.43
1994	53.75	63.14	48.88	51.13	51.85	50.13	45.97	48.43	35.32
1995	56.02	66.89	49.61	52.49	53.62	52.14	46.07	50.66	37.84
1996	59.23	68.52	52.57	53.13	56.27	56.40	47.18	51.85	38.99
1997	66.71	71.80	56.39	56.30	58.40	57.88	50.63	53.70	40.62
1998	70.74	76.29	59.60	56.83	64.62	59.06	51.85	58.08	43.20
1999	73.48	78.35	61.48	59.94	71.92	62.90	56.43	60.37	48.98
2000	75.72	80.92	64.25	62.41	73.63	65.85	59.85	62.10	54.86
2001	77.35	82.55	65.39	63.75	75.87	68.30	60.58	63.12	55.34
2002	79.23	85.48	63.50	65.25	77.43	70.56	63.29	64.24	56.76

(二)福建省中心城市现代化目标预测与展望

(1)福建中心城市基本实现现代化目标预测

在科学测定我省中心城市现代化发展水平同时,我们利用SPSS统计分析软件,建立科学的模型和预测方法,基本实现现代化目标预测结果(见表5)。

表5:2005年、2010年中心城市基本实现现代化程度预测总表

单位:%

年份	福州	厦门	莆田	三明	泉州	漳州	南平	龙岩	宁德
2005	85.11	90.70	70.58	70.86	82.73	76.55	69.25	71.59	59.13
2010	91.80	95.11	82.25	82.39	89.28	83.88	76.78	81.13	69.68

(2)展望新世纪福建中心城市现代化建设任重道远

目标预测结果表明:“十五”期间福建九个中心城市现代化实现程度大部分在90以下。据测算,至2005年近90%的福建中心城市将走完现代化全程的五分之三。2010年,福建九个中心城市现代化实现程度超过85%以上的分别有厦门、福州和泉州等三市,其中最高的厦门为95.1%,福州为91.8%,泉州89.3%(详见表5)。总体预测是:厦门、福州到2010年和2013年分别基本实现现代化,泉州、漳州到2019年

和2022年分别基本实现现代化，莆田、三明、龙岩、南平、宁德这5个城市要到2025年至2035年内基本实现现代化。

三、福建全面实现中心城市现代化战略对策与思路

在推进九个中心城市现代化进程中，既要看到已取得阶段性成果，同时又要清醒看到我省发展现代化还面临许多不足，特别是中心城市在政策体系和运行机制上，尚存在与现代化发展战略需要不相适应的方面，必须从政策体制上进行改革创新，联手发展高新技术产业，实现科技兴省、兴市的战略。

（一）解放思想、科学规划、稳步实现中心城市现代化战略目标。

要制定各具特色的中心城市现代化发展规划，作为指导九个中心城市基本实现现代化目标的纲领性文件。

（二）以增强中心城市经济实力为核心，促进各级中心城市协调发展。建立以中心城市为核心的区域发展模式，着力壮大和培育福州、厦门、泉州三大中心城市在省域城市体系中的龙头地位，作大、作强我省三大核心城市，

（三）注重中心城市的可持续发展。集约利用土地，充分拓展城市空间。加强城市生态环境保护，不断提高城市绿化覆盖率和污水处理率。大力发展生态效益型工业，实施“科教兴国”战略。

（四）加快信息化和工业化发展步伐，为实现现代化的提供根本动力。落实资金投入，建立政府风险资本金制度，以信息化带动工业化，工业化促进信息化，互相促进协调发展。

（五）促进第三产业发展，确保现代化水平稳步提高。重点发展旅游业、金融、信息、咨询行业、房地产业，抓好传统商业零售、交通运输业，改造传统商业零售方式。

（六）以构建产业带为核心，促进中心城市的产业结构升级。对九个中心城市各自投资区、开发园区、工业园区、科技园区整合为若干产业带，使产业带成为“产、学、研”三位一体的地域。

（七）加强城市基础建设与管理，多渠道筹集现代化建设资金。实施“经营城市”战略，探索筹资模式，实现融资渠道多元化多样化，提高经营城市水平。

（八）树立城市品牌意识，注重城市形象塑造。在九个中心城市根据独特的城市景观与风格，创造城市特色，重视文化建设，通过强化文化的吸引力来提高经济竞争力和国际化程度。

（撰稿：福建省城调队课题组）

参考文献

1、《必然抉择－福建城市化发展研究》林坚飞编海潮摄影艺术出版社,2001,11

2、《区域经济发展与欠发达地区现代化》陆立军等著中国经济出版社,2002,1

3、《中国城市化之路》叶裕民著,商务印书馆,2001,5

4、《现代城市经济》丁健著,同济大学出版社,2001,5

5、《城市经济学》经济科学出版社中国社会科学院研究生院城乡建设经济主编

6、《城市经济学》四川人民出版社連杰编著

7、《城市经济区学》改革出版社张萍主编

8、《社区经济论》企业管理出版社叶金生著

9、《市政学引论》吉林出版社常宝金、刘俊英主编

10、《社会主义城市经济学》南开大学出版社蔡孝箴、郭鸥懋编

11、《2001 年中国现代化报告》北京大学出版社中国现代化报告课题组

12、《网络经济》河北人民出版社王道平等主编

13、《中国物流》中国物资出版社丁俊发主编

14、《城市经济》人民出版社程红著

15、《城市人居环境》中国轻工业出版社李丽萍著

16、《spss for windows 统计分析》电子工业出版社(2000.6)卢纹岱主编

17、《科研适用电脑软件》福建科学技术出版社(1995.10)潘宝骏主编

18、《城市化与城市体系》叶舜赞主编

19、《人口与城市化》盛朗编著(1987.4)

20、《中国城市化和城市现代化》陈頤编著

21、《经济数据分析预测学》李学伟、关忠良、陈景艳编著(1998.7)

22、《信息产业与城市发展》科学出版社(1999)阎小培著

23、《经济发展战略学》北京出版社(1999)李成勋著

24、《现代城市管理》上海交通大学出版社(1994)王毅捷主编

25、《2001 年中国城市发展报告》中国统计出版社(2002)国家统计局城市调查总队编

四、城市化研究

建立中国城市化质量评价体系及应用研究

一、前言

城市化是经济发展和社会进步的必然结果，是世界性的现象。现阶段较低的城市化水平已越来越成为制约我国经济和社会持续发展的主要因素，因而，我国各地区把推进城市化进程作为经济发展战略的一项重要目标选择。当前我国已经进入城市化水平的持续上升时期，如何对这样一个过程实施有效的、客观的、科学的、主动的监测，减少城市化进程中出现的曲折，就需要加强对城市化进程进行质与量的考察和研究，尤其是对我们这样一个人口众多，区域发展不平衡、经济水平不高的国家更为重要。因此，必须在重视增加城镇人口比重的同时，要充分重视城市化质量的提高，这是引导未来我国城市化发展进程的关键。本课题在查阅了大量文献资料的基础上，通过研究发现，目前对我国城市化水平尚未有规范、完整的评价方法，特别是城市化质量如何评价，仍属当前城市化研究课题中较少涉及的领域，即使在国际学术界和管理界对城市化的质量问题的判别和研究也尚属一个前沿的课题。本课题将结合我国城市化发展现状，尝试建立一套较为科学的城市化质量评价体系，依此来监测和评价我国城市化进程中数量扩张和质量转变的过程，并对我国及主要地区城市化质量进行评价。这是本课题的研究目的。

二、推出城市化质量评价的背景

（一）世界城市化的大背景下我国城市化进程呈现出新特点

从整个世界范围看，城市化是一个普遍性的大趋势。1800 年，仅有 3% 的世界城市人口；1900 年，世界上已经有了大约 14% 的城市人口，有 13 个城市人口规模超过 100 万；2000 年，全世界城市人口的比重大约为 47%，达 29 亿人，100 万人口规模以上的大城市数量达 411 个，其中发达国家 76% 的人口居住在城市，而发展中国家大约 40%，发展中国家的城市化进程也呈加速度上升之势。据专家估计，至 2005 年，超过一半的世界人口将住进城市区域，并且有 2/3 以上的城市人口生活在发展中国家；至 2030 年，有 60% 以上的城市人口将生活在城市，而其中 4/5 的人口在发展中国家（参考国家统计局城镇化战略研究课题组《城市化的国际比较研究》）。城市化进程中也曾出现了一系列的“城市病”现象。这种“城市病态”在欧洲及美国的城市化早期时期，部分拉美国家、印度及部分东南亚国家表现的较为突出，呈现为一种较为典型的“城市化质量”与“城市化水平”

相互脱节，经济发展、社会发展、城市发展和城市人口转移不协调的现象。它给整个国家的后期发展产生了许多负面影响。

从中国的实际来看，近半个世纪以来，我国城市化进程经历了从低速、波动、停滞走向了稳定、快速发展的过程，城市数量已由1949年的132个增加到2003年的660个，市镇人口占总人口的比重已达到40.5%，但由于人口基数过大，经济发展水平相对较低，城市化水平与发达国家（70%以上）相比差距甚大，甚至与世界平均水平（45%）相比也有相当差距。为了加快追赶发达国家的进程，我国在1984年推行城市经济改革后，城市经济得到了飞快发展，城市的中心地位得到空前的提高。但在不同地区，农民市民化趋势与城市社会经济发展和承载能力之间产生了一系列的矛盾。由于还受到行政命令的干预，在部分地区出现了"行政推动型"的人口城市化和"人为造市"等现象，并存在把"人口城市化率"作为一个政府的政绩指标加以考核。为此，有必要强调城市化进程中城市化水平和城市化质量之间的对立统一关系，并建立城市化质量评价体系和方法，科学量化和评价我国城市化进程实际状况。

（二）促进城市化、加强统筹协调发展成为一项重大国策

实行什么样的城市化道路，造就什么样的一个城市化社会，使全体人民都充分享受到发展的成果，党中央、国务院制定了"统筹"发展的战略部署。统筹城乡发展：要从根本上解决"三农"问题，已经不是单纯的支农、建农问题，而是城乡统筹发展的问题，是城乡一体化下的问题。通俗讲，是如何把"农民"变成"市民"的问题，即城市化问题。统筹区域发展：就是要求政府加强对区域发展的协调和指导。这里不仅仅是全国性的，也是地区性的。要因地制宜推进城市化。统筹经济社会发展：就是要求我们把社会发展与经济发展兼顾并重，使之共同发展。统筹人与自然和谐发展中体现着保护环境、保护生态、以人为本的现代思潮，是人类对自己行为的深刻反思的重大成果。这一"统筹发展"的战略是经验之总结，更是科学发展之必要，城市化进程也必然如此，也要求将"统筹"指标纳入城市化质量进行监测。

（三）对城市化本质特征的认识和反映仍存在着很大的偏差

众所周知，无论在国内还是在国外，学术界或是管理界，通常用城镇常住人口（又称市镇人口）占总人口的比重这个单一性指标来衡量和评价一个国家（地区）的城市化发展水平（谢文惠等《城市经济学》第86页1996年清华大学出版社）。但对城市化的本质特征，却又有着各自不同的解释和判断。这就必然会形成很多理论认识和实践行为的偏差。从实践上看，如过度性人口转移，市区土地的掠夺性扩张，城市的过度性建设，发展环境的恶化，造成城市农村二元结构的矛盾加深，不同地区在推进城市化进程中出现一系列不太科学、操之过急的做法，客观上造成很多不协调的现象。

传统持"人口城市化"论往往简单用人口单一指标来反映城市化的发展水平，这只能从人口向城市转移，即人口的城市化这一个角度或侧面加以反映，而并不能反映城市化的完整特征。目前各地区城市化水平仅是名义上口径可比,其实质上是不可比的。又如一些发展中国家的人口城市化水平很高,但实际经济社会发展水平却较落后,出现城市化发展水平与经济、社会发展水平不能互相印证的矛盾现象。为此,必须逐步改变单一以人口比重衡量城市化水平做法,建立城市化质量评价体系和方法,为监测、推动我国的城市化进程提供科学决策的依据和理论基础。

三、建立城市化质量评价体系的基本出发点

(一)有利于深入认识城市化之中国国情,认清城市化发展的客观规律

建国五十多年来,尤其是改革开放二十多年来,我国经济和社会结构发生了巨大的变化,取得举世瞩目成绩。但我们必须看到,目前仍然有将近七成的人口生活在广大农村地区。我国的城市化水平明显落后于世界平均水平,而且城市化质量也不高。因此,我国的城市化过程,既有与世界城市化规律相一致的,同时又有区别于世界城市化规律的特殊不同的地方,这是我国的特殊国情决定的。城市化发展是有其一般发展规律,特别是城市化与工业化发展密切相关。在国际上一般认为,在工业化初期,城市化率在30%以下;在工业化的实现和经济增长期,城市化率在30%-60%之间;在工业化后的稳定增长期,城市化率在80%以上(见2004年福建统计第2页)。目前我国工业化正处于发展中期,是这一阶段推动城市化进程的重要时期。我们认为,这一时期也正是城市化必须从量的扩张向质量提高转变的大好时期,也是把握和调整城市化发展方向重要时期。这方面也可借鉴日本城市化的经验,我国人口多,但人口密度不如日本,日本不到半个世纪就实现了高度城市化。1995年日本城市人口占总人口的比重达87%(见2003.年第11期经济要参第34页),这是因为日本在近代大工业兴起后,抓住机遇,不断以工业化推进城市化进程的必然结果,也是遵循城市化发展自然规律的结果。

(二)有利于引导城市化从重视数量扩张向质量提高的转变

从福建省城市化进程看,小城镇发展相当快,目前已达621个建制镇,比1990年增加381个,比1978年增加560个。在小城镇高速发展同时,也仍存在不少问题,主要是城镇规模偏小,经济实力不强,社区建设滞后,集聚功能不强,吸纳农民就业和促进农民增收等方面带动作用较为薄弱。特别是小城镇基础设施相对落后,社区公共设施建设还跟不上经济发展和居民生活水平提高的需要,教育、卫生、文化、体育等社会事业发展不足。据对福建省小城镇调查跟踪监测结果表明:2003年福建省镇区人口占镇总人口的比重为31.1%,这一比重与2000年调查结果持平,镇区户数占镇总户数的比重为33.6%,这一比重与2000年调查结果相比低0.2个百分点,这从一定程度上反映福建省城市化质量不高的现状。因此,福建省必须重视城市化质量提高,为建设海峡西岸经济区服务。

在我国已实现的城市化区域看,一些小城镇仅是行政上的"撤乡建镇",而在很大程度上一些区域内的绝大多数农民并没有改变生存方式和生产方式,这是城市化

数量扩张的重要表现。因此，只有全面提升城市化人口所处的生活质量、生活环境、经济和社会发展状况，缩小城乡差距，才是真正意义上实现城市化。提高现有城市化区域的质量，促进城市化发展从数量扩张向质量提高的转变具有重要的现实意义。

（三）有利于城市化在质与量两个方面的协调发展和提高

从不同国家的发展经验来看，不论采取什么样的城市化发展模式或手段，如大城市、小城镇、中等城市模式或者其他方式，随着城市化水平的提高，各国在人均消费水平、人均收入、人均GDP等指标上，一般均表现为很强的协同性。建立城市化质量评价，就是要使中国城市化质量更接近国际惯例与要求，促使城市化质与量有机结合。

从理论上看，城市化的发展，应当是按照生产力发展的基本顺序，在经济、社会、基础设施建设、以及城市人口等方面协同增长的共同结果，更是上述各个部分及其内在结构相对平衡发展，在数量增长和内在质量提高两个方面的结果。也就是要让城市发展成为最适宜人居住和发展的地方。从这样一个基本的思路出发，城市化质量评价即是为监测城市化进程质与量的协调性提供了充分的经验论据。

（四）有利于促进城乡统筹发展，防止城乡差距扩大

改革开放以来，我国各个地区都取得了很大的发展，但城乡之间的差距存在逐渐拉大的趋势。“近年来城乡收入在进一步扩大。城乡差距大，农村经济水平低，仍然是实现全面建设小康社会目标的重大障碍。改革开放初期，通过联产承包制改革，城乡收入差距有所缩小，1978年城乡收入差距比为2.6:1，1985年降到了1.9:1。但以后情况逆转，1994年城乡收入差距扩大到了2.9:1。从1995年到2002年，在经过一段起伏后，城乡收入的差距进一步扩大到3.1:1。今年可能会扩大到3.3:1，也有人分析是3.5:1，总之又创造了一个令人关注和担忧的新高。”（北京大学光华管理学院第六届新年论坛上，国家发改委副主任张晓强报告）。由于城乡差距过大往往容易导致一系列社会问题和政治问题，这是我国城市化进程中不可忽视的一个突出问题。

缩小城乡差距和实现城乡一体化是城市化的终极目标和客观要求，因此，城市化质量如何，不仅要看城镇发展如何，更要从面上反映地区差距和城乡差距是否扩大或是否均衡发展，这是检验城市化成效的重要方面。在这一过程中逐步减轻和消除城乡两元结构差别，使高度发达的物质文明和精神文明达到城乡共享。缩小城乡差距是提高城市化质量的必然要求。

（五）有利于完善和提高我国城市化工作管理水平，实现制度创新

通过对城市化的质量评价，从中分析发展优势和不足，防止工作中的“突进”和“延迟”现象，科学地指导城市化工作，可以对城市化进程起到导向作用，为各级党政领导和决策部门制定城市化发展战略和规划提供可靠的依据。

一是有利于更新城市化发展观念。城市化不是仅指传统的城镇人口的增加，城镇规模的扩大，它是涉及社会、经济和文化等多方面的一个多层次的概念，其核心体现城市化质量。基于这种认识，要重新研究和确定城市化质量指标体系，比如，增加反映人民生活水平、社会保障水平和生态环境优化程度的指标，在面上反映城乡差距是否扩大指标等，以建立综合反映城市化质量成果的指标体系，而不能仅停留在如何增加人口比重上做文章，从而更新观念，引导城市化发展从数量型向质量型转变。

二是有利于制度创新，进一步加快城市化进程。要促进城市化质量提高，制度要保障也要先行，这要求城市化进程中首先要消除制度上的障碍，如打破城乡户籍分割问题，让城乡居民自由选择和流动；推行城乡一体化的社会保障制度，让城乡居民安居乐业；打破地方保护主义，推动城乡市场的一体化进程，让城乡经济利益公平分配，消灭工农产品价格剪刀差。只有这样城市化进程才能遵循其自身规律和市场经济规律健康向前发展。

三是有利于统筹把握城乡规划的连续性、超前性、科学性。提高城市化质量，要求城乡规划做到节约土地，保护耕地，保障我国的粮食安全。在城市基础设施建设和生态建设方面则要先行一步，要有发展的眼光，有周密的计划，彻底改变边建设边污染，先污染后治理的状况，以提高城乡发展质量。

总之，通过城市化质量评价，将从理论上认清我国城市化发展的现状，引导我国城市化步入健康发展轨道，为促进我国城市化水平进一步提高，增强国家整体竞争力提供一点思路，为全面实现小康社会打下坚实基础。

四、城市化质量的内涵与基本特征

（一）城市化与城市化水平的内涵

现有的理论和经验研究对城市化内涵的阐述：

“城市化”源于英文 urbanization，其词头 urban 意为都市的、市镇的；其词尾 ization 由 iz（e）+ ation 组成，表示行为的过程，意为“……化”。城市化一词的出现，至今已有 100 多年的历史（2001 年第 11 期财经问题研究《中国城市化基本内涵与动力机制研究》【作者】孙中和）。西方发达国家早在百年前就开始设置建制市，对城市化内涵的认识也经历的 逐步丰富完善的过程。许多著名学者从不同的学科对城市化的内涵给出了自己独特的诠释，如经济学的城市化定义强调的是由农村经济向城市经济的转变过程和机制，从产业结构变化的角度看是第二产业、第三产业的不断发展的过程；从劳动力的构成看是第二、第三产业的劳动力人数与第一产业的劳动力人数相比不断增加的过程。从消费方式的角度来看，是由乡村消费方式向城市消费方式不断转化的过程。如著名美国经济学家西蒙·库兹涅茨指出：“过去一个半世纪内的城市化，主要是经济增长的产物，是技术变革的产物，这些技术变革使大规模生产和经济成为可能。一个大规模的工厂含有一个稠密的人口社会的意思，也意味着劳动人口、从属人口的向城市转移，这种转移又转而意味着经济投入的增长。”社学家把城市化强调为人们的行为方式和生活方式由农村社区向城市社区转化以及由此产生的各种社会效果。美国社会学家 L·沃思指出:“城市化意味着乡村生活方式向城市生活方式发生质变的全过程。”人口学家的城市化强调人口从乡村转移到城市,或人口的流动。如赫茨勒指出:“城市化,就是人口从乡村地区流入大城市以及人口在城市的集中。”罗西在《社会科学词典》中采用一种综合观点给城市化下的定义是:“城市化一词有四个方面的含义,(1)是城市中心对农村腹地影响的传播过程;(2)是全社会人口逐步接受城市文化的过程;(3)是人口集中的过程,包括集中的增加和每个集中点的扩大;(4)是城市人口占全社会人口比例的提高过程。”. 这一系列城市化理论,精辟地揭示出了城市化的内涵,对我们今后的研究具有非常重要的理论和实践指导意义。

由于众所周知的原因,在我国直到 1978 年中共十一届三中全会召开后,随着改革开放政策实施,在实践中才逐渐认识到城市化在加快经济发展和促进社会文明进步中的重大作用。目前,我国城市化理论和实践有了较大发展,但由于国情不同,与西方发达国家相比,整体上还比较落后,还有待于开拓与创新。当前不论是“城市化”说法或“城镇化”说法,已成为各级领导和百姓关注的热门话题。在我国,城市系统包括市和镇两个部分,它们都是国家通过一定法律程序设置的行政单元。因此,城镇化、城市化在我国本质上应当是一致的,城镇化就是城市化。对这一概念定义,目前仍有着不同说法,如《城市经济学》一书对城市化定义是:社会生产力的变革所引起的人类生产方式、生活方式和居住方式改变的过程。《我国城镇化战略研究》(2002 年国家统计局课题报告)对城镇化定义是:城镇化是农村人口向城镇转移、集中以及由此引起的产业－就业结构非农化重组的一系列制度变迁的过程。在这个过程中,农业人口比重下降,工业、服务业人口比重上升,人口和产业向城市集聚,生产方式、交换方式向规模化、集约化、市场化发展,生活方式向多元化、社会化发展。某专家指出:城市化是指农村人口向城市人口转化以及人们的生活方式由乡村型向城市型转化的社会历史进程。无论对这一概念如何说法,都反映城市化既是一个社会变革过程,又是这一过程综合结果具体表现。

城市化水平内涵的说法,目前在理论和实践中尚未有准确表述,在此,就不展开论述了。

(二)城市化质量的内涵与基本特征

本报告对城市化、城市化质量内涵的认识分述如下:

城市化是人类社会发展的必然趋势和不以人的意志为转移的客观规律。从广义上说,城市化涵盖了人口城市化、城市现代化、农村城市化等多个方面含义,是人类社会发展规律的总结和发展必然经历阶段。只有置身于整个人类社会发展进程及各个不同历史阶段发展的大背景之中,并与其经济、社会、政治诸因素的联系和影响中研究,对城市化本质和内涵才有深刻理解和把握。因此,城市化,作为一个历史范畴和地理范畴交织的,具有时空耦合规定的,作为“人口聚集”、“经济活动聚集”、“制度变迁”、“社会结构变迁”、“文明进程”,以及

“人与自然之间和谐”的集合，它代表的意义和价值是多维度的、广泛的。基于以上认识，城市化质量的内涵可概括为四个基本含义：一是反映城市化进程中“人”的生存和生活质量的现状，评价城市化人口的衣食住行，安居乐业为目标；二是推进城市化系统发展的“动力强度”，即经济发展水平质量；三是要体现城市化发展的内在机理、结构、分工的“协调性”，即社会、经济、政治领域的协调发展；四是城市化发展在不同阶段体现出的发展的“公平性”，即城乡差距是否随着城市化发展而加剧，不能以牺牲农村为代价来加速城市化进程。随着城市化水平的提高，农业和非农产业的生产效率差距不断缩小，农村居民和城镇居民的生活方式和生活质量趋于一致，城乡差距逐步被淡化和消除，这正是城市化质量要求的真正内涵。只有这样才能比较精确地把握了中国城市化质量本质的内涵，国家城市化战略的制定才有了重心，对于城市化进程的监测、调控和评价才有了意义，也体现科学的发展观要求。因此，城市化质量的内涵从本质上说反映了城市化的“质”与“量”的内在联系，在世界城市管理学界和城市学、城市经济学界一般均认可用城市化率即城市化地区的城镇人口占总人口的比重来定量描述，这仅是城市化的量的基础，而不能代表城市化的质。本课题推出城市化质量评价真实意义也在于与传统城市化水平定义的区别。

城市化质量真实反映了从传统社会向现代文明社会的全面转型和变迁过程的衡量标准和要求。其基本特征体现在层与面的两方面内容：一方面表现为城市化不仅是农业人口向城市（镇）集中和聚集的过程，而且是城市（镇）在空间数量上的增多，区域规模上的扩大，职能和设施上的完善以及城市（镇）的经济关系、居民的生活方式以及人类的社会文明广泛向农村渗透的过程。另一方面是城市化过程既是越来越多的农民从土地上解放出来的过程，同时也是广大农村居民物质生活和精神生活得到极大提高，逐步实现城乡协调发展，最终实现消除城乡差别和工农差别的过程。城市化是现代文明社会的发展过程，城市化质量评价实质上就是对这一进程“质”与“量”具体综合评价的结果。

五、城市化质量评价指标体系的构建

（一）构建城市化质量评价指标体系的基本原则

要建立一整套具有科学、规范、可操作和可比性较强的城市化质量评价体系，必须按照十六届三中全会提出的“统筹城乡发展、统筹区域发展规律、统筹经济社会发展、统筹人与自然和谐发展、统筹国内发展和对外开放”的要求，坚持以人为本，树立全面、协调、可持续的科学发展观，制定我国城市化质量统一的衡量标准，为全面建设小康社会服务。为此，要遵循以下几个原则：

1、人本化原则。在人类社会发展历程中，一切经济、社会、政治发展都与人的生存和发展密切相关。要坚持“以人为本”的方针，不仅要反映城镇人口的量的增长，更重要地，要紧紧围绕城市化人口的生活质量、生存条件、生活环境等方面基础上反映城市化质量并建立适合我国国情的城市化质量评价标准,从本质上,体现我国及各个地区真实城市化发展现状。应该说所有经济和社会发展最终体现在为“人”服务水平上,表现为人的工作、学习、生活质量不断提高,这是城市化质量提高重要标志,最终体现人和自然、人和经济与社会和谐发展。

2、科学性原则。建立城市化质量评价指标的选择上,要针对社会和经济发展实际,准确科学反映城市化发展的成果,做到各个指标之间和各层次之间不出现重复、隶属、涵盖的关系,以便从不同角度衡量和反映城市化质量的局部和总体情况,形成一个较为完整的指标体系。同时对城市化质量的评价标准值和评价方法也要有科学标准的要求,不仅标准制定要科学,因为城市化进程是一个动态的进程,因而我们要以发展的眼光和态度来确定评价城市化质量的各项指标标准值,才能合理地把握和反映我国城市化进程。方法更要具体、明晰、易于操作,做到定量方法与定性评价相结合,特别是在评价标准的确定上,要在定性分析基础上,正确把握量变转化为质变的“度”,才能确定反映我国城市化质量的要求“度”的标准,达到科学合理,客观、公正评价的要求。

3、代表性原则。城市化质量评价指标体系涉及城镇和区域的两大不同领域,为保证对主要领域具有代表性,选取指标时重点考虑经济发展质量、生活质量、社会发展质量、基础设施质量、生态环境质量、统筹城乡与地区发展等领域具有代表性的因素指标,特别是要考虑城市化进程中,城乡是否协调发展,城乡差距是否扩大,从面上反映区域城市化质量是否提高等指标。在确保代表性的前提下,对选取的指标又要充分考虑其可操作性,尽量减少指标数量,按照“以结果指标为主,过程指标为辅”的要求,控制好指标的数量,避免指标间的重复涵盖,扩大权重,导致对不同领域、层次间进行客观评价的影响,同时选取指标尽可能来源于现行统计报表和部门统计报表,便于组织实施。

4、系统性原则。城市化质量反映的是一个以人为主体,自然环境为依据,各种经济社会资源聚集为核心,以经济活动和城乡协调发展为基础,社会和经济可持续发展的有机联系整体。城市化质量评价是对一个特定区域内城市化进程中社会、经济、政治等领域变化以及为人们提供物质生活和精神文化生活需要的客观条件的全面评价。鉴于我国地域辽阔,城市化进程正处于起飞时期,但各地差距较大,在评价体系中,考虑到统计指标来源的局限性等问题,本课题重点衡量社会和经济发展带来一系列变化的城市化成果,如突出反映城镇基础设施质量、生态环境质量、统筹城乡发展方面的城市化成果“硬”环境变化,也要反映人的生活质量“软”环境变化,以较全面、真实评价各地城市化质量状况。

5、公平性原则。城市化质量评价力求城乡发展公平性,也要求农村发展讲究质量,主要体现城乡统筹发展方面,这是反映城市化进程的需要,我们要按照党的十六大提出的“五个”统筹要求,监测城镇和农村发展的两个层面是否达到了全面、均衡、协调的发展要求。从目前看农村人口仍占较大比重,在推进城市化进程中,必须重视城市与农村协调发展问题,如果贫富差异差距拉大和城乡差异的消除程度较小,则可以反映城市化质量不高的一个方面,我们以公平性作为评价的一个重要原则。

(二)城市化质量评价指标体系的基本框架

构建城市化质量评价指标体系,主要从两个基本要素来考虑:一是城市化核心载体——反映城市(镇)的发展质量方面。根据人类社会存在着经济、社会、硬设施、环境、人口发展几大系统内在联系和城市化质量的本质要求,在这部分质量评价体系内建立以经济发展质量、生活质量、社会发展质量、基础设施质量、生态环境质量等五个领域子系统构成,这是衡量城市化质量的一个重要方面。二是在城市化区域载体——反映区域的发展质量方面,主要是反映城乡一体化的指标体系应该包括城乡间经济社会联系的指标,以及生产生活水平、方式城乡差异的指标,以此建立反映统筹城乡和地区协调发展质量为一项重要领域子系统(见附件1)。由以上六项既相互促进又相互制约的子系统共同构成城市化质量的综合评价作为指标体系的第一个层次——"总体指标",用"城市化质量总指数"来表示;在第一层次下,形成指标体系的第二个层次——"群体指标",即经济发展质量、生活质量、社会发展质量、基础设施质量、生态环境质量、统筹城乡和地区协调发展质量等六个部分子系统组成;在第二个层次的每个子系统中,确定有代表性的若干方面子项,形成第三个层次,再从子项中选出若干有代表性的指标,组成指标体系的第四个层次——"个体指标",由人均可支配收入等31个指标组成。构建这样四个层次的评价指标体系既有总体评价,也可以对某一区域或某一方面的城市发展质量进行评价,根据需要也可对其中进行单项评价,以满足进行城市化质量评价不同要求。

(三)城市化质量的评价方法

在城市化质量评价指标体系确定之后,本课题确定采用综合评价方法,即指数法,计算城市化质量指数进行定量分析,确保评价的结果真实可靠。具体步骤如下:第一步,根据评价指标体系,确定各个指标城市化质量目标值。其次,确定各指标的权数。由于在指标体系中各指标的重要程度不同,在进行综合评价时有必要先要确定各指标的权数。第三步,计算城市化质量指数。

1、确定各个指标的城市化质量标准值

为了确定我国城市化质量标准值,根据我国东部的发达省份和国际上中等发达国家(或地区)的相关阶段性标准,以及我国和福建省全面建设小康社会的标准,对31个评价指标制定相应的目标标准值说明(见附件2、三)。

2、确定指标权重

在综合评价实践中可运用多种确定指标权数的方法,如:Delph法、主成分分析法、层次分析法等。其中层次分析法既集中了专家的意见和看法,又利用相应的数学工具对专家的意见进行处理,因而又具有较强的客观性。因此我们采用层次分析法来确定各指标的权重(见附件4、5)。

3、利用指数法进行评价

采用综合指数法评价城市化质量,是目前现代化课题研究中较为先进和科学的方法，它是将所选择的有代表性的若干个指标，通过加权方法，综合成一个指数值，代表城市化质量实现程度，从而对事物发展的状况做出综合的评判。

城市化质量的评价具体过程如下：

①收集评价指标的原始数据；

②确定各评价指标的目标值；

③用层次分析法确定各指标的权重；

④计算出单项指标和总质量指数（见附件6）；

计算过程如下：

1、计算各项指标城市化质量达标程度ki。对于正指标，用各项指标值yi除以目标标准值y0，对于逆指标，用y0除以yi，当比值超过1时，仅取1或100%，表示该项已达到城市化质量标准。用公式表示：

$$ki = \frac{yi}{y0} \text{ 或 } ki = \frac{y0}{yi}$$

2、加权计算各类指标已达到城市化质量指数K，以各指标城市化质量指数ki分别乘以各自的权数wi，加权计算出质量总指数K，用公式表示：$k = \frac{\sum kiWi}{\sum Wi}$

六、城市化质量评价分析

根据评价体系，对华东地区六省（上海市暂不列入评价与比较下同）城市化质量进行了综合评价（见附件6）。从评价结果看，华东地区六省城市化质量达到较高水平，但由于各省区经济、文化、区位、自然条件不同，城市化质量仍有差距较大，且优势领域各异，也反映了各省区城市化发展现状和特点。

（一）评价的基本情况

1、从总体看，华东地区城市化质量达到较高水平。

华东地区是我国社会和经济最发达地区之一。课题组从六个领域全面评价城市化质量变化的结果，评价表明：浙江省城市化质量指数在华东地区六省中居首位，达61.1%，其次是江苏省为59.2%，第三为福建省达57.4%，第四为山东省达55.0%，第五为江西省49.3%，居末位是安徽省46.5%。从城市化质量要求看，本课题组制定的质量目标值较高。城市化是人类社会发展的必然要求和结果，它不同于全面建设小康、现代化等概念，是人类社会发展的一个较高阶段，是实现城乡一体化的必由之路。因此，城市化质量目标值不仅高于目前全面建设小康的目标值，一些指标甚至高于一些课题研究基本实现现代化的目标值。评价的目标值只有较高标准，才能真实地反映城市化发展的内在本质要求，这也是城市化从“数量”型向“质量”型转变的根本要求。实践证明，评价的城市化质量的结果也与各省社会和经济发展实际相吻合，从质量内在要求说明了华东地区大部分城市化进程已过半数，在我国城市化进程中起到重要“火车头”作用。

2、城市化质量层级明显，省际间差距仍较大。

通过对6个领域31个指标的综合测算结果表明，华东区城市化质量水平明显呈东高西低、沿海高于内陆的分布。东部沿海地区浙江、江苏、福建、山东的城市化质量大大高于内陆地区江西、安徽。根据图表分析（见图1），华东地区城市化质量层级明显，第一层级是浙江、江苏，第二层级是福建、山东，第三层级江西、安徽。第

图 1

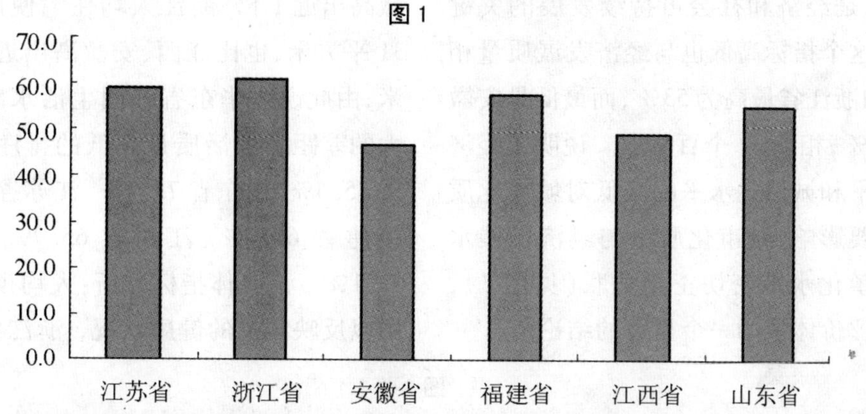

一层级的浙江与第三层级的安徽之间的差距达 14.6 个百分点，质量相差近四分之一，表明华东区城市化进程均衡性明显不足。

3、城市化各个领域发展均衡性明显不足。

城市化是人类社会发展的阶段性成果，也是社会和经济的综合反映，它既体现在城镇发展的聚集成果如人口城镇化水平多少，也反映在区域和城乡发展的若干层面上，是检验和评价局部和区域是否协调发展的必然反映。

(1)经济发展质量在城市化质量中占有重要地位，经济发展质量越高，相应地城市化质量也高。从目前评价看：浙江省经济发展质量最高为 58.9%，而最低安徽省为 33.2%，相差 25.6 个百分点。通过图表分析(见图 2)，经济发展质量与各自城市化质量指数密切相关联，也就是说，经济发展质量高，相应城市化质量指数也高。从具体指标看：人均国内生产总值(人均 GDP)是一个即能够反映生产力水平、又能够反映人民基本生活状况和基本国情国力的综合指标，应该是衡量城市化质量的一个“硬指标”。2003 年浙江省人均国内生产总值为 20147 元/人、质量指数为 44.8%，而安徽省仅为 6455 元/人，质量指数为 14.3%，仅相当于浙江省的三分之一左右，直接影响到质量水平提高。城镇化水平反映人口聚集程度，对城市化进程至

图 2

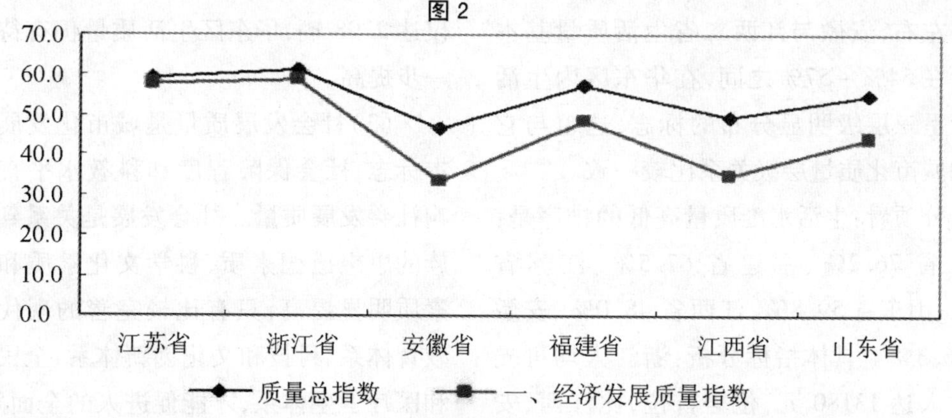

关重要，是经济和社会可持续发展的关键因素。这个指标高低也与经济发展质量相关联，如浙江省最高为53%，而最低是安徽省为32%，相差21个百分点。说明了经济发展水平和城镇化水平的高低对城市化质量有重要影响，城市化质量与经济发展水平和城镇化水平密切正相关联（见图3），这是本评价体系的一个显著的结论。

图3

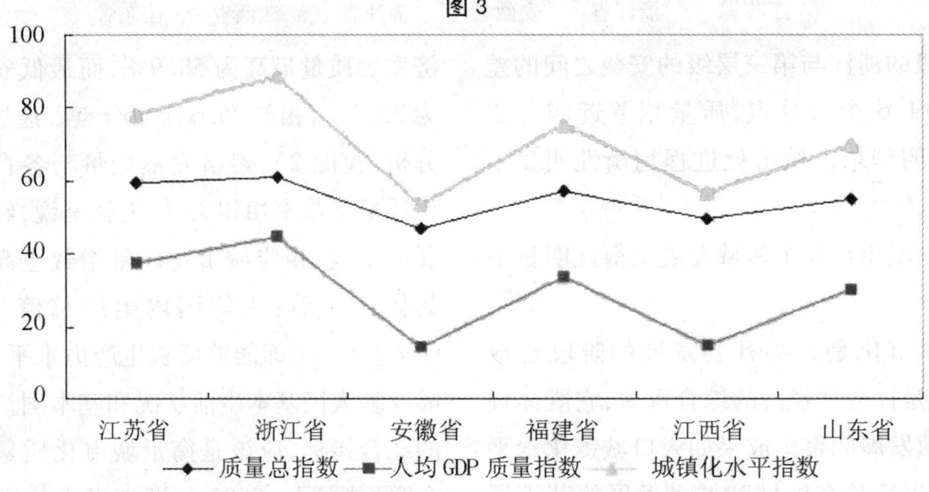

（2）生活质量是城市化质量成果的具体表现，具有明显层级性特征。提高居民生活质量是推进城市化的核心内容。生活质量评价由2个要素和6项指标构成。评价结果是浙江省生活质量最高为75.8%，江苏、福建、山东三省生活质量基本接近在67%左右，安徽与江西二省生活质量基本接近在54% -57%之间，在华东区内生活质量呈三层级明显分布的标志，这也与它们的城市化质量层级关系比较一致。

分项看：生活水准质量高低的排序是：浙江省76.2%、福建省67.5%、江苏省62%、山东省59.8%、江西省48.0%、安徽省46.3%。具体指标分析：浙江人均可支配收入达13180元，位居首位，比江西、安徽高出近1倍，浙江人均住宅使用面积达31平方米，也比江西、安徽高出近10平方米，由此说明华东省际间生活水准仍有较大的差距。生活质量高低的排序是：浙江省75.4%、山东省75.2%、江苏省71.4%、福建省66.0%、江西省65.9%、安徽省63.1%。从具体指标分析：人均预期寿命，用以反映国民的健康状况，浙江省最高为74.7岁，而最低是江西省为68.9岁，说明经济发达省份人均预期寿命比落后省份高的趋势。汽车将是未来家庭拥有的主要财产之一，也是生活质量提高的重要标志。评价说明目前华东区每百户家庭汽车拥有率仍较低，浙江省每百户家庭汽车拥有也仅达2.98辆，华东区生活质量仍有待于进一步提高。

（3）社会发展质量是城市化发展的基本标志，社会保障程度和科教水平直接影响社会发展质量。社会发展是关系到全民族的思想道德素质、科学文化素质和健康素质明显提高，只有比较完善的现代国民教育体系、科技和文化创新体系、全民健身和医疗卫生体系，才能促进人的全面发展，人与自然的和谐和可持续发展能力不断增强。社会发展质量子系统由3个要素和6项指标构成。综合评价结果是:山东省54.8%、江苏省52.6%、江西省47.3%、安徽省44.4%、福建省43.6%、浙江省38.8%,这说明由于对社会发展重视程度和管理方式不同,社会发展质量明显存在差异性,经济发展较好省份其社会发展并不和谐。分项看:社会保障质量高低的排序是:山东省39.8%、江苏省39.0%、江西省37.0%、浙江省36.5%、福建省35.2%、安徽省32.4%,其中社会保障覆盖率最高是江苏省达28.1%,最低是安徽省13.3%,这表明与各省经济发展水平有密切关系。实际调查失业率,也可以说明一个区域城市化进程就业问题解决的能力。评价表明六省间调查失业率比较均衡,都在4%左右,比全国平均4.3%低,说明华东区解决城市化进程就业问题能力高于全国水准。以每万人刑事案件立案数来代表,用以反映社会治安状况。评价表明经济越发达的省,其立案数也高,根据评估数据浙江省立案数平均水平比华东区平均水平高出0.57倍,比江西、安徽高出1.3倍,这说明正确处理经济发展与社会稳定关系是经济发达省份必须处理重大关系之一。科教水平质量高低的排序是:江苏省41.3%、山东省39.6%、江西省24.1%、浙江省24.0%、福建省21.9%、安徽省20.9%,如大专以上人数占总人口比重,反映了我国总体教育水平,最高是山东省4.6%,最低是福建省仅1.5%。R&D经费支出占GDP比重(%),反映了综合科技实力的保障程度,最高是江苏省达1.2%,最低是安徽省仅0.32%,这表明由于各省在教育和科技领域投入不同,在科教水平质量方面存在明显差异,也影响社会发展质量提高。

(4)基础设施质量反映城市化质量的根本要求,对城镇辐射带动起关键作用。城镇基础设施质量是衡量城市化系统"硬环境"建设基本条件,这对提高基本生活设施和信息化水平起重要作用,并通过城镇的辐射带动能力,对提高区域城市化水平发挥重要影响。基础设施质量子系统由2个要素和5项指标构成,综合评价结果是:福建省50.0%、浙江省39.4%、江苏省37.2%、江西省31.2%、山东省29.3%、安徽省28.7%,这表明华东区整体基础设施质量并不高,最高是福建省也仅达到城市化质量的一半要求。分项看:生活设施质量高低的排序是:浙江省41.4%、江苏省40.1%、福建省37.3%、山东省33.6%、江西省27.0%、安徽省28.2%。仅有路网密度山东省为78%,江苏省为75.0%,浙江省为60%等省质量达到较高要求,而万人供水生产能力(吨/日)、每百人均拥有电话数等指标,各省质量离城市化要求仍有较大差距。信息化质量高低的排序是:福建省62.7%、浙江省37.4%、江西省35.3%、江苏省34.2%、安徽省29.2%、山东省25.1%。信息化采用万人国际互联用网户数(户)这一指标代表,目前我国已步入知识经济时代,信息的生产、传播和消费非常重要,互联网是连接计算机网的网络,范围遍及全世界,通过国际互联网及时占有信息,就能在激烈的竞争占据有利地位。评价说明居于首位福建省万人国际互联用网户数达6271户,比最低山东省高出1.5倍,表明华东区内信息化质量差距较大,对城镇基础设施质量有重要影响。

(5)生态环境质量是衡量城市化发展的成败最终决定因素,加强生态环境保护是城市化发展必然要求。随着城市化进程加快,城镇人口增长,我国城镇的生态环境问题越来越突出,已关系到可持续发展的问题。目前我国已有三分之一的国土受到酸雨污染,每年的废水排放量多达439.5亿吨,超过环境容量82%。据专家估计,过去15年,我国GDP的年均增长9.5%,其中一部分是牺牲环境为代价,估计每年GDP增长率有2.1个百分点是"虚数",意味着GDP的实际年均增长只有7.4%(2004年第36期经济要情参阅资料《生态成本让我国GDP出现虚数》)。必须把一个区域生态环境质量作为城市化质量的重要内容加以监测,从一定意义上说,生态环境质量是城市化质量的最终成果的标志,没有良好的生态环境,就没有人类社会发展的生命力,若出现逆城市化现象,说明城市生存环境恶化。生态环境质量子系统由2个要素和7项指标构成。综合评价结果是:江苏省84.7%、山东省83.4%、浙江省81.3%、福建省78.2%、江西省71.4%、安徽省67.9%,评价表明华东区生态环境质量处于较高水平,分项看:环境质量高低的排序是:浙江省89.1%、江苏省90.5%、福建省83.8%、山东省90.9%、江西省79.9%、安徽省73.7%,评价表明:空气质量综合指数,城市人均公共绿地面积,这两个指标是反映城市人居环境质量的主要指标,华东六省均处于较好水平。可持续发展质量高低的排序是:江苏省79.0%、山东省75.8%、浙江省73.4%、福建省72.5%、江西省63.1%、安徽省62.2%,特别是工业废水处理率(%)华东六省均处于较好水平,表明在发展经济同时注意环境保护问题,也反映城市化进程中控制污染的能力不断提高,为实现人类、自然和环境的协调发展创造有利条件。但是生活垃圾无害化处理率(%)江西省、安徽省仅分别为49.5%和36.2%,仅为江苏等省一半,生活环境质量还有待于改善。

(6)统筹城乡与地区协调发展是城市化质量要求的终极目标,华东区离这一目标要求还有较大差距。由于受统计资料的限制,本课题选择城乡居民收入差距(反映生活水平)、城镇化水平与非农就业比重的比率(反映人口转移与就业增加是否协调发展)、地区经济发展差异系数(反映经济发展水平)3个指标来反映城乡一体化质量与水平。综合评价结果是:浙江省74.3%、江西省65.1%、福建省61.1%、安徽省58.8%、山东省56.3%、江苏省55.0%。分项看:收入协调质量高低的排序是:江苏省54.9%、浙江省49.4%、山东省45.0%、福建省44.8%、江西省43.2%、安徽省37.7%。我们认为城乡居民收入差异系数中,当乡村与城市收入的比$S \geq 0.5$,处于城乡二元结构状态;当$0.2 \leq S < 0.5$,处于由二元结构状态向城乡一体化过渡的时期;当$S < 0.2$,基本上完成了城乡一体化的过程,城乡差别应基本消除,城乡居民可支配收入水平应趋于一致。评价表明:当前华东区城乡居民收入差距较大,仍处于城乡二元结构状态,即使是浙江省城乡居

民收入差距也在1倍以上,而安徽省差距则在2倍以上,消除城乡差别任重道远。城镇化与非农就业协调质量高低的排序是:山东省78.9%、福建省78.3%、浙江省75.3%、江苏省71.7%、安徽省70.8%、江西省68.2%。我们用"城市/非农业"人口比率这一参数衡量就业结构和城乡人口结构的协调或偏差,如果这一参数为1,表明就业结构和城乡人口结构完全一致性均衡。根据国际比较我们发现:城市化程度越高的国家和地区,这一参数越趋近于1,在0.8-0.9之间,也就是说就业结构和城乡人口结构的变动越显得一致性均衡。评价表明"城市/非农业"人口比率华东区六省间在07.-0.8之间,已趋向均衡性,显示就业结构和城乡人口结构的变动较为协调发展。经济协调质量高低的排序是:浙江省88.9%、江西省77.1%、安徽省66.8%、福建省64.1%、山东省54.1%、江苏省48.4%,地区差异系数在我国各地区之间的差异最主要的是体现在经济发展水平上。评价表明:地区经济较为均衡发展的是浙江省和江西省,地区差异系数分别为0.39和0.45;而江苏省和山东省地区经济发展不均衡,地区差异系数分别高达0.72和0.65。

(二)评价的基本结论

本文在对城市化质量进行理论分析的基础上,利用指数法对城市化质量做了定量测算,同时对华东区城市化质量进行评价分析。得出基本结论:一是从总体看,华东地区城市化质量达到较高水平,具有明显的层级性特征。二是通过评价分析,经济发展质量在城市化质量中占有重要地位,经济发展质量越高,相应地城市化质量也高,经济发展质量与城市化质量呈密切正相关联;同时,通过城市化质量与经济发展水平和城镇化水平走势分析,也是呈密切正相关,说明经济发展水平和城镇化水平对城市化质量有重要影响,这是本评价体系的一个显著的结论。三是城市化各个领域发展不平衡,省际间城市化领域优势各异,差距较大。在经济发展、生活质量、社会发展、基础设施、生态环境、统筹城乡与地区经济协调发展等领域,其质量提高程度具有明显差异性,如浙江省城市化质量居于首位,但其城市化发展领域中,社会发展质量较低,这说明以城市化质量评价体系监测我国城市化发展进程,能够客观全面衡量和评价各省市区城市化发展实际情况,从内涵和质量上把握我国城市化进程,并对我国及主要地区城市化水平进行科学评价,为推动我国的城市化进程提供决策依据。

(课题组成员:汪小青、张晓玲、陈晓杰、程学斌、江明清、郑蔚菱、陈光政、杨永兴)

主要参考文献

1. 国家统计局《中国统计年鉴》,《中国城市统计年鉴》,各有关省的统计年鉴。

2. S. Kuznets (1966) 西蒙·库兹涅茨,《现代经济增长》,1989,北京经济学院出版社。

3. S. Kuznets (1971) 西蒙·库兹涅茨,《各国经济增长》,1990,商务印书馆。

4. 钱纳里等:《发展的型式(1950 - 1970)》,经济科学出版社 1988 年版。

5. 阿瑟·奥沙利文[美]:《城市经济学》,O'Sullivan Urban economics Irwin McGraw - Hill 中信出版社 2002。

6. 谢文惠、邓卫,《城市经济学》,1996,清华大学出版社。

7. 高佩义,《中外城市化比较研究》,1991,南开大学出版社。

8. H. 钱纳里等著,吴奇、王松宝等译,《工业化和经济增长的比较研究》,1988,上海三联书店。

9. 建设部,《中国城市化与城市化对比分析》,1997,内参资料。

10. 江明清,《50 年中国城市化进程回顾与评述》,《新中国五十年》新华出版社,1998 年

11. 杨治、杜朝晖."经济结构的进化与城市化"《城市经济、区域经济》2001 年第 4 期。

12. 姚士谋、金坂清则."21 世纪亚洲主要国家城市化的几个关键问题"《城市问题》2000 年第 4 期。

13. 宋俊岭、黄序,《中国城镇化知识 15 讲》,2001,中国城市出版社。

14.《中国城市发展问题报告》、中国社会科学出版社(2003)

15.《中国城市竞争力报告 No1》、社会科学文献出版社

16.《中国城市竞争力报告 No2》、社会科学文献出版社 17.《中国城市化之路》叶裕民著,商务印书馆,2001,5

17.《2001 年中国城市发展报告》、中国统计出版社

18.《2002 年中国城市发展报告》、中国统计出版社

19.《发改委副主任:城乡差距进一步扩大》,中国青年报 2003 年 12 月 29 日

20.《我国城镇化战略研究》(2002 年国家统计局课题报告)

21.《城市化的国际比较研究》(2003 年国家统计局城镇化战略研究课题报告)。

附件1:城市化质量评价指标体系

一级指标（A）	二级指标（B）	三级指标（C）	四级指标（D）
城市化质量评价指标体系	一、经济发展质量指数(B1)	发展水平(C1)	1、人均国内生产总值(D1)
			2、第三产业增加值占 GDP 比重(%)(D2)
		发展效率(C2)	3、人均地方财政收入(D3)
			4、城镇化水平(D4)
	二、生活质量指数(B2)	生活水准(C3)	5、人均可支配收入(D5)
			6、人均住宅使用面积(D6)
			7、人均生活用电(D7)
		生活质量(C4)	8、平均预期寿命(D8)
			9、恩格尔系数(D9)
			10、每百户拥有私家汽车数量(D10)
	三、社会发展质量指数(B3)	社会保障(C5)	11、实际调查失业率(D11)
			12、社会保障覆盖率(D12)
			13、每千人拥有医生数(D13)
		社会安全(C6)	14、每万人刑事案件立案数(D14)
		科教水平(C7)	15、大专以上人数占总人口比重(D15)
			16、R&D 经费支出占 GDP 比重(D16)
	四、基础设施质量指数(B4)	生活设施(C8)	17、路网密度(D17)
			18、万人拥有公共汽车(辆)(D18)
			19、万人供水生产能力(D19)
			20、每百人均拥有电话数(D20)
		信息化(C9)	21、万人国际互联网用户数(户)(D21)
	五、生态环境质量指数(B5)	环境质量(C10)	22、空气质量综合指数(D22)
			23、城市绿化覆盖率(D23)
			24、环境噪声达标率(%)(D24)
		可持续发展(C11)	25、每万元 GDP 综合能耗(千瓦时/万元)(D25)
			26、工业废水处理率(D26)
			27、生活垃圾无害化处理率(D27)
			28、建成区面积占本行政区面积比重(D28)
	六、统筹城乡与地区协调发展(B6)	收入协调(C12)	29、城乡居民收入差距(D30)
		城镇化与就业协调(C13)	30、城镇化水平与非农就业比重比率(D30)
		经济协调(C14)	31、地区经济发展差异系数(D31)

附件2　城市化质量评价分省份指标值及标准值

指标名称	江苏	浙江	安徽	福建	江西	山东	标准值
一、经济发展质量指数(6)							
(一)发展水平							
1、人均国内生产总值(元/人)	16809	20147	6455	14979	6677	13654	45000
2、第三产业增加值占GDP比重(%)	36.6	39.7	35.95	39.1	36.8	34.4	≥50
(二)发展效率							
3、人均地方财政收入(元)	2663.08	1555.00	345.49	876.36	396.80	783.03	4500
4、城镇化水平(%)	46.8	53	32	45.1	34.02	41.8	60
二、生活质量指数(7)							
(一)生活水准							
5、人均可支配收入(元/人)	9262	13180	6778.03	9999.54	6901.44	8399.9	21000
6、人均住宅使用面积(平方米)	24.44	31.02	20.75	30.3	22.62	24.48	≥37
7、人均生活用电(千瓦时)	2032	2634	695	1679	704	1530	≥1000
(二)生活质量							
8、平均预期寿命	73.91	74.7	71.85	72.55	68.95	73.92	75
9、恩格尔系数	38.26	36.63	44.21	42.10	40.28	33.80	<35
10、每百户拥有私家汽车数量(辆)	1.5	2.98	0.18	0.73	0.21	1.28	21
三、社会发展质量指数(6)							
(一)社会保障							
11、实际调查失业率(%)	4.1	4.2	4.1	4.1	3.6	3.6	<3.5
12、社会保障覆盖率(%)	22.5	17.8	10.6	15.7	12.1	16.9	≥60
13、每千人拥有医生数(人)	1.41	1.74	0.98	1.19	1.16	1.45	20
(二)社会安全							
14、每万人刑事案件立案数(件)	33.4	45.1	21.2	32.9	19.3	20.9	<30
(三)科教水平							
15、大专以上人数占总人口比重(%)	3.5	2.7	2.9	1.5	2.4	4.6	≥10
16、R&D经费支出占GDP比重(%)	1.2	0.53	0.32	0.72	0.6	0.83	≥2.5

续表

指标名称	江苏	浙江	安徽	福建	江西	山东	标准值
四、基础设施质量指数(5)							
(一)生活设施							
17、路网密度(%)	15	12	10.9	10.2	9.1	15.6	≥20
18、万人拥有公共汽车(辆)	7.22	9.91	6.2	9.43	6.79	4.92	≥20
19、万人供水生产能力(吨/日)	2481.91	2529.00	1610.45	2007.19	1463.19	1484.59	10000
20、每百人均拥有电话数(部)	15.90	20.10	7.41	20.01	9.13	11.03	≥65
(二)信息化							
21、万人国际互联网用户数(户)	3422.02	3736.59	2923	6271.62	3534.81	2507.58	10000
五、生态环境质量指数(7)							
(一)环境质量							
22、空气质量综合指数(%)	90.67	94.83	93.66	90.83	94.81	81.00	100
23、城市绿化覆盖率(%)(全市)	68.86	30.69	34.96	38.59	36.24	36.62	≥40
24、环境噪声达标率(%)	77.52	100	35.61	60	50.1	100	100
(二)可持续发展							
25、每万元 GDP 综合能耗(千瓦时/万元)	1208	1312	1121	1119	1058	1122	≤1000
26、工业废水处理率(%)	97.67	97.20	95.88	97.20	83.06	97.12	100
27、生活垃圾无害化处理率(%)	89.7	84.9	36.2	76.7	49.5	86.3	100
28、建成区面积占本行政区面积比重(%)	6.9	5.3	4.1	4	3.8	4.6	≥15
六、统筹城乡与地区发展(3)							
(一)收入协调							
29、城乡居民收入差距(倍)	2.18	2.43	3.19	2.68	2.78	2.67	<1.2
(二)城镇化与就业协调							
30、城镇化水平与非农就业比重比率	0.72	0.75	0.71	0.78	0.68	0.79	>1
(三)经济协调							
31、地区经济发展差异系数	0.72	0.39	0.52	0.55	0.45	0.65	<0.35

附件3:城市化质量综合评价体系指标含义及目标值说明

1、人均 GDP(元/人):国内生产总值,是按市场价格计算的,简称 GDP。它是一国(地区)所有常住单位在一定时期内生产活动的最终成果。国内生产总值有三种表现形态,即价值形态、收入和产品形态。从价值形态看,它是所有常住单位在一定时期内所生产的全部货物和服务价值减去同期投入的全部非固定资产货物和服务价值的差额,即所有常住单位的增加值之和;从收入形态看,它是所有常住单位在一定时期内所创造并分配给常住单位和非常住单位的初次分配收入之和;从产品形态看,它是最终使用的货物和服务减去进口货物和服务。人均 GDP(国内生产总值)是指国内生产总值与领土范围内常住人口的比值。计算公式:

人均 GDP = GDP(国内生产总值) ÷ 年平均常住人口

党的十六大提出到2020年GDP翻两番的目标,省委提出提前3年翻两番,即到2017年,全省GDP总量要是2000年的4倍。要实现翻番的目标,2000-2020年全国GDP年均增长应达到7.1%,考虑到我省经济增长速度比全国平均高2-3个百分点,按9.5%的年均增长速度保守估算,2017年全省GDP总量将达到18337元,是2000年的4.7倍,已经翻番。如果按人口年递增1%测算,则全省人均GDP可达到4.6万元,按现在汇率计约5500美元。全国小康目标暂定为3000美元,规定我国目标为5400美元,约合人民币45000元,比较合适。

2、第三产业增加值占 GDP 比重(%):计算公式:

第三产业增加值占 GDP 比重 = 第三产业增加值 ÷ 国内生产总值 ×100%

英格尔斯的现代社会10项指标中比重为45%以上,联合国划分贫富的社会指标体系(宽裕型)50%,目前世界上主要发达国家接近或超过70%。全国小康目标为超过50%,确定我国目标为50%以上。

3、人均地方财政收入占 GDP 比重(元/人):财政收入指国家财政参与社会产品分配所取得的收入,是实现国家职能的财力保证。1994年分税制财政体制以后,属于地方财政的收入包括营业税,地方企业所得税,个人所得税,城镇土地使用税,固定资产投资方向调节税,城镇维护建设税,房产税,车船使用税,印花税,屠宰税,农牧业税,农业特产税,耕地占用税,契税,增值税25%部分,证券交易税(印花税)50%部分和除海洋石油资源税以外的其他资源税。计算公式:

人均地方财政收入 = 地方财政收入 ÷ 年平均常住人口

根据近年我省财政收入与 GDP 的关系,每百元的 GDP 可以创造10元的财政收入,在汇率保持基本稳定的情况下,人均财政收入大约可以达到450美元,相当人民币4482元。为此确定我国目标为4500元。

4、城镇化水平(%):根据国家统计局《关于统计上划分城乡的规定(试行)》的规定:

城市是指经国务院批准设市建制的城市市区，包括：设区市的市区和不设区市的市区。镇是指经批准设立的建制镇的镇区，包括：县及县以上（不含市）人民政府、行政公署所在的建制镇的镇区和其他建制镇的镇区。由于现有统计指标体系中还无法取得城镇人口数，为真实、客观反映城镇人口情况，本课题采用2000年人口普查的资料进行运算。计算公式：

城镇人口占总人口的比重＝辖区内城镇人口÷辖区内总人口×100%

英格尔斯的现代社会10项指标中的标准值为50%以上，联合国划分贫富的社会指标体系（宽裕型）为62%，全国小康目标暂定为60%，确定我国目标超过60%。

5、居民人均可支配收入（元/人）：指居民家庭在支付个人所得税，财产税及其他经常性转移支出之后余下的实际收入。计算公式：

居民可支配收入＝家庭总收入－交纳所得税－个人缴纳的社会保障支出－记帐补贴

全国小康标准定为18000元，考虑我省实际情况，确定全国城镇居民可支配收入标准为21000元，与我省全面小康研究标准一致。

6、人均住房使用面积（平方米）：使用面积和常住人口的比值。计算公式：

人均住房使用面积＝使用面积÷常住人口

联合国划分贫富社会指标体系（宽裕型）标准为15平方米以上，全国小康标准为27平方米，根据实际情况，确定为我国目标37平方米，与福建省全面小康研究标准一致。

7、人均生活用电（千瓦时）：受资料来源限制，无法取得城镇居民生活用电资料，暂以城乡居民生活用电替代。计算公式：

城乡居民人均生活用电＝城乡居民生活用电÷年平均常住人口

目前发达国家超过1000，中等收入国家数百千瓦时，确定我国标准值为1000千瓦时。

8、平均预期寿命（岁）：指一个人口群体从出生起平均能存活的年龄（岁）。

英格尔斯的现代社会10项指标中标准值为70岁以上，联合国划分贫富的社会指标体系（宽裕型）为68岁，全国小康标准值为75岁，确定我国标准值为75岁。

9、恩格尔系数（%）：是用来衡量一个国家和地区人民生活水平的重要指标。恩格尔系数在59%以上为绝对贫困，50－59%为勉强度日，40－50%为小康水平，30－40%为富裕，30%以下为最富裕。计算公式：

恩格尔系数＝食物支出额÷消费支出总额×100%

联合国划分贫富社会指标体系（宽裕型）标准区间为20－40，全国小康标准为40，确定我国目标为35。

10、每百户拥有私家汽车数量（辆）：指各种以消费为主体的家用汽车。计算公式：

每百户拥有私家汽车数量＝各种以消费为主体的家用汽车÷城镇居民户数

2000年全国千人拥有汽车6.74辆，据此全国小康标准为千人拥有汽车70辆。按

2000 年全国平均每户家庭人口 3.13 人计算,全国小康标准为每百户拥有汽车 21.9 辆,据此确定我国目标标准为 21。

11、实际调查失业率(%):根据国家统计局人口社科司组织实施的失业调查数据计算。鉴于目前统计制度内尚无此项调查,暂以登记失业率代替。考虑实际情况,全国目标值确定为小于 3.5% 。

12、社会保障覆盖率(%):基本养老保险、失业保险和基本医疗保险均属于社会保障范畴。为便于研究,本课题研究仅涉及基本养老保险和失业保险。资料取自民政部门统计资料。计算公式:

社会保障覆盖率=(基本养老保险参保率+失业保险参保率)÷2

全国小康标准暂定为大于 60%。按照十六大建立健全社会保障体系的要求,确定全国目标值为大于 80%。

13、每千人拥有医生数(人):指医生数与年末城镇人口的比。医生数指所有西医师、中医师、西医士、中医士及其他中医之总数。计算公式:

每千人拥有医生数=医生数÷年末城镇人口(千人)。

2000 年我省每千人拥有医生数 3 人,据此确定全国目标值为 20 人。

14、每万人刑事案件立案数:指刑事案件立案数与年末城镇人口的比。刑事案件立案数指年内发生并达到公安等司法部门规定的立案标准的刑事案。刑事案件是指需依法追究刑事责任并由公安等司法机关立案处理的案件。计算公式:

每万人刑事案件立案数=刑事案件立案数÷年末城镇人口(万人)。

2000 年我省每万人刑事案件立案数 60.1,据此确定全国目标值为不超过 30。

15、大专以上人数占总人口比重(%):指大专以上毕业人口与 6 岁及 6 岁以上受教育程度人口之比。受资料来源限制,本研究以第五次人口普查资料暂代。计算公式:

大专以上人数占总人口比重=大专以上毕业人口÷6 岁及 6 岁以上受教育程度人口×100%

2000 年我省大专以上人数占总人口比重 3.2%,据此确定全国目标值为超过 10%。

16、R&D 经费支出占 GDP 比重(100%):R&D 是指科学研究和试验发展。R&D 活动是指为增加人类知识的总量,以及运用这些知识去创造新的应用而进行的系统的、创造性的工作。R&D 经费支出指报告年度内科技活动机构用于研究与试验发展活动经费的内部支出。R&D 经费支出占 GDP 比重计算公式:

R&D 经费支出占 GDP 比重=R&D 经费内部支出÷GDP×100%

目前发达国家平均值为 2%,全国小康目标标准为 2.5%,确定全国目标值为不低于 2.5%。

17、路网密度(%):是指建成区公路面积与建成区面积的比值。计算公式:

路网密度=建成区公路面积÷建成区面积×100%

2000 年我省路网密度为 9.5,据此确定全国目标值为超过 20。

18、万人拥有公共汽车(辆):是指年末实有公共汽(电)车与年末城镇人口(万人)的比值。年末实有公共汽(电)车指城市公共交通企业可参加营运的全部车辆数。计算公式:

万人拥有公共汽车 = 年末实有公共汽(电)车 ÷ 年末城镇人口(万人)

2002 年新疆万人拥有公共汽车 19.0 辆,为全国最高,北京 16.48 辆,位居第二。据此确定全国目标值为超过 20。

19、万人供水综合生产能力(吨/日):是指供水综合生产能力与年末城镇人口(万人)的比值。供水综合生产能力是指城建部门系统自来水厂及各单位自备水源取水、净化、送水、出厂输水干管等环节的综合生产能力,以四个环节的薄弱环节为主,超负荷运行增加的能力不应计算。计算公式:

万人供水综合生产能力 = 年末供水综合生产能力 ÷ 年末城镇人口(万人)

2000 年我省万人供水综合生产能力 7314.79,据此确定全国目标值为 10000。

20、每百人拥有固定电话用户数(部):是指固定电话用户数与年末城镇人口(万人)的比值。计算公式:

每百人拥有固定电话用户数 = 年末固定电话用户数 ÷ 年末城镇人口(万人)

2000 年我省每百人拥有固定电话用户数 32.5,据此确定全国目标值为超过 65。

21、万人国际互联用网户数(户):互联网是连接计算机网的网络,范围遍及全世界,包括局域网、城域网和广域网。用户数包括在邮电部门办理登记手续且已入网的用户数。计算公式:

万人国际互联用网户数 = 国际互联网用户数 ÷ 年末城镇人口(万人)

国际互联网为我们搭建了信息沟通的网络平台。在我们进入全球化、信息化时代的今天,谁能及时占有信息,谁就能在激烈的竞争占据有利地位。据此确定全国目标值为 10000。

22、空气质量综合指数(%):等于工业二氧化硫处理率和工业烟尘处理率的简单平均数。工业二氧化硫处理率等于工业二氧化硫去除量除以工业二氧化硫排放量的比值。工业烟尘处理率等于工业烟尘处理量除以工业烟尘排放量的比值。计算公式:

空气质量综合指数 = [工业二氧化硫处理率 + 工业烟尘处理率] ÷2

工业二氧化硫处理率 = 工业二氧化硫去除量 ÷ 工业二氧化硫排放量 ×100%

工业烟尘处理率 = 工业烟尘处理量 ÷ 工业烟尘排放量 ×100%

中国社会科学院现代化研究中,环境质量指数标准值 100%,全国小康标准暂定为 80%,据此确定全国目标值为超过 100%。

23、城市绿化覆盖率(%):是指建成区绿化覆盖面积与建成区面积的比值。计算公式:

城市绿化覆盖率＝建成区绿化覆盖面积÷建成区面积×100%

2000年我省城市绿化覆盖率为34.7%。根据我省的情况，确定全国目标值为40%。

24、环境噪声达标率(%)：是指环境噪声达标区总面积与建成区面积的比值。计算公式：

环境噪声达标率＝环境噪声达标区总面积÷建成区面积×100%

2000年我省52.1%。鉴于环保问题事关可持续发展的大局，据此确定目标值为超过100%。

25、每万元GDP综合能耗：能源消费量与GDP的比值。能源消费量是指一定时期内城市物质生产部门、非物质生产部门和生活消费的各种能源总和，包括原煤和原油及其制品、天然气、电力等的利用。本课题能耗以消费电量来代替全部能源消费量。计算公式：

每万元GDP综合能耗＝能源消费量÷GDP值

根据我国际结合情况，该指标全国目标值确定为每万元GDP消耗1000千瓦时。

26、工业废水处理率(%)：等于工业废水排放量与工业废水排放达标量的比值。计算公式：

工业废水处理率＝工业废水排放量÷工业废水排放达标量×100%

2000年我省工业废水处理率为54.8%，据此确定全国目标值为100%。

27、生活垃圾无害化处理率(%)：指报告期生活垃圾无害化处理量与生活垃圾产生量的比率。计算公式：

生活垃圾无害化处理率＝生活垃圾无害化处理量÷生活垃圾产生量×100%

2000年我省生活垃圾无害化处理率为86%，据此确定全国目标值为100%。

28、建成区面积占本行政区域面积比重(%)：建成区面积指市政区范围内经过征用的土地和实际建设发展起来的非农业生产建设地段，包括市区集中连片的部分以及分散在近郊区与城市有着密切联系，具有基本完善的市政公用设施的城市建设用地面积。行政区域面积指在该行政区划内的全部土地面积(包括水面面积)。建成区面积占总行政区域面积的比重。计算公式：

建成区面积占总行政区域面积的比重＝建成区面积÷行政区域面积×100%

2000年我省建成区面积占总行政区域面积的比重为2.8%，据此确定全国目标值为超过15%。

29、城乡居民收入差距(倍)：是指报告期城镇居民人均可支配收入与农村居民人均纯收入的比率。计算公式：

城乡居民收入差距＝城镇居民人均可支配收入÷农村居民人均纯收入

2000年全国城乡居民收入差距2.85，缩小城乡差距，实现城乡一体化是城市化发展目标，据此确定全国目标值为小于1.2。

30、城镇化水平与非农就业比重的比率(反映人口转移与就业增加是否协调发展),我们用"城镇化水平/非农就业比重"人口比率这一参数衡量就业结构和城乡人口结构的协调或偏差,如果这一参数为1,表明就业结构和城乡人口结构完全一致性均衡。据此确定全国目标值为1。

31、地区经济发展差异系数:即地区经济发展的离散系数。计算公式:

离散系数:$V_{\sigma} = \frac{\sigma}{\bar{x}} \times 100\%$

$$\sigma = \sqrt{\frac{\sum (x - \bar{x})^2}{N}}$$

我省小康目标值为0.48,据此确定全国目标值为小于0.35。

附件4:权数确定方法及结果

本课题中,我们利用层次分析法来确定城市化质量指标体系的权数。其基本步骤如下:

第一步:构造判断矩阵

选取若干有关方面的专家利用5/5-9/1比率标度法对各指标的相对重要性进行判断,取判断值的平均值后构造一个判断矩阵。

我们首先将指标体系进行编号(见附件1)。

然后构造三类判断矩阵,包括A-B、B-C和C-D,而每类的判断矩阵又根据具体指标建立相应矩阵:

如A-B

A	经济发展质量指数B1	生活质量指数B2	社会发展质量指数B3	基础设施质量指数B4	生态环境质量指数B5	统筹城乡与地区协调发展B6
经济发展质量指数B1	1					
生活质量指数B2		1				
社会发展质量指数B3			1			
基础设施质量指数B4				1		
生态环境质量指数B5					1	
统筹城乡与地区发展B6						1

如B1-C1、C2

经济发展质量指数B1	发展水平C1	发展效率C2
发展水平C1	1	
发展效率C2		1

如 C1 - D1、D2

发展水平 C1	人均国内生产总值 D1	2、第三产业增加值占 GDP 比重(%)(D2)
人均国内生产总值 D1	1	
第三产业增加值占 GDP 比重(%) D2		1

要求专家按以下规则填写判断矩阵:

以 A - B 判断矩阵为例。假设专家从“城市化质量”考虑,可能认为经济发展是一切活动的基础,当“经济发展质量指数”与“生活质量指数”两两比较时,则可能认为“经济发展质量指数”比“生活质量指数”要明显重要,则在 A - B 判断矩阵中第 1 行第 2 列填入数字“2.333”,表示明显重要。以此类推,直至将右钭三角的各栏填满为止。左下钭三角则为对应的倒数。

判断矩阵中两元素重要性两两比较的比例标度的含义如下:

取值含义	5/5 - 9/1 标度
表示两个元素相比,具有同样重要性	5/5 = 1
表示两个元素相比,前者比后者略微重要	6/4 = 1.5
表示两个元素相比,前者比后者明显重要	7/3 = 2.333
表示两个元素相比,前者比后者强烈重要	8/2 = 4
表示两个元素相比,前者比后者极端重要	9/1 = 9
表示上述相邻判断的中间值	6.5/3.5, 5.5/4.5, 7.5/2.5, 8.5/1.5
若元素 i 与元素 j 的重要性之比为 ,那么元素 j 与元素 i 的重要性之比为	倒数

注:常见的标度为 1、3、5、7、9,中间值为 2、4、6,但有专家认为九标度的等级之间差异太大,不合理,所以提出了一些改进,目的就是为了缩小前三个重要性等级的重要性分值。

第二步:计算各指标权重

数学原理证明:对判断矩阵 B 求最大正特征根 ,通过求解 BW = W 可获得排序值,归一化后得到各指标的权重。求解 W 有多种方法,这里我们采用简单实用的方根法,具体作法如下:

①分别计算判断矩阵 B 每一行元素的乘积 M_i: $M_i = \prod_{j=1}^{n} b_{ij} i = 1, 2, \cdots, n$ ②分别计算各行 M_i 的 n 次方根: $\overline{W}_i = (M_i)^{\frac{1}{n}}$

③对向量 $\overline{W} = (\overline{W}_1, \overline{W}_2, \cdots, \overline{W}_n)^T$ 做归一化处理: $W_i = \overline{W}_i / \sum_{i=1}^{n} \overline{W}_i$

此即为各监测指标的权数。

第三步:对判断矩阵进行一致性检验

使用层次分析法计算评价指标的权数,重要的一条是保持思维逻辑的一致性,即专家在判断指标的重要性时，各判断之间应协调一致，不能出现矛盾的结果。有相应的数学方法对专家的判断结果进行检验(具体方法请参见有关文献)。如果判断矩阵通不过一致性检验，就将有关结果反馈给专家，对判断矩阵进行修正，直到通过一致性检验为止。

在具体操作时，我们向省内近20位专家发出了“层次分析判断矩阵表”，请专家们对各层次指标的重要性进行判断。这些专家中既有从事经济、社会研究的学者，也包括省政府部门的领导，因此具有较好的代表性。

经过上述步骤，最终确定城市化质量评价指标体系的权重(附件5)。

附件5:城市化质量评价指标体系的权重

	指标名称	权重
一、经济发展质量指数(4)		24
发展水平60	1、人均国内生产总值(元/人)	64.0
	2、第三产业增加值占*GDP*比重(%)	36.0
发展效率40	3、人均地方财政收入(元)	50.0
	4、城镇化水平(%)	50.0
二、生活质量指数(6)		17
生活水准50	5、人均可支配收入(元/人)	54.0
	6、人均住宅使用面积(平方米)	23.0
	7、人均生活用电(千瓦时)	23.0
生活质量50	8、平均预期寿命	26.0
	9、恩格尔系数	48.0
	10、每百户拥有私家汽车数量(辆)	26.0
三、社会发展质量指数(6)		15
社会保障33	11、实际调查失业率(%)	30.0
	12、社会保障覆盖率(%)	40.0
	13、每千人拥有医生数(人)	30.0
社会安全25	14、每万人刑事案件立案数(件)	100.0
科教水平42	15、大专以上人数占总人口比重(%)	50.0
	16、*R&D*经费支出占*GDP*比重(%)	50.0
四、基础设施质量指数(5)		16

续表

指标名称		权重
生活设施 50	17、路网密度(%)	25.0
	18、万人拥有公共汽车(辆)	25.0
	19、万人供水生产能力(吨/日)	25.0
	20、每百人均拥有电话数(部)	25.0
信息化 50	21、万人国际互联网用户数(户)	100.0
五、生态环境质量指数(7)		16
环境质量 50	22、空气质量综合指数(%)	30.0
	23、城市绿化覆盖率(%)(全市)	40.0
	24、环境噪声达标率(%)	30.0
可持续发展 50	25、每万元 *GDP* 综合能耗(千瓦时/万元)	25.0
	26、工业废水处理率(%)	25.0
	27、生活垃圾无害化处理率(%)	25.0
	28、建成区面积占本行政区面积比重(%)	25.0
六、城乡统筹与协调发展(3)		12
收入协调 30	29、城乡居民收入差距(倍)	100.0
城镇化与就业协调 20	30、城镇化水平与非农就业比重比率	100.0
经济协调 50	31、地区经济发展差异系数	100.0

附件 6:华东区城市化质量指数总表

单位:%

指标名称	江苏省	浙江省	安徽省	福建省	江西省	山东省
城市化质量总指数	59.2	61.1	46.5	57.4	49.3	55.0
一、经济发展质量指数(6)	57.6	58.9	33.2	48.6	34.7	43.9
(一)发展水平	50.3	57.2	35.1	49.5	36.0	44.2
1、人均国内生产总值(元/人)	37.4	44.8	14.3	33.3	14.8	30.3
2、第三产业增加值占 *GDP* 比重(%)	73.2	79.4	71.9	78.2	73.6	68.8
(二)发展效率	68.6	61.4	30.5	47.3	32.8	43.5
3、人均地方财政收入(元)	59.2	34.6	7.7	19.5	8.8	17.4
4、城镇化水平(%)	78.0	88.3	53.3	75.2	56.7	69.7
二、生活质量指数(7)	66.7	75.8	54.7	66.8	56.9	67.5
(一)生活水准	62.0	76.2	46.3	67.5	48.0	59.8
5、人均可支配收入(元/人)	44.1	62.8	32.3	47.6	32.9	40.0
6、人均住宅使用面积(平方米)	66.1	83.8	56.1	81.9	61.1	66.2

续表

指标名称	江苏省	浙江省	安徽省	福建省	江西省	山东省
7、人均生活用电(千瓦时)	100.0	100.0	69.5	100.0	70.4	100.0
(二)生活质量	71.4	75.4	63.1	66.0	65.9	75.2
8、平均预期寿命	98.5	99.6	95.8	96.7	91.9	98.6
9、恩格尔系数	91.5	95.5	79.2	83.1	86.9	100.0
10、每百户拥有私家汽车数量(辆)	7.1	14.2	0.9	3.5	1.0	6.1
三、社会发展质量指数(6)	52.6	38.8	44.4	43.6	47.3	54.8
(一)社会保障	39.0	36.5	32.4	35.2	37.0	39.8
11、实际调查失业率(%)	85.4	83.3	85.4	85.4	97.2	97.2
12、社会保障覆盖率(%)	28.1	22.3	13.3	19.6	15.1	21.1
13、每千人拥有医生数(人)	7.0	8.7	4.9	6.0	5.8	7.2
(二)社会安全	89.8	66.5	100.0	91.2	100.0	100.0
14、每万人刑事案件立案数(件)	89.8	66.5	100.0	91.2	100.0	100.0
(三)科教水平	41.3	24.0	20.9	21.9	24.1	39.6
15、大专以上人数占总人口比重(%)	34.5	26.8	28.9	15.0	24.2	46.0
16、*R&D* 经费支出占 *GDP* 比重(%)	48.0	21.2	12.8	28.8	24.0	33.2
四、基础设施质量指数(5)	37.2	39.4	28.7	50.0	31.2	29.3
(一)生活设施	40.1	41.4	28.2	37.3	27.0	33.6
17、路网密度(%)	75.0	60.0	54.5	51.0	45.5	78.0
18、万人拥有公共汽车(辆)	36.1	49.6	31.0	47.2	34.0	24.6
19、万人供水生产能力(吨/日)	24.8	25.3	16.1	20.1	14.6	14.8
20、每百人均拥有电话数(部)	24.5	30.9	11.4	30.8	14.1	17.0
(二)信息化	34.2	37.4	29.2	62.7	35.3	25.1
21、万人国际互联网用户数(户)	34.2	37.4	29.2	62.7	35.3	25.1
五、生态环境质量指数(7)	84.7	81.3	67.9	78.2	71.4	83.4
(一)环境质量	90.5	89.1	73.7	83.8	79.7	90.9
22、空气质量综合指数(%)	90.7	94.8	93.7	90.8	94.8	81.0
23、城市绿化覆盖率(%)(全市)	100.0	76.7	87.4	96.5	90.6	91.5
24、环境噪声达标率(%)	77.5	100.0	35.6	60.0	50.1	100.0
(二)可持续发展	79.0	73.4	62.2	72.5	63.1	75.8
25、每万元 *GDP* 综合能耗(千瓦时/万元)	82.8	76.2	89.2	89.4	94.5	89.1
26、工业废水处理率(%)	97.7	97.2	95.9	97.2	83.1	97.1
27、生活垃圾无害化处理率(%)	89.7	84.9	36.2	76.7	49.5	86.3
28、建成区面积占本行政区面积比重(%)	46.0	35.3	27.3	26.7	25.3	30.7
六、统筹城乡与地区发展(3)	55.0	74.3	58.8	61.1	65.1	56.3
(一)收入协调	54.9	49.4	37.7	44.8	43.2	45.0
29、城乡居民收入差距(倍)	54.9	49.4	37.7	44.8	43.2	45.0
(二)城镇化与就业协调	71.7	75.3	70.8	78.3	68.2	78.9
30、城镇化水平与非农就业比重比率	71.7	75.3	70.8	78.3	68.2	78.9
(三)经济协调	48.4	88.9	66.8	64.1	77.1	54.1
31、地区经济发展差异系数	48.4	88.9	66.8	64.1	77.1	54.1

城市化发展水平综合评价研究

前言

城市化是21世纪发展的三大趋势(另外两大趋势为信息化和全球化)之一。党的十六大提出,要逐步提高城市化水平,坚持大中小城市和小城镇协调发展,走中国特色的城市化道路。这标志着我国城市化建设正进入新的发展阶段。城市化的水平和质量明显成为我国社会经济生活的重要现象。

近几年来,城市化作为发展经济的基本战略,经过不断的摸索和实践,各地都取得了一些进步,但也遇到一些实际问题,特别是对城市化水平的衡量、评价方面缺乏理论依据和统一标准,各地区在发展定位、宏观调控的具体操作上有难度、有盲点,并存在认识上的误区。比如一些地方将城市化仅仅看成是农民迁入城市,以为城市人口增加了,就会刺激需求,拉动内需,促进第三产业发展,有的地方为此专门买卖城市户口等;一些地方不顾区位、人口、城市体系特征、资源条件、环境质量等条件,用局部和短期的利益来指导城市化建设。这些不足,客观上将直接导致欲速则不达,影响了城市化建设中的整体协调性和长期的可持续发展。本研究努力从这一角度出发,尽可能地为我省城市化建设,在质量方面提供一个实用、具备实际操作意义的评价标准。

在研究过程中,曾遇到多方面的困难,主要有:一是数据资料收集。目前统计制度更多的还是体现计划经济时期的特征,难以适应市场经济快速发展的新局面、新形势和新特点。进行城市化发展水平综合评价研究,需要大量的能体现时代特点的数据,而现有统计数据则难以满足评价需要,搜集数据资料难度大,这直接导致了指标不断替换,使评价体系中的有些指标的内涵无法准确地反映客观实际;二是临界值的合理确定。在采用综合指数评价方法中,我们发现,有的城市因为一项指标值增长很高而导致城市化发展指数大幅度上升,出现以偏概全的现象,导致城市化水平缺乏可比性。因此如何为每一指标的增速确定科学合理的临界值,尚来不及做进一步研究。

尽管如此,本研究仍努力尝试从以下几个方面进行创新或突破。首先是填补我省城市化发展水平综合评价研究的空白。我国提出城市化建设还是改革开放之后的事,这期间各有关方面有过较多的理论研究和具体探索。在这样一个特有的历史发展过程中,我省作为农业大省,城市化建设任务更艰巨,全面实施好城市化建设,既需要理论上的充分准备，更需要这些理论对实践的指导性意义。城市化发展水平综合评价这项研究，目前在全国还只有少数几个省份进行过，而我省这是首次研究。其次，城市化建设是我省经济发展的战略目标，如何服务这一经济工作中心，使城市化建设科学、协调健康发展，从统计的角度看，需要方法上的改革，也需职能上有所转变、有所创新，使之相适应，本研究是一次有意的尝试和探索。

城市化发展水平是体现一个国家或地区经济社会发展水平和人们物质文化生活水平的一个综合性指数。由于城市化的复杂性和艰巨性，较长时期内，需要政府各部门在实施过程中，做到统筹安排、相互协调、周密部署。但这一决策过程，除了要有一套好的决策机制、制度外，还需要建立科学的、符合我省实际情况的城市化统计机制，创新并制定稳定的城市化统计指指标。科学、完善的城市化水平发展综合评价体系，是提高城市化规划、建设、管理决策科技含量的不可或缺的重要依据，通过评价工作把政府工作引导到提高社会经济发展和人民物质文化生活水平上来，避免一些地方不重视城市化内在规律，盲目追求城市化率的提高。因此，可以说开展城市化发展水平综合评价研究，应用前景将不言而喻。

本研究初稿形成以后，邀请省委、省政府办公厅及省建委等相关部门领导及城市经济学会的专家进行研讨，引起了高度关注和重视，认为开展城市化水平的评价研究是一项非常有意义的工作，有实际指导性、操作性，现已报湖南省政府办公厅。大家提出了很好的修改及推广意见。我们还将进一步倾听各方面的意见，对评价指标体系进行进一步的完善和提高，尽可能为评价、考核湖南城市化工作提供一个切实可行的统一标准和依据。

一、城市化定义及研究目的

城市化或城镇化，是当今世界上重要的社会、经济现象之一。并被视为发展中国家谋求发展的必要条件，促进经济增长的必要手段和有效手段。城市化的发展是促进社会主义市场经济发展，实现经济市场化的基础。哪里有城市，哪里就有市场；哪里城市发展快，市场就发展得成熟，经济就更繁荣。因此，城市化的发展是进一步发挥城市聚集效应，促进我国未来经济发展的主要增长点。城市化能够增加社会有效需求从而扩大内需。湖南是农业大省，农民收入低，乡村人口和城镇人口的比例将近是70:30，但是在*GDP*的贡献率中消费额的比例是30:70，加快城市化发展尤显重要。如何正确选择湖南城市化发展战略，推进城市化进程？从统计的角度出发，主要是如何为全面、准确地对全省城市化发展水平进行综合评价和定位，对城市化的辐射带动作用有一个量化反映。以便于城区之间比较，为各级党委、政府制定城市化发展战略及政策措施提供决策依据。在各种各样的城市化定义中，较为主要的提法是“人口向城市集中的过程”，这一过程包含了社会、人口、空间及经济转换等多方面的内容。“城市化水平”即指城市化发展的程度，对它的测定一般是城镇人口占总人口的百分比，国际上也称城市化指数或城市化率。这是国内外目前最为通用的城市化发展水平的测度指标,这一指标具有表征性强,便于统计,便于相互比较的优点,但它也存在明显的缺陷。在我国,由于严格的城市人口限制政策,使得户籍意义上的城市人口比重与实际人口城市化水平存在一定脱节。没有恰当而稳定的城乡地域划分标准,对于城镇人口的定义长期以来也没有固定统一的标准,加上从建国之初到现在市镇的建制标准多次发生变动,使得中国城镇人口的统计口径比较混乱,导致各时期各地区之间的城市化水平缺乏可比性,使决策部门制定相关政策时缺乏有效依据,影响了对一些重大问题的决策。因此,需要建立一套科学、完整的城市化发展水平评价体系,综合反映区域城市化发展水平。本文从分析湖南城市发展水平的因素着手,提出城市化发展水平综合评价指标体系的组成以及评价方法。并在此基础上对湖南城市化发展水平进行实证研究。

二、城市化发展水平的因素分析

考察城市化问题,必须以整个社会发展为背景,包括经济总量的增长、产业结构的演进、管理水平、价值观念、市民素质的提高,所有这些因素构成了城市化发展的先决条件。

从经济层面讲,城市化意味着大量的农业人口向城市流动,从而促成产业结构的转移,使得农民逐步转变为市民。城市化与经济增长表现为一定的正相关关系。据发达国家的经验,当人均 *GNP* 为 500 美元时,城市化水平应为 50%,当人均 *GNP* 为 2000 美元时,城市化水平则会稳定在 75% 左右。城市化所引起的人口和就业结构的变化是第一产业比重的不断下降,第二、第三产业比重的不断上升,由于工业生产相对于农业生产的不同特点,伴随着行业之间的人口流动,必然会有人口的相对集中,它构成了城市产生的基本因素,也构成了城市化的基本特征。

从社会和文化层面来讲,社会生产的中心以及人口从农村到城市的转移,并不构成城市化的全部内容,它既要求一系列与工业化相配套的社会服务体系,如商业、交通、水电、环境卫生等,同时要求人们思想文化、道德素质等方面的转变。这既是工业生产本身特点所决定的,又是城市独特环境决定的。

由此可以看出,影响城市化的因素众多,但最终可以归结为经济因素、人口因素、生活方式因素和环境因素。

1、经济城市化水平。经济城市化最根本的内涵是经济结构的非农化,其中工业化是直接推动因素,而第三产业的兴旺则是城市化深入的表现。非农化生产所具有的高度聚集性特点,使得单位空间内经济活动强度和总量规模大增,因此可以从经济规模、经济结构、经济外向性、经济效益等方面反映经济城市化水平。这里具体选择了人均 *GDP*、第二、三产业产值比重、失业率、人均出口额、人均财政收入等指标,据对这些指标的回归分析和统计检验,这 6 项指标对城市化水平的影响都较大。要对城市化发展水平作评价,是不可忽视的因素。

2、人口城市化水平。人口城市化水平

在很大程度上是可以作为衡量城市化水平的指标，这也很好地解释了为什么国内外将“人口城市化水平”指数作为城市化发展水平通用的测度指标。人口城市化水平是经济城市化的直接结果，表现为人口向工业区聚集。农业人口转化为非农业人口、乡村人口转化为城镇人口，从而使非农业人口和城镇人口占总人口的比重上升。而随着城市化进程的深入，城市规模扩大，比如，城市数量、比重、城市密度的变化，将促进城市人口的增加和人口在不同产业间合理分布。我们在对各市区进行评估时，可以用市区人口、城区人口占本行政区域人口的比重等人口结构、人口数量来反映人口的城市化水平。同时等级提高，则会出现不同规模等级城镇人口比例的变化。所以可用“非农业人口（占全区总人口）比重”、“第二、三产业从业人员（占全行业总人口）比重”来体现非农化程度和人口就业结构的变化。在生产力高度发展的今天，人口规模增加的作用在逐步弱化，人口素质的作用越来越受到人们的重视。进一步反映城市人口的素质变化，将城市人口占本行政区域人口的比重和每万人拥有各类专业技术人员和每万人拥有大学生人数作为重要指标进行考核。

3、生活方式城市化水平。城市化过程是一个深刻的、全方位的变革过程。伴随经济、人口城市化进程，人们的生活方式、行为习惯、社会组织关系乃至精神与价值观念都会发生转变，从而形成与乡村不同的生活方式。与乡村的生活方式相比，城市生活最突出的特点是生活现代化和服务社会化水平较高，生活更加舒适、便利、快节奏、高效率，文化娱乐活动丰富、对外联络紧密，并且拥有较高的消费和较多的社会福利保障。

生活方式的城市化是城市化过程的有机组成部分，也是城市化内涵丰富性的体现。虽然其中许多转变是无形的，难以度量的，但区域内交通、通讯、医疗卫生、文化娱乐及社会服务等设施的发达程度能客观地反映生活方式的城市化水平，城市本身意味着公共基础设施建设，城市的形成在很大意义上属于“公共物品”的供给，其中最能体现城市化生活方式的是消费水平以及与外界联络的便捷与密切程度。反映生活方式城市化水平的指标主要包括两方面；一是反映生活服务设施城市化的指标，包括反映人们健康状况水平和文化设施的每万人拥有医生、每万人拥有影剧院数、人均拥有图书馆藏书，反映城市交通便利的，仍以每万人拥有公共交通车数为评价指标，英国著名城市规划专家彼得. 霍尔爵士在清华大学进行了一次关于城市化进程中城市的规划模式演讲中，从全球的角度对城市化建设中住宅与交通模式进行了解析，认为要解决交通问题，小汽车不是理想的，关键要大力发展高质量的公共交通，从而使市区与郊区联系起来，形成真正的城市网络；二是反映居民生活城市化的指标，包括可支配收入、人均住房使用面积、每百户拥有家用电脑、移动电话。

4、人居环境城市化水平。城市是现代工业文明产物之一。工业化过程必然伴随“三废”产生，随着城市化水平提高，人们也越来越重视环境保护和治理，环境状态好坏也从一个方面反映了城市化水平的高低。可从环境质量(水质、空气质量)、污染控制、环境建设等几个方面来衡量环境状态的城市化水平。

城市化发展过程中的上述四个方面不是彼此割裂,而是相互联系、相互促进的。城市化需要人口的聚集、经济能量的聚集。其中经济城市化是基础,实现城市人口聚集的基础和前提是城市经济能量的积聚,人口城市化、人居环境城市化是经济城市化水平的表现,而最终的结果是促进社会的进步,人民生活水平的提高、生活方式更加文明、更现代化。

三、城市化发展水平评价指标体系

1、评价指标设置原则。认识角度不同,对城市化就有不同的理解。社会学家把城市化看成是人们的行为方式和生产方式由农村社区转向城市社区并由此引起各种社会关系变化的过程;人口学家认为城市化是指乡村人口不断涌进城市,农村居民点变为城镇居民点,从而使城市人口比例上升的过程;一些经济学家则认为城市化是乡村经济向城市经济转变的过程。我们认为,城市化是物质文明、政治文明、精神文明协调发展的社会经济现象,它有五个方面的标志:(1)工业生产高度聚集;(2)人口高度密集;(3)资本与技术高度集中;(4)现代化的价值观念;(5)更加有效的管理体制。它表明:城市化不仅仅是一个地理空间的概念,也不仅仅是一个经济学的概念,还是一个包括社会、文化等意义的概念,城市化因此也就变成一个综合的系统工程。所以,要从城市化水平综合评价的总目标出发,突出重点,在指标的选择上,能准确科学反映城市化发展实际,有必要选择和构造一些指标从不同角度说明总体指标,能够构成较为完整的指标体系,来更全面、更真实地反映城市化发展水平。为对城市化进程做出全面、科学反映,需要遵循如下原则:

(1)科学性原则。指标设置必须以科学性为前提,指标含义明确,计算方法规范,能够对城市化的内涵和外延做出科学反映。

(2)代表性原则。城市化发展水平综合评价涉及城市的不同领域,按照对主要领域具有代表性的原则,选取指标时必须针对城市化本质,兼顾城市化的功能和影响。综合考虑城市规模、城市经济、居民生活、基础设施、生态环境、管理与服务以及城市的幅射作用诸方面的因素,在确保代表性的前提下,尽量减少指标数量,避免过于繁杂,以提高实施过程中的可操作性。

(3)可行性原则。选取的指标必须能够进行度量、测定和可比,便于量化;指标内涵明确且具有唯一性;计算和计量范围、口径一致,具有可比性;尽可能利用已有的信息资源,计算方法简便,易于实施。

(4)指导性原则。通过对城市化发展水平的度量、描述和评价,科学地指导工作,对全省城市化建设与发展起到积极的导向作用,为各级党政领导和决策部门制定城市发展战略和规划提供可靠的依据。

2、城市化评价体系和评价模型的建立。城市化评价体系是在城市年报统计指标体系基础上建立的,是城市年报的重要组成部分,直接担负着指标体系中“评价功能”的重要职能。其作用主要有三个:一是通过与一定时期的体系指标值的动态对比分析,了解城市化工作的发展水平和发展速度,评价其是否起到了推进城市化的作用。其二是通过评价指标,对各地区、各城市进行对比分析,可用于监测和评价不同城市间城市化发展差异的依据,反映其在全省或全国的地位。但是,城市年报是从城市总体出发进行研究,内容相当广泛,涉及城市发展的各个方面。包括200多项指标。为此我们根据城市化的内涵和以上指标构建原则,在有关城市化指标体系研究和城市社会经济调查总队《地级以上城市综合实力比较研究》的基础上,提出我省城市化发展评估指标体系如下:

城市化水平指标体系框架由经济城市化水平、人口城市化水平、生活方式城市化水平、人居环境的城市化水平四个大类27个单项指标构成。见附表一。

3、城市化发展水平综合评价方法。评估是按照一定的标准对现象作出判断的认识过程。评估可分为两种:一种是根据一定目的、一定价值标准判断现象"有多好",称之为"价值评价"。一种是根据现象自身的历史状况或参照的实际状况判断现在如何,称为"客观评价",城市化指标体系将主要用于客观评价。城市化发展评价方法包括比较法和综合评价法。比较法是一种直观、简易的评估方法。根据评估的目的,可采取不同的比较法。

(1)纵向比较法。即以历史性的指标数值作尺度,评价现实的指标值,以反映一段时间内城市化工作的发展速度。

(2)目标比较法。即以事先制定的计划指标值、规划指标值或理论理想值作对比,用以反映计划或规划的完成情况,或提示实际现状与人们预想之间的距离。

(3)横向比较法。即以国际先进水平或国内先进水平为参照,反映监测、评估城市化现状在国际或国内的发展地位。

综合评价法即将所有指标的数据按有关权数进行换算和统计,最后得出一个综合性的总评价。综合评价常用的方法有因子分析法、模糊综合评判法、综合指数法等多种方法,经过比较,笔者认为综合指数法原理较为简便,易为人们掌握,得出的结论也较为合理。利用综合指数法反映城市化进程,是通过计算城市化指数来实现的,其计算公式为:

$$C = \Sigma(X_{i1} \div X_{i0}) \times W_i$$

式中,C表示城市化指数,X_{i1}为第i项指标报告期数值;在动态对比时,X_{i0}为第i项指标某一固定期数值;在静态比较时,X_{i0}为第i项指标各地区平均值;W_i为第i项指标的权重。城市化指数越大,表明城市化程度越高。

W_i值的大小体现了第i项指标在整个指标体系中的重要程度。

具体步骤:

一是对数据进行无量纲化处理。采用相对化处理方法对不同计量单位的指标数值进行同度量处理,计算出各指标的比较值,使不同表现形式、不同计量单位的指标能够直接综合。

二是确定指标权重。指标权数的确定采用层次分析法,即将城市化发展的评价指标体系层次化,权重分两个层次。第一层次:为经济指标、人口指标和生活方式、环境指标四个大类。第二层次为各类具体指标共二十五项，运用主观赋权法（专家调查法）对各指标确定不同的权数，各指标及权数详见表一。

三是采用总指数法进行评价。收集评价指标的原始数据并通过计算得出指标的基础数据；对评价指标基础进行同度量处理，形成评价指标的比较值；用各指标比较值乘以相应的权重，得出单项指标指数；各单项指标指数相加得出各领域的发展指数；各领域的指数相加得出各地城市化发展水平指数。计算公式：

$P_i = (X_{i1} \div X_{i0}) \times 100\%$

式中：P_i表示单项指标发展指数，X_{i1}表示报告期评价指数，X_{i0}表示基期评价指数

然后将各单项指标的发展指数加权平均，得到被评价城市的综合发展指数。计算公式：

$C_i = \Sigma(P_i \times W_i)$

式中：C_i表示综合发展指数，P_i表示单项指标发展指数，W_i表示第 i 项指标的权重

四、2002 年湖南地级市城市化发展水平评价

从总的情况来看，我省城市化发展水平还比较低。2002 年城市化率只有 32%，比全国水平低 7.1 个百分点，但我省大中城市对促进全省经济发展起到了举足轻重的作用。2002 年单是 13 个地级市市区面积仅占全省国土总面积的 8%，人口占全省的 17%，却创造了全省 40% 的国内生产总值，41% 的财政收入，61% 的工业总产值；商品销售额占全省的 50%，金融机构存款余额占到全省的 58%。13 个地级市市区在国民经济发展和城市化进程中始终占有举足轻重的地位，本课题选用资料均为市区数。因为在城市统计中有“地区”和“市区”之分，“地区”包括市辖县，而“市区”表示城市中心区域，是城市各项功能的主要集聚地，对城市化的发展起重要作用，且一般比较稳定，具有可比性。因此，我们首先利用这套评价指标体系计算 13 个市的城市化发展水平。

1、从发展实力看，城市化提升存在明显的区域差距。我省城镇分布和城市化水平历来呈东高西低的梯度差距。但近两年在城市化的提升速度上出现了城市化水平偏低的西线地区快速提升，城市化水平较高的东线长株潭地区稳步提升，而中线偏慢的情况。这是一个需要引起关注的问题。本文试以全省平均水平为基期，计算对全省及 13 个市的城市发展指数总排名及其在各层上的排序见下表。

从排序情况可以看出，长、株、潭优势明显，其中以长沙市为甚。长、株、潭作为我省的中心城市，人称湖南金三角，存量优势明显，区位优越，开放程度高、融资能力强、创新水平突出、产业分布广，结构竞争能力强。彼此成品字形摆布相距不到 50 公里，同饮湘江水，同唱花鼓戏。长、株、潭总人口占全省的 1/5，却创造出占全省 1/3 的国内生产总值，集结 20 多所高等学府，聚集全省 40% 的高新技术人才和全省 60% 的上市公司、大型企业。能源、交通、通信、商贸、城市基础设施亦为全省规模最大、数量最多、水平最高。三市一体结成城市群，产生较大的集聚效应，形成湖南城市化发展的核心区，诚可谓天时地利人和一

样不缺，自然而然，长、株、潭经济一体化就成为湖南21世纪发展的首先战略。

各城市发展指数总排名及其在各层次上的排序

城　市	总指数	经济指标	人口指标	生活方式	环境指标
长　沙	1	1	1	1	1
湘　潭	2	3	2	8	2
株　洲	3	2	4	4	3
衡　阳	4	7	3	2	7
岳　阳	5	5	7	6	5
常　德	6	4	6	11	8
怀　化	7	10	9	3	6
郴　州	8	6	10	7	9
益　阳	9	12	5	10	11
娄　底	10	9	13	13	4
张家界	11	8	8	9	13
邵　阳	12	11	12	5	10
永　州	13	13	11	12	12

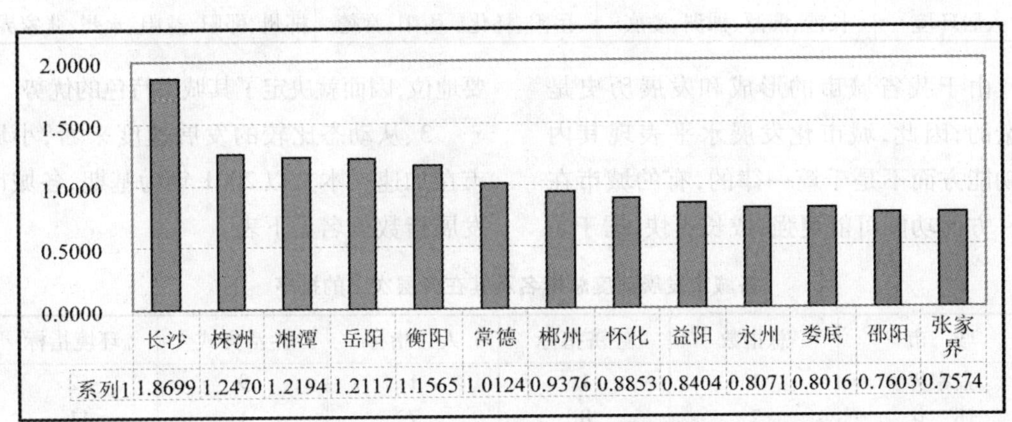

2001年湖南13市城镇化指数排名

岳阳、衡阳、常德、郴州排位居中，由于有较好的区位条件，有一定经济基础，交通发达，岳阳、衡阳、郴州地处京广线。但在基础设施、创新能力、资本存量、经济开放程度上有待加强。

怀化、永州、娄底、益阳、邵阳、张家界受地域限制，城市基础设施发展滞后，产业结构竞争能力较弱，人才质量不具优势，科技水平不高、开放程度不够，缺乏规模优势，总体相对落后。

2、从经济发展、人口、生活方式、环境等四个子系统情况来看，可以明确在各系统上具备相对优势、相对劣势的城市见表：

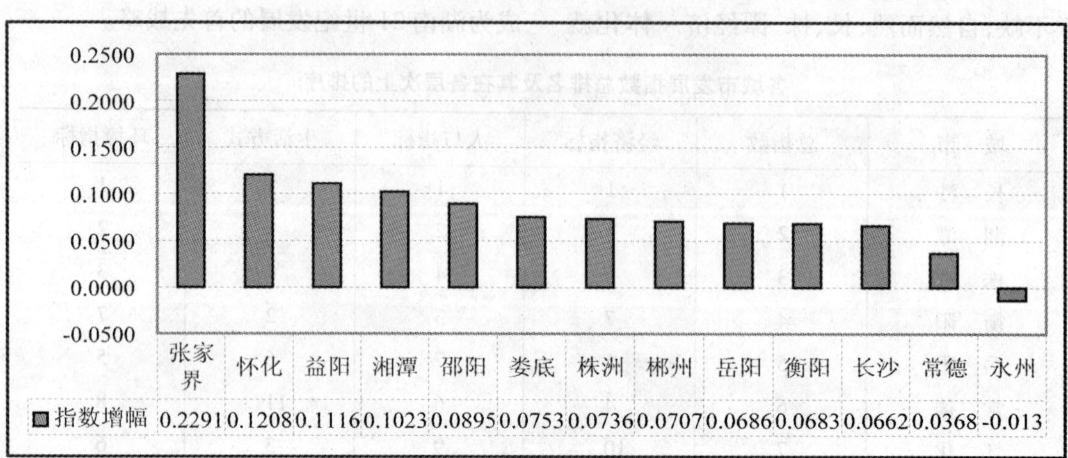

2002 年湖南 13 市城镇化指数排序

城市间各子系统优劣势比较

城　　市	相对优势的城市	表现中间的城市	相对劣势的城市
经济发展	长沙、株洲、湘潭、常德	岳阳、郴州、衡阳、张家界	娄底、怀化、邵阳、益阳、永州
人口质量	长沙、湘潭、衡阳、株洲	益阳、常德、岳阳、张家界	怀化、郴州、永州、邵阳、娄底
生活方式	长沙、衡阳怀化、株洲	邵阳、岳阳、郴州、湘潭	张家界、益阳、常德、永州、娄底
人居环境	长沙、湘潭、株洲、娄底	岳阳、怀化、衡阳、常德	郴州、邵阳、益阳、永州、张家界

由于我省城市的形成和发展历史是复杂的，因此，城市化发展水平表现其内部功能方面不是千篇一律的，有的城市在某一方面功能可能更强，成长更快，居于主要地位，因而就决定了其城市特色的优势。

3、从动态比较的发展速度来看，小城市在加速。本文以 2001 年为基期，各城市发展指数排名见下表。

各城市发展速度总排名及其在各层次上的排序

城　市	总指数	经济指标	人口指标	生活方式	环境指标
张家界	1	1	1	9	2
怀　化	2	8	7	1	11
益　阳	3	6	5	4	3
湘　潭	4	11	3	13	1
邵　阳	5	9	9	2	6
娄　底	6	3	4	10	9
株　洲	7	4	6	8	8
郴　州	8	7	11	3	10
岳　阳	9	12	2	12	7
衡　阳	10	2	13	6	12
长　沙	11	10	10	5	4
常　德	12	5	8	7	13
永　州	13	13	12	11	5

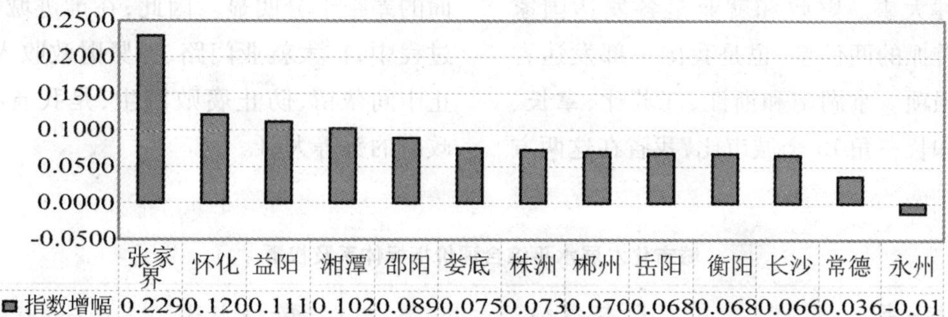

2001－2002 年湖南 13 市城镇化发展指数排名

4、加快湖南城市化发展的措施

(1)继续坚持正确的城市化思路。我省进入“十五”后,彻底摒弃了过去严格限制大中城市发展的思路,把城市化的重点放在县级以上城市和促进各类城镇协调发展上,并把长、株、潭中心群作为重中之重发展。对于小城镇则采取了积极稳妥、突出重点、增强特色、择优发展的方针。实践证明坚持这样的城市化方针和思路是正确的。

(2)充分依托大中城市加快工业化推进城市化。我省工业化滞后的根本原因是产业不强,工业化滞后。对此,我省已明确了加快推进工业化的发展思路。工业化要充分依托大中城市,这不仅在于大中城市的基础条件,更在于历史上形成的我省大中城市现有的工业基础。50 年代国家在我省长、株、潭地区布局了一大批制造业,有的企业在全国也有相当影响。许多产品在全国占有很高的市场份额。加上大中城市交通、通信、人才等基础条件优越,是发展工业的优先区域。要对全省现有的开发区、产业园区进行布局和结构调整,逐步建立起以大中城市为中心,以装备制造业为基础的工业化体系。

(3)充分运用市场机制推进城市化。在继续加大政府对城镇建设投入的同时,充分运用市场手段,广泛筹集建设资金。走城市基础设施产业化的路子,用市场办法经营管理城市。

(4)实行城乡统筹,消除政策体制性障碍推进城市化。十六大报告提出要“统筹城乡经济社会发展”,就是要尽量消除城乡壁垒,缩小城乡差距。改革农业、非农业户口“二元制”管理模式,促进城乡户籍管理一体化,进一步完善社保制度,在全社会真正建立起一个“安全网”,促进城乡人口合理流动。

(5)以洛湛铁路开通为契机加快路线地区城市化。城镇发展沿主要交通干线分布,这是基本规律。我省中线地区这两年城市化发展偏慢,与这一地区南北交通不畅有关。洛湛铁路开通,为中线城镇发展提供了新的机遇。要以此为契机,对沿线地区的城镇发展、产业发展进行整体规划,加大益阳、娄底、邵阳、永州四个地区中心城市的建设力度,逐步完善其功能,增强吸纳能力,使之逐步形成我省新的一条城镇带和产业带。

(6)财政和就业是推进城市化进程中

的两件大事。财政和就业是各发达国家政府首抓的两件事,也是我国东部发达省份的强项。拿湖南和浙江、江苏比,拿长、株潭和长三角15个城市比,我省在这两方面的差距十分明显。因此,在推进城市化过程中,扩大就业门路、抓紧财政收入、制止中间截留、防止腐败滋生,是我省各级政府的头等大事。

表一

城市化发展水平综合评价指标体系及权重

指标分类	基本指标	第一层权数	第二层权数
经济指标		30	100
	人均国内生产总值		20
	第二产业增加值占GDP比重		10
	第三产业增加值占GDP的比重		10
	失业率(反比)		25
	人均出口额		10
	人均财政收入		25
人口指标		30	100
	市区人口		20
	市区人口占本行政区域人口的比重		20
	非农业人口占总人口比重		15
	第三产业从业人员占全部从业人员比重		15
	每万人拥有各类专业技术人员		15
	每万人拥有大学生人数		15
生活方式		25	100
	居民人均可支配收入		30
	人均住宅使用面积		20
	每万人拥有影剧院数		8
	人均拥有图书馆藏书		8
	每万人拥有医生		10
	每百户拥有移动电话		8
	每百户拥有家用电脑		8
	每万人拥有公共交通汽车数		8
人居环境		15	100
	水质		20
	空气质量		20
	污水年排放量(吨)(反比)		20
	人均绿地面积(平方米)		20
	建成区绿地面积覆盖率		20

2、城市化指标解释

地方财政收入:按国家预算科目规定,包括(1)各项税收:指增值税、营业税、消费税、专项调节税、个人所得税、证券交易税、遗产税、土地增值税、外商投资企业和外国企业所得税、城市维护建设税、车船税、房产税、屠宰税、资源税、土地使用税、印花税、固定资产投资方向调节税、关税、农牧业税和耕地占用税类、企业所得税类等;(2)专项收入类:包括征收排污费收入、征收城市水资源费收入、教育费附加收入等;(3)其他收入类:包括基本建设贷款归还收入、基本建设收入、损款收入等;(4)国有企业计划亏损补贴。地方财政收入为本级政府在上述国家预算科目基础上,根据分税制的规定所得到的收入,不包括上级返还款部分。(资料取自:财政部 财政收支决算表)

居民人均可支配收入:居民可支配收入指住户用于最终消费支出和其他非义务性支出以及储蓄的总和,它是住户总收入扣除直接交纳的税款、社会保险费和养老金后的余额。居民人均可支配收入直接取自城调队住户抽样调查表。(资料取自:住户调查城市住户现金收支调查表 W302表)

人均住房使用面积:该指标考虑到近年建设的居民住宅大多为小居民大门厅(客厅),故未采用人均住房面积,而用人均住房使用面积,这样能较实际地反映居民的居住状况。住房使用面积等于住房居住面积与辅助面积之和。辅助面积包括门厅(客厅)、过道、厨房、卫生间等面积。如有的使用面积不便计算,可用间接计算方法求得:使用面积=建筑面积/1.33。

每万人拥有医生数:医生系指经卫生部门审查合格,从事医疗工作的专业卫生技术人员,包括西医师、中医师、西医士、中医士及其他中医(指未获得技术职称的中医人员),但不包括护士等护理人员和辅助人员。

每万人拥有公共交通车辆数:指公共汽(电)车运营车辆数与市、镇年平均人口之比。

人均拥有公共绿地:用市区公共绿地除以市区内总人口求得。公共绿地系指供游览休息的各种公园、动物园、植物园、陵园以及花园、游园和供游览休息用的林荫道绿地、广场绿地。不包括一般栽培的行道树及林荫道的面积。

(撰稿:张松青、梁己香、蔡红宇、张天森)

参考文献:

1、饶会林、郭鸿懋主编《城市经济理论前沿课题研究》,东北财经大学出版社,2001年9月。

2、国家统计局城市社会经济调查队,中国统计学会城市统计委员会《2001中国城市发展报告》,中国统计出版社,2002年3月。

3、国家统计局城市社会经济调查总队编著《中国城市调查理论与实践》,中国统计出版社,1992年10月(P584—P597)。

城乡统筹:中部地区城市化的现实“瓶颈”与协调发展对策

城乡统筹已成为制约中部地区城市化的最大现实“瓶颈”

中部地区地处内陆腹地,主要分布在黄河长江中下游及其南北纵深地区。粗读中国历史便不难发现,中部地区的发展史是中华民族发展史的内容主页。进入封建社会以后,中部地区已成为华夏民族的主要生息聚集地域;中部地区城市都有着灿烂悠久的发展历程,社会人文底蕴尤为深厚,东南沿海地区与之无法比拟。把历史回朔到上个世纪八十年代中期,中、东部地区城市社会经济发展水平相差无几,然而不到二十年时间,历史长河的一瞬间,中、东部地区城市发展差距蓦然拉开,几乎是东部地区一年、中部地区两年的速度倍数差异形成了当前中部地区落后东部地区十年左右的经济发展差距。

历史进入新的千年纪元初期,中共十六大提出了建设全面小康生活和国民经济第三步战略发展目标,新一轮地区社会经济发展竞争序幕已悄然拉开,竞争焦点汇聚城市化。在这轮新经济竞争格局中,东部地区城市挟持着强大的资金、产业、技术优势,凭着城乡一体化整体推进的强势,占据着竞争的有利先机;西部地区城市则有国家开发西部地区的倾斜政策和基础设施、产业布局的巨额投资两项强力支撑,大有咄咄逼进和超越中部地区城市的掘进态势;而中部地区城市面对自身统筹协调水平低下近乎割裂的城乡二元经济,特别是城乡经济产业互补互动能力较差,城市辐射带动农村的力量和城市吸引农村人口转移进城的力量都较为低弱,在起步基础、政策环境诸方面处于竞争弱势地位,城乡统筹已日益显现为制约中部地区城市化的最大现实“瓶颈”。现根据《中国城市发展报告－2002》(国家统计局城调总队编)提供的城市发展数据资料,结合常德市的发展现状,对中部地区城乡统筹“瓶颈”凸现的经济、人口特征作出以下结构层面分析。

一、中部地区城市经济聚集度低,和西部地区城市大致相当,与东部地区城市差距明显。从经济总量及其比值来看;据东、中、西三地区各抽样 12 个城市群(考虑城市的区域位置分布、参照城市人口规模、经济发展状况,突出抽选城市地区代表性等因素进行排列抽选)的数据资料显示:东部地区 12 个城市群城市市区 GDP 为 4513.85 亿元(见表一),城市市区经济中心度为 42.6%(城市市区 GDP 值占地区 GDP 的比重);中部地区 12 个城市群城市市区 GDP 值为 1004.9 亿元,经济中心度为 26.1%;西部地区 12 个城市群城市市区

GDP值为684.08亿元，经济中心度为38.7%，中、西、东三个地区城市市区经济中心度比为100∶148∶163，这一组统计数据表明：2000年以来，西部地区城市经济在其地区得到优先快速发展，城市经济聚集能力显著提高，国家西部开发政策作用力和产业、基础设施投资拉动力十分明显；东部地区城市经济仍延续了多年的强劲发展趋势，经济规模不断趋大趋强，城市经济聚集能力持续稳定提高；而中部地区城市经济发展虽取得一定成绩，但城市中心地位不突出，聚集辐射能力偏低偏弱的状况仍无明显改观。从人均值对比情况来看：东部城市群城市市区人均GDP为28490元，中部城市为9005元，西部城市为8256元，中部城市与西部城市人均值基本接近，差距不大，而东部城市则是中部城市人均值的3.2倍，差距被明显拉开，中部城市追平东部城市的差距还有一个较长时期的赶超发展阶段。从城市财政收入聚集情况来看；东部12个城市市区财政收入达到336.6286亿元，人均值2125元；中部12个城市市区财政收入45.1961亿元，人均值405元；西部12个城市市区财政收入33.3992亿元，人均值404元；中、西部城市人均值惊人地趋同，而东部城市市区财政收入总量及其人均值分别是中部城市的7.5倍和5.3倍，东部城市经济质量和效益明显优于中、西部城市。

二、中部地区城市产业对区域自然资源优势和农业产品优势开发整合程度低，农村产业优势未能转化为工业优势和城市产业优势。城市产业是区域经济的核心增长极，城市经济的繁荣必然带动农村经济的繁荣。城市产业化程度愈高，对农村产业的辐射带动能力愈强大，二者呈现正向的强相关关系。观察中部地区城市产业发展状况，其普遍存在着城市产业与农村产业联系不紧密，甚至与农村产业链有不同程度的脱链现象，这可从抽选城市群统计数据得到验证。2001年度中部地区城市第二产业增加值为474.07亿元，占城市GDP比值为47.2%，城市人均值为4248元；东部地区城市第二产业增加值为2528.95亿元，占城市GDP比值为56%，城市人均值为15962元；两相对比，东部地区城市第二产业增加值总量是中部地区城市的5.3倍，占城市GDP的比重比中部地区城市高出8.8个百分点，人均第二产业增加值是中部地区城市的3.8倍，这些情况表明：中部地区城市第二产业特别是工业规模偏小，总量偏低。从农产品加工业层面来看，一是缺乏深加工和精加工，不仅科技含量少，而且附加值低。以常德市个体为例，全市大大小小的农副产品加工企业数千家，而产值过百万元仅有100余家，大多数企业对农副产品只是粗加工和简单加工，其中精加工只占15%。二是农产品加工业与农产品资源优势出现“断裂”现象，如常德市淡水珍珠产量占全世界总产量的四分之一，珍珠在装饰品和医药美容等方面的工业前景十分广阔，而我市出产的珍珠被当作初级原材料运到千里之外的沿海地区加工升值，产地没有一家加工企业，坐失加工转化增值之良机。又如我市商品生猪多达500万头，历年居全省首位，近年来品改步伐加快，桃源黑猪名扬省内外；生猪价格比国际市场低80%左右，竞争优势甚为显著，目前只停留在产地卖鲜猪肉的原始屠宰加工状态,猪肉制品的加工和深加工尚未起步,特别是低温易贮藏、美味可口的猪肉制品未见面市。类似情况,数不胜举。一方面常德市是自然资源特别是农业产品资源大市,主要产品产量位居湖南省前列;另一方面常德市又是农副产品加工转化增值的弱市,依赖农产品原料的城市倚农型工业仍处于弱小状态。

三、中部地区农村产业和城市产业关联度低,农村产业没有依托城市产业调优调强。常德市是中部地区较为典型的农业大市,农村产业的发展状况有着较强的地区代表性,其两业关联度低的主要趋势有三:一是农业产品与城市工业没有紧密对接,城市工业所需优质原辅材料要从市外省外调进。如常德卷烟厂所需烟叶95%以上从云南、贵州等外省区采购,我市种值面积只有2万亩,数量只占烟厂采购量的5%,价值份额只占3%。我市烟叶生产组织方式较为落后,多为小户分散生产,规模化程度不高,生产技术水平偏低,投入严重不足,种值的烟叶多为低等级,其综合品质和工业可用性不高,尤其是低焦油混合型卷烟的调香、调味烟叶少,无法满足卷烟工业提高结构和品种多样化的需要。二是农业生产散、弱、小的状况没有明显改善,规模化、集约化程度低。目前我市农业生产仍然保持着传统的耕种生产方式,一家一户为生产单位,平均耕种面积不足十亩,生产数个乃至十数个品种的农产品;以手工栽种为主,机械化操作基本空白,生产效率甚为低下,这种小农经济的局限性,就使得优质种苗的繁育先天不足,优良品种和先进技术难以大面积推广,优质农产品不能大面积规模种植,农业生产规模化和集约化水平提升缓慢,导致农产品成本久居高位,抬高了农产品加工成本。三是农产品种植结构调整步伐迟缓,优质农产品率较低。我市的粮、棉、油、猪、肉、果等大宗农副产品,数量和产量居全省前列,有的在全国都占据一定位置,其品质却劣质居多优质偏少。2000年,全市水稻栽种面积达300万亩,优质稻占35%,特别是早籼稻低温栽种、高温成熟,蒸煮与口味品质较差,属市场淘汰品种,由于没有相关替代品种,目前栽种面积和产量仍居高不下。与此类似的还有油菜籽、柑桔等大宗农产品。

四、受多种因素的影响,区域内农民和外来流动人口向中部地区城市转移聚集受阻,严重迟滞了中部地区城市化进程。统计数字显示:截止到2001年,中部地区非农人口比重为17.9%,西部地区为19.9%,东部地区为29.1%。中、西、东三地区比为100:111:163。中部地区城市市区人口占地区人口比为13.6%,西部地区为20.6%,东部地区为26.4%,中、西、东三地区比为100:151:194。中部地区城市人口中心度与非农人口比重在三地区处于最低水平,警示着中部地区城市对农民和外来流动人口的容纳度低,容纳量有限。特别是在上个世纪八十年代涌现的一浪高过一浪的农民进城大潮,大潮主流涌进了东部沿海城市,中部地区城市充其量只接纳了十分有限的末流量,并且在其所辖的区域内出现了大规模的外流外迁现象。据不完全统计,常德市出市的外流人口达70万人以上,而本地城镇接纳的流动人口只有50万人，净流出20万人。值得一提的是城乡有一大批文化素质高、劳动技能强的佼佼者在沿海城市从业数年乃至十数年，他们当中不少的人成了高级白领和高级蓝领，在资金、技术和实力上都有一定的积累，他们成了沿海地区加快城市化的优质接纳对象。目前中部地区城市人口规模扩张除产业的容纳量有限外，还有一系列的体制性障碍和观念性障碍，其主要障碍因素有：

——农村产业化进程缓慢，传统耕作方式束缚农民从土地上解放出来，阻碍着农民进城步伐。目前我市农村人均只有一亩三分耕地，每个劳动力实际耕作的土地只有3亩，从播种到收获全过程以人力劳动为主，农业机械在平原地区有少量使用外，丘岗、山原地区尚未介入，以家庭为单位的生产组织结构亦不可能引入和推展农机化作业，因此农业生产效率仍然停留在上个世纪六、七十年的水平上，农业生产特别是种植业陷入了投入劳力多、总产多、产品成本高的怪圈，这种种植业的“人海”战术，使农民粘附在土地上难以脱身，生产出来的产品不仅品质不优，而且价格高出集约化生产地区和国家一大截，这也是农民收入增长多年徘徊不前的主要原因，结果是农民苦守三亩薄地，丢又丢不掉，甩又甩不脱，成了农民洗脚上岸、弃农进城的一个沉重包袱。

——数千年积淀成的恋土情结浓厚，禁锢了农民进城的冲动欲望。我国自足自给的小农经济已有一千年多的历史，农民家庭一代又一代与土地厮守相伴，祖辈们对土地训诫和自身与土地长时间的亲密接触，使农民对土地有一种近乎崇尚的心理。长此以往，便积淀成浓厚的恋土情结。深入到农村，可以随处受到这种氛围。2001年早春时节，笔者到石门县子良乡旱营盘村和当地农民相处了一段时间，该村距石门县城一百公里，一路山高坡陡谷深，进至村口，沿山谷朔一小溪，行至村部需花费一个多小时，这一段外人看来狭窄的山路便是村里人引以为自豪的“黄金大道”。从村部遥望西南山峰，有七、八户人家散居山顶，为该村枫树坪组，当地村民介绍，由于山高坡陡，乡村干部和外人一年半载都难得上门一回。笔者一行三人由一名村干陪同前往，几乎耗尽全身气力才得以攀爬到山顶，和农户坐谈，得知农业生产尤为艰难，生产成本特高。如一袋尿素，县城45元，乡镇上50元，村部53元，请骡子运上山已到了57元。其依赖的土地，田是从峡谷两旁地带上抠出来的，平均一分大小；地是从陡坡上开出来的，比国家规定的退耕还林的坡度还要高出许多；一年劳作仍然缺粮三个月以上。有一对七十岁的老夫妻，其三个子女都已下山到乡镇和邻近乡镇上做生意小有积蓄，曾多次接老人下山进城镇享福，可老人宁愿苦死在家乡的土地上，也不肯离开老家半步。这样的恋土情结离城市愈远而愈浓，与外界接触愈少而愈深，农民年龄越大，情结愈深厚；他们未曾想过要离开赖身却又贫瘠的土地，进城对他们来说是一个梦中的理想，全然没有进城的冲动和欲望。

——城市就业差异化机制，抬高了农民进城门槛。就业是维系城市人生活的手段，农民进城的第一要务就是要获得就业，由于数十年的长期体制积累,农民在城市就业和城市市民就业在政策、机制等方面有诸多差异:一是部分就业岗位只对城市市民开放,而对农民进行闭锁,特别是与政府职能相关联的企事业单位,本地城市户口是其首要招工就业条件,一张户口证书成了农民进城就业的无形铁锁。二是城市政府采用买断某些就业岗位或是动用行政强制性手段强令机关企事业单位腾让一定数量的岗位,专供城市下岗失业职工再就业使用。这种垄断和强迫腾让实际上就是对农民进城就业岗位的压制和挤占,虽然保护了城市弱势群体的生存权益,但同时也是对政策机制公平公正性的扭曲,不可避免地产生社会负面效应。三是城市市民享有相对宽泛的就业信息和就业前岗位技能培训,如政府属下的劳动力市场和相关职能部门定期组织的职业招聘交流会,对城市市民都是免费的,而进城农民只有通过亲朋介绍或者到职介所付费获得有限的信息,对农民开放的就业技能培训无一不是高额培训费的阻拦。

——差别化明显的城乡社会保障制度,阻断了农民进城的生存退路。国家对城市居民设置有三条保障线,城市居民最基本的生存生活得到了党和政府庇荫。而农村居民的社会保障实施相对滞后,目前未建立起一种能够覆盖农村人口的社会保障机制,既使将来建立起这种制度,对流动进城的农民涉及区域移位能否覆盖可能难以界定。进城的农民在暂时没有获得就业时其基本生活怎么办?就业后又暂时失业生活陷入困境又怎么办?一是与之相对应的社会保障机制明显缺失;二是未来城乡社会保障一体化的弥合有一个过程,因此城乡差异明显的社会保障机制将在较长时间内遏制农民转移进城。

——多种界面的歧视农民心理,筑成一道道不显形的农民进城壁垒。城市人歧视进城农民的畸形心理由来已久,既有认识观念上的,也有政策上的。农民进城就业被城市居民称为“打工仔”、“打工妹”,相比之下,城市居民对自身就业却称为国家干部、国家职工,明明是同类岗位偏有不同称谓。城里人在心理上看高农民一等,自视为“阳春白雪”,而把农民看贱为“乡巴佬”、“下里巴人”,在日常工作生活上更是不屑与农民相处。这种看贱农民的心理随城市的产生而产生,随城市的发展而蔓延。农民进城经商办企业,在申领工商、税务、卫生等方面的证照时,设置有许多限制性的前置性条件,光有身份证不行,还要有暂住证、生育证、健康证、劳务证等这证那证,把初始进城的农民整得晕头转向;在工商管理费、税费缴纳时,城里人凭有关政策规定可以免税免费,减税减费,而相对弱势的农民则铁板上订钉硬得狠,一分不能少。农民不管进城多少年,只要户口是农民,其子女读书莫想顺顺当当踏进城里学校的大门,非要交上成千上万的建校费、择校费才被接纳,城里城外的农民都不由地感叹:农民进城难,进城发展更是难上加难。

城乡统筹发展是中部地区城市化的必由之路

城乡统筹既是中部地区城市化正要面临的现实“瓶颈”也是中部地区加快城市化进程主要突破口,更是中部地区城市经济赶超发展、实现腾飞的重要战略发展机遇。因此城乡统筹发展是中部地区与东、西部地区进行新一轮经济竞争的制胜之着，谋划研究和精心实施城乡统筹发展战略对中部地区而言意义重大，其地位和作用不可替代。

一、城乡统筹发展是中部地区城乡经济战略性调整的重要保障。一方面中部地区城乡经济二元化现象突出，另一方面也为城乡经济共同协调发展预置了较大的空间；中部城市工业化的发展不可能和东部地区城市拼技术、拼资金，实力差别太大，竞争弱势十分明显。因此中部地区城市工业发展要扬长避短，要突出自身特色。这就要求其城市紧密结合和充分利用区域内农业经济资源特色和优势，延伸农村经济产业链，把农业产品优势逐步转为农产品加工优势和工业产品强势，以农助工，以农强工，促进农业大市向工业大市转变。同时发展起来的城市工业又要适时地反哺农村产业，促进农村经济向产业化、规模化转型，实现城乡经济产业良性互动协调发展。可以说中部地区城市产业和区域内农村产业协调程度越高，城乡经济发展速度就越快；结合得愈紧密，城乡经济发展的质量和效益就愈好。

二、城乡统筹发展是加快中部地区城市化的重要举措。城乡统筹发展首先要谋划城乡经济产业的布局，通过加强农业结构的调整和改善，逐步推展城乡经济向产业化、集约化和效益化方向转型。随着推展转型的力度加大和速度加快，农业生产效率将同步提高，农民从土地上解放出来的速度随之加快，并在产业、组织结构方面发生转移和更替。在产业上，逐步向农村养殖业和农产品加工业转移，进而向容量更大的城市第二、三产业聚集。在身份上，逐步由单纯的农民逐步向农村产业工人和城市第二、三产业职业者转变。在居住地上，也就会自然而然地向小城镇和城市迁移。因而，城乡统筹发展既是城乡产业优化布局、加快城乡经济一体化发展的过程，也是农村生产力不断解放、农民不断脱离乡村向城镇转移的过程。

三、城乡统筹发展是城乡居民建设全面小康生活的必由之路。城乡统筹发展的实质就是促进城乡生产力解放和经济可持续发展的过程，这一过程受益的是经济发展，受惠的是城乡居民收入不断提高。在这一过程当中，农民生产效率和生产效益同步提高，农村产业化、集约化和效益化趋势不断增强，农村经济产业构成逐渐由农业种植业为主转向为养殖业、农产品加工业为主与种植业为辅的新型生产格局。农民收入取得的渠道在实现多元化的同时，主渠道也将由种植业转向养殖业和农产品加工业。在农村经济蛋糕不断做大的同时，由于农民进城的流量不断加大，分享这块蛋糕农村人数减少，人均享有量不断增加。因此，农民是城乡统筹发展战略推进过程的最大受益者，多年来一直困扰农民增收的难题，将在城乡统筹发展过程中迎刃而解。

常德市城乡统筹发展目标与对策措施

一、城乡统筹发展目标：关于常德市社会经济发展目标定位，2000 年召开的“二十一世纪与常德发展”战略研讨会和《常德市十五计划发展纲要》以及近两年来开展的多项研讨活动有较为详尽的研究谋划，形成了一系列可操作的指导性方案意见。本文借鉴其研究成果，对城乡统筹发展目标提出相关建议。根据社会经济总体发展目标和发展战略，常德市城乡统筹发展目标的制定和实施分两个阶段推进。第一阶段发展目标：用8年左右的时间，即到2010年，完成城市化初期目标。主要目标值：按照10%的发展速度推进，全市实现GDP950亿元，人均GDP15300元，一、二、三产业结构比达到20：40：40。农村经济结构调整形成农产品加工业、养殖业为主和种植业为辅的效益型结构模式，农村产业化、规模化有明显提高；在突出发展高新技术产业和第三产业的同时，城市工业围绕农业经济优势突出发展米业、烟业、纸业、药业，并重点推进农副产品加工业，有农业资源优势的就要基本形成工业优势。城市化水平达到45%，按照620万预期人口测算，城市化人口为280万人，市城区人口达到80万人，县城和城镇人口达到200万人。农村人口从业结构要有质的改变，实现农民向农业工人和城市居民的逐次转变；促进农村土地和可经营性资产向个人集中，初步形成"农业公司→农场主→农村经营大户→农村产业工人"新型生产组织方式。第二阶段发展目标：到2020年，实现城市化中期目标，初步实现城市现代化，基本建成城乡高度一体化的全面小康生活。主要目标值：经济总量快速扩张放大，产业结构继续优化调整，形成三、二、一产业结构次序，达到50：35：15结构比例，区域内经济产业要素最大限度地向城市聚集。"农场主→农场工人"新型生产组织结构完全替代现有单一的家庭生产组织结构，农业生产呈现规模化特征，农产品加工业和养殖业成为农村经济主体。城市人口比重达到70%，城市居民年收入达到20000元，农村居民年收入达到8000元，生活质量显著提高。

二、城乡统筹发展的对策措施：

1、城市工业从延伸农村产业链方向发力，采取工业带动、两业互哺的战略，以农助工，以工哺农，城市工业和农村产业良性互动，促进农业资源优势形成工业竞争强势。目前可以从四个方面带动拓展：一是卷烟工业带动烟草种植业。按照国家和省的发展意向，湘西北将成为全省烟草种植基地，规划种植面积100万亩，我市的临澧、石门、桃源三县气候和土壤适宜烟草规模种植。烟草是高应税、高附加值的特种农副产品，对地方财政和农民收入增长有立竿见影之收效。当前我市应抢抓卷烟工业优势，从烟草品种品质上狠下功夫，在烟叶的工业可用性上大做文章，力争在近几年内成片规模种植面积达到30万亩，优质等级率达到20%以上，为卷烟工业提供烟叶的原材料份额占到30%以上。二是米业、酒业带动种植业。金健米业是全国粮食工业"第一股"，既有品牌优势，也有资金、技术、信息优势，在目前农村生产组织结构较为零散的情况下，宜采取"独立的专门农业公司连接成片农户"的生产组织方式，扩大扩强优质原材料生产基地，其中独立的农业公司要发挥主体作用，研发有自主知识产权的种苗，对联结的农户实行统一供种，统一技术指导，统一定价收购，争取在5年时间内培育稳定可靠、优质高产的基地100万亩,用规模降低成本,用低成本抢占市场,逐次夺取长江以南至沿海的江南区域,再挥师北上,形成覆盖大中华区域的销售市场。三是“洞庭水殖”带动水产养殖业。我市养殖面积可达300万亩,总产量历年居全省前列,我市水产养殖品的价格比国际行情低20—50%,数量优势和价格优势可谓相当突出。当前该公司要从两处着力,第一、要针对名贵特种水产与普通水产养殖效益比为10：1甚至15：1的高位差抢占水产品养殖的高端市场,突出抓好特种名贵水产种苗繁育和养殖技术攻关,力争在近几年内在种苗、技术和规模上形成气候,创出效益。第二、要加大水产品加工转化增值的力度,组织力量攻克口味调制、保鲜贮藏、低温熟食等加工技术难关,要使淡水养殖加工产品象海水养殖加工产品一样成为国内外民众喜食的美味;通过上述两个方面的突破,力争在3—5年时间里,该公司联结的养殖农户达到10万户,养殖面积达到100万亩左右。四是纸业和木材加工业带动林业。日前全求造纸业大享亚洲金光集团重锤敲定常德林纸一体化项目,总投资达到25亿美元,根据该集团在亚洲有关国家和国内江苏等地产业投资情况判断,该项目浆纸达到100万吨以上,工业产值愈百亿元,至少需要50至100万亩速生林原材料基地,现在该公司已启动造林基地生产项目。除此项目的巨大潜力前景外,我市的欧木黑杨和三倍体速生杨树都已显示出较高的种植效益和工业加上增值效益,现有的栽种面积近百万亩,五年或稍长时间内,预期值将达到200万亩,由此延伸出的纸业和木材加工业增值近200亿元,将带动农业增加值增长25%,工业增加值增长30%以上,是一项城市工业和农村产业双赢的绿色产业。

2、农村经济要倚靠城市工业加快结构调整步伐,不断提升产业化、规模化、效益化的集中度。一是要与国内国际市场对接,迅速调大调强养殖业和特色种植业。继续大面积缩减现有种植效益低下的水稻种植面积,转向特色种植业和大规模的养殖业,将调减的水稻种植面积转为饲料粮和饲料牧草,用以支撑养殖业的规模扩张。据有关部门测算,100万头生猪可消化10万吨粮食,200万羽家禽可消化1万吨粮食,按饲料成本与人工劳动成本2：3的比例折算,饲料粮食转化为动物食品后可增值2倍以上。目前,我市种植业产品价格普遍高于国际市场,已失去市场竞争优势,而养殖业产品价格普遍低于国际市场,特别是猪、牛、羊、水产品等劳动密集型产品价格低于国际市场50—80%左右,经济效益和市场竞争优势尤为明显。农村劳动力的投向要由现在三分之二搞种植、三分之一搞养殖调整为三分之二搞养殖、三分之一搞种植,争取2010年养殖业产值占农业总产值的比例由现在的50%提高到80%。特色种植业要强化倚农工业原辅材料型产品的培育。目前有前景有潜力的有林业、烟草种植业。二是推广“轻便简单型”生产耕作方式,提高农业机械化水平,提升农业生产效率,促进农民从种植业领域的转移。尽量避免高密度和高劳动强度的栽种、移栽生产方式,在缺少机械的情况下宜多使用撒播、抛种等技术,改变目前每个农村劳动力栽种3—5亩耕地提高到10亩，介入农业机械操作后提高到30—50亩，促进农民从种植领域解放出来转移到养殖业、特色种植业和农产品加工业。三是农村可经营资产向农场主和经营大户集中，提升农业规模化、产业化。采取土地拍租和出卖土地农业经营权等方式，促进土地等农村可经营资产向有生产技术有市场销售渠道和有经济实力的农业生产公司、农场主、农村经营大户转移集中，形成"农业公司→农场主→农村经营大户→产业工人"新的农业产业组织结构体系，以此重组农业产业化和规模化；逐步形成和达到一个农业公司集中土地上万亩、农场主上千亩、农村大户上百亩金字塔型结构，农民则转变成农业工人，受雇于农业公司、农场、农村大户。力争在第一个目标发展阶段，培育形成一百个集约化农业生产公司，一万个农场主，十万个农村经营大户。

3、创新城市化人口管理机制，促进农民稳定有序地向城镇转移。要在以下几个方面有所突破：一是逐步过渡到一元化的户口管理制度。要以居住地登记户口簿，以居民身份证作为确认公民的唯一有效合法证件，凭身份证就可申领各类证照和开办企业、经商，除国家限制性规定外，一律取消针对农民的各项前置性条件，行业管理实行登记备案制度。二是城乡统一的社会保障制度，确保农民进城后基本生存权益，解除农民进城的后顾之忧。在同一居住地要覆盖所有人口，不可有农民、市民之区别待遇，只有统一的公民普惠制待遇；如果要有差别，不能有机制政策上的差别，只能有地域标准高低不等的差别，城市标准可以略高于乡村标准。三是出台优惠政策吸引农民进城经商谋业。要象安置下岗职工和对外招商引资一样出台农民进城就业、经商、办企业的一系列优惠政策，在税费减免上要舍得让利于农民，敢于放水养鱼，给进城农民一个宽松的生存发展环境。四是实行优惠政策和奖励政策并举的办法，吸引常德城乡在沿海地区谋业数年、十数年的高级白领、蓝领回流，由此带动和形成资金、技术、市场和人才的"回流潮"，这部分人是城市化人口中的佼佼者，通过外地多年的打拼积累已具备一定的实力，回乡发展的欲望比较强烈，优惠政策和奖励政策并举的策略，将是他们回乡创业有效助动剂。

（撰稿：刘炳友　黄政武　杨翠华　陈客然　杨翠华）

附表一

2001 年地区抽选城市群主要人口经济指标对比(一)

城市 \ 指标	地区总人口（万人）	市区总人口（万人）	地区 GDP（亿元）	市区 GDP（亿元）	市区财政收入(亿元)	市区人均 GDP(元)
江苏无锡	435.90	213.07	1360.11	800.56	50.18	37573.00
江苏南通	782.46	79.54	809.30	190.20	16.30	23912.00
浙江宁波	543.35	126.13	1312.69	581.32	60.55	46089.00
浙江温州	738.81	131.36	932.08	388.39	35.52	29567.00
浙江台州	548.52	143.90	747.59	283.35	17.16	19691.00
福建泉州	657.08	95.27	1125.10	226.58	15.17	23783.00
山东淄博	410.49	270.48	702.10	580.27	26.46	21453.00
山东烟台	645.99	163.18	979.50	341.12	23.67	20904.00
广东汕头	461.59	119.56	463.75	231.82	14.33	19390.00
广东东莞	153.89	153.89	578.93	578.93	45.02	37620.00
广东惠州	280.45	38.60	480.40	141.69	12.92	36707.00
广东佛山	335.85	49.40	1103.89	169.62	19.37	34336.00
湖南常德	596.04	134.70	398.59	165.70	6.63	12302.00
湖南衡阳	708.93	89.58	386.22	100.72	5.45	11243.00
湖南邵阳	726.85	60.86	243.21	40.55	2.14	6662.00
湖北襄樊	575.96	76.16	450.20	100.08	6.48	13132.00
湖北荆州	645.45	108.41	330.00	89.36	4.86	8243.00
河南平顶山	481.67	89.04	295.34	105.56	2.48	11855.00
河南南阳	1041.40	166.40	576.28	141.45	0.70	15886.00

2001 年地区抽选城市群主要人口经济指标对比(二)

城市＼指标	地区总人口(万人)	市区总人口(万人)	地区 GDP(亿元)	市区 GDP(亿元)	市区财政收入(亿元)	市区人均GDP(元)
河南驻马店	816.62	32.86	305.62	41.21	3.24	12540.00
江西上饶	648.20	35.11	190.86	27.11	0.81	7722.00
安徽安庆	602.94	58.18	264.14	71.05	5.97	12212.00
安徽巢湖	451.37	84.91	205.25	58.21	2.67	6855.00
安徽阜阳	889.01	179.72	200.55	63.90	3.77	3555.00
贵州六盘水	286.27	42.13	90.51	32.92	2.60	7814.00
贵州遵义	697.41	60.01	252.57	79.08	1.95	13178.00
陕西宝鸡	364.46	59.50	195.08	96.36	5.34	16195.00
陕西延安	198.15	34.85	106.26	21.44	1.21	6151.00
甘肃天水	340.77	120.03	87.50	48.00	2.50	3999.00
甘肃白银	172.89	46.02	84.18	56.39	2.74	12254.00
宁夏吴忠	205.15	31.10	101.00	21.82	1.01	7016.00
山西长治	316.16	65.34	184.59	88.85	4.79	13597.00
山西晋中	303.30	52.20	149.00	36.35	1.95	6964.00
山西临汾	405.09	73.91	192.44	47.38	2.96	6410.00
四川自贡	314.98	106.00	164.33	97.32	4.08	9181.00
四川内江	420.06	137.51	160.43	58.17	2.27	4231.00
中部城市群合计	**8184.44**	**1115.93**	**3846.26**	**1004.90**	**45.20**	
人均值(元)			**4700.00**	**9005.00**	**405.00**	
东部城市群合计	**5994.38**	**1584.38**	**10595.44**	**4513.85**	**336.63**	
人均值(元)			**17676.00**	**28490.00**	**2125.00**	
西部城市群合计	**4024.69**	**828.60**	**1767.89**	**684.08**	**33.40**	
人均值(元)			**4393.00**	**8256.00**	**404.00**	

附表二

2001 年地区抽选城市群人口经济中心度比较

地区名称	人口中心度			经济中心度		
	地区人口（万人）	市区人口（万人）	市区人口中心度（%）	地区 GDP（亿元）	市区 GDP（亿元）	市区经济中心度（%）
东部 12 个城市群	5994.38	1584.38	26.4	10595.44	4513.85	42.6
中部 12 个城市群	8184.44	1115.93	13.6	3846.26	1004.90	26.1
西部 12 个城市群	4024.69	828.60	20.6	1767.89	684.08	38.7
合　计	18203.51	3528.91	19.4	16209.59	6202.83	38.3

对我国城市化进程中“城中村”问题的研究

改革开放以来,随着我国经济社会的迅速发展,我国城市化进程呈现出前所未有的速度和规模。城市人口迅速增长,面积持续扩张,城市的主体空间日益突出。许多大城市已经奠定了比较雄厚的基础和规模,楼厦林立,道路纵横,车水马龙,人声鼎沸,一派生气勃勃的发展景象。不少中小城市也初具规模,显现出“做大、做强”的趋势。伴随着城市外延式扩张速度的加快,大量仍然保留和实行农村集体所有制、农村经营体制的农村社区被城市建设用地所包围,成为“都市里的村庄”,形成城。由于村里的管理体制与城市社区管理体制不适应,许多管理关系不清、责任不明,遮掩在城市角落里的村庄成为城市管理上的“盲点”,同时也滋生出一系列的社会问题。从社会治安看,“城中村”是各类刑事案件的多发区和犯罪分子的藏匿处;从物质环境看,“城中村”基础设施薄弱,用地发展无序,建筑物零乱,环境卫生恶劣,影响了城市主体空间的完整性,以及城市发展的协调性和有序性,制约着城市整体功能的发挥。由此产生的深层次的问题和矛盾,成为我国城市化健康快速发展的一大障碍。因此,对这一问题作深入研究,对于建设城市,合理整合城市要素,提高城市功能,全面推动社会进步,推进经济的快速持续发展,具有十分重要的意义。本文在分别对部分大中城市进行调研的基础上,对我国“城中村”的现状、存在问题及面临的各种政策、体制性的障碍和难点等进行了深入细致的分析研究,取精用弘,因势利导,以期为治理改造”城中村”,促进我国城市化健康快速发展提供参考。

一、我国“城中村”的现状及特征

“城中村”是我国城市化进程中存在的普遍现象,在我国许多大中城市目前都面临着“城中村”问题。

北京:城区共约有“城中村”343 个,共占地面积 180 平方公里,均集中分布在北京朝阳、海淀、丰台、石景山四个区内。

珠海:在中心区和城区边缘 50 平方公里范围内,散落着建市前就存在的 26 个行政村,总占地 3.4 平方公里,共有旧村村民 6935 户、4.6 万多人,暂住人口达 15 万多人。

深圳:“城中村”散布市区各处,市区内共有自然村落 2000 多个,面积 43.9 平方公里,居住人口约 215 万,是深圳户籍人口的近两倍。

太原:城市规划主城区内约有“城中村”100 余个,人口约 14 万,占地 120 平方公里。

石家庄:仅市区二环路以内就有“城中村”45个,人口10多万人。

西安:全市有城中村417个,42万人口。

据有关资料,在全国660个城市中,“城中村”人口大约占城市人口的10%左右。我国“城中村“按农用土地的现状和城市建设发展进程可分作三类。第一类是指完全没有农用土地的村庄,这些村民多数已经农转非,地处城市建成区内。第二类是指还有少量农用土地的村庄,地处城市的建成区或建成区边缘,是城市近期将重点发展建设的区域。第三类是指还有较多农用土地的村庄,地处城市规划区内,但近期不列入城市重点建设区域。

随着城市的扩展,从上世纪80年代到90年代,“城中村”生产条件发生了变化。在经济上由以农业为主转变到以非农为主,经济收益增长以第三产业与土地收益最快;在空间上由城乡分明向城市用地楔入农村用地,城村用地双向扩展到城村用地相互交错、边界模糊;在村的聚落上由传统的农村居民点向城市转型。“城中村”较一般意义上的村庄比较具有以下特征:

第一,从地理位置看,“城中村”一般是地处城市之中和在城市周边地区分布,包括城市郊区的部分村庄。

第二,从经济结构看,“城中村”都是以非农产业为主要经济支柱,不仅有较大规模的第二产业,而且有比较完善的第三产业。

第三,从管理体制看,“城中村”虽地处城市,但仍是农村的管理体制,与城市体制相互制约,形成“城”与“村”的掺杂与混淆。

第四,从文化观念看,“城中村”由于受城市文化观念的影响,文化、教育、科技和文明程度较一般意义上的村庄高,思想比较开放,接受新事物较快,人们的法制观念、时间观念、效率观念和现代化观念较强。但较城市而言又受农村传统的乡土观念、宗族观念、血缘观念的影响较大。

第五,从生活方式看,“城中村”由于受城市的影响,人们的生活节奏明显加快,人们交往的范围日益广泛,人们的行为主要受法律和行政法规的约束,家庭规模小于一般意义上的村庄,却大于城市,人们的闲暇生活呈多样化,已逐渐由家庭走向社会。

第六,从建筑设施看,“城中村”村民住宅的占地面积和建筑面积一般都大于城市,而建筑质量、生活设施和完善程度却往往低于城市,高于一般意义上的村庄。

第七,从人口结构看,“城中村”虽“身”在城市,却几乎都是农村户口,最显著的特点它是外来人口的聚集地,外来人口以民工为主,个体经营户为辅,由于“城中村”失去耕地,出租房屋已成为“城中村”一项重要产业。据调查太原市万柏林区后北屯村,常驻农业人口为4000人,而外来人口却有25000人。

第八,从社会功能看,“城中村”较城市仍拥有土地优势,通过自建、联办形式建立了许多农副产品、建筑材料、钢材、汽车、文化、娱乐、商贸副食、家庭装饰甚至电脑城等各类大中型市场和商品聚散地,具有联接“城”与“乡”经济、文化、科技等功能。

二、我国“城中村”存在的问题及原因

“城中村”用地、户籍、人口、行政管理

等方面还处于城乡二元体制，它们没有真正纳入城市的体系，没有城市的统一规划、建设与管理，发展具有很大的自发性，给城市的发展、建设管理带来了许多新的问题，突出的表现有以下几个方面：

1、管理体制不到位，管理措施不力。“城中村”周围已经被城市社区所包围，而“城中村”是一种特殊类型的社区，它既像城市又像农村，既不是城市又不是农村。从管理体制上考察，城市社区的管理体制与农村社区的管理体制在“城中村”形成矛盾和冲突，有时又会出现管理上的“真空”。“城中村”的性质使城市管理部门管不到，村、镇管理又不力。管理严重滞后于建设，在土地规划、建设、人口等方面的管理没有得到应有的调整，使农村向城市转变没有实现实质性的转型。集体土地的权属没有变更，土地没有很好的规划，城市规划在这里遭遇障碍，建设没有规范的管理，人口管理还是二元体制。

2、经济管理模式落后。“城中村”的经济管理与市场经济发展极不协调。村中还保留着集体经济，原有的集体资产及部分建设用地补偿费仍由村委会经营，村的公共事务、社会福利等支出都由村委会负责，体现出政社合一的管理模式。目前，“城中村”的发展已受到极大的限制，少数村即使有发展的资源和潜力，以原来的管理模式也很难适应现行的市场经济要求。经济管理形式也直接影响了基础设施建设、土地合理利用、城市规划等管理，对城市的社会、经济发展产生了不良影响。

3、土地利用粗放，土地资产流失。由于“城中村”缺乏统一的规划和管理，村集体组织和村民受利益的驱动，乱搭乱建成风，违法违章用地十分普遍，街不成街、巷不成巷，住宅用地严重超标，造成土地利用率和产出率低下，土地利用粗放。同时，“城中村”的土地区位条件相对优越，土地的产权又属于村集体所有，这样，优越的区位条件和相对于城市低廉的土地价格，使“城中村”中不规范的房地产二级市场特别活跃，导致由于规划和基础设施改善而使土地升值的部分国有土地资产的流失。

4、人口构成多元，社会治安堪忧。“城中村”的人口构成十分复杂，根据我们的调查，主要由以下几个方面构成：首先是当地的原有“村民”（部分村民的户籍实际上已经成为市民）；其次是租用“城中村”村民住宅的城区市民；第三是来自全国各地、职业构成十分复杂的外来人口。仅就打工族而言，其社会阶层除了以往所认识的白领和蓝领以外，还有从事发廊小姐之类的“粉领”和从事非法行当的“黑领”。由于租金低廉，吸引了大量的外来人口居住和频繁的经济交往，加上城乡管理的混乱，形成一些社会不安定因素。“黄、赌、毒”的现象比较严重，偷盗、斗殴、甚至凶杀等刑事案件时有发生，给“城中村”社会治安带来很大压力，制约了城市的健康发展。据调查，深圳市所发生的抢劫、杀人等恶性刑事案件，90%以上是来自各地的“三无”（无固定工作、无合法证件、无固定居所）人员所为。

5、公共设施缺乏，环境问题严重。“城中村”的基础设施是与原来低密度的建筑和低密度的人口相适应的，现在由于部分市民和大量外来人口的入住，小企业的开办，使给水、排水、道路、交通、电力等基础设施严重不足，超负荷运转，导致污水横溢、垃圾乱倒，蚊蝇丛生，空气质量恶劣，形成"村外现代化，村中脏乱差"的鲜明对照，也直接影响城市的环境和形象。以太原市为例：据我们调查，仅位于城乡结合部的31个"城中村"，就有13000多台各类土小燃煤采暖锅炉，没有安装任何除尘、脱硫设施，一年耗煤量20万吨左右，产生烟尘4000吨，二氧化硫9600吨。对太原市造成的空气污染可想而知。

6、思想观念陈旧，就业问题严峻。村民向市民转变滞后与城市发展，农民虽已"洗脚上田"但还未"换脑进城"。由于村民的经济、社会地位没有得到根本改变，很难做到思想观念上的转变，他们在生活方式上仍保持传统的方式，在价值观念、文化取向上很难和城市融为一体。

由于土地的征用，"城中村"村民的可耕地大量减少，而村民素质的低下及其安于现状的性格，使他们的就业问题相当严重，即便是征地时安排了一些就业机会，但很容易下岗，就业问题的严重还会引发社会危机。

深入分析"城中村"问题存在的原因，主要是由以下矛盾造成的：

一是城市与乡村的二元经济社会结构性矛盾。发达资本主义国家对城市和乡村、居民和农民并不特别明确区分。城乡对立的二元结构是我国特有的，也是历史的。20世纪50年代中期以后，中央政府逐步建立了高度集中的计划经济体制，在户口迁移、粮食供应、就业安排、福利保障等方面严格区分农业人口和非农业人口，实施城乡分割对立的二元体制；通过非商品交换的内部分配体制下的低工资和低消费来获取城市工人劳动创造的全部剩余价值；通过直接获取除农民基本生存消费之外的几乎全部农业剩余来保证城市工业所需的低价原材料，然后通过国家财政再分配，转化为工业资本原始积累。据测算，在计划经济时代，国家靠工农"剪刀差"使农民付出了几千亿的代价。正是农民的巨大贡献保证了国家加速工业化需要的资本原始积累。但时至今日，国家在推进工业的现代化进程时，城市发展非常迅速，城市居民享受到了完成工业原始积累后的现代文明，但在对待农民的根本制度上，仍没有改变城乡就业、城乡户籍、社会保障等政策，农民仍固化在集体所有的土地上，因而依然存在城市中的农村。

二是公共需要与个人需要的利益性矛盾。随着社会经济迅猛发展，城市经济典型的规模收益递增的特点越来越明显，城市规模越大，效率越高。政府出于公共利益的需要，重新调整城市规划，大大地扩充了城市的区域空间，甚至把城郊的农村也纳入统一的规划。城市功能的扩张，使农村土地大幅升值，给当地农村带来了巨大的收益，只要是拥有农村社区户口，无需参加劳动每年每人便可获得几千元甚至上万元的收入，还有社保和医疗保障，部分村庄村民还享有分红的继承权，在农村中逐步形成了一批不劳动、不经商的"食利"阶层，饱受福利浸润的社区农民不轻易放弃已有的既得利益，再加上不愿意迁离本土、安于现状的封建思想的影响和政府安抚政策不到位、不落实，部分"城中村"农民集体抵抗政府改制、改造行为。因而在政府"要我改”时，许多村庄的农民坚持“我不改”，政府也只能暂缓，“城中村”依然存在。

三是人口增多与土地减少的国情性矛盾。一方面，农业人口增幅比城市人口快；外嫁女不愿迁出农村户口，甚至按现行户籍政策将婚生子女落户农村；结婚迁入户口不断增加；原来因征地已迁出户口当工人，后下岗生活无着落要求回迁。同时由于生活条件改善，自然死亡人口减缓，农村人口高龄化现象普遍。另一方面，农村耕地逐渐减少。主要是由于农村人口增加而宅基地面积增加；国家由于公共建设征用农村土地急剧增加；农村集体经济组织为发展集体经济将农用地转为非农建设用地不断增加。耕地是农民的基本生存资料，它承担的对农民人口的福利保障功能大于其生产功能。农村人口一旦改为城市居民户口，就意味着失去土地，失去生存的基本资料。因此，在政府未能完全保证村民能够获得生存保障的前提下，村民有一种自然的对抗性，不意愿改变农村人口户籍，不想成为城市居民，因而“城中村”的存在有着合理的一面。

三、我国“城中村”改造的必然性和紧迫性

改造“城中村”不是城市建设中的一个孤立问题，而是与推进城市化进程，实现城市现代化的战略目标紧密相关的具有重大意义的工作。对“城中村”实现改造是社会发展的必然。

1、改造“城中村”是推进城市化进程的迫切需要

城市化是由传统农业社会向现代城市社会发展的历史过程，是社会经济结构发生根本性变革并获得巨大发展的空间表现，是衡量一个国家和地区经济社会发展水平的重要标志。推进城市化进程，是我国全面建设小康社会的一个重要环节。目前，我国农业人口占全国总人口的60%左右，许多地区依然存在着城市化进程滞后于工业化和经济发展的状况，“三农”问题既是改革的起点，也是终点，更是重点和难点。因此，解决“城中村”问题，不能只是片面地强调城市的利益，而应从根本上解决我国城乡二元结构的矛盾，如果农民仅仅实现地域转移，没有实现户籍、组织和管理体制、思想观念以及生活方式等的更新，就不是真正意义上的城市化，如果“城中村”不进行彻底改造，城乡建设和管理就难以适应经济发展的需要。“城中村”是城市化最贴近转化的部分，是真正实现城市一元发展的关键，在加快推进城乡一体化进程中起着重要的作用。目前，我国城市化进程已处于加速期，有研究表明，未来20年内，我国的城市化水平将提高到60%左右，这意味着，许多城市将面临着加速城市化进程，“城中村”的现象仍会不断地出现，大批“城中村”的改造问题将成为各个城市面临的迫切问题。因此，加快改制改造“城中村”步伐，是推动和提高农村城镇化进程和水平，实现各地区中长期可持续发展的战略要求。

2、改造“城中村”是建设现代化城市、增强城市竞争力的迫切需要

现代化城市是物质文明高度发达，城市功能齐全、环境优美的文化城市。搞好城市规划，目的就是要营造经济发展、文明

法治、生态平衡这样的良好环境。但是"城中村"以粗放型经营为主的"窝棚经济"土地利用率很低,经济产出远远低于相同城市面积以集约型经营为主的"写字楼经济",极大地浪费了土地资源。"城中村""脏、乱、差"的生活环境,在很大程度上败坏了城市形象,降低了城市的品位。"城中村"的大量存在,不仅严重影响城市的吸引力、辐射力和综合竞争力,而且也严重影响城市社会和经济的协调发展,削弱城市可持续发展的能力。随着城市化进程的加快和区域经济的竞争,加快"城中村"的改造已经成为实现城市的整体增值,提升城市综合竞争力的现实问题。

3、改造"城中村"是加强社会主义精神文明建设的迫切需要

"城中村"的农民虽然变成了城市居民,其小农经济的观念、生活方式不容易一下子转变过来。在失去耕作土地后,他们往往把生存和发展的希望寄托于房屋之上,以图从房屋出租中谋求生活保障。从而造成"城中村"建筑密集无序,外来人口聚居,形成贫民区和城市治安问题高发区。更严重的是,"城中村"缺乏配套基础设施,居民受教育程度普遍偏低,没有多少劳动技能,就业困难,不能适应城市发展的要求。因此,改造"城中村"的物质环境,加强社区建设,更新居民的思想观念和提高其文明素质,已成为维护社会治安和加强城市精神文明建设的当务之急。

四、我国"城中村"改造面临的障碍和制约因素

1、思想障碍:从调查来看,农民主要有几怕:一怕"刮共产风,搞平调"。有些群众片面认为"城中村"改造是"刮共产风",担心集体资产会全部上调,收归国库,日后生活无着落,因而极力抵抗政府改造改制行为。二怕无业可从,无田可耕。农民担心转为居民后无能力与城市居民竞争,找不到工作,没有田耕,加上如果改制后的股份合作公司经营不善无利可分,连基本的生活都无法维持。三怕失去已有的既得利益。目前社区不用劳动就有分红,有些村庄还有养老保险和提供合作医疗,加上出租房屋收入,不用劳动、经营足可以安家活命,一旦改制,这些都会失去。四怕政府承诺不兑现。有些村庄就算同意改造,也会担心政府承诺不兑现,经济损失得不到合理的补偿。

2、政策因素:对"城中村"的改制改造是一件新生事物,涉及户籍制度、土地利用制度、财政体制、投融资体制、城市管理体制、行政管理体制等复杂问题。国家的法律法规并没有明确统一的规定,因而在操作上也没有统一、强硬的做法。例如在土地利用方面:改革开放前相当长时间,我国实行的基本上是城乡分割的土地管理模式。在城市化的进程中,一方面国家严格限制征用农民生产用地。另一方面,对作为农民生活资料的宅基地的征用成本高昂,代价巨大。为满足利益需要,农民极力搭建空间最大化的私宅。由于缺乏统一管理,造成"城中村"建设混乱无序,给日后城市化改造增添了许多"后患"。在户籍制度方面:村民的户籍虽然转为了城市户籍,但是他们仍然保留着"村籍"。而正因为有了"村籍",他们同时成为强大的村集体经济

的股东。“城中村”凭借着各种优越条件，特别是土地价格的飞涨及发展工商服务业的便利，使村民分享着远远高于外界的收益与福利。

3、**成本因素**：“城中村”的改造涉及的成本费用主要是：集体土地改国有土地的市场价格费用，改造或外迁建农民公寓成本费用，农民自用房屋变更为居民商品房屋的变更费用，改制后的原公共开支（如道路维修、排水、供水、供电、环卫、治安、教育）等费用，一个村就涉及上千万乃至上亿元的资金，由谁负担或如何分担，这是推进改革的重点难题。

五、我国“城中村”治理改造的基本原则和对策措施

“城中村”改造是极其复杂的系统工程，涉及经济、社会、文化、政治等多方面因素，事关村集体、村民、政府、开发商等多方面利益。各地“城中村”的现实状况与存在问题不尽相同，因此，改造的工作需要做翔实的调查，制定详细的计划和相关的政策保证。以加快城市化进程，建设高品位城市为目标，以制定改革和创新为动力，充分运用市场机制和行政、法律手段，从物质形态、管理体制、经济组织等方面对“城中村”进行全面改造，努力将“城中村”建设成为环境优美、设施配套、社区服务齐全、良好的现代化文明社区。

（一）“城中村”改造必须遵循的几项基本原则：

1、要认真研究和制定“城中村”改造的配套政策。我国“城中村”改造，主要就是解决村民转市民，村委会转居委会，集体土地转国有土地，农村集体经济转股份经济，农村社区转城市社区等实际问题。要解决这些问题，客观要求我国现行的户籍制度、土地管理制度、行政管理制度、财税制度、就业制度等必须进行改革与创新。因此，改造工作之前一定要政策先行，坚持按照“三个代表”的要求，切实维护农民的合法权益，妥善处理好村社改造与老百姓利益之间的关系，维护社会稳定。在不违反国家法律、法规的前提下，本着尊重历史，面对现实的原则，根据当地的社会经济发展水平和市场条件，制定出切实可行的配套政策。

2、提高“城中村“改造的规划设计水平，充分发挥规划的调整作用。“城中村“问题的形成固然有复杂的历史、经济和体制原因，但与我国城市规划管理存在的问题和失误有一定的关系，特别是与城市规划滞后，管理不到位等有一定的关系。因此要提高规划设计水平，为“城中村”改造工作奠定可靠的基础。

要注意科学规划。“城中村”具体情况千差万别，千万不能一轰而起，搞一刀切。必须根据经济发展战略和城市化进程的实际状况，结合“城中村”的具体情况，对其改造进行全面合理的科学规划，坚持“一村一个方案，村村有规划”。但是，村、镇的改造必须服从城市总体规划和可持续发展的要求，利用好原有的人文资源，特别是要保护好历史文化街区及古迹等资源。同时应同建设“高科技园区”、“经济园区”、“工业园区”、“教育园区”统筹考虑，提升“城中村”的经济、科技、教育、文化品位和水平，实现“城中村”经济、社会、生态、效益的统一，搞

好与城市周边环境和设施的衔接，与城市融为一体。在建设的过程中要规范建设行为，各级政府职能部门积极配合，相互协调，严格监督管理和依法办事，防止新的"城中村"和违章建筑的出现。

3、因地制宜，多元化、多渠道地解决"城中村"改造的资金问题。改造"城中村"需要大量的资金投入，这靠政府有限的财力是难以完全解决的。因此，对于"城中村"改造的资金来源，应走资金多元化的道路，以"谁受益、谁投资"的原则调动政府、集体、个人三方面的积极性。形成政府、村集体、开发商、民间等多渠道的资金筹措格局。

（二）"城中村"改造的对策措施

1、加强领导，确定目标，充分发挥各级政府职能部门的作用。治理改造"城中村"是一项宏大而复杂的系统工程，是事关城市经济社会发展和城市建设全局性的重要工作。为了保证"城中村"治理改造工作的健康有序进行，必须建立强有力的组织领导机构。国务院应制定相应政策，各级政府职能部门应积极配合，相互协调，发挥各自的职能效用。各城市要由主要负责同志带头，由计划、城建、农业、财税、规划、土地、金融、保险、民政、教育、公安、劳动等部门，和各区（县）、乡（镇）、村负责人及部分村民代表组建"城中村"治理改造领导机构，确定"城中村"改造的总体目标和方案，保证实施方案得到贯彻落实，并监督治理改造全过程中的每一个细小环节，把"城中村"治理改造这件好事办好、办实。

2、分类试点，逐步推进。在确定目标的基础上，整治办法，可按土地使用的实际情况，规划实施的进程分类进行整治，以三种不同的类型，搞好试点，分类实施、逐步铺开。将第一类村采用先"撤村建居"，后改造的办法。将已实行农转非或尚未农转非的村民统一转为居民，并撤消村委建立居委，不搞二元化管理。将原有的集体经济转变成股份制企业，进行工商登记，明确法人代表，建立现代化企业管理模式。然后把原来房屋按照城市危房改造的政策对旧村实行改造，在政策上应考虑适当优惠。将第二类村，根据建设需要和财力的可能把剩余土地一次性征用，村民也统一转为居民，再按第一类村的办法实施。对第三类村可在近期内保留原体制的管理模式，但要加强规划管理力度。

3、办理权籍，保障利益。"城中村"的土地仍属于集体所有制，与包围它的城市建设用地属于国家所有完全不同，为了用城市社区去整合农村社区，首要的问题应当将"城中村"中属于集体所有的土地全部统一征用为国有，在"城中村"改造中可采取"以新抵旧、适当补差、产权调换、合理安置"的原则，土地、房管部门应在尊重历史事实的前提下，对按规划建设，按规定完成配套设施及建筑施工验收手续完备的住宅要及时发给权籍证，并对现有的房屋及时测量，摸清基础情况，办好房地产产权登记，合理、合法保护村民的个人财产。产权调换以确认的原房屋建筑面积为依据，结合考虑拆迁安置人口，确定安置房面积。对撤村的及时办好土地权属的变更手续，有关部门可按国有土地进行规划和建设管理。

4、统一规划设计，搞好基础设施建设。

土地被完全征用、原来的农村住宅全部被拆迁、户口也已经转变为城市户口的原"城中村"村民,要解决的最大问题是住到哪里去?再造单家独院或者排屋,都不利于土地的集约利用。合理的做法应当是从整个区域功能布局的角度来考虑安置房的建设规划,根据节约土地、方便生活、安全、卫生、美观、实用的原则,对安置房实行统一规划、统一定点、统一标准、统一配套公共设施,并打破原行政村的区域界限,采取集中联建方式来安置住房,以提高公共基础设施的共享和利用率,节省开发改造投资成本。此外,还应当规定新建的安置房都必须是公寓式的多层或高层建筑,以提高土地集约利用率。

5、积极安置就业,改善生存发展条件。"城中村"改造以后失去了土地的村民也就丧失了生存的基础,确保其自食其力,充分就业成为一个亟待解决的问题。长期以来,对被征地人员的安置,一般采取企业招工和一次性发放安置补助两种形式。在计划经济时代,失地农民的问题并不严重,因为就业安置在计划经济年代非常有效,农民能够很快地转为工人身份。市场经济带来了企业用工方式的市场化,企业对用工的劳动素质和技能要求较高,而农民普遍在这方面不具备竞争力,即使有的企业录用了他们,一旦企业在市场竞争中败落,他们也将随之下岗。另一种形式,是一次性发放安置补助费给农民,一来政府本来财政负担沉重,二来补偿标准过低,且无论多少总是有限的,只能在近期保证农民的生计。由于农民在失去土地后普遍缺乏生存技能,对发给他们的安置补助费不能充分有效地利用,坐吃山空,生活变得越来越难以为继。总结各地的成功做法,我们认为可以通过开放性项目的建设,来解决"城中村"村民的生产和生活出路。这种安置方式,将集体土地征为全民所有制土地时获得的征地补偿费,通过开发性项目的投资转化为生产性的物质资本,使"城中村"村民通过与生产物资资本结合实现再就业。它兼顾了村民就业和长远的生活保障,能够弥补货币安置的某些缺陷,可以打消"城中村"村民转籍即失业的忧虑,使其避开只身进入劳动力市场竞争就业时在文化素质和技能方面的劣势。

开发性安置,可以由政府组织一个统一机构进行指导,协调工作。在安排开发性安置用地时,要统筹兼顾,相对集中使用,成片开发,避免"天女散花"到处布点。实施开发性安置的目的,在于妥善安置"城中村"农转非村民的较长期的生活出路,因此,必须处理好眼前利益和长远利益的关系。开发性安置建成的项目如:房产只出租不出售、保留产权;交易市场、商贸楼等生产性物质资产,主要通过出租经营获取收益,或安置村民就业获取利益,并鼓励有条件、有能力者自主经营。

6、妥善解决"城中村"村民的养老保障问题。可以参照国外和国内发达地区的经验,建立面向"城中村"转籍农民的养老保障体系,彻底解决他们的后顾之忧。其具体做法是,通过村级集体经济提取部分土地补偿金和村办企业收入,用作养老保险基金,将该养老保险基金交给实力和信誉具佳的商业保险公司托管。商业保险公司为每个村民建立个人帐户,该帐户所有权归村民自己所有。村民达到规定年龄后，由保险公司负责养老金的给付，提倡以年金方式领取。

7、加强宣传，提高意识。通过舆论工具加强宣传力度，使“城中村”的村民认识到，一方面随着城市扩展，使他们的物质生活有了较大改善，获得了较多的既得利益，另一方面“城中村”已无存在理由，必须对这个巨人肚子里的“异物”进行切除。使“城中村”村民从职业、文化、思想观念与行为方式上提高意识，转变陈旧落后的观念，真正成为现代市民。

8、为流动人口提供基本的生存环境和城市发展的人性化支持。外来务工人员既是当地经济的建设者，也是纳税者，更是消费者。在制定治理改造“城中村”的实施方案中，一定要把外来人员作为专门条款纳入城市的总体规划和综合治理中。除关心他们的经商打工之外，还要解决好他们的居住问题。就像为市民修建经济适用房一样，也应为这些流动人口搭建交通便利、各种设施具备的廉租房。城市的人文关怀要体现在对流动人口提供有效服务和规范管理上。流动人口的安置问题解决好了，社会治安和卫生问题也将迎刃而解。

（撰稿：张传春、韩潮峰、韩小秀、台新民、刘雪琴）

暂住人口——中国的特殊群体

党的十六大报告指出:“农村富余劳动力向非农业和城镇转移,是工业化和现代化的必然趋势。”农村人口大规模向城市转移,是改革开放后我国由传统农业社会向工业化、现代化社会迈进的必然结果,大批的“农民工”——暂住人口,形成了我国一个庞大的特殊群体,他们为城市建设做出了贡献,也带来了各种影响。暂住人口作为城市的一个新兴群体,如何正视,加强管理,进一步发挥其促进经济发展作用,值得研究。

一、我国暂住人口的由来

(一)“二元经济”结构产生大量的农业剩余劳动力

我国和许多发展我国家一样,城市现代化工业和农村传统农业并存,长期以来一直实行的是“城市搞工业,农村搞农业”的二元经济发展格局,是一种典型的二元经济结构。

根据刘易斯1954年在《劳动力无限供给条件下的经济发展》一文中提出的“二元经济”理论①,在二元经济结构下,一方面传统的农业经济部门存在着大量边际生产率低下剩余劳动力;另一方面现代工业部门发展缓慢并存在失业问题。由于农业劳动力成本较低,使农业部门劳动力向工业部门转化,压低了工业劳动力成本,使工业生产带来较多的利润。当这些利润重新投入工业,对工业的产出需求增加了,从而引起农业劳动力向工业部门的进一步转移。这种转移是连续进行的,只有在农业生产率提高到农业部门与工业部门的边际产品同边际价格之比相等时为止。

在我国二元经济结构中,广大农村的生产工具仍然十分落后,劳动边际生产率很低,加上农村人口增长较快,我国农村存在大量的隐性失业(隐性失业率大约为15% ~20%左右),存在大量的农业剩余劳动力;而在我国城市建设日益发展的过程中,需要大量的廉价劳动力,因此,大量农业剩余劳动力涌向城市是必然趋势。

(二)“二元结构”户籍制度阻碍农业剩余劳动力的转移

1958年以前,我国没有严格的户籍管理制度,人们可以自由迁徙。自1958年1月《中华人民共和国户口管理条例》正式实施以后,我国形成了农村户口和城市户口“二元结构”的户籍管理体制。这个条例以法律形式严格限制农民进入城市,限制城市间人口流动,在城市与农村之间构筑了

① 谭崇台:《发展经济学概论》武汉大学出版社2001版

一道高墙，城乡分离的“二元经济模式”因此而生成。“二元结构”户籍制度是在我国计划经济体制背景下产生的，曾在国家社会管理中起到了不可替代作用，但是在市场经济条件下，“二元结构”的户籍制度已成为诸多改革的绊脚石，严重阻碍农业剩余劳动力的转移。

（三）暂住人口管理政策的出台

我国的具体国情决定了我国不能像西方国家的大中城市那样去接受农村人口。按照一般的说法，我国农业剩余劳动力现有两亿人左右，约占农业劳动力总数的1/2。① 如要使我国2亿农村过剩人口得以转移，需要50～100万人口的城市200～400个，投资将数以万亿计，是很不现实的。② 面对大量“农民工”的涌现，公安部于1985年7月依照《中华人民共和国户口登记条例》规定的精神，颁布了《城镇暂住人口的管理暂行规定》，规定在城镇暂住时间超过三个月的十六周岁以上的人，必须申领《暂住证》。于是，在我国大地出现了一个日益庞大的特殊群体——暂住人口，随之也引发了“为什么中国人在自己的祖国只能暂住”等一系列问题。

二、暂住人口现状分析③

对这一特殊群体的生活现状，笔者以武汉市统计局城调队2003年对100户农村进入武汉市的暂住户和250户武汉市住户的调查问卷为例进行分析。

（一）暂住人口年轻化，青壮年男性明显偏多，多子女家庭较多

武汉市暂住户常住人口平均年龄27.99岁，其年龄结构如图1所示；而同期武汉市住户平均年龄39.44岁，年龄结构如图2所示。暂住户比城市住户平均年龄低11.45岁，且40岁以下暂住户人口所占比重比住户人口高出37个百分点。可见，农村进入武汉市的暂住户人口年龄结构极其年轻，人口呈现出年轻化。

暂住户中男性占总人口的52%，男女性别比为111④，其中：1～19岁性别比为115，20～39岁为112，40～59岁为93，60岁以上为400；而同期城市住户中男性占总人口的52%，男女性别比为108，其中：1～19岁性别比为122；20～39岁为104，40～59岁为101，60岁以上为126。武汉市暂住户与城市住户相比较，暂住户中20～39岁和60岁以上常住成员男性比例明显偏高，20岁以下和40～59岁常住成员女性比例偏高，说明暂住户中青壮年男性比重较大。

100户暂住户中36户每户至少有2个小孩，36%的暂住户为多子女家庭，说明暂住户家庭没有严格遵照国家的计划生育政策，计划生育工作在暂住户中没有真正贯彻执行，需进一步加强。

（二）暂住人口文化程度和接受教育情况不容乐观

---

① 车明诚 王慧颖：《对我国二元经济结构时期农业发展的几点思考》，《农业经济管理》2001年第1期，第48页

② 陈迪平：《我国二元经济结构特点与农村小城镇建设》农业现代化研究1999年第11期，第349页

③ 说明：第二部分未注明来源的数据均来自武汉市统计局城调队的调查问卷。

④ 说明：男女性别比即以女性为100，男性对女性的比例。

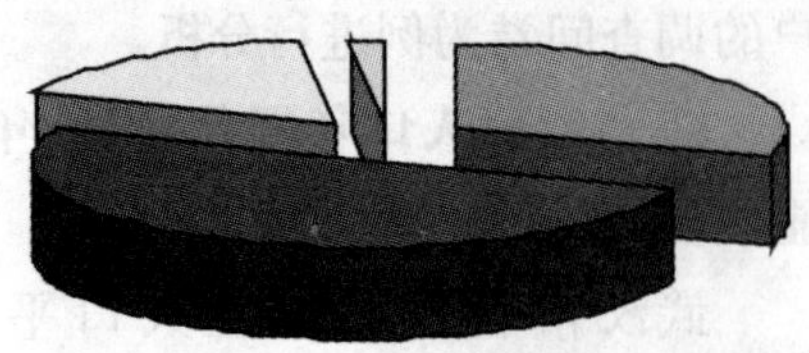

图1　武汉市暂住户年龄结构

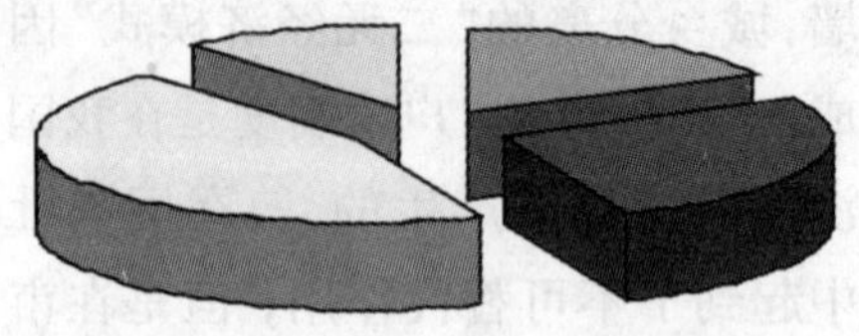

图2　武汉市住户年龄结构

就业人口文化程度多为初中程度，男性文化程度远远高于女性。暂住就业人口中男性占57%，女性占43%。大中专文化程度仅占5%，其中男性占78%；高中文化程度占14%，其中男性占85%；初中文化程度占62%，其中男性占56%；小学文化程度占19%，其中女性占59%。可见，暂住就业人口文化程度较低，多为初中程度，且女性文化程度远远低于男性。

家务劳动者全为女性，文化程度更低。初中以上文化程度者占16%，初中文化程度者占47%，小学和文盲者占37%。文化程度普遍低于就业人口。

暂住户中常住子女基本接受9年义务教育，但较少进一步接受教育。暂住户常住人口中6~15岁小孩受教育率为97%，16~18岁上高中率为40%，19~24岁上大学率为8%。武汉市住户常住人口中6~15岁受教育率为97%，16~18岁上高中率为91%，19~24岁上大学率为53%。与武汉市住户的子女相比，暂住户的常住子女接受教育情况很差。

（三）暂住就业者的工作状况

暂住就业者工作时间长，劳动强度大，很少接受职业培训。2002年暂住就业人口平均工作340.30天，即全年93.23%的时间在工作，其中只有1.02%的时间在老家从事非农经营活动或农业劳动。暂住就业者平均每星期工作6.64天，每天工作10.27小时。

只有少数暂住就业者接受过职业培训，其中绝大多数个人支付了培训费。暂住就业人口中仅有12%的人接受过职业培训，其中83%的接受培训者为职业培训自己支付了培训费。

暂住就业者绝大多数在第三产业的私营、个体企业从事生产经营活动。88.42%的就业者在私营、个体企业工作，只有11.58%的人在国有、集体所有制单位和股份制企业工作。76.04%的人员从事私营或个体经营，19.79%为临时工或短期合同工，仅有4.17%为长期合同工。81.25%的人在第三产业工作，18.75%的人在第二产业工作。

暂住就业者一旦失业，大约有53%的人认为，需要一个月以上的时间才能找到一份合适的工作。暂住就业人口中80%的人是由于工资收入、工作条件和工作稳定性等原因已经或考虑过换工作。

（四）暂住户家庭收入低、金融资产少

暂住就业者收入低。2002年暂住就业者人均月收入为737.40元，而武汉市住户有收入者人均月收入827.10元，暂住就业者人均月收入比城市有收入者低90元。

但是,如果现在仍呆在农村老家,估计每月能够赚取172.50元。可见,外出打工使暂住就业人口的收入明显增加。

暂住户家庭拥有的金融资产中,存款、债券少而经营活动占有资金多。2002年底暂住户平均每家拥有金融资产14780元,其中银行存款、股票、债券占53.74%,家庭经营活动占有的自有资金占31.37%;城市住户平均每家拥有金融资产33849元,其中银行存款、股票、债券占73.18%,家庭经营活动占有的自有资金占1.56%。暂住户家庭金融资产占有量不到城市家庭的1/2,但是,暂住户家庭接近1/3的金融资产被经营活动占有,而城市家庭不到2%。

三、暂住人口存在的问题[①]:

从100户农村进入武汉市的暂住户的调查问卷分析中,笔者发现在暂住人口中主要存在以下问题:

(一)暂住人口结构不合理

性别比严重失调。102~107是人类在自然状态下的出生人口性别比,也是数千年来人类维系正常繁衍生态的比例。第三次全国人口普查时,我国的人口性别比为108,比正常值高出一个百分点,而到了第四次人口普查时,这个比例突破了110。[②]然而,武汉市暂住人口的性别比为111。更令人关注的是20~39岁暂住人口的性别比为112,远远高于城市住户的104,暂住户中青壮年男性比重较大。其根本原因在于这个年龄段的男性正处在就业的"黄金时期",较容易在城市找到工作,最有条件在城市生活。

(二)暂住人口收入水平与所受教育无关

笔者将暂住就业人口的收入水平与他们的受教育情况经过相关分析后,发现二者之间没有太大的相关性,工资收入与受教育年限的相关性仅为0.011。这是极不正常的现象。主要是由于暂住人口的文化程度普遍较低,多为初中及以下文化程度,他们所受教育还不能引起收入发生质变,收入的多寡更多的是与其工作勤奋程度有关。这也是为什么暂住就业者工作时间长、劳动强度大的原因所在。另一方面,还会对子女产生不好的示范作用,挫伤他们接受教育的主动性和积极性,也就不可避免的出现了很少有人接受高等教育的现状。只有进一步提高整体暂住人口的文化程度,使其收入与受教育情况密切相关,才能使其收入水平有明显提高,使其生活得到改善。

(三)暂住人口社会福利缺或,没有享受同等城市人口待遇

暂住户就业中存在的主要问题之一就是社会保障极不健全。极少有单位给暂住就业者提供社会保障。暂住就业人口中只有2.6%的人的单位给提供了养老保险,8.38%的人单位给提供了住房,没有一个人享有单位提供的医疗保障和失业保险。由于国家没有将暂住人口纳入城镇社会保障体系,2002年暂住人口的医疗费完全是

① 说明:第三部分未注明来源的数据均来自武汉市统计局城调队的调查问卷。

② 数据来源:我国国家统计局第三次、第四次人口普查

自己支付;而城市人口个人平均仅支付医疗费的1/3,其中20岁以下和30多岁的城市人口公家支付3/4以上,70岁以上老人公家支付了近一半。在评价当前最主要的社会问题时,暂住人口认为社会保障问题是第一大问题。

其次,暂住户就业中存在的主要问题就是同工不同酬。在评价农民工是否受到与城市职工一样的待遇时,79%的暂住人口认为同工不同酬,77%的人认为工种待遇不一样,69%的人认为工作时间不一样,85%的人认为提升机会不均等,92%的人认为住房待遇不一样,89%的人认为社会保障待遇不一样,88%的人认为在其他福利收入、实物收入方面不一样。歧视外来人口被暂住人口认为是当前最主要的第三大社会问题,说明,暂住人口渴望享有同等国民待遇,希望提高社会地位。

(四)暂住人口缺乏稳定感,基本没有与农村老家脱离关系

暂住人口的绝大多数时间是在城市生活的,农村生活时间较少。到2002年底,暂住人口在城市平均生活了8.41年,其中就业者平均生活9.13年,家务劳动者平均生活5.75年;在2002年暂住人口平均在城市居住11.18个月,其中就业者居住11.64个月,家务劳动者居住10.9个月。暂住人口大部分时间在城市生活,农村生活时间较少。

但是,由于缺乏社会的认同和相关保障,大多数暂住家庭在农村保留土地。暂住户中46%的家庭在农村还耕种土地;54%的家庭不再耕种土地,但其中28%的家庭是将耕地转包出去了。也就是说74%的家庭在农村仍保留有土地。由于在城市缺乏社会保障,暂住人口与农村老家保持密切联系,仍然依靠最基本的土地保障,没有隔断与土地相连的脐带。但是,这部分人对土地的投入极少,使原本很低的农业生产效率更低,对农业生产极其不利。

一旦有什么风吹草动,不少暂住人口会立即返回农村老家。在政府不允许居住的情况下,39.79%的暂住人口选择回农村老家,2.09%的人选择到小乡镇找工作,58.125的人选择到其他城市找工作。足以看出,暂住人口在城市处于漂泊状态,其身在城市而根在农村,因此,他们又被人们称为"两栖人口"。暂住人口返乡,会使农村剩余劳动力更加过剩,农民生活更为困难。

四、暂住人口问题的解决

解决暂住人口问题的关键在于使暂住人口在城镇合理化,给予他们同等的城市住户待遇。如何使暂住人口合理化呢?可采取以下措施:

(一)加快我国户籍制度改革,允许劳动力自由流动

我国"二元"结构户籍制度承载了太多的附加功能,使户口簿不仅是一种身份的体现,而且是一种资源享有权的确认。农业户口和城镇户口享有不平等的权利,从而造成了人民在事实上的不平等,最突出的就是在就业和受教育两方面。"二元制"户籍管理模式严重制约了我国城市化进程。进入20世纪90年代,尽管我国城市化进程大大加快,但1990年至1998年的8年间还没有1949年至1957年的8年间走得快①,现行户籍制限制了劳动力的自由流动,已成为我国城市化快速推进进程中的羁绊。

人口流动是社会发展的必然结果,快速的经济发展必然产生大量的人口流动,美国、澳大利亚以及我国香港都是世界上人口流动量大,人员迁徙最频繁的国家和地区,同时也是经济高速发展之地。正如人口学专家研究表明:合理的人口流动能促进商品经济的发展,有利于人才交流和劳动力资源配置。在市场经济逐渐形成的今天,人口的合理流动已成为一股不可阻挡的潮流。现行户籍制度已不能对我国的人口流动进行有效的管理。40? 年不变的户籍制度已到了非改不可的时候。

加快户籍制度改革,目的就是要促进人口自由流动,使之进一步适应社会主义市场经济的发展,加快城市化进程。目前,城市化不足首先表现为进城农民的非市民化。要使农民工在城市享有“市民待遇”,必须加速建立健全身份证制度,完善身份证管理制度,身份证是公民身份的象征,只要是中华人民共和国公民,就应该享受到中华人民共和国公民应有的合法权益。只有使农民工获得城市合法居住的权利,才能促进社会人口的流动,促使人口资源在市场的优化组合,有利于推动社会经济的快速发展。加快户籍制度改革,还有利于缩小城乡差别、工农差别,消除农村贫困人口,加快城市化、现代化和全面建设小康社会的进程。

目前,我国户籍制度的改革已启动。沈阳已取消了“暂住证”;江苏省自 2003 年 5 月 1 日起在全省范围内全面推行以居住地登记户口为基本形式的新型户籍管理制度;湖北省自 2004 年 1 月 1 日起取消农业、非农业户口的性质,湖北居民的户口类型将统称为“湖北居民户口”。只有通过改革户籍制度,才能实现农业剩余劳动力的转移,才能使劳动力自由流动。

(二)健全我国社会保障制度,加快城镇化进程

80 年代前,由于当时生产力水平极低,按照马斯洛的人类发展需求理论,使人们对生存的考虑优先于社会保障,致使城市居民拥有较高水平的保障,而农民的保障几乎为空白,使社会保障制度成“二元”状。在这 30 年里,城乡间的“二元”社会保障制度与“二元”经济结构和“二元”人口结构完全一致,但是三者间的互动,进一步加深了城乡间的鸿沟,城乡壁垒森严。

进入 80 年代后,我国开始实行改革开放,产业结构发生变化,就业结构也随之改变,再加上户籍制度有所放松,农村大量的剩余劳动力涌向城市,“二元”人口结构发生变化,由“二元”变为“三元”,除原有的城市人口和农村人口外,产生了一部分“中间人口”(我们称之为流动人口)。这些人多数成为城市的暂住人口。在这 20 多年里,我国的经济结构和人口结构都发生了变化,但是,我国的社会保障制度 50 年没有改变,后者与前者无法对应。目前,我国已到了农村社会保障问题非解决不可的时候。

① 新华网 2003.6.17《我国户籍制度改革的现状与展望》

健全社会保障制度,一方面,我国城镇老龄化程度日益严重,未来养老保险压力很大,如果将农村进入城市的暂住就业人口纳入城镇社会保障体系,年轻人口的注入将有助于缓解未来城镇养老保险支付的压力。另一方面,为暂住人口提供基本生活保障,建立切实可行的社会保障制度,将其妥善安置在城市里,并通过他们的示范作用,将更多的农村剩余劳动力吸引到城镇,加速城镇化进程。

我国城镇化进程远远滞后于工业化进程和国民经济的发展。长期以来,我们对城镇化问题的讨论,并没有真正触及问题的要害,真正的问题是户籍制度限制了劳动力的自由流动和社会保障制度建设滞后。户籍制度和社会保障已成为我国城镇化进程的"瓶颈"。巨大的农村人口不仅阻碍了农业和整个农村的现代化,而且严重阻碍了工业化、城镇化和整个现代化的进程。

只有加快城镇化的步伐,才能吸收更多的农村剩余劳动力,才能增加现在农民的收入,才能解决农民贫困问题,才能提高农业生产效率。也就是说,加快城镇化进程有助于解决"三农问题"。"三农问题"说到到底是个农民问题,是农民收入增长缓慢、贫困问题突出、抗风险能力脆弱的问题,归根结底是农民生活贫困问题。虽然通过建立农村社会保障制度可以保障少数绝对贫困人口的生活,但是,使多数农村贫困人口脱贫,唯一可行的办法是走城镇化发展道路。

(三)调整产业结构,积极发展第三产业

暂住人口实质为农业剩余劳动力,它的形成必然是劳动力的转移过程。劳动力转移的实质内容就是劳动力无限供给条件下,现代部门的扩大和自给农业部门缩小,劳动力向现代部门转移。农村剩余劳动力的转移是一项长期任务,解决农村剩余劳动力转移的同时,经济结构和产业结构应不断得到优化,城乡经济协调发展。

产业结构的变迁通常是由第一、第二、第三产业的产值和就业比重大小排序变为第三、第二、第一产业的顺序。配第·克拉克定理揭示产业变迁的规律:随着经济发展和人均收入的增加,劳动力首先由第一产业向第二产业转移,当人均收入水平进一步提高,劳动力便向第三产业转移。库兹涅茨认为:随时间的推移,农业产值在整个国民生产总值中的比重,同劳动力在全部劳动力中的比重一样处于不断下降之中。克拉克和库兹涅茨关于产业结构的演进趋势分析表明:随着生产发展,劳动力在三大产业之间的分布,将由第一产业占优势比重转向第二产业和第三产业。这是产业结构和劳动就业结构的必然演变趋势。

从远期看,第三产业的全面发展将成为实现我国农业剩余劳动力转移的主要途径,产业结构调整是完成劳动力转移的根本出路。目前,暂住人口主要是在第三产业部门就业,这与产业结构和劳动就业结构的演变趋势相一致。同时,与世界各收入水平国家的产业结构比较,我国第三产业所占比重很低,其发展潜力很大,存在很大吸纳就业者的空间。

积极发展第三产业,除为暂住人员提供更多的就业机会外,还将推动暂住就业者不断提高自身素质,主动接受更多的教育与培训，提高文化程度和掌握更多知识和技能，走出收入与文化程度无关的“怪圈”，使暂住人口的收入大幅增加，生活得到根本改善。

农民工大规模向城市转移，是一场历史性变革，它正在各个方面冲击和改变着城市和农村既有的社会结构，民工群体已经成为城市不可或缺、无法排除的重要组成部分。社会学告诉我们，当一个社会出现一个新的社会阶层的时候，往往会对社会产生巨大的影响，这种影响要么是推进社会变革，要么对社会构成破坏性的威胁。农民工是一个极大的社会力量，社会不能不予以正视。

（撰稿：刘鹏辉、江红）

参考文献

谭崇台：《发展经济学概论》武汉大学出版社 2001 版

樊茂勇　侯鸿翔：《二元经济条件下农村隐性失业分析》，《经济评论》2000 年第 5 期，第 49 页

车明诚　王慧颖：《对我国二元经济结构时期农业发展的几点思考》，《农业经济管理》2001 年第 1 期，第 48 页

陈迪平：《我国二元经济结构特点与农村小城镇建设》农业现代化研究 1999 年第 11 期，第 349 页

武汉市统计局城调队的调查问卷汇总数据

我国国家统计局《第三次人口普查》

我国国家统计局《第四次人口普查》

新华网 2003.6.17《我国户籍制度改革的现状与展望》

五、城市热点聚焦

中国户籍制度变迁的历史进程及路径选择

1958年1月9日，我国第一部户籍管理法规——《中华人民共和国户口登记条例》颁布实施。标志着我国户籍制度的正式启动。随后国家又先后颁布了一系列的配套措施，形成了一套我国计划经济模式下较完整的户籍管理制度，也是我国整个制度体系的重要组成部分。在计划经济的特定历史条件下，户籍制度有其存在的合理性，也发挥了一定的历史作用。

户籍管理制度将农村和城镇人口人为地分割为性质不同的农业人口与非农业人口，国家对这两种人的就业、教育、医疗、住房、社会保障等实行有差别的社会福利待遇，客观造成农村人口与城镇人口两个不同身份阶层。在这种制度下的我国户籍管理机关不仅进行户口登记，更重要的是享有限制户口迁移审批权。

改革开放以后，随着我国经济和社会的快速发展，特别是市场经济体制的逐步建立，原有的二元化户籍管理体制弊端越来越显现出来。原有的户籍管理制度，尤其作为一种身份制度，无论是在道义上、法理上，还是政治上，都与时代发展的潮流相违背。它不仅影响了国人现代公民意识的形成，也极大地阻碍了中国的城市化进程和现代化建设的步伐。我国户籍"变法"的势头可以说是势不可挡。探索建立有效的户籍管理制度，取消身份差别，尊重保障每一个人的基本人权，实现人人平等，将是我国改革发展史上具有里程碑意义的大事。

正如党的十六大报告指出的那样："推进户籍制度改革，加快城镇住房、就业、医疗、教育和社会保障制度改革，为进城农民提供公平的就业和生活环境。"

户籍制度作为中国特有的一项制度安排，对我国的整个制度体系和制度结构都起着举足轻重的作用。传统的经济学认为，制度是视为既定的，而新制度经济学则认为，制度在人类社会经济发展史上是至关重要的，并且是经济发展的内生变量。制度是一系列被制定出来的规则、守法程序和行为的道德伦理规范，它旨在约束追求主体福利或效用最大化利益的个人行为。著名经济学家，世界银行前资深副总裁兼首席经济学家斯蒂格利茨（J·Stiglitz）曾对新制度经济学有过这么一段精彩的评述：21世纪将是新制度经济学繁荣发达的时代，它将对越来越多的引导经济事务的具体制度安排提出自己的真知灼见，并且为改变这些安排以增强经济效率提供理论基础。虽然，新制度经济学在中国的应用还是一个新的话题，但我们不得不承认，新制度经济学给人们分析经济社会的问题提供了一个全新的视角，并且无疑将对中国经济学界和政府决策产生广泛而深远的影响。特别是对于中国这样一个新旧体制转轨中的国家,制度经济学更是大有用武之地。

本文拟采用新制度经济学的一些基本理论工具和方法来分析户籍制度这一制度经济现象,旨在探讨我国户籍制度变迁的内在机制和动因,以求找出一条适合中国国情的制度路径。

一、我国户籍制度的历史演进及其绩效分析

探讨今天的户籍制度变迁的路径,我们不得不回顾几十年充满沧桑的演变史。新中国户籍制度的演变史可以说是中国社会主义建议史的一个缩影。新制度经济学的代表人物之一的诺思(D·C·Noth)就曾说过:历史是重要的。考察我国户籍制度的历史可以看出我国制度变迁的历史沉积,从而为今后的制度创新打下基础。

我国最早的户籍管理的成文法要追溯到清政府末年颁布的《户籍法》,该法在各国的众目睽睽之下,第一次使用世界通行的办法管理户籍,准予公民自由迁徙,然而辛亥革命的大潮迅速推翻了本已遥遥欲坠的清政府,《户籍法》也随之消亡。第二年孙中山主持起草的《临时约法》也承认了公民的迁徙自由。1931 年国民政府延续了清末户籍法的基本精神,另立新《户籍法》,至今该法还在我国台湾实施。

新中国的户籍制度经历了几个阶段:建国初期的自由迁移,1958 年后的严格限制和改革开放后的逐步放开。

(一)1957 年以前的短暂的自由迁徙

建国初期,我国公民的迁徙是自由的。1949 年 9 月 29 日中国人民政治协商会议通过的起临时宪法作用的《中国人民政治协商会议共同纲领》第 5 条就把自由迁徙作为公民的 11 项自由权之一。1950 年 11 月第一次全国治安工作会议召开,会议指出:“户口工作的任务是……保证居民居住迁徙之自由,安心从事生产建设。”1954 年 9 月 20 日第一届全国人民代表大会第一次会议通过的中华人民共和国第一部《宪法》第 90 条第 2 款明确规定:“中华人民共和国公民有居住和迁徙的自由。”

有统计表明,1954 年全国人口迁出迁入的总数达 2200 万人,1955 年为 2500 万人,1956 年为 3000 万人。但是,城乡的差异使得农民大量流入城市,使得刚刚从战火中恢复的城市经济不堪重负。国务院先后 4 次发出相关的指示,《关于劝阻农民盲目流入城市的指示》(1953 年 4 月 17 日),《关于防止农村人口盲目外流的指示》(1956 年 12 月 30 日)、《关于劝阻农民盲目流入城市的补充指示》(1957 年 3 月 2 日)、《关于防止农民盲目流入城市的指示》(1957 年 9 月 14 日)。这些指示并未取消迁徙自由,以期以说服和劝阻的方式限制农民进城,但收效并不明显。鉴于此,1957 年 12 月 18 日,中共中央和国务院联合发出《关于制止农村人口盲目外流的指示》,从劝阻到防止再到制止,中国公民的迁徙自由从这一天开始就被剥夺了。

(二)1958 年到 1977 年的严格控制期

1958 年 1958 年 1 月 9 日,全国人大常委会第 91 次会议通过了《中华人民共和国户口登记条例》,将这一剥夺迁徙自由的户

籍管理手段以法律的形式确定下来。该条例第一条规定:“为了维持社会秩序,保护公民的权利和利益,服务于社会主义建设,制定本条例。”迁徙自由从条例中消失了,该条例第10条第二款规定:“公民由农村迁往城市,必须持有城市劳动部门的录用证明,学校的录取证明,或者城市户口登记机关的准予迁入的证明,向常住地户口登记机关申请办理迁出手续。”从此,农村向城市的人口流动渠道被这一条款设定了难以逾越的鸿沟。

这一时期经历了大跃进、三年困难时期和十年文革动乱。户口管理的主要特点是严格控制农村人口盲目流入城市,而压缩城市人口,包括精简职工、知识青年上山下乡、干部下放农村,大量城市人口迁往农村,出现的所谓的逆城市化现象,是一系列严格的户籍管理制度的进一步体现。

1962年4月17日,公安部发出《关于处理户口迁移问题的通知》,指出:“对农村迁往城市的,必须严格控制;城市迁往农村的,应一律准予落户,不要控制;城市之间必要的正常迁移,应当准许,但中、小城市迁往大城市的,特别是迁往北京、上海、天津、武汉、广州等五大城市的,要适当控制。”

1975年1月17日,第四届全国人大第一次会议通过的《宪法》历史性地去掉了关于“中华人民共和国居民有居住和迁徙的自由”的条文,这标志着我国公民的自由迁徙和居住的权利失去了宪法保障。

1977年11月,国务院批转公安部《关于处理户口迁移的规定》指出:“从农村迁往市、镇(含矿区、区等。下同),由农业人口转为非农业人口,从其他市迁往北京、上海、天津三市的,要严格控制。从镇迁往市,从小市往大市,从一般农村迁往市郊、镇郊农村或国营农场、蔬菜队、经济作物区的,应适当控制。”从此提出了中国老百姓十分熟悉的“农转非”问题。在此后又制定了若干项具体的“农转非”政策。公安部为贯彻上述规定,给全国各省、市、自治区下达了“农转非”控制指标,即“每年批准从农村迁入市镇和转为非农业人口职工家属人数,不得超过非农业人口数的1.5‰”。从而对“农转非”实行了政策与指标双重控制的管理体制。“农转非”这个新词汇也就开始在中国大地上流行起来。

1978年3月5日第五届全国全国人大第一次会议通过的《宪法》也没有恢复公民的居住和迁徙自由权。

(三)1978年以后的逐步放开,小城镇户籍制度改革取得重大突破,准入制代替了大中城市的户籍壁垒。

十一届三中全会的召开为我国的改革开放吹响了号角,与传统计划经济相配套的户籍制度也被撕开了口子,逐步冰释。

80年代初期,国家除了继续对城镇人口增长实行严格控制外,对若干特殊的“农转非”问题在政策上开始松动,先后解决了一批科技骨干、煤矿井下职工、三线艰苦地区其他的职工的农村家属迁入城市落户问题,“农转非”的控制指标由不超过当地非农业人口的1.5‰调整2‰。1984年1月1日,《中共中央关于一九八四年农村工作的通知》决定:“1984年,各省、自治区、直辖市可选若干集镇进行试点,允许务工、经商、办服务业的农民自理口粮到集镇落户。”这是我国小城镇户籍制度改革的最先声。同年10月,国务院发出了《关于农民进集镇落户问题的通知》,规定凡申请到集镇(指县以下集镇,不含城关镇)务工、经商、办服务的农民和家属,在城镇有固定住所,有经营能力,或在乡镇企事业单位长期务工的,公安部门应准予落常住户口,发给《自理粮户口簿》,统计为“非农业人口”,并把他们纳入街道居民小组进行管理,使其同集镇居民一样享有同等权利,履行同等义务。这是我国进行户籍制度改革的第一个规范性的政策规定,它的历史功绩在于打破了几十年来铁板一块的二元户籍制度的一个缺口。自理口粮户口的实施是我国户籍制度的一项重大改革突破。据统计,从1984年到1986年底,在不到3年的时间里,全国办自理口粮户达163万户,总计454万人。

1985年9月,全国人大常委会颁布《中华人民共和国居民身份证条例》,该条例第十四条规定:“公民在办理涉及政治、经济、社会生活等权益的事务时,可以出示居民身份证,证明其身份。”身份证制度突破了一户一证的不利于单一人口流动的局限性。

1992年,公安部发出《关于实行当地有效城镇居民户口制度的通知》,开始实行“当地有效城镇居民户口”。同年10月开始,广东、浙江、山东、山西、河南等十多省先后以省政府名义下发了实行“当地有效城镇居民户口”的通知。由于“当地有效城镇居民户口”的户口簿印签为蓝色,故也称作“蓝印户口”。这是我国户籍制度改革的一项过渡性的具体措施。

1992年全国各地掀起了卖户口热潮,范围主要集中在小城镇,农民每人可以以4000元到数万元不等的价格购买小城镇户口。1992年5月4日经国务院办公厅同意,以公安部名义下发了《关于坚决制止公开出卖非农业户口的错误做法的紧急通知》,对各地卖户口行为进行制止。据公安、金融等部门估算,1992年各地卖户口所得金额超过100亿元,有可能达200亿元之巨。

1997年7月国务院批转公安部《关于小城镇户籍制度改革试点方案》,规定试点镇具备条件的农村人口可以办理城镇常住户口。标志着小城镇户籍制度的取得突破。

1998年8月,国务院发出了《关于解决当前户口管理工作中几个突出问题的通知》。该通知就婴儿落户、夫妻分居、投靠子女及在城市投资兴办实业、购买商品房等方面做了具体规定,进一步放宽了落户的标准。

2001年3月30日,国务院批转了公安部《关于推进小城镇户籍管理制度改革的意见》,将国内户籍改革向前推进了一步。

在此以后,全国大多数省市的户籍制度都有不同程度的松动,基本上都是以准入条件取代以往的入户政策和城市基础设施增容费政策。准入基本条件包括年龄、婚龄、文化程度(学历、学位)、职业能力(专业技术资格、执业资格、职业资格)、纳税额、居住和就业情况等方面。中国户籍制度的变革可谓历经曲折,有其深厚的经济、文化、政治的背景。50年代的中国处于工业化的资本积累阶段,对外是尚不稳固的国防、严峻的冷战形势和敌对势力的虎视眈眈，大力发展重工业是当务之急。而资金密集型的产业结构一方面使城市的就业压力十分巨大，另一方面也增加了财政的负担。在这种情况下，以低成本从中国最大的群体——农民手中提取剩余，同时限制农民进城以缓解就业压力就成为政府制定相关政策的首要目标。这就构成了当时政府对严厉的户籍管制制度的需求，自然会催生相应的供给。可以说，户籍制度为当时的计划经济和重工业优先发展提供了制度上的保障。

户籍制度有了歧视性的内涵源于它维持了一种社会不平等关系，六十年代以后，城市户籍人口与农村户籍人口在利益关系上越来越不平等，农村人口在就业、教育、社会保障、医疗、福利等方面都不享有城市居民所拥有的权利，二元经济结构、社会结构随之而生。对中国而言，户籍制度造就了二元结构，二元结构又固化了户籍制度。

中国户籍制度的实施是一项重大的制度变迁，对中国的经济发展产生了不可估量的影响。它用了不到30年的时间完成了工业资本的积累，但随着这项收益的成本可谓巨大——工业化与城市化严重脱节，二元结构下的城乡差距不断扩大，国民经济严重失衡。据统计，1949年我国城市化水平为10.6%，1959年为18.4%，1978年为17.9%。从中可以看出，1959－1978年的20年间，我国城市化水平不仅没有上升，反而下降了0.5年百分点。从1950年到1980年30年间，世界城市化水平从29%迅速上升到41.3%，其中发展中国家由16.7%上升到30.5%，先进工业化国家由52.5%上升到70%以上。1978－1997年，我国城市化水平年均提高0.63个百分点；1978－1984年，我国城市化水平均提高0.85个百分点；1992－1997年城市化水平年均提高0.58个百分点，比前6年下降了0.27个百分点，1992－1997年城市化速度进一步下降了0.46个百分点。1997年，全世界城市化平均水平已达46%，发达国家一般都在70%以上，比如美国为76.6%，英国89.3%，日本78.4%。发展中国家的平均水平也在40%以上，一些看似与我国经济发展水平差不多的发展中国家和一些新兴工业化国家的城市化水平也大大高于我国，比如巴西为79.5%，阿根廷88.6%，澳大利亚84.7%，韩国83.3%。同期我国仅为29.9%，相差甚远。

目前，我国至少还有3000万农民尚未解决温饱。近些年来，随着农民负担的居高不下和农民收入的持续下降，城乡收入差别日益扩大。1978年城乡居民收入的比率为2.36:1，1987年扩大到2.38:1，1995年扩大到2.79:1，2000年扩大到3.2:1。世界上大多数国家的城乡收入比率为1.5:1超过2:1的极为罕见，而我国城乡居民收入的实际比率已经高达4:1的惊人程度。当前挑战中国的"三农"问题实质上就是"城乡冷战"的直接苦果。

党的十六大提出统筹城乡经济社会发展的战略思想。就是要通过体制创新，建立与市场经济体制相适应的城乡一体化的经济社会秩序，解决制约农村、农业发展和农民增收的体制性、结构性矛盾，促进城市与农村共同进步、工业与农业协调发展。统筹城乡经济社会发展，推动城乡融合、城乡平衡、城乡一体，既是经济社会发展的方向，也是我国从根本上解决“三农”问题的必然选择。

二、我国户籍制度变迁的新制度经济学分析

（一）我国户籍制度变迁的动力来源

制度变迁可以理解为一种效益更高的制度（即所谓的“目标模式”）对另一种制度（即所谓的“起点模式”）的替代过程。作为一种“公共物品”，制度变迁的过程也存在着种种技术的和社会的约束条件。新制度经济学认为，制度变迁的来源是相对价格的变化和偏好的变化。

相对价格的变化包括要素价格比率的变化、信息成本的变化、技术的变化等等。为什么相对价格的变化是制度变迁的源泉？其中的一个重要原因是相对价格的变化改变了人们之间的激励结构，而讨价还价能力的变化导致了重新缔约的努力。

要素价格比率的变化如何影响制度的变迁呢。从我国户籍制度变迁的过程中可以看出，随着生产力水平的提高，特别是改革开放以后，农村联产承包责任制的实施，农业生产率得到大幅提高，劳动力大量剩余，由此引起劳动力价格的降低。而城市的扩张、功能的完善和服务水平的提高又急需大量的劳动力，劳动力的价格水平逐步提高，由此引起的劳动力要素价格在城市与农村的价格差价，使劳动力的流动形成压力，也对户籍制度变迁提出了供给需求。

由于环境的复杂性和理性的有限性，制度变迁是在不确定中进行的，存在着一定的制度风险。我国的户籍制度的变迁过程是在小心奕奕中进行的，可谓“慎之又慎”。随着信息技术的发展（如计算机的普及、多媒体和网络技术的广泛应用）和管理水平的提高（如城市交通的管理水平、城市环境的保护水平），户籍制度变迁的风险成本也随之减小，从而使变迁成为可能。

偏好的变化是制度变迁的另一个重要来源。由于我国长期的二元结构社会，“农村”、“农民”本是中性的词汇被蒙上了一层饱含歧视的外衣，进城成为城市居民是很多农民的一种追求，这种偏好潜移默化地影响着中国农民的行为模式，当这种行为模式的相对代价变得便宜时，就会加大制度变迁的压力。

需要说明的是，相对价格和偏好的变化并不一定导致制度的变迁。制度变迁实际上是一种社会利益结构的重新调整，而这种调整还受制于利益双方相互博弈能力的大小。也就是说，农民的流动对户籍制度的均衡产生了冲击，但制度的变迁还要取决于农民对我国制度格局的影响能力。

（二）户籍制度的需求分析

对一种新制度的需求，可以简单的描述为：按照现有的制度安排，无法获得潜在的利益（或外在的利润），而改变现在的制度安排，可能改变收入分配和资源的配置效率，从而使社会整体的收益水平得到提高。

我国的户籍制度的需求正是在现有制度下（不流动）得不到其应该得到的利益而使制度不均衡，产生了对新制度的需求（流动及户籍对此的承认）。制度变迁是一个复杂且费用昂贵的过程，新制度经济学并

不排斥新古典经济学的“需求——供给”这一经典的分析方法,而是将这一分析方法拓展到制度分析的领域。

1. 市场经济的发展要求生产要素的自由流动和合理配置。作为生产要素之一的劳动者因为户籍身份的限制而不能自由流动和有效配置,使得劳动力无法在产业间转移,尤其是从第一产业转移到第二、三产业,影响了城市产业的结构调整和升级。随着市场经济条件的进一步成熟,越来越要求人才按照供求规律、竞争规律、价值规律进行流动,如果没有开放的户籍管理政策,人才的自由流动是不可能的。中国加入WTO之后,对人才流动的需要,人才和国际接轨的需要提出了更高的要求。

2. 意识形态的转变,尤其是国民待遇意识的增强,对户籍制度的变迁提出了要求。“人人生而平等,在尊严和权利上一律平等。”《世界人权宣言》的开篇之语反映的是人们在物质和精神应享受的平等待遇。而我国长期的二元结构使得农民在物质生活上严重落后、精神上更是饱受歧视。这种不平等的现实正随着社会的进步和生产力水平的提高逐步改变。

1998年10月5日,中国政府在联合国总部签署了《公民权利和政治权利国际公约》。该公约是联合国制定的最重要的国际人权文书之一,其中对迁徙权有这样的描述:合法居住在一国领土内的每一个人在该领土内有权享受迁徙自由和选择住所的自由。2003年8月1日,施行了二十多年的《城市流浪乞讨人员收容遣送办法》终得废止,宣告了对迁徙权和自由权公然剥夺的恶法的寿终正寝。不知有多少人为之感叹,又有多少人为之流泪。这一与户籍制度紧密相联和恶法的废止虽然来得太晚,但也聊胜于无,充分说明了中国人权和国民待遇意识已深入人心。

3. 农村剩余劳动力的大量释放和流动,需要制度上的保证。据第五次人口普查资料,目前我国的非正式迁移人口已达1.44亿,占中国总人口的11.62%。非正式迁移人口指已经住在所在的城市半年以上,但还没有取得城市的市民资格。

另据统计,目前每年的流动人口已经达到1.1亿人,预计今后20年农村释放出的劳动力总人口将达到2亿人。目前城市户籍分离的情况已经十分严重。得不到户籍承认的农民工年复一年地上演着“民工潮”,大大增加了社会管理和社会运行的成本,迫切需要制度的创新。

(三)户籍制度的供给

新古典经济学认为,产品的供给取决于市场的需求,在“无形的手”的调节下,需求必将摧生相应的供给。而户籍制度的供给显然要复杂得多,政府或国家作为一个制度安排的垄断者,很多的原因影响着户籍制度的有效供给。

1. 统治者的偏好和有限理性。

制度安排的效率由它对国民总财富的影响界定。如果统治者是一个财富的最大化者,而且他的财富正比于国民财富,那么统治者会在他的权威限度内建立最有效制度安排的激励。诺斯也认为,国家提供制度服务的目的有两个:一是保证统治者收入即垄断租金的最大化;二是在第一个目的的基础上推动经济的增长。因而国家会在竞争的约束下和交易利润的驱动下界定一套有利于统治集团而无效率的制度结构。户籍制度的变迁过程很典型地反映了国家在制度选择中的利益倾向。

另一方面,由于统治者的有限理性和认识,了解制度不均衡以及设计、建立制度安排所需要的信息的复杂性,他仍然不能完全矫正制度安排的供给不足。我国的社会主义建设用邓小平的话说是"摸着石头过河",有许多认识和实践上的不足和误区,制度供给不足及其代价都是十分明显的,户籍制度就是其中之一。

2. 意识形态的刚性

新制度经济学认为,如果选民们对统治者权威的合法性和现行制度安排的公平性有较强的确信,那么统治国家的交易费用将下降。而且,统治者将发展一种服务于他的目的的意识形态,并投资于教育,使人们受到这种意识形态的谆谆教诲。中国的政权是经过几十年战争的基础上建立的,拥有深厚的民众基础,其权威性和公正性从来就不曾受到怀疑,农民们对政府甚至到了盲从的地步。这种意识形态的刚性对制度供给产生了消极的影响。只有当制度供求出现严重失衡时,意识形态与现实之间的距离才会被认识到。

3. 社会集团相互博弈的结果

制度的供给反映了社会各利益集团相互博弈的力量对比。一般来说,社会中的强势集团更容易对政府行为施加影响,而弱势集团的声音往往会被社会所忽略。如1982年修正过的《中华人民共和国全国人民代表大会和地方各级人民代表大会选举法》第十四条规定:"省、自治区、直辖市应选全国人民代表大会代表的名额,由全国人民代表大会常务委员会按照农村每一代表所代表的人口数八倍于城市每一代表所代表的人口数的原则分配。"1995年修正过的《中华人民共和国全国人民代表大会和地方各级人民代表大会选举法》第十六条规定:"省、自治区、直辖市应选全国人民代表大会代表的名额,由全国人民代表大会常务委员会按照农村每一代表所代表的人口数四倍于城市每一代表所代表的人口数的原则分配。"可以看出,中国农民的选举权从法律上就没有做到平等。农民的利益很难得到制度变迁的保证就不足为奇了。

此外,制度供给还受到各级政府机构及利益集团的非常规的影响,如果制度变迁的额外利润不足以弥补这些机构或集团的利益损失,新制度安排往往不能建立。而制度变迁的利润又往往使各级政府产生制度寻租(rent - seeking)现象,获取垄断租金。如90年代的户口出卖现象就是一个典型的案例。再有,由于社会科学知识的局限性,制度安排的选择集合受此限制,这并不受政府有恢复制度均衡的主观愿望所左右。

可以看出,由于种种的原因,中国政府在户籍制度供给上明显不足。改革开放以来,中国户籍制度的主要供给有3次:1984年10月,国务院发文允许农民自理口粮进集镇落户;1997年,国务院批转公安部《小城镇户籍管理制度改革试点方案》,开始小城镇户籍制度改革试点;2001年3月,国务院批转《关于推进小城镇户籍管理制度改革的意见》,县以下放开户口限制。此后地方政府推出了一些地方户籍政策,户籍管制的力度逐步减小,但总的说来,户籍制度相对于旺盛的需求而言供给不足是显而易见的。

户籍制度的供给不足不仅使户籍管理的成本不断增加,也使整个社会的流动成本和资源的配置成本大幅提高,相对而言,户籍管理的收益微乎其微。从整个社会的收益来讲,户籍管理本身是很不经济的制度。

(四)户籍制度均衡和制度的变迁方式

制度变迁的方式一般可分为诱致性变迁和强制性变迁。诱致性变迁指由个人或一群人在响应获利机会时自发倡导、组织和实行的制度变迁。而强制性制度变迁则是由政府命令和法律引入和实施。我国的户籍制度的变迁历程实际上是在诱致型制度变迁的需求压力下,政府主导的强制型变迁。其中的动力源则来自制度的供需不均衡。

新制度经济学认为,所谓的制度均衡是指人们对既定的制度安排和制度结构的一种满意或满足状态,而无意也无力去改变现行的制度。从供求关系看,制度均衡是指在影响人们制度需求和制度供给的因素一定时,制度的供给适应制度的需求。这是一个错综复杂的博弈过程,也是一个相对的理想状态。从我国的户籍制度变迁的实际看,由于政府主导的种种缺陷和博弈方农民的博弈能力的缺乏,户籍制度均衡的目标离实现还相差很远。

制度均衡实际上就是指制度达到了"帕累托最优"(Pareto optimality)。帕累托最优是指:此时所考察的经济已不可能通过改变产品和资源的配置,在其他人(至少一个人)的效用水平至少不下降的情况下,使任何别的人(至少一个人)的效用水平有所提高。达到这种最优状态的过程就称为"帕累托改进"(Pareto improvement)。举例来说,一辆有30个座位的车,在没有满载之前,每多一个乘客,可以说都是一个Pareto改进。而30个人可以说便是一个帕累托最优的境界了。再多一个人便是超载,就会损害全车人的效用。户籍制度变迁的过程实际上就是一个帕累托改进的过程,中国农民进城的户籍保障制度能否在大大提高自身的效用水平的同时至少不损害城市原有居民的效用水平,而且这种过程可以进行到一个什么样的程度,还取决于政府的综合管理能力。

随着市场经济的发展,市场在资源配置中的作用越来越大,可以预期,由此引发的制度变迁的方式也会由政府主导的强制型变迁转向市场诱致型的制度变迁。

三、我国户籍制度的现状及评析

(一)小城镇不能解决大问题

从80年代起,中国就将户籍制度的改革目的地转向了小城镇,当时的城市发展策略是"控制大城市规模,合理发展中等城市,积极发展小城市。"1990年4月1日实施的《中华人民共和国城市规划法》也规定:"严格控制大城市规模,合理中等城市和小城市。"而当时中国对大城市的定义是城市市区的非农业人口超过50万。这种标准对中国来说其实是非常低的,大多数城市都是列在控制的范围内。在实际操作层面上,各级政府部门更是把城镇化的重点放在小城镇建设上。实践证明,大力发展小城镇，致使小城镇遍地开花，造成了土地资源的巨大浪费。小城镇本身就业机会少，基础设施差，人口规模小，文明程度不高，绝大多数小城镇居民实质上是住在小城镇上的农民。据统计，全国建制镇数量由1979年的2856个发展到2003年超过2万个，但建制镇平均人口只有6000多人，其中非农业人口3000人。可以说，小城镇根本没有产生出集聚效益和规模效益，它在改变居民生活方式和提高居民文明程度上也力不从心。小城镇，特别是县城建设和扩容，在一定程度上可以缓解我国城市化的压力，转移一定数量的农村人口，但发展小城镇决不是我国城市化的最优选择，甚至阶段性的成绩都算不上。可以预期，若干年后小城镇的人口势必还有第二次外流，由此引发的社会总成本的增加可能要比一步到位大得多。

我国的乡镇企业曾对促进国民经济增长、吸纳农村剩余劳动力和增加农民收入都起到了重要的作用。但是，也应当指出，随着社会主义市场经济体制逐步形成和市场发育日趋成熟，特别是在我国加入WTO后，国际国内市场竞争将更趋剧烈，乡镇企业先天性的局限性和弊端，也就越来越突出地暴露出来。第一，乡镇企业与农业、土地保持着千丝万缕的关系，在资金、技术上都不占优势，粗旷的生产方式也不适应时代发展的要求。农民既不把乡镇产业看作自己长久的生存保障，脆弱的农业也不可能确保农民的收入来源；第二，乡镇企业所固有的封闭、半封闭的属性，限制着生产要素的自由流动，并使劳动力流动带有相当程度的季节性、区域性以及由此导致的生产要素发育程度低及价格的扭曲，使得具有比较优势的劳动力资源无法得到充分利用，迫使发达地区的乡镇企业过早地走上“资本替代劳动”的资本密集型道路；第三，现有乡镇企业的极度分散（80%左右分散在村落），与城市化发展不同步，不能有效地带动第三产业的发展，反过来又会延缓剩余农业劳动力向非农产业转移的过程。

（二）条件准入制度不能代替迁徙自由

2001年以后，各级地方政府都相应出台了地方的户籍制度改革方案，在子女随父随母户籍选择、夫妻互相投靠、父母投靠子女、子女投靠父母（俗称“三投靠”）、购房入户、投资入户等方面作出了较大的改动，基本上由原来严格的入户政策和城市增容费政策改为条件准入政策。准入基本条件一般包括年龄、婚龄、文化程度、职业能力、纳税额、居住和就业情况等方面。

显然这种准入制度对农民是不公平的，因为农村的基础教育水平相对较差，农民平均受教育的年限一般也只有10年左右，更谈不上进城购房和投资了。实际上各地的户籍政策已演变为一场人才争夺战、富人争夺战，而将真正需要户籍制度惠顾的农民排斥在外。这场改革在削低身份门槛的同时，提高经济的门槛，把过去的身份门槛量化为金钱的标尺，以财富来衡量是否具有进入城市的资格，这样做的结果就是在消除旧的城乡二元结构的同时，建立了新的贫富二元结构。试想一下，按照现行的制度，人才进城了，富人进城了，而普通的农民仍在城市的“篱笆”之外，这样不但不能消除城乡的差别，而是进一步拉大了城乡的贫富差距。这样的制度变迁实际上是与改革的需求相背离,势必引起新的制度不均衡。

(三)"城市病"与"农村病"

直到现在,很多人仍然有一种顾虑,如果我们真的彻底放开了户籍管制的门槛,那么会不会造成"城市病"的泛滥?其实这种想法是不切实际的。

"城市病"是对城市经济与社会发展所出现诸多弊病的一种形象比喻。第二次世界大战后,全世界兴起了城市建设和城市社会发展的浪潮,这既带来了现代化和社会进步的一面,也造成了诸如交通阻塞、住房拥挤、地价房价过高、失业率上升、生态环境恶化、犯罪率高等经济社会问题的"城市病"。这本来是十分正常的事情。随着时间的推移,西方发达国家和新兴工业化国家的城市病已大大缓解。"城市病"实质上是一种管理问题,是可以治疗的。其实农村长期积压的贫困、失学、文盲半文盲、封建愚昧、生态恶化、农民收入增长困难、大量劳动力过剩、宗族和流氓恶势力干扰等"农村病"更为严重。可以认为"城市病"是一种"发展病"、"富贵病";而"农村病"是一种"落后病"、"贫困病"。我们决不能借口"城市病"而因噎废食地关起城市的大门。

四、我国户籍制度的思路——制度创新

(一)加强相关法制的建设,从宪法上保证迁徙的自由,加紧户籍法的立法工作

新制度经济学认为,宪法秩序直接影响进入政治体系的成本和建立新制度的立法基础的难易度。它为制度安排规定了选择空间并影响制度变迁的进程和方式。当前我国户籍改革的当务之急是用宪法的形式肯定公民的居住和迁徙自由的基本权利。由于现行宪法中还没有恢复"五四"宪法中公民有居住和迁徙的自由权利的条款,这对树立国家的道义形象,解除人们的精神枷锁,规范政府行为都是不利的。1.在宪法中恢复这一条款,与国际社会在人权标准上取得统一,是顺应现代文明的要求,有利于其他法律制度与国际的接轨,促进中国更深入地融入国际社会主流。2.在宪法中恢复这一条款,具有道义的精神力量,能够以国家大法的权威性,消除人与人城乡之间的隔离和歧视,从而为市场经济秩序的建立和发展提供充足的人力资源和精神支持。3. 把公民具有居住和迁徙自由重新写入宪法,作为基本权利加以严格的保护,就有了规范的法律依据。在各地设置准入门槛中,地方政府会有相当大的自主权。鉴于当前城市保护主义和地方保护主义还有很大市场,作为宪法规定的基本权利,当其受到其他法律侵犯时,可裁定该法律失效。通过对一些带有歧视性色彩的政策法规的违宪纠察,更好地保护公民的迁徙自由,在最大程度上保证中国公民在中国境内都能享受同等待遇。

加紧制定户籍法。随着经济发展和社会进步,特别是改革开放的深入和社会主义市场经济体制的逐步确立,户籍管理工作面临的新情况、新问题不断增多,1958 年出台的《中华人民共和国户口登记条例》已远不能适应。主要体现在:《条例》中的部分内容已与新的《刑法》、《刑事诉讼法》相抵触;现行的户口迁移政策和《暂住证申领办法》等部分规章早已突破了《条例》的有

关内容;群众违反有关户口管理规定,如出生迟报和不报,死亡不销,户口项目随意变更等问题相当突出。对此有关部门和社会各界呼声强烈,每年两会期间都有许多人大代表和政协委员就此提出建议和提案,要求加强户籍立法,确保这项工作有法可依,依法行政,严格户口登记制度。在改革探索中,各地出台各种试验性地方户口,有的就有地方保护主义的色彩。所以,有必要通过国家立法,提高公民的人口登记意识,规范政府行政,使中国公民在中国境内都能享受户口管理的同等待遇。

(二)打破以户籍制度为核心的传统城乡分割制度,建立符合我国国情的适应市场经济发展的现代城乡户籍管理制度

从国际通行的人口管理制度来看,户口是公民居住区域的一项证明,只具有人口登记、管理、稽查以及了解人口数量与分布情况的功能,它本身并不反映公民的职业身份,更不附加有各种利益关系。而我国现行的户口登记办法,以农业和非农业作为划分标准。改革开放以来,随着社会流动的加剧,人们的从业结构日益复杂化,原来农业、非农业的户口划分已经不能准确反映人们的职业身份和居住区域,这就给人口的登记、管理以及人们的工作、生活带来了诸多不便。所以,改革现行的户口登记办法,与世界人口管理制度相接轨,以居住地为标准,确定公民的户口类型,应当成为我国户籍制度改革的基本方向。

以居住地为标准登记户口,户口必然随着居住地的变化而变化,这就要求对居住地户口实行灵活的动态管理,可以把它分为常住户口、暂住户口和寄住户口三种登记形式。公民通过迁移,在某一地域定居下来后,即可获得该地域的暂住户口或寄住户口,然后根据其暂住或寄住时间的长短、就业岗位或生活来源的性质等,决定他能否取得该地的常住户口,取得常住户口后,就可以和常住地的永久性居民一样,享有完全等同的权利与义务。建立这种居住地户口的弹性管理体制,一方面,有利于城乡之间、不同城镇、城市之间人口的合理流动,为他们进城或在不同城镇、城市就业、生活创造必要的条件;另一方面,有利于调动进城农民工和易地就业人员的积极性,增强他们的进取心和对流入地的认同感,保障城乡社会的稳定,促进城乡经济的共同繁荣和可持续发展。

(三)完善制度结构,改革配套的制度

户籍制度是我国制度结构中一个重要环节,与之相扣的制度体系还需要进一步完善。可以说,户籍制度改革的前景还取决于配套制度的改革成果,比如农村的土地制度,解决户籍制度改革中的农民进城所需要的原始资金,城市就业制度可以解决农民进城的择业问题,社会保障制度作为一种社会救济手段,可以为进城农民解决后顾之忧。

1. 农村土地制度的改革

新制度经济学认为,产权制度是制度集合中最基本、最重要的制度。经济分析表明,产权不清会导致国家陷入“贫困陷阱”,而在贫困陷阱中的国家则永远不可能达到高收入的状态。

从土地制度角度看,成功的制度建设必须具备这么几个条件:一是清晰的产权关系,二是有效地流转和变迁机制,三是相应的配套制度和外部环境。所以,中国土地制度改革的大方向是以土地私有化为基本思路,在这个过程中,可以先采取土地股份化作为过渡。

土地制度从实质上说是土地产权制度,孟子说过恒产有恒心。在土地的集体所有权不变的条件下,能否合理划分多种产权界限,理顺所有权和使用权之间的关系,规范各产权主体的行为,直接影响广大农民的积极性,但它并没有使土地产权关系明晰化,仍存在所有权不明确、使用权不灵活、管理权混乱等弊端,这就很难真正理顺农民与土地之间的相互关系。尽管这几年来,中央根据农村土地制度的新问题提出了延长土地承包期30年的决定,并允许土地使用权依法转让,但农民仍然缺乏对土地的长期预期,农民仍然没有通过法律的形式获得土地权益的保护,也就不能作为土地占有者自由使用、转让、出租土地。而土地私有化以后,可以使得土地相对集中起来,有利于实现农业生产的机械化、产业化和农业生产率的提高。另一方面,农民进城可以通过土地和转让或出卖,获得进行城市的资金。实际上,我国"三农"问题之所以如此棘手,实际上归根到底是一个土地所有权制度,土地私有化以后,很多问题就会迎刃而解。

作为土地改革的过渡制度,可以采取一种土地股份化的方式。土地股份化是指农户将土地长期使用权折合成股本参与各种合作组织、农业开发及规模经营等,并按其股本大小定期领取土地股东收益。土地股份制一方面可以发挥土地的社会保障功能,农户一旦通过土地入股,即使在年老生病时仍可获得稳定的土地股本收益;另一方面,土地股本化又有助手于土地的流转,促使农村剩余劳动力转移。这就有效地解决了农民家庭承包经济和自营经济中扩大经济规模的矛盾,既保证农民合理利益又刺激他们流动、转移,为农村剩余劳动力最终放弃土地奠定制度和心理基础

2. 完善社会保障制度

社会保障是为保证社会成员的基本生活权利而提供的救助和补贴。它是社会的"调节器"和"稳定器"。据统计,2003年参加城镇基本养老保险的人数达15506万人,农村养老保险的人数5428万人。医疗保险参保人数达10902万人,失业保险覆盖人数为10373万人,4575万职工参加了工伤保险。(人民日报,2004年5月25日)可以说,我国的社会保障制度近年取得了很大的成就,但也存在一些社会保险覆盖面小、农民参保门槛较高、比例较低的问题。特别是对于进城打工的农民工来说,社会保障体系还是一片空白。社会保障制度改革的思路主要解决以下几个问题:1. 建立面向所有非农生产的人员的失业保险和医疗保险,解决农民进城的失业和就医两个最为关心的问题;2. 为失去土地的农民提供最低生活保障;3. 为长期进城打工的农民工提供养老保险。

著名经济学家米勒说,中国需要的不是更多的经济学,而是更多的法律。在我国市场化改革中面临两大基本的制度变迁:一是将与计划经济相适应的制度体系转变为与市场经济相适应的制度体系;二是变人治为法治。我国的户籍制度的变迁承载着我国制度结构变迁的首要内涵,是

整个制度变迁的切入点,可谓是任重而道远,其牵涉面之大、范围之广,在中国的制度变迁史上是少有的。中国目前不成熟、不完善和不平衡的市场经济发展的现实状况,决定了全面放开户籍迁移限制和实行城乡居民相同的户籍待遇还有一个较长的过程,需要继续依据实践推动理论和制度的创新,制定和实施科学的户籍制度。

(撰稿:李相春)

参考书目

1. 卢现祥:《西方新制度经济学》,中国发展出版社2003年6月版。

2. 叶裕民:《中国城市化之路》,商务印书馆2001年1月版。

3. 汪洪涛:《制度经济学》,复旦大学出版社2003年7月版。

4. 林毅夫:"关于制度变迁的经济学理论:诱致性制度变迁与强制性制度变迁",载科斯、阿尔钦等著:《财产权利与制度变迁——产权学派与新制度学派译文集》,上海三联书店1991年版。

5. [美]诺思:《经济史中的结构与变迁》,上海三联书店1991年版

6. 戴维斯、诺思:"制度变迁的理论:概念与原因",载科斯、阿尔钦等著:《财产权利与制度变迁——产权学派与新制度学派译文集》,上海三联书店1991年版

7. 王海光:"城镇化进程中的户籍制度改革研究"2002年9月

8. 张英红:"户籍制度的历史回溯与改革前瞻",《湖南公安高等专科学校学报》2002年1期

9. 张英红:"二元户籍制:半个世纪的"城乡冷战"",《城乡建设》2001年7期

10. 祁晓玲:"关于中国现阶段农村劳动力流动制度建设的思考"

11. 池建宇杨军雄"中国户籍改革变迁的供求分析"

12. 张平林梓"市场经济的发展与我国户籍制度的改革",《人口与经济》2000年第6期

安徽省城市就业与失业问题研究

近年来，在全国人民的共同努力下，我国经济建设、人民生活不断上新台阶。但由于劳动力增长过快，加之我国第一、第二产业正在进行结构调整，吸纳劳动力能力下降，就业形势越来越紧张，失业问题越来越严重。党中央国务院高度重视就业与失业问题，党的十六大明确提出：扩大就业是我国当前和今后长时期重大而艰巨的任务，各级党和政府要把“千方百计扩大就业，不断改善人民生活”作为未来二十年经济社会工作的重要内容。

本文通过对安徽省城市就业与失业问题的解剖，揭示城市失业的深层次原因，为党和政府决策提供参考依据。

第一部分　安徽省城市劳动力就业与失业现状分析

一、劳动力资源现状及变化发展趋势

据第五次人口普查数据，到2000年底全国有12.5亿人口，安徽省有6000万，位居全国第9，平均每平方公里栖息着430人。这6000万人口中，居住在城市的有843.4万人；全省劳动年龄人口（指男16岁到60岁、女16岁到55岁年龄范围内的人口）有3847万人，劳动年龄人口比重为64%，其中居住在城市的劳动年龄人口为546.2万人。根据人口普查资料推算2000年以后十年我省新增劳动年龄人口变化情况如表1、图1：

从表1和图1看出，从2001年到2006年，我省新增劳动年龄人口呈加速增长态势，从最低的2001年的99.31万人增加到最高的2006年的150.9万人，净增91.61万人，5年翻了一番，平均每年增长8.7%。劳动力数量与同期劳动年龄人口数量成正比，根据我省实际，测算两者的比值约为0.75。据其推算，从2001年到2006年全省新增劳动力人数分别是：74.5万、82.7万、94万、98.6万、102.4万、113.2万。

从2007年开始，我省劳动年龄人口增长速度呈逐年下降趋势，但总量仍然继续增加，最少的2010年净增劳动年龄人口也超过20万。经过进一步推算，如果维持现在的人口增长速度，且不考虑省际及省与国际间的劳动力流动因素，到2016年以后我省净增劳动力数量才接近于零。单从人口指标看，到2016年以后我省的就业市场压力才逐步缓解。

表1　2001年－2010年安徽省劳动年龄人口变化情况表

单位:万人

年份	全省新增	全省净增	劳动力总数	其中:城市新增
2001	99.31	49.38	3896.38	12.98
2002	110.28	59.55	3955.93	11.97
2003	125.52	74.28	4030.21	12.43
2004	131.28	77.50	4107.71	13.16
2005	136.53	79.51	4187.22	13.78
2006	150.92	91.61	4278.83	14.13
2007	119.74	59.62	4338.45	11.82
2008	111.86	41.93	4380.38	10.88
2009	102.53	32.98	4413.36	10.31
2010	93.52	20.18	4433.54	10.01

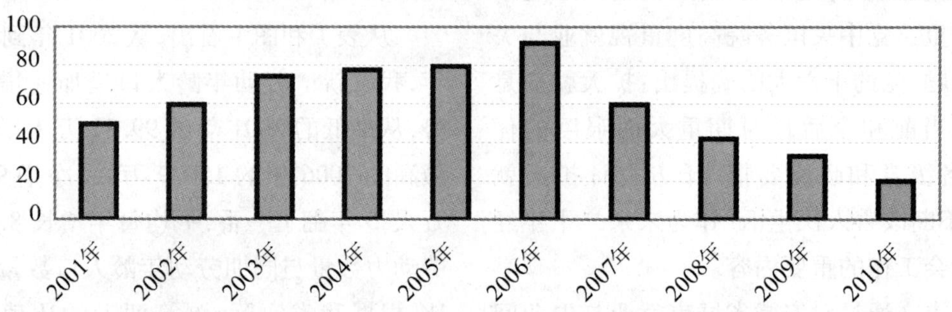

图1　2001年－2010年安徽省净增劳动力数量及趋势图单位:万人

二、我省失业现状分析

1、失业概念

按照国际劳工组织(internationallabourorganization,ILO)定义,失业者是指在一定年龄范围、一定参考时间内,那些没有工作,目前有劳动能力而且正在寻找工作的人。失业率就是失业人口占就业人口与失业人口总和的比率。本文对城市失业的定义是:在男16到60岁、女16到55岁范围内,连续3个月及以上没有工作,本人有劳动能力、有工作愿望,且正在寻找工作的城市居民。

2、我省城市失业人口数量及失业率

安徽省城调队基于以上定义,于2002年在合肥、淮南、安庆、芜湖、宿州等五个城市采用分层随机抽样法抽样调查了850个城市居民家庭,调查涉及人口2546人,设计抽样误差为5%。通过对这850户调查资料汇总分析,其中的120个家庭有失业人员,失业家庭占调查户的14%;有14个家庭失业人数在两人及以上。合计失业人员为134人,测算出我省失业率为7.4%,正好是"登记失业率"的两倍。全省城市现有劳动力总数是546万,由此推算目前我省城市失业人口是40.4万人。

3、我省失业人员特征分析

调查结果显示,当前城市失业群体仍以中年为主,30到45岁的占48.5%,30岁以下的年轻人只占四分之一；失业人员文化程度普遍偏低，有41%的失业人员只有初中文化程度，具有专科以上文化程度的比例为12.35%；失业人员存在着地区差异，经济较发达的地区失业率相对偏低，矿业城市或者经济发展水平不高的地区失业率相对高一些。五城市的调查资料显示：合肥市的失业率最低，为5.3%，而经济较差的淮南、宿州的失业率都在10%左右；失业人员中有三分之二连续失业时间在一年以上，属于长期失业；55%的失业人员个人收入为零。当前我省失业人群中能获得政府救济的只有13.5%，16.5%的人依靠原单位补助，还有15%的人通过其他渠道获得收入；失业群体中去政府部门登记的只占24%。

劳动力失业就意味着有一部分人没事干，意味着扩大贫富差距，影响社会稳定。美国经济学教授奥肯通过研究发现，实际失业率每超过自然失业率1个百分点，总产出将损失2.5%。我省实际失业率为7.5%，自然失业率按照5.5%计算，根据奥肯法则，我省因为失业造成的GDP损失为5个百分点，推算2002年流失GDP达到178亿元。

第二部分：城市出现就业难的原因分析

我国的就业难问题是在国民经济及社会健康稳定地向前发展的情况下出现的，我国的失业问题不同于西方资本主义国家经济危机造成的失业，是前进中的问题，是多年积累的深层次矛盾的综合反映。弄清我省城市失业原因，对于增加就业岗位、促进再就业、进一步加快安徽经济发展具有重要意义。

一、劳动力增长过快，超过经济发展对就业市场的承受能力。上个世纪五十、六十年代是新中国成立后人口出生最高峰，人口年均出生率在30%左右。安徽省人口出生率最高的是1962年，为53.26%。这期间出生的人口形成了上个世纪八十年代的第二代人口增长高峰，其子女又促成了本世纪初期即当前的就业高峰。从1997年到2002年我省人口平均每年增长速度为0.8%，而劳动力平均每年新增8.8%，是前者的10倍多！根据前面资料，目前我省城市每年新增劳动力数量在60万人左右，也就是说，城市每年要拿出60万个工作岗位才能满足新增劳动力的就业需要。这在当前经济环境下很难做到。

二、城市产业结构优化升级，吸纳劳动力能力下降。在党和政府的正确领导下，我省企业经历了从1987年的承包制，到1991年对中小企业全面实行股份制改造，再到“九五”期间全面推行的现代企业制度这三大战役，企业改革取得了巨大成功。产业结构调整必然涉及到企业减员增效问题，于是一大批工人下岗、失业。据省劳动和社会保障厅提供的数据，1990年我省国有企业下岗职工人数为28.7万人，2000年增加到31.6万人，2001年开始下降，降到21万人。2002年下岗人数继续减少到19万人，2003年又减少到5万人，说明企业职工下岗高峰已经过去。但由于下岗职工再就业困难，历年因下岗而造成失业的累计人数在不断增加，而个体、私营经济和外商投资企业由于其规模相对较小，短期内也不可能吸纳更多的劳动力就业，因而造成更大面积的结构性失业。

三、通货紧缩抑制了就业增长。社会消费需求不足,产品供大于求,必然带来企业开工不足,物价下跌,引起通货紧缩。由于通货紧缩,社会投资欲望进一步下降,最后导致企业用人数量下降,失业率上升。英国经济学家菲利普斯(A. W. Phillips)于上个世纪五十年代经过对失业、通货膨胀关系研究,证明了失业与通货膨胀之间在短期内具有负相关关系:通货膨胀率下降,失业率上升;反之,通货膨胀率上升,失业率下降。菲利普斯曲线还画出了两者关系图,即后人所说的菲利普斯曲线(见图2)。这几年我省居民消费需求不足,市场物价疲软,消费物价指数连续6年在100左右徘徊,1995年为114.8,2000年为100.7,2002年降到99,通货膨胀率低于3%的正常值,通货紧缩特征明显。根据菲利普斯理论,通货膨胀率偏低,失业率升高,加剧了就业与失业矛盾,抑制了就业增长。我省近几年菲利普斯曲线见图3

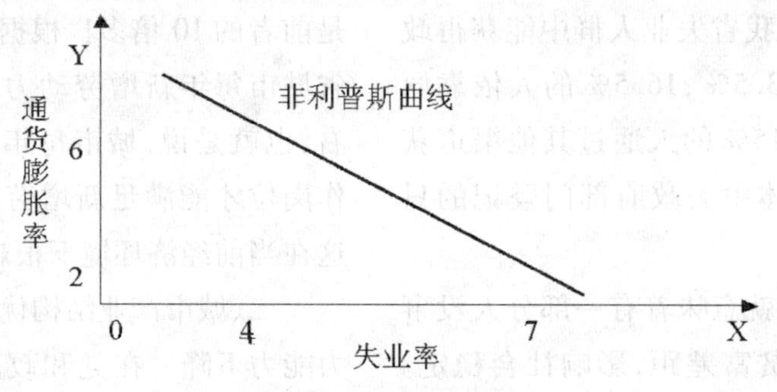

(图2:菲利普斯曲线图)

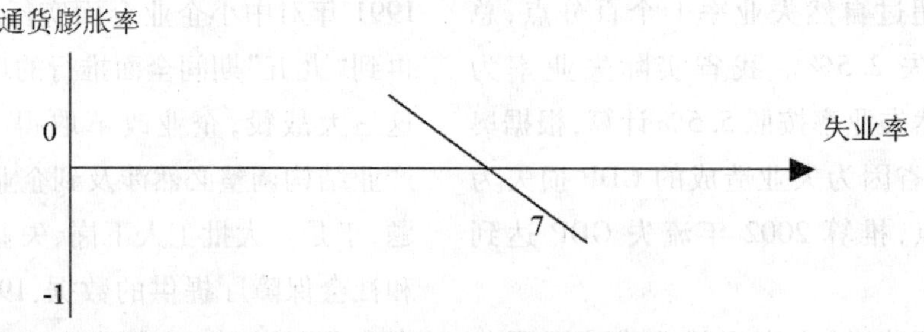

(图3、我省菲利普斯曲线图)

(本图是根据1999年、2000年、2002年数据绘制的我省失业-通货膨胀关系图)

四、动密集型产业发展速度慢。我省有丰富的劳动力资源和各种原料资源,但劳动密集型产业发展水平远远落后于周边省市,衣着做不过江浙沪、食品深加工做不过河南、湖北,与人们生活相关的各种手工作坊产品也没有几个在市场上叫得响的。说明我省两大资源优势没有很好地发挥。由于劳动密集型产业发展速度慢,发展水平不高,社会创造就业岗位的能力大打折扣。这也是我省城市就业压力大的一个原因。

五、农村产业结构调整,大量剩余劳动

力从农业剥离出来。我省是一个农业大省,居住在农村的人口4321.3万人,占72.19%。目前农业劳动生产力水平仍然较低。2003年我省农业从业人员劳动生产率为4100元,是第二、第三产业从业人员的五分之一;农民人均纯收入2127元,是城市居民的三分之一。农民收入中还有30%是外出打工取得的,如果将这部分剔除,农民收入更低。"水往低处流,人往高处走",广大农民已经不满足于农村现状,大批农村剩余劳动力离乡背井,进城淘金。目前我省有600万农村劳动力长期在外打工,相当于全省城市劳动力的1.1倍。另外,还有约400万农村富裕劳动力隐性失业,等待外出。

六、大量的失业人员存在,加剧了就业市场压力。这几年城市失业人口不断增加,失业人员对重新就业的需求强烈。加之不断新增的劳动力大军,两者相汇合,必然给就业市场造成了巨大的压力。目前我省失业人口有40.4万人,仅满足他们的就业需求就要新增40多万个就业岗位,另外还有农村进城打工人员,还有城市新增劳动力,他们也需要就业。这对于经济发展水平还不高的安徽城市来说,就业压力之大可想而知。

七、旧体制及失业人员自身素质影响。我国过去实行的是国家统包统配的就业制度,低工资高就业,人人都有活干、有饭吃,不必担心没有工作。随着市场经济体制改革的不断深入,社会开始注重各种生产要素的优化配置,加之产业结构调整和技术进步,一部分人下岗或者失业在所难免。但一些人思维仍然受过去计划体制的束缚,不思进取,不能主动适应社会,最后落得个失业结局。省城调队的调查结果显示,我省失业人员普遍存在的问题是:文化程度低,年龄偏大,缺乏一技之长。这些人出生于20世纪五十、六十年代,其中相当一部分还上过山下过乡,受文化大革命影响较多,所学的知识浅薄,技术单一,早已跟不上时代步伐。

虽然我国就业问题比较严重,但这是我国经济结构调整中出现的暂时矛盾,属于结构性失业。相信在新的党中央英明领导和高度重视下,失业问题会逐步得到解决的。我国再就业工程的根本出路在于深化改革,发展经济,创造各种就业机会。再就业工作的指导思想是:坚持政府推动、市场导向,鼓励自谋职业,促使经济建设和再就业工作协调发展。

(撰稿:邓业轩)

南水北调中线水源区生态环境与污染情况不容乐观

南水北调中线工程是二十一世纪我国一项宏伟的水利工程，是实现我国水资源优化配置最具有挑战性的基础设施建设项目。党中央、国务院对此十分重视，确立了先节水后调水，先治污后通水，先环保后用水的指导方针。因此，加强丹江口水库水源区的污染控制和生态环境建设，是决定此项工程成败的关键。

十堰市地处秦巴山区的腹地，鄂西北边陲，是鄂、渝、陕、豫四省市的结合部，国土总面积23680平方公里，其中水域面积1019.5平方公里，全市境内密布的河流达2489条，水能充沛，水质良好，因此丹江口水库被国家南水北调中线工程确定为调水的主水源区，而作为丹江口水库主要水源的汉江上游十二条主要支流中，堵河、滔河、金钱河、天河等十条支流均在十堰市境内，汇入丹江口水库的年迳流量约占水库年水量的90%。水力部长江水利委员会对丹江口水库典型断面和主要指标进行的水质监测表明：虽然其水质总体较好，但库周部分支流污染较重。老灌河、湘河、西峡断面达到或超出Ⅴ类标准，超高指标包括高锰酸盐指数、五日生化需氧量、氨氮、石油类及粪大肠菌群等。因此，地处汉江上游流域的生态环境成为北送水质的关键。最近湖北省城调队与十堰市城调队开展的专项调查表明，十堰市辖区的生态环境对丹江口水库水质影响的隐忧犹存，环境综合治理的任务十分艰巨。

一、水源区——十堰生态环境现状及对丹江口水库水质的影响

汉江横跨十堰市东西，在丹江口市与丹江汇合。在十堰市所属五县一市二区的区域内，除东风汽车公司等中央大型企业外，地方工业相对较弱。多年来，传统的经济增长方式烙印颇深，追求数量扩张、科技含量低、工艺落后、粗放型的经济结构在当地占有相当的比例。长期以来，由于土地过度开垦，加速了水土流失，使生态环境遭受严重破坏。农药、化肥使用量的增加，工业废弃物排放等诸多因素又导致了对土壤和水体的污染，造成局部区域生态失衡。若任其发展，将直接影响到丹江口水库的水质和中线调水的成效。

（一）水土流失相当严重

十堰市是国家水土流失比较严重的地区，辖区内普遍存在水土流失问题。在丹江口水利枢纽规划区9.25万平方公里土地面积中，十堰市占规划区面积为2.09万平方公里，占规划区面积的21.95%。根据2000年遥感调查显示，十堰市水土流失面积就达1.09万平方公里，占本辖区规划区

面积的50.42%。其中轻度流失面积0.45万平方公里,占流失面积的41.28%;中度流失面积0.24万平方公里,占流失面积的22.26%;强度流失面积0.36万平方公里,占流失面积的32.18%。平均年土壤侵蚀量接近丹江口水库年侵蚀总量的1/4。

由于水土流失的影响,大量的泥沙汇入丹江口水库,并在库区形成了大量的淤积。根据对丹江口水库库区进行的断面与地形测量推算,1968年至2000年的32年间淤积泥沙约1.41亿立方米。占丹江口水库死库的18.43%。由此可见,多年来,虽然在水库上游修建了一批水库,对减缓水土流失起到了积极的作用,但水土流失导致丹江口水库泥沙淤积的情况仍相当严重。

水土流失所造成的污染,降低了丹江口水库的水质,损坏了水利设施,降低了水利工程效益。同时减少了土壤的厚度,降低了土壤的肥力,使土壤涵水功能差,植被生长受限,加剧了洪、涝、旱等自然灾害的发生。由于上述原因,给当地农业生产带来了危害,导致生态破坏,环境恶化,从而制约了当地经济的发展和农民脱贫致富的步伐,直接影响到南水北调中线工程的实施效果和水源质量。

(二)工业和生活污染尚未得到有效的遏制

1.工业污染方面:十堰市的工业结构存在着发达的汽车制造业与相对落后的其他工业并存的现象。多年来,尽管大中型企业污染治理的工作不断加强,污水循环使用,废物综合利用量逐年增大,但对于小型和个体企业,由于规模小、工艺落后等原因,导致污染治理力度不强、废物综合利用率不高、污染物排放量相对较大,特别是当地的一些特色产业,如黄姜加工业等污染情况极为严重。目前该市黄姜种植面积已达80万亩,加工企业有60家,分布在八个县市区,黄姜种植虽使姜农人均增收250元,但在黄姜水解物加工过程中,由于操作简单、规模小、原材料消耗多、污染物排放浓度高、数量大、综合利用率低等原因,对环境质量构成严重影响。据统计,每生产一吨皂素(水解物折合为皂素)需鲜黄姜130-180吨,工业盐酸(35%)15-20吨,120#汽油3-6吨,燃煤40-50吨,消耗水400-500吨(不包括循环水)。按现有生产能力,60家黄姜加工企业年排放污水废水为90-120万吨左右。大量的污水废水基本不经治理就排入江河水库,造成严重污染。据十堰市环境科学研究所对排放的黄姜生产综合废水中污染物浓度的类比调查监测,水解物生产的综合废水污染物酸碱度(PH)超标3-4倍、化学需氧量(COD)超标300倍、生物化学需氧量(BOD)超标750倍、氨氮(NH3-N)超标20倍。

2.生活污水与垃圾污染方面:在日常生活中,对于水质的影响主要表现在生活污水和生活垃圾两个方面。十堰市城区,因城市基础设施较落后,生活垃圾基本是简单填埋,还没实现真正意义上的垃圾无害化处理。一些生活垃圾甚至随意堆放(填埋)在汉江边、丹江口水库周边的主、次河流旁,直接影响着丹江口水库的水质安全;就城市污水处理设施而言,十堰市城区西部有一座小型污水处理厂(日处理能力

0.8万吨),城区中部经多方筹资正在建设神定河污水处理厂(日处理能力16.5万吨。其中一期日处理5.5万吨污水的工程已完成,二期日处理11万吨污水的工程的筹建工作正在进行)。2003年该市污水处理率仅为34%,其余的县、市、乡、镇均无生活污水集中处理设施,从而导致了十堰市辖区内的污水直接流入汉江或丹江口水库,对水质产生很大影响。

在农村,十堰市有242万农村人口,畜禽养殖达1497万头(只)。据测算,每年可产生人畜粪便2167吨。由于地形等因素的制约,加之农民居住比较分散,全市64万农户中,只有8万户建设了沼气池,改造了厕所和牲畜栏圈,大量人畜粪便还处于自由排放状态,这是造成丹江口水库水质污染的一个重要而不可忽视的因素。

此外,十堰市的危险废物也是重要的污染源。这些废物主要来源于工业生产和医疗活动,有冶炼废渣、涂装废物、医疗废品等。这些危险物分布广、危害大,由于目前该市尚无一座危险废物专用处理场(厂),使这些废渣、废物、废品随意排放或堆放,废液渗出必将对全市水质造成严重污染。

(三)化肥、农药污染,构成了潜在威胁

十堰市地处内陆腹地中央山区,经济相对落后。全市农村人均耕地仅有0.88亩,低于全国、全省平均水平。加之坡地多,耕地少,土地固水能力弱,自然灾害频发,山区农民相对贫困,有近30万农民目前尚处于温饱线以下。人们为了摆脱贫困,千方百计提高土地的复种指数和农作物的单位面积产量,从而大量使用化肥、农药。据统计,全市每年氮、磷、钾肥及复合肥使用量为10万吨左右,农药使用量年均达1920吨,其中700吨是高毒、高残留的农药。在耕作方式落后,施肥和喷洒农药技术不当的情况下,导致了肥料、农药利用率低,使用量增加,加之在坡地上种植,特别是在坡度大于25度以上的山体表面开荒种田,使大量未作用到农作物上的肥料、残留农药以及山上的杂草、落叶、动物粪便等形成的腐殖质随水流入汉江或丹江口水库,对水库水质产生了不利影响。

根据对丹江口水库的水质监测,从1997年以来,库区水质中总氮浓度均达1.2毫克/升,超过地表水环境质量Ⅱ类标准(GB3838-2002)以上。虽然反映水体富营养化的其他水质控制指标(如总磷、化学需氧量、生物化学需氧量、PH值、叶绿素a、微量元素、透明度等)目前均在Ⅱ类标准,但相关监测显示,2003年11月龙口、浪河口下断面水质已降至Ⅲ类,若不严加控制,随着时间的推移,可能导致丹江口水库水质下降。

二、强化生态环境建设的建议

近几年,十堰市大力开展退耕还林(草)、荒山育林、小流域综合整治和污染防治等工作,均取得了明显成效。但应看到,汉江上游地区水土流失状况尚未得到根本改善,防污治污能力尚未得到明显提高,生态环境建设尚未得到有效加强。为此,特提出以下建议:

1.加强环保知识及相关法规的宣传,提高全民环保意识。大力宣传环保政策法规,进一步提高南水北调及生态保护重要性的认识。各级政府、环保部门要严把政策关，以产业调整为契机，督促建设项目认真落实环保制度。同时加大环保执法力度，对乱砍乱伐等人为破坏植被行为，应予以严厉制裁。

2. 加大水源地生态建设投入，切实改善生态环境。由于历史原因，南水北调中线水源区虽为国家建设作出过很大贡献。但因自然因素的影响，植被受到较大破坏，经济增长缓慢，群众生活贫困（十堰有四个国家级特困县）。特别是中线调水工程开工后，水源区的各项开发建设活动和工业发展进度将受到极大的限制和影响。为确保水源区生态环境保护和汉江流域水质的提高，国家应制定相应的专项扶持政策，加大对水源区的补偿力度。

3. 科学规划，合理布局，培植龙头企业。加大对工业企业的规划力度，促进中小企业的联合管理重组。对具有成长性和竞争力的龙头企业，各级政府应从税收和资金上对企业进行扶持，并加大环保项目的投入力度，严格现场管理，提高排放标准，将其对下游水质的影响降到最低程度。对治理无望的企业坚持予以关停，避免其继续形成污染源。

4. 加大退耕还林力度，严防水土流失。由于十堰市是国家水土流失比较严重的地区之一，加之农村经济落后，城乡差别悬殊，生态环境脆弱，因此必须加强退耕还林政策的落实力度。为实现2020年水土流失减蚀率达到70%以上的目标，搞好荒山的绿化，25度以上的坡地应全部退耕还林还草，确保丹江口水利枢纽综合效益的有效发挥。

5. 搞好小城镇建设，提倡开发移民，缩小污染源和污染面。受自然条件限制，十堰农村很多农民居住较为分散，有很多农户还居住在荒山上，生存条件恶劣，从而形成生态破坏、水土流失和乡村贫困的恶性循环，为了保护生态环境，防止水土流失，摆脱贫困，发展经济，必须加快小城镇建设步伐，实施开发性移民，让这一部分农民从贫脊的荒山上迁移出来。只有这样才能从根本上实现生态保护、经济发展和脱贫致富的可持续发展的目标。

（撰稿：湖北城调队综合处）

什么是生态城市

城市是一个地区经济、政治、社会、科学、文化的中心，城市人口、工业、市场、文化和科学技术的集中给人类提供了高效率的环境、便利的生活条件和丰富的信息来源。从生态学角度来看，城市是根据人类自身愿望，改造环境所建立的人工生态系统，是生命系统（人类）与环境系统在城市这个特定空间的组合，是一个规模庞大、组成及结构十分复杂、功能综合的"自然－社会－经济"复合生态系统。

生态城市是城市的发展方向和目标，是解决城市危机、保护和改善城市环境的积极策略。生态城市的建设就是以生态学原理和城市生态理论为指导，以自然生态系统的良性循环和承载力为基础，以人类经济活动的可持续发展为中心，以社会的全面进步为目的，对城市规划和工商业布局进行"生态式"建设，构建城市社会、经济、生态等协调发展的动态平衡系统，从而保证城市人口、资源、经济、环境之间持续、协调、稳定的发展。

（摘编：赵惠云）

经营城市的概念

所谓经营城市，就是用市场的眼光看待城市，运用市场经济的手段，把城市当作一种国有资产来经营，变革现有的投资体制，使城市基础设施实现由产品到商品，由资产到资本的转化，通过资本化运营，盘活存量，膨胀总量。它是把城市看成一个国有企业，围绕效益搞投入，挣回钱来再发展。

（摘编：赵惠云）

什么是空气污染？

何为空气污染？空气污染是指因人类的生产和生活活动使某种物质进入大气，使大气的化学、物理、生物等方面的特性改变，影响人们的生活、工作，危害人体健康，影响或危害各种生物的生存，直接或间接地损害设备、建筑物等的现象。

空气质量受何因素影响？空气质量的好坏反映了空气污染程度，它是依据空气中污染物浓度的高低来判断的。空气污染是一个复杂的现象，在特定时间和地点空气污染物浓度受到许多因素影响。来自固定和流动污染源的人为污染物排放大小是影响空气质量的最主要因素之一，其中包括车辆、船舶、飞机的尾气、工业企业生产排放、居民生活和取暖、垃圾焚烧等。城市的发展密度、地形地貌和气象等也是影响空气质量的重要因素。

空气污染的主要污染物有哪些？空气污染的污染物有：烟尘、总悬浮颗粒物、可吸入颗粒物（浮尘）、二氧化氮、二氧化硫、一氧化碳、臭氧、挥发性有机化合物等等。

目前我国空气质量报告主要依据哪些污染物？我国目前规定空气质量必须依据的污染物有三项：二氧化硫、二氧化氮、可吸入颗粒物（漂尘），这是根据全国城市污染情况及现有技术水平而确定的。

（摘编：崔如春）

六、2003 年城市发展主要指标

6-1 人口

地　区	年末总人口(万人)		非农业人口(万人)		自然增长率(‰)	
	地　区	市　区	地　区	市　区	地　区	市　区
北　京	**1148.82**	**1079.22**	**830.80**	**809.61**	**-1.13**	**-1.16**
天　津	**926.00**	**758.78**	**549.74**	**521.70**	**1.49**	**0.65**
河　北	**6781.82**	**1166.55**	**1809.12**	**901.20**		
石家庄	910.51	211.09	331.33	208.50	5.51	3.36
唐　山	706.28	294.91	223.54	157.48	3.31	2.19
秦皇岛	273.29	73.97	113.09	73.95	2.46	1.34
邯　郸	857.09	138.21	169.90	114.25	6.80	5.12
邢　台	667.44	55.41	148.06	49.68	4.83	6.77
保　定	1076.98	95.42	250.80	83.18	5.77	4.76
张家口	450.41	85.55	137.97	71.51	2.94	2.12
承　德	359.06	45.41	86.88	33.63	3.56	3.35
沧　州	680.17	47.83	153.03	40.33	6.19	6.28
廊　坊	387.24	74.75	115.07	44.35	4.08	5.00
衡　水	413.35	44.00	79.45	24.34	6.69	5.87
山　西	**3268.13**	**873.91**	**951.44**	**551.91**		
太　原	327.40	250.27	222.63	201.35	6.11	4.81
大　同	295.92	139.90	129.89	105.15	5.44	4.76
阳　泉	125.68	64.96	61.56	50.35	3.54	4.92
长　治	316.78	66.38	84.55	49.54	4.57	6.88
晋　城	211.83	28.18	44.61	19.72	3.77	5.57
朔　州	141.96	57.65	33.46	16.27	5.85	7.92
晋　中	304.73	52.81	78.27	26.98	3.30	3.58
运　城	487.78	62.11	79.61	21.13	5.28	5.64
忻　州	294.93	51.06	59.73	18.05	5.91	4.20
临　汾	411.40	76.80	95.27	33.25	6.14	7.67
吕　梁	349.72	23.79	61.86	10.12	6.79	11.81
内蒙古	**3268.13**	**873.91**	**951.44**	**551.91**		
呼和浩特	213.89	109.70	97.81	83.12	4.94	5.57
包　头	238.13	178.03	143.66	130.63	3.17	3.13
乌　海	41.60	41.60	35.75	35.75	7.57	7.57
赤　峰	447.30	113.10	95.50	50.70	4.95	4.70
通　辽	309.30	80.19	74.52	33.66	4.94	3.18
鄂尔多斯	135.97	21.94	44.05	15.30	5.56	8.56
海拉尔	269.70	25.34	168.85	23.04	3.34	0.63

6－1 续表1

地　　区	年末总人口(万人)		非农业人口(万人)		自然增长率(‰)	
	地　区	市　区	地　区	市　区	地　区	市　区
巴彦淖尔	176.13	52.14	57.48	22.30	2.68	3.34
乌兰察布	270.60	25.79	61.27	23.11	2.58	5.55
辽　宁	**4161.61**	**1784.96**	**1963.02**	**1452.61**		
沈　阳	689.10	488.40	440.60	401.00	-0.81	-2.60
大　连	560.16	274.78	297.48	225.12	-0.53	-2.14
鞍　山	345.28	145.48	174.58	128.74	0.23	-3.52
抚　顺	225.47	141.51	148.14	126.67	-1.40	-2.52
本　溪	156.58	96.29	103.33	83.65	-0.10	-1.60
丹　东	241.22	75.67	100.22	60.00	0.01	-1.77
锦　州	307.47	86.66	113.38	71.04	0.75	1.17
营　口	229.20	85.10	98.20	63.50	1.28	1.16
阜　新	193.02	78.20	85.94	68.80	1.67	-0.18
辽　阳	182.35	71.59	78.11	58.85	1.39	-0.13
盘　锦	124.39	56.60	63.45	50.14	2.90	4.52
铁　岭	299.44	43.40	92.45	33.35	1.69	2.33
朝　阳	336.50	47.90	87.70	31.90	3.47	7.27
葫芦岛	271.43	93.38	79.44	49.85	2.67	2.13
吉　林	**2440.14**	**763.66**	**1056.26**	**574.42**		
长　春	718.23	310.01	313.05	234.35	2.11	1.26
吉　林	431.60	179.55	211.02	125.02	1.87	0.45
四　平	326.67	51.14	131.01	51.14	2.62	3.08
辽　源	124.20	44.67	57.33	38.79	1.99	1.26
通　化	226.22	45.43	104.88	39.37	2.13	0.76
白　山	132.97	32.99	87.93	26.25	1.97	3.63
松　原	279.43	51.53	70.49	31.71	6.86	6.36
白　城	200.82	48.34	80.55	27.79	3.24	2.68
黑龙江	**3670.48**	**1185.97**	**1705.68**	**938.49**		
哈尔滨	954.31	315.19	454.52	277.05	3.36	-0.84
齐齐哈尔	541.08	142.67	193.04	111.74	1.42	-2.03
鸡　西	194.50	91.32	117.16	75.50	2.63	1.83
鹤　岗	110.58	68.91	80.34	59.45	1.83	1.07
双鸭山	150.84	50.42	81.37	43.87	3.57	2.83
大　庆	257.90	118.00	122.50	92.00	5.09	2.64
伊　春	130.03	83.74	111.71	79.79	1.50	-0.04

6－1续表2

地　区	年末总人口(万人)		非农业人口(万人)		自然增长率(‰)	
	地　区	市　区	地　区	市　区	地　区	市　区
佳木斯	244.73	81.97	115.33	58.62	3.58	2.34
七台河	87.44	50.31	45.57	33.49	4.61	6.19
牡丹江	270.02	77.45	146.35	64.63	1.68	-0.27
黑　河	173.55	19.39	87.69	13.51	3.55	0.81
绥　化	555.50	86.60	150.10	28.84	6.06	5.34
上　海	**1341.77**	**1278.23**	**1041.39**	**1024.99**	**-3.23**	**-3.19**
江　苏	**7164.22**	**2094.08**	**2776.43**	**1384.69**		
南　京	572.23	489.76	391.67	372.39	0.08	0.27
无　锡	442.54	219.60	272.77	172.90	0.00	-0.38
徐　州	908.66	167.33	284.50	135.44	5.67	3.54
常　州	346.22	213.41	159.68	107.39	1.62	1.01
苏　州	590.97	216.87	290.07	127.08	0.08	1.33
南　通	777.62	83.01	234.92	83.00	-1.48	0.47
连云港	467.83	65.63	172.49	55.17	6.02	3.11
淮　安	519.92	268.17	141.21	81.99	3.38	3.34
盐　城	796.51	66.33	269.62	48.85	2.18	3.75
扬　州	453.61	112.52	170.58	75.39	1.13	1.58
镇　江	267.19	100.51	117.48	63.74	0.88	1.24
泰　州	503.66	62.29	135.52	32.75	0.96	0.78
宿　迁	517.26	28.65	135.92	28.60	7.92	8.20
浙　江	**4551.58**	**1410.41**	**1157.49**	**612.87**		
杭　州	642.78	393.19	263.67	216.13	2.30	1.99
宁　波	549.07	206.91	168.81	109.95	1.32	1.23
温　州	742.28	134.65	142.95	59.48	9.29	7.46
嘉　兴	332.96	79.82	101.31	32.59	-0.07	-0.55
湖　州	256.78	107.72	74.47	37.18	-0.36	-1.40
绍　兴	433.84	63.86	103.01	42.64	1.54	2.94
金　华	449.91	92.18	92.97	29.07	3.69	3.03
衢　州	244.83	80.23	41.80	18.95	4.45	4.88
舟　山	97.12	68.96	33.59	26.03	-0.93	-0.28
台　州	552.61	146.05	95.35	28.55	6.00	5.56
丽　水	249.40	36.84	39.56	12.30	4.94	4.08
安　徽	**6380.15**	**1651.16**	**1310.78**	**740.32**		

6－1 续表3

地　区	年末总人口(万人)		非农业人口(万人)		自然增长率(‰)	
	地　区	市　区	地　区	市　区	地　区	市　区
合　肥	456.60	155.87	160.18	124.99	6.09	5.44
芜　湖	223.82	69.06	90.87	69.06	3.23	0.81
蚌　埠	344.93	79.49	85.27	56.43	6.29	3.17
淮　南	211.84	142.02	99.98	89.80	7.36	7.49
马鞍山	124.09	57.16	56.44	46.50	4.09	3.50
淮　北	203.94	82.80	78.88	64.29	8.79	8.21
铜　陵	70.91	39.02	38.02	32.95	3.42	4.52
安　庆	605.20	59.60	95.51	39.59	4.33	3.63
黄　山	146.91	41.44	30.51	15.37	1.92	2.73
滁　州	432.94	50.30	97.68	23.30	5.50	6.96
阜　阳	904.10	183.30	102.00	40.60	7.52	7.53
宿　州	563.10	141.80	63.80	29.60	6.65	8.65
巢　湖	453.30	85.90	81.30	22.90	3.85	3.83
六　安	669.50	176.28	98.27	31.59	4.50	4.37
亳　州	539.23	141.16	61.61	26.00	7.04	6.78
池　州	154.91	62.57	24.49	12.19	3.18	3.67
宣　城	274.83	83.39	45.97	15.16	1.43	-1.03
福　建	**3349.67**	**824.53**	**994.96**	**433.83**		
福　州	604.86	166.24	205.43	133.74	5.16	3.96
厦　门	141.76	141.76	83.74	83.74	4.30	4.30
莆　田	301.84	201.63	57.40	38.80	7.64	7.53
三　明	267.66	28.25	85.04	21.02	5.94	6.26
泉　州	662.62	97.77	169.62	57.62	4.67	4.69
漳　州	453.93	51.87	125.89	30.87	4.72	4.36
南　平	304.47	49.02	101.51	27.15	5.63	5.98
龙　岩	286.72	46.24	85.72	30.22	4.86	4.62
宁　德	325.81	41.75	80.61	10.67	7.36	5.78
江　西	**4305.78**	**818.23**	**1074.33**	**438.02**		
南　昌	450.77	196.37	195.46	149.53	7.66	5.35
景德镇	148.30	42.15	56.78	33.96	9.76	7.65
萍　乡	177.74	80.53	52.48	38.59	5.88	6.06
九　江	460.08	62.20	109.83	45.49	8.60	17.78
新　余	109.35	78.47	37.56	29.85	8.44	8.65
鹰　潭	109.97	18.48	30.28	12.73	7.92	8.18
赣　州	831.20	54.60	159.22	33.59	9.03	4.98

6－1 续表4

地区	年末总人口(万人)		非农业人口(万人)		自然增长率(‰)	
	地区	市区	地区	市区	地区	市区
吉安	462.61	49.86	98.56	22.32	9.91	8.00
宜春	522.27	95.80	125.97	23.71	9.01	11.79
抚州	376.11	103.65	92.20	28.73	8.83	8.90
上饶	657.38	36.12	115.99	19.52	6.60	6.94
山东	**9108.46**	**2561.16**	**2833.35**	**1382.43**		
济南	582.56	334.80	297.21	243.29	2.07	1.64
青岛	720.68	246.77	329.96	203.39	0.41	-0.23
淄博	413.14	273.37	182.57	155.58	2.80	2.58
枣庄	363.76	206.94	116.16	74.36	4.31	4.63
东营	176.81	78.80	80.74	57.11	3.34	4.02
烟台	645.82	170.83	225.71	102.55	-1.07	-0.69
潍坊	847.71	142.33	235.41	75.79	2.49	3.19
济宁	798.89	105.22	228.64	52.87	3.98	5.41
泰安	547.65	158.42	172.81	65.94	4.06	4.77
威海	247.63	56.94	109.99	41.93	-3.35	0.55
日照	278.48	117.79	71.51	38.54	4.42	5.51
莱芜	123.88	123.88	42.36	42.36	2.87	2.87
临沂	1011.05	189.67	242.24	88.65	4.38	6.33
德州	546.02	56.83	125.94	37.58	4.11	6.65
聊城	563.76	100.36	135.79	36.94	3.86	5.08
滨州	366.15	61.31	86.91	25.72	3.60	2.42
菏泽	874.47	136.90	149.40	39.83	7.94	7.04
河南	**9702.25**	**1580.06**	**1930.87**	**993.27**		
郑州	661.07	239.85	249.72	177.35	5.05	5.57
开封	476.70	78.34	93.94	59.30	4.98	2.19
洛阳	638.79	148.93	171.15	106.22	5.03	3.71
平顶山	489.11	92.56	116.52	70.07	4.72	6.31
安阳	533.14	100.77	112.53	65.43	1.64	0.65
鹤壁	146.31	52.17	45.84	33.81	7.67	6.18
新乡	556.74	79.86	120.90	66.03	6.20	5.61
焦作	340.19	79.83	107.15	62.47	5.20	6.19
濮阳	362.13	51.66	67.71	37.31	4.49	6.67
许昌	445.88	38.49	83.28	35.74	3.71	5.53
漯河	259.20	35.23	60.66	33.11	4.90	6.69
三门峡	220.90	27.99	62.70	21.50	3.25	3.83

6－1 续表 5

地　区	年末总人口(万人)		非农业人口(万人)		自然增长率(‰)	
	地　区	市　区	地　区	市　区	地　区	市　区
南　阳	1054.38	168.45	158.00	53.45	4.72	6.27
商　丘	831.02	154.45	142.75	82.62	5.37	2.94
信　阳	785.70	137.07	124.64	43.32	4.25	4.34
周　口	1074.68	36.67	118.43	22.33	6.43	8.86
驻马店	826.31	57.74	94.95	23.21	3.44	5.84
湖　北	**5173.17**	**1870.46**	**1599.73**	**966.31**		
武　汉	781.19	781.19	474.98	474.98	2.13	2.13
黄　石	253.81	66.09	109.57	60.27	3.53	4.48
十　堰	340.64	50.00	91.14	41.48	2.66	6.54
宜　昌	396.89	120.97	125.03	66.88	0.64	2.55
襄　樊	578.54	218.49	163.52	84.76	2.88	3.60
鄂　州	104.33	104.33	30.89	30.89	7.69	7.69
荆　门	300.60	72.15	84.77	39.41	2.83	4.30
孝　感	508.91	89.50	94.08	25.61	3.36	3.92
荆　州	647.80	109.50	166.80	62.20	1.76	1.00
黄　冈	724.70	36.25	130.71	20.59	2.76	3.16
咸　宁	278.32	56.17	76.39	23.06	3.42	4.24
随　州	257.44	165.82	51.85	36.18	2.68	1.72
湖　南	**6368.34**	**1157.62**	**1470.16**	**663.86**		
长　沙	601.76	196.26	205.83	162.44	1.60	4.43
株　洲	373.60	80.20	99.31	59.00	3.65	5.01
湘　潭	282.03	70.19	80.05	57.54	2.05	3.43
衡　阳	713.90	91.47	206.43	87.24	6.96	7.71
邵　阳	732.35	63.37	111.48	35.71	5.49	7.27
岳　阳	527.83	94.13	117.85	54.50	4.49	6.53
常　德	600.20	136.80	136.07	46.20	2.69	3.48
张家界	157.43	46.57	26.61	13.34	3.21	3.40
益　阳	456.51	128.00	82.52	32.52	2.34	3.12
郴　州	455.27	68.56	145.72	37.36	5.22	3.89
永　州	570.65	108.40	85.30	30.48	4.24	3.24
怀　化	492.92	32.44	90.77	22.47	7.25	13.02
娄　底	403.89	41.23	82.22	25.06	6.30	8.73
广　东	**7723.19**	**2899.99**	**3544.83**	**2383.60**		
广　州	725.19	588.26	493.32	456.92	2.23	2.18
韶　关	314.85	53.42	125.05	48.47	1.72	2.94

6－1续表6

地　区	年末总人口(万人)		非农业人口(万人)		自然增长率(‰)	
	地　区	市　区	地　区	市　区	地　区	市　区
深　圳	150.93	150.93	122.39	122.39	9.07	9.07
珠　海	82.02	82.02	82.02	82.02	10.89	10.89
汕　头	484.64	477.36	480.07	477.36	10.40	10.57
佛　山	344.24	344.24	343.70	343.70	3.53	3.53
江　门	381.98	132.45	221.67	132.45	3.26	3.80
湛　江	713.94	144.25	186.39	72.44	9.89	9.67
茂　名	668.12	120.19	243.89	117.86	8.98	10.14
肇　庆	392.65	47.75	97.58	35.76	5.15	4.79
惠　州	286.36	108.74	111.85	61.05	5.37	4.85
梅　州	490.60	30.71	120.01	23.68	5.05	3.23
汕　尾	306.40	47.28	153.20	47.28	18.80	11.44
河　源	334.13	30.05	84.58	28.21	9.64	15.92
阳　江	259.53	62.86	83.29	43.61	6.15	-1.99
清　远	389.97	54.22	113.03	54.22	4.97	6.09
东　莞	158.96	158.96	56.87	56.87	5.57	5.57
中　山	137.86	137.86	58.76	58.76	4.51	4.51
潮　州	249.00	34.35	64.78	26.46	4.59	2.11
揭　阳	590.54	65.83	204.75	65.83	10.47	5.41
云　浮	261.28	28.26	97.63	28.26	4.38	4.12
广　西	**4803.04**	**1133.70**	**884.29**	**439.02**		
南　宁	614.67	145.77	167.99	108.97	6.72	6.69
柳　州	351.26	95.89	121.26	84.35	7.18	4.61
桂　林	490.47	71.00	110.72	55.17	6.59	5.97
梧　州	293.69	47.24	58.68	27.46	8.36	5.66
北　海	146.77	53.93	43.09	24.84	7.70	9.80
防城港	78.85	47.44	20.05	13.09	8.87	9.34
钦　州	336.74	120.32	37.65	19.86	11.32	8.29
贵　港	470.35	172.44	51.44	23.22	5.58	3.62
玉　林	589.55	90.05	68.89	20.03	8.12	8.69
百　色	368.44	32.82	46.26	12.69	5.27	4.42
贺　州	209.22	92.64	28.85	13.92	6.39	5.67
河　池	381.00	30.92	56.44	11.35	7.02	4.57
来　宾	244.14	99.24	35.58	15.25	7.07	8.13
崇　左	227.89	34.00	37.39	8.82	5.11	5.70
海　南	**189.58**	**189.58**	**95.00**	**95.00**		

6－1 续表7

地 区	年末总人口(万人)		非农业人口(万人)		自然增长率(‰)	
	地 区	市 区	地 区	市 区	地 区	市 区
海 口	139.19	139.19	76.05	76.05	－1.56	－1.56
三 亚	50.39	50.39	18.95	18.95	10.00	10.00
重 庆	**3130.10**	**1010.12**	**753.92**	**441.16**	**3.80**	**2.67**
四 川	**7938.69**	**2199.38**	**1702.30**	**853.45**		
成 都	1044.31	452.57	386.23	281.40	0.51	1.02
自 贡	315.30	106.93	74.84	47.98	2.76	2.74
攀 枝 花	106.18	66.47	56.53	51.27	6.12	6.13
泸 州	468.06	139.51	76.83	42.51	4.42	5.32
德 阳	380.59	62.24	78.25	28.36	－0.21	1.37
绵 阳	527.52	110.73	117.19	54.00	4.21	2.49
广 元	304.08	90.73	59.12	29.45	1.44	2.92
遂 宁	376.60	146.53	74.22	33.18	3.66	7.73
内 江	421.25	138.57	78.11	34.29	3.38	3.97
乐 山	347.63	113.12	84.80	42.96	1.55	0.98
南 充	717.73	184.80	145.34	55.03	1.07	3.21
眉 山	340.66	82.26	73.91	27.10	1.61	0.86
宜 宾	515.01	76.95	86.97	32.16	3.50	2.70
广 安	448.53	121.68	60.68	18.99	2.99	2.74
达 州	628.46	39.57	102.15	22.04	3.36	7.53
雅 安	153.15	34.14	30.18	13.59	6.06	7.14
巴 中	356.06	127.54	55.40	21.41	3.68	2.68
资 阳	487.57	105.04	61.55	17.73	1.36	0.92
贵 州	**1601.49**	**385.35**	**377.30**	**229.70**		
贵 阳	344.86	199.57	165.27	141.09	3.48	4.32
六 盘 水	292.62	42.47	63.15	27.77	8.34	10.28
遵 义	713.42	64.30	109.20	38.75	6.26	6.49
安 顺	250.59	79.01	39.68	22.09	6.43	6.86
云 南	**2597.25**	**548.81**	**441.83**	**243.72**		
昆 明	500.79	224.22	205.34	164.39	6.89	5.57
曲 靖	561.19	63.31	67.99	23.31	8.69	7.50
玉 溪	206.88	39.34	36.08	13.00	7.08	6.48
保 山	239.25	84.62	24.95	11.78	6.44	4.96
昭 通	507.27	75.61	39.18	11.61	12.10	10.89
丽 江	111.88	14.08	14.43	6.10	4.26	2.14

6－1 续表 8

地　区	年末总人口(万人)		非农业人口(万人)		自然增长率(‰)	
	地　区	市　区	地　区	市　区	地　区	市　区
思　茅	253.03	19.83	31.63	8.49	9.58	7.05
临　沧	216.96	27.80	22.23	5.04	5.39	5.76
陕　西	**3642.99**	**1116.59**	**892.63**	**551.88**		
西　安	716.58	510.26	312.88	288.86	3.77	3.75
铜　川	83.98	74.78	39.44	38.21	5.58	6.11
宝　鸡	367.10	74.25	88.85	60.10	4.06	9.08
咸　阳	483.91	83.40	97.85	49.60	4.19	5.09
渭　南	533.94	90.98	95.37	24.18	4.61	5.49
延　安	205.61	37.46	50.44	16.93	4.39	7.83
汉　中	372.10	52.52	75.60	24.41	3.08	3.15
榆　林	348.21	43.89	55.12	14.07	4.80	4.38
安　康	294.06	94.57	43.26	20.24	0.62	2.44
商　洛	237.50	54.48	33.82	15.28	1.09	1.28
甘　肃	**2066.18**	**711.18**	**513.76**	**359.64**		
兰　州	304.36	194.91	175.54	162.76	4.50	3.70
嘉峪关	16.37	16.37	14.34	14.34	6.90	6.90
金　昌	46.03	20.82	21.68	15.83	5.99	5.69
白　银	173.64	46.97	39.22	28.81	5.60	5.57
天　水	345.64	121.45	77.75	55.84	6.63	6.63
武　威	187.10	98.05	28.86	19.94	4.94	5.30
张　掖	126.81	49.77	30.42	17.46	3.14	5.66
平　凉	222.28	48.31	29.93	14.63	5.95	6.83
酒　泉	91.84	34.21	33.68	12.02	5.63	5.78
庆　阳	255.76	32.71	30.49	8.78	6.96	7.13
定　西	296.35	47.61	31.85	9.23	6.06	6.17
青　海	**204.97**	**99.54**	**105.13**	**88.71**		
西　宁	204.97	99.54	105.13	88.71	7.50	6.57
宁　夏	**580.18**	**192.00**	**228.47**	**118.18**		
银　川	133.01	71.82	79.20	60.32	8.26	4.36
石嘴山	72.78	36.18	41.21	32.66	5.81	4.71
吴　忠	186.56	35.44	89.06	16.03	9.56	12.99
固　原	187.83	48.56	19.00	9.17	13.89	15.82
新　疆	**212.13**	**203.90**	**167.11**	**166.20**		
乌鲁木齐	181.53	173.30	142.94	142.03	4.38	4.21
克拉玛依	30.60	30.60	24.17	24.17	3.76	3.76

表6－2 综合经济

地区	国内生产总值(当年价格)(万元)		第二产业增加值(万元)		第三产业增加值(万元)	
	地区	市区	地区	市区	地区	市区
北京	**36631000**	**35572637**	**13118600**	**12650478**	**22529400**	**22122705**
天津	**24476600**	**21720400**	**12452900**	**11087600**	**11127100**	**10111200**
河北	**73713491**	**24911716**	**37352129**	**13579297**	**25263940**	**10350761**
石家庄	13779438	5917839	6647932	2786920	5250779	3055202
唐山	12953220	6488503	7150611	3937751	3865194	1992258
秦皇岛	3870301	2484515	1535053	901909	1946257	1546428
邯郸	7625607	2317853	3947245	1789699	2573236	506635
邢台	5146061	826837	2808917	541346	1384147	271035
保定	9248071	1889800	4396582	942283	3359331	901664
张家口	3199369	1610173	1453853	894866	1276090	690396
承德	2349782	827525	1097818	505631	817178	289601
沧州	6288615	763570	3291993	432463	2057448	320300
廊坊	5285451	1079023	2918788	491449	1600628	491498
衡水	3967576	706078	2103337	354980	1133652	285744
山西	**25026418**	**11590602**	**14023943**	**6512237**	**8695549**	**4720014**
太原	5157089	4326533	2669875	2178370	2307262	2074853
大同	2515415	2028149	1443573	1232090	911349	751158
阳泉	1259180	956189	759530	585972	472869	363189
长治	2556615	1129000	1534516	763447	747669	345505
晋城	1985067	559223	1147358	328866	719775	223344
朔州	1185962	600634	617437	371219	396000	183259
晋中	2034428	478681	1082222	246344	672043	188185
运城	2936189	440134	1709942	234375	791211	169919
忻州	1093822	263513	476222	116524	423840	108107
临汾	2953034	661540	1847499	364603	818417	261019
吕梁	1349617	147006	735769	90427	435114	51476
内蒙古	**21959940**	**11051575**	**9720170**	**5415578**	**8352477**	**4961362**
呼和浩特	4062029	2984984	1747463	1194703	1942288	1713122
包头	4501914	3930444	2533716	2309565	1730842	1545775
乌海	676298	676298	480291	480291	180398	180398
赤峰	2424821	812005	897606	306490	890851	389328
通辽	2381544	919101	814520	405323	796739	319763
鄂尔多斯	2713973	620122	1554639	370117	820363	229535
海拉尔	2132626	294259	591150	93865	1029227	173659

6－2 续表 1

地　　区	国内生产总值（当年价格）（万元）		第二产业增加值（万元）		第三产业增加值（万元）	
	地　区	市　区	地　区	市　区	地　区	市　区
巴彦淖尔	1513733	488402	444785	130224	535259	215530
乌兰察布	1553002	325960	656000	125000	426510	194252
辽　　宁	**65600488**	**45511173**	**32420553**	**23701783**	**26523537**	**20294117**
沈　　阳	16033795	13907174	7587097	6820551	7565334	6781741
大　　连	16325900	12546587	7825300	5743212	7037665	6197065
鞍　　山	7903681	4679969	4386361	2700699	3084990	1936610
抚　　顺	3148388	2307412	1843000	1434831	1060490	812261
本　　溪	2346594	1748644	1301332	1015039	877159	669726
丹　　东	2329453	988166	895646	370305	1027691	593982
锦　　州	2817002	1403847	1039537	641253	1050819	693541
营　　口	2533800	1014298	1324644	506471	902363	402571
阜　　新	1030302	728639	407365	345046	397847	334634
辽　　阳	2387762	1293233	1186489	736847	948702	522022
盘　　锦	3380089	2598483	2358088	2106101	644973	465882
铁　　岭	1765242	482542	659338	276868	595631	173499
朝　　阳	1198189	439007	431738	211552	447322	204346
葫 芦 岛	2400291	1373172	1174618	793008	882551	506237
吉　　林	**29037735**	**16740585**	**12622442**	**9034868**	**11087853**	**7090141**
长　　春	13380369	9982170	6302968	5399203	5504080	4343694
吉　　林	6001038	3653328	2608585	1884902	2546145	1617138
四　　平	2313066	587592	656987	288552	716544	284120
辽　　源	816105	413905	270071	184186	353535	215314
通　　化	1923723	588344	849890	359783	705868	206092
白　　山	1098582	336417	533225	208826	343341	92421
松　　原	2271321	771766	989537	556767	530253	152486
白　　城	1233531	407063	411179	152649	388087	178876
黑 龙 江	**43521509**	**26234875**	**21241836**	**16037991**	**15402365**	**9013659**
哈 尔 滨	14147991	8212686	5245234	3210051	6682604	4576466
齐齐哈尔	3501690	1674968	1237876	744883	1479324	837320
鸡　　西	1691294	664165	700375	368113	534980	189821
鹤　　岗	880058	476779	362686	284746	282218	153811
双 鸭 山	1148876	580805	471448	330287	358136	224156
大　　庆	11256009	10626116	9604470	9426853	1309516	1110700
伊　　春	950709	623058	416300	276772	313843	229762

6-2 续表2

地　区	国内生产总值(当年价格)(万元)		第二产业增加值(万元)		第三产业增加值(万元)	
	地　区	市　区	地　区	市　区	地　区	市　区
佳木斯	2008599	1025650	570138	380102	899080	589262
七台河	796885	602381	400291	353190	302286	221255
牡丹江	2669036	1065047	1120797	502580	1208259	545169
黑　河	971388	176927	209602	50414	449131	106937
绥　化	3498974	506293	902619	110000	1582988	229000
上　海	**62508100**	**61807382**	**31307200**	**31023231**	**30271100**	**30001144**
江　苏	**127479436**	**61509853**	**69343236**	**35105391**	**46436600**	**24357689**
南　京	15763300	14530500	8044900	7421500	7029200	6616800
无　锡	19012200	10661200	10930200	6166800	7499400	4333500
徐　州	9057900	4190600	4411400	2259500	3267800	1852600
常　州	9014200	6812100	5202500	4066500	3311200	2505500
苏　州	28015600	10105000	17718600	6445900	9442100	3460800
南　通	10067100	2376400	5177600	1483900	3462200	851900
连云港	3449236	1554353	1482736	906591	1158000	570089
淮　安	4206400	2521200	1956600	1340600	1262100	724600
盐　城	7433900	1024700	3266000	517600	2330800	453200
扬　州	6472200	3001500	3324200	1653900	2416200	1236000
镇　江	6405100	2839200	3669500	1620200	2398800	1142300
泰　州	5800400	1607800	3003700	1071700	2050300	488100
宿　迁	2781900	285300	1155300	150700	808500	122300
浙　江	**99740497**	**45877852**	**55103470**	**24292603**	**36983135**	**19432139**
杭　州	20997744	16177737	10893242	8172000	8838612	7340654
宁　波	17868542	10250306	10012138	5612393	6734132	4359155
温　州	12264424	5305251	7008922	3003800	4676119	2243066
嘉　兴	8580276	2017731	5086613	1112708	2809964	759608
湖　州	4907516	2346407	2617648	1252984	1735909	874761
绍　兴	10892802	1871462	6448561	931768	3619755	880293
金　华	8016023	1433819	4466029	665670	2976010	619725
衢　州	2337312	951044	1104197	456694	831726	363076
舟　山	1722656	1191037	711390	526734	681374	487541
台　州	9950324	3787944	5780944	2329381	3240528	1259925
丽　水	2202878	545114	973786	228471	839006	244335
安　徽	**36619128**	**18098580**	**15952811**	**9626892**	**13205743**	**7054683**

6－2 续表 3

地区	国内生产总值(当年价格)(万元)		第二产业增加值(万元)		第三产业增加值(万元)	
	地区	市区	地区	市区	地区	市区
合肥	4849623	3817885	2437065	2103616	2012379	1671345
芜湖	2848538	1907393	1627055	1260735	976953	639515
蚌埠	2081442	1095694	903455	614874	764648	456864
淮南	1705041	1271085	871200	695199	656236	506916
马鞍山	1925237	1617927	1249531	1153933	539963	449112
淮北	1324689	961982	704656	620784	449785	306920
铜陵	1030449	868117	597389	532310	382213	324145
安庆	3204307	916578	1447805	481806	1021954	412712
黄山	1084187	482909	364002	151448	511332	259415
滁州	3005000	763243	1310000	379842	1067000	310621
阜阳	2168607	739633	610043	276988	797829	300928
宿州	2199287	705183	511000	190519	760572	264358
巢湖	2482739	705559	996659	328137	855173	273620
六安	2090680	448501	721670	156401	720590	162628
亳州	1832512	748147	483410	262869	655988	313002
池州	755027	381894	291663	168241	267630	135709
宣城	2031763	666850	826208	249190	765498	266873
福建	**55212175**	**23099237**	**26835320**	**12187768**	**21447435**	**9792967**
福州	13476759	6254875	6815617	3048120	5224164	3084282
厦门	7596934	7596934	4445117	4445117	2967611	2967611
莆田	2627554	2072981	1307052	1077498	919817	697810
三明	3206821	729914	1338996	421230	1089734	258761
泉州	13801105	2790851	7348302	1501798	5612359	1179188
漳州	6033969	1312403	2374126	560202	2392314	695106
南平	2826381	738310	987721	358186	1135441	279760
龙岩	2943962	1131430	1264801	658030	1049999	372998
宁德	2698690	471539	953588	117587	1055996	257451
江西	**26426275**	**11243595**	**11777785**	**6032807**	**9584079**	**4646155**
南昌	6410248	4669654	3241621	2582919	2640411	2029634
景德镇	1406910	774307	761078	462850	521982	296533
萍乡	1428645	958713	839540	589813	427530	315503
九江	3067749	1555099	1473222	883920	1078167	646860
新余	1091000	910100	573000	482000	371000	326900
鹰潭	797237	177500	379525	44000	294055	127548
赣州	3450595	591058	1127102	305843	1316974	257219

6-2 续表4

地 区	国内生产总值(当年价格)(万元)		第二产业增加值(万元)		第三产业增加值(万元)	
	地 区	市 区	地 区	市 区	地 区	市 区
吉 安	2067244	304839	792251	124056	658292	131553
宜 春	2494974	374072	942159	153169	799835	138998
抚 州	1684110	571750	720010	245200	502548	208400
上 饶	2527563	356503	928277	159037	973285	167007
山 东	**129209356**	**58830169**	**68432165**	**33709881**	**44928573**	**22140527**
济 南	13653256	10537330	5996765	4503570	6607473	5689900
青 岛	17804200	9100580	9372100	5383566	6921500	3495892
淄 博	10033800	8328950	6119200	5179503	3421600	2898480
枣 庄	3832400	2125874	2161100	1284312	1203900	594867
东 营	6960800	5496906	5531800	4737653	1055400	666250
烟 台	13160000	5031199	7049300	2922084	4649900	1867434
潍 坊	10300000	2820000	5200000	1700000	3500000	990000
济 宁	8826100	1498600	4326400	782700	3229000	622900
泰 安	6040700	2166800	3045000	948600	2187000	1005100
威 海	8360200	2250695	4920300	1226392	2515000	876927
日 照	3116700	1655200	1390000	714400	1149300	676500
莱 芜	1700500	1700500	959900	959900	587100	587100
临 沂	8346000	2742000	4123000	1641800	2977000	949200
德 州	5566800	1150400	2798900	628122	1741900	456978
聊 城	4541900	708348	2285500	349059	1251400	218038
滨 州	4065000	933766	2119300	510683	1217400	339523
菏 泽	2901000	583021	1033600	237537	713700	205438
河 南	**69237947**	**22547508**	**34983918**	**11992500**	**22097153**	**9570603**
郑 州	11022770	5300753	5715345	2078189	4814910	3149345
开 封	2820917	808222	1067467	316870	1028648	451023
洛 阳	6863165	3183046	3896026	1782397	2270108	1340730
平顶山	3656628	1323830	2027133	831841	1161072	465854
安 阳	3617866	1583049	1948325	996459	1058293	557029
鹤 壁	1222482	618850	634871	361361	349224	221168
新 乡	3789452	1176438	1854592	649158	1301305	507394
焦 作	3414205	932788	1893976	601387	1123987	310797
濮 阳	2650299	1379449	1569456	1016527	647571	321320
许 昌	4116846	649043	2398468	470797	1043123	165623
漯 河	2215676	626625	1308672	437476	520420	178821
三门峡	2245634	388674	1239055	202660	769220	179060

6－2 续表5

地　　区	国内生产总值(当年价格)(万元)		第二产业增加值(万元)		第三产业增加值(万元)	
	地　区	市　区	地　区	市　区	地　区	市　区
南　阳	7241573	1744982	3524455	943506	1762002	547213
商　丘	3397493	851437	1328934	347956	1031749	346581
信　阳	3471173	1002820	1381859	478197	1124668	392542
周　口	4034625	395955	1703912	176543	1074573	200992
驻马店	3457143	581547	1491372	301176	1016280	235111
湖　北	**50773628**	**30399376**	**23719975**	**14796142**	**19567616**	**13238873**
武　汉	16621797	16621797	7418708	7418708	8251789	8251789
黄　石	2736400	1366100	1454000	763000	1065700	579600
十　堰	2423400	1436005	1255200	909086	864000	513963
宜　昌	4913566	2332767	2684439	1416454	1569171	758884
襄　樊	5033100	2414567	2340800	1138249	1623400	940910
鄂　州	1257000	1257000	652000	652000	439000	439000
荆　门	3275115	1477638	1490010	841413	1132403	525615
孝　感	3435500	554715	1452900	226736	1169200	234964
荆　州	3899800	1083327	1642300	495066	1250500	425709
黄　冈	3872350	340360	1789118	179030	1190953	123739
咸　宁	1736800	391900	809700	217600	552600	113700
随　州	1568800	1123200	730800	538800	458900	331000
湖　南	**46796428**	**18990957**	**17902078**	**8346827**	**19847010**	**9560429**
长　沙	9294858	5523787	3936734	2112716	4525238	3324007
株　洲	3830868	1890642	1877981	1044033	1446514	801438
湘　潭	2676868	1498863	1086831	719328	1220249	750456
衡　阳	4454628	1262746	1573436	470085	1829837	745055
邵　阳	2850856	504528	824401	207823	1157465	262593
岳　阳	4951877	2180200	2108831	1060900	1787354	993300
常　德	4865833	2339480	1976756	1305329	1731928	811767
张家界	819087	493536	205923	117997	458613	322996
益　阳	2396731	604457	696894	208067	1115328	260539
郴　州	3242609	880632	1257165	418289	1342799	383495
永　州	2803566	792850	756971	320452	1182572	290476
怀　化	2496138	474794	709601	77692	1219003	384056
娄　底	2112509	544442	890554	284116	830110	230251
广　东	**153766856**	**117635410**	**75966033**	**61370462**	**63401222**	**51879565**
广　州	34968787	31876465	15081220	13112813	18788487	17980093
韶　关	2680300	1182508	1254670	738288	908344	417843

6－2 续表6

地　　区	国内生产总值（当年价格）（万元）		第二产业增加值（万元）		第三产业增加值（万元）	
	地　区	市　区	地　区	市　区	地　区	市　区
深　　圳	28954070	28954070	17236554	17236554	11552772	11552772
珠　　海	4732742	4732742	2667875	2667875	1884726	1884726
汕　　头	5269693	5204475	2592615	2570975	2208243	2184914
佛　　山	13815951	13815951	7646449	7646449	5392139	5392139
江　　门	7300825	3400327	3546466	1575869	3019346	1601130
湛　　江	5209716	2718028	2219730	1542426	1875689	986099
茂　　名	6572548	2245992	2519236	1038188	2318228	979422
肇　　庆	4663914	1075177	1566269	446042	1753522	551009
惠　　州	5909772	3649459	3479122	2480147	1700243	993903
梅　　州	2270363	337023	896597	180859	756673	136064
汕　　尾	1869331	383374	637124	137869	700499	150054
河　　源	1368518	256515	441601	136872	506418	97300
阳　　江	2328630	1004565	814319	382113	752000	436190
清　　远	1967999	509027	681429	222457	590391	194829
东　　莞	9479654	9479654	5122603	5122603	4076496	4076496
中　　山	5014043	5014043	3159298	3159298	1582282	1582282
潮　　州	2364556	517864	1074187	231211	870905	275486
揭　　阳	4878432	924574	2515853	580027	1504380	285324
云　　浮	2147012	353577	812816	161527	659439	121490
广　　西	**27725750**	**12607946**	**9472711**	**4819742**	**10534957**	**6064392**
南　　宁	5025271	3036343	1484583	909379	2584163	2007902
柳　　州	3266706	2192196	1610681	1258729	1209923	892164
桂　　林	3882878	1375794	1377404	560438	1449047	774139
梧　　州	1619978	742056	560176	266228	657620	447314
北　　海	1401429	843157	428223	259581	582396	408197
防 城 港	719769	489155	239988	168989	280322	208894
钦　　州	1553338	763652	371730	132979	483761	287909
贵　　港	1343959	584015	359106	183494	459770	218733
玉　　林	2447588	770443	907463	409164	743357	252773
百　　色	1625228	340095	617756	118036	504293	154767
贺　　州	1149806	466330	382449	172837	360279	111033
河　　池	1432723	232651	463515	75482	526893	120461
来　　宾	1192224	582577	414839	245815	290167	125661
崇　　左	1064853	189482	254798	58591	402966	54445
海　　南	**2700254**	**2700254**	**852024**	**852024**	**1468920**	**1468920**

6－2 续表 7

地　　区	国内生产总值(当年价格)(万元)		第二产业增加值(万元)		第三产业增加值(万元)	
	地　区	市　区	地　区	市　区	地　区	市　区
海　口	2288595	2288595	760957	760957	1319020	1319020
三　亚	411659	411659	91067	91067	149900	149900
重　庆	**22505600**	**11606063**	**9773000**	**6044732**	**9369000**	**4658179**
四　川	**54352673**	**25196805**	**23196327**	**11886703**	**20832363**	**10909527**
成　都	18708046	11442948	8519388	5178999	8656895	5800339
自　贡	2027893	1190100	859089	575589	778488	521364
攀枝花	1642680	1251237	1155458	913318	390405	306125
泸　州	2163954	1106601	851961	518281	791626	437797
德　阳	3553762	800053	1631777	369981	1192487	320368
绵　阳	3965792	1866224	1566500	1038873	1587874	679294
广　元	1040781	465163	295096	189368	378740	175108
遂　宁	1591880	660915	534890	224587	572810	230546
内　江	2003189	721972	906686	264140	687725	319979
乐　山	2155616	909807	1044979	498466	672551	297768
南　充	2503236	983142	744228	334007	964109	492392
眉　山	1740527	546360	728341	256364	537531	191458
宜　宾	2910202	1122860	1443256	773229	902938	286298
广　安	1763470	472150	648129	154715	609157	198486
达　州	2551400	353800	878700	147900	813700	163300
雅　安	1003435	278940	499775	126493	285308	113899
巴　中	1082321	450345	223277	81716	391792	178050
资　阳	1944489	574188	664797	240677	618227	196956
贵　州	**8842769**	**5069174**	**4133404**	**2427283**	**3196333**	**2385199**
贵　阳	3809191	3205791	1919397	1638231	1601656	1444080
六盘水	1170820	431318	676041	270649	340500	151667
遵　义	3075252	1085905	1206501	404958	1001435	608672
安　顺	787506	346160	331465	113445	252742	180780
云　南	**17802071**	**10402050**	**8192684**	**5504565**	**6765391**	**4407121**
昆　明	8120121	6308339	3776640	3003808	3749068	3157823
曲　靖	2816110	986878	1414078	575673	783109	349786
玉　溪	2864738	1940618	1883431	1526712	670536	378859
保　山	873000	349800	177000	82821	371000	150576
昭　通	1212560	429565	361170	179953	496655	187760
丽　江	414050	132482	123990	50800	181645	68396

6－2 续表8

地　区	国内生产总值(当年价格)(万元)		第二产业增加值(万元)		第三产业增加值(万元)	
	地　区	市　区	地　区	市　区	地　区	市　区
思　茅	769950	131215	228934	46632	293955	63111
临　沧	731542	123153	227441	38166	219423	50810
陕　西	**23700061**	**13710385**	**10476879**	**6385948**	**10079527**	**6612073**
西　安	9416000	8585200	4156800	3843700	4752000	4445100
铜　川	486850	464967	232560	226042	213330	207489
宝　鸡	2611200	1569900	1319700	801400	984900	712600
咸　阳	2876431	1358720	1232309	749240	1039947	526680
渭　南	2074610	407700	824230	136500	809540	200800
延　安	1427600	287524	879100	204477	348500	64212
汉　中	1634440	326600	565700	153700	700840	142400
榆　林	1381020	213800	787270	105400	400640	75500
安　康	1036010	359374	254710	115389	511730	182092
商　洛	755900	136600	224500	50100	318100	55200
甘　肃	**12461732**	**7689302**	**5846248**	**3917726**	**4574976**	**3112755**
兰　州	4400803	3793079	2326105	1969393	1888988	1740423
嘉峪关	317731	317731	258421	258421	50380	50380
金　昌	541581	388639	388562	307315	99611	66718
白　银	1053445	729914	554973	488376	352050	216932
天　水	1080145	629114	436826	299008	449459	270763
武　威	900107	610795	300631	206269	322176	241025
张　掖	837640	361135	277131	114344	268448	131914
平　凉	806051	316774	303130	123008	297939	161781
酒　泉	1066855	284036	458109	74480	356586	129518
庆　阳	896916	135848	399370	43501	304871	57943
定　西	560458	122237	142990	33611	184468	45358
青　海	**1448328**	**953562**	**677503**	**378641**	**676223**	**559812**
西　宁	1448328	953562	677503	378641	676223	559812
宁　夏	**3906238**	**2017183**	**1955519**	**978922**	**1404299**	**909999**
银　川	1567845	1115613	743941	506827	680298	563230
石嘴山	692109	447071	400924	288245	220695	155926
吴　忠	1270346	322280	695994	144814	354348	126470
固　原	375938	132219	114660	39036	148958	64373
新　疆	**6248541**	**6189929**	**3295955**	**3287998**	**2883420**	**2857327**
乌鲁木齐	4085834	4027222	1449405	1441448	2575766	2549673
克拉玛依	2162707	2162707	1846550	1846550	307654	307654

6－3　三次产业占 GDP 的比重(%)

城　市	第一产业占 GDP 比重		第二产业占 GDP 比重		第三产业占 GDP 比重	
	地　区	市　区	地　区	市　区	地　区	市　区
北　京	**2.68**	**2.25**	**35.81**	**35.56**	**61.50**	**62.19**
天　津	**3.66**	**2.40**	**50.88**	**51.05**	**45.46**	**46.55**
河　北						
石家庄	13.65	1.28	48.25	47.09	38.11	51.63
唐　山	14.96	8.61	55.20	60.69	29.84	30.70
秦皇岛	10.05	1.46	39.66	36.30	50.29	62.24
邯　郸	14.49	0.93	51.76	77.21	33.74	21.86
邢　台	18.52	1.75	54.58	65.47	26.90	32.78
保　定	16.13	2.43	47.54	49.86	36.32	47.71
张家口	14.67	1.55	45.44	55.58	39.89	42.88
承　德	18.50	3.90	46.72	61.10	34.78	35.00
沧　州	14.93	1.42	52.35	56.64	32.72	41.95
廊　坊	14.49	8.90	55.22	45.55	30.28	45.55
衡　水	18.41	9.26	53.01	50.27	28.57	40.47
山　西						
太　原	3.49	1.69	51.77	50.35	44.74	47.96
大　同	6.38	2.21	57.39	60.75	36.23	37.04
阳　泉	2.13	0.74	60.32	61.28	37.55	37.98
长　治	10.73	1.78	60.02	67.62	29.24	30.60
晋　城	5.94	1.25	57.80	58.81	36.26	39.94
朔　州	14.55	7.68	52.06	61.80	33.39	30.51
晋　中	13.77	9.22	53.20	51.46	33.03	39.31
运　城	14.82	8.14	58.24	53.25	26.95	38.61
忻　州	17.71	14.76	43.54	44.22	38.75	41.03
临　汾	9.72	5.43	62.56	55.11	27.71	39.46
吕　梁	13.24	3.47	54.52	61.51	32.24	35.02
内蒙古						
呼和浩特	9.16	2.58	43.02	40.02	47.82	57.39
包　头	5.27	1.91	56.28	58.76	38.45	39.33
乌　海	2.31	2.31	71.02	71.02	26.67	26.67
赤　峰	26.24	14.31	37.02	37.74	36.74	47.95
通　辽	32.34	21.11	34.20	44.10	33.45	34.79
鄂尔多斯	12.49	3.30	57.28	59.68	30.23	37.01
海拉尔	24.02	9.09	27.72	31.90	48.26	59.02

6－3 续表1

城市	第一产业占 GDP 比重		第二产业占 GDP 比重		第三产业占 GDP 比重	
	地区	市区	地区	市区	地区	市区
巴彦淖尔	35.26	29.21	29.38	26.66	35.36	44.13
乌兰察布	30.30	2.06	42.24	38.35	27.46	59.59
辽宁						
沈阳	5.50	2.19	47.32	49.04	47.18	48.76
大连	8.96	4.83	47.93	45.78	43.11	49.39
鞍山	5.47	0.91	55.50	57.71	39.03	41.38
抚顺	7.78	2.61	58.54	62.18	33.68	35.20
本溪	7.16	3.65	55.46	58.05	37.38	38.30
丹东	17.43	2.42	38.45	37.47	44.12	60.11
锦州	25.80	4.92	36.90	45.68	37.30	49.40
营口	12.11	10.38	52.28	49.93	35.61	39.69
阜新	21.85	6.72	39.54	47.35	38.61	45.93
辽阳	10.58	2.66	49.69	56.98	39.73	40.37
盘锦	11.15	1.02	69.76	81.05	19.08	17.93
铁岭	28.91	6.67	37.35	57.38	33.74	35.96
朝阳	26.63	5.26	36.03	48.19	37.33	46.55
葫芦岛	14.30	5.38	48.94	57.75	36.77	36.87
吉林						
长春	11.76	2.40	47.11	54.09	41.14	43.51
吉林	14.10	4.14	43.47	51.59	42.43	44.26
四平	40.62	2.54	28.40	49.11	30.98	48.35
辽源	23.59	3.48	33.09	44.50	43.32	52.02
通化	19.13	3.82	44.18	61.15	36.69	35.03
白山	20.21	10.45	48.54	62.07	31.25	27.47
松原	33.09	8.10	43.57	72.14	23.35	19.76
白城	35.21	18.56	33.33	37.50	31.46	43.94
黑龙江						
哈尔滨	15.69	5.19	37.07	39.09	47.23	55.72
齐齐哈尔	22.40	5.54	35.35	44.47	42.25	49.99
鸡西	26.96	15.99	41.41	55.42	31.63	28.58
鹤岗	26.72	8.02	41.21	59.72	32.07	32.26
双鸭山	27.79	4.54	41.04	56.87	31.17	38.59
大庆	3.04	0.83	85.33	88.71	11.63	10.45
伊春	23.20	18.70	43.79	44.42	33.01	36.88

6-3 续表2

城市	第一产业占GDP比重		第二产业占GDP比重		第三产业占GDP比重	
	地区	市区	地区	市区	地区	市区
佳木斯	26.85	5.49	28.38	37.06	44.76	57.45
七台河	11.83	4.64	50.23	58.63	37.93	36.73
牡丹江	12.74	1.62	41.99	47.19	45.27	51.19
黑河	32.19	11.06	21.58	28.49	46.24	60.44
绥化	28.96	33.04	25.80	21.73	45.24	45.23
上海	**1.49**	**1.27**	**50.09**	**50.19**	**48.43**	**48.54**
江苏						
南京	4.37	3.39	51.04	51.08	44.59	45.54
无锡	3.06	1.51	57.49	57.84	39.45	40.65
徐州	15.22	1.87	48.70	53.92	36.08	44.21
常州	5.55	3.52	57.71	59.70	36.73	36.78
苏州	3.05	1.96	63.25	63.79	33.70	34.25
南通	14.18	1.71	51.43	62.44	34.39	35.85
连云港	23.44	5.00	42.99	58.33	33.57	36.68
淮安	23.48	18.09	46.51	53.17	30.00	28.74
盐城	24.71	5.26	43.93	50.51	31.35	44.23
扬州	11.31	3.72	51.36	55.10	37.33	41.18
镇江	5.26	2.70	57.29	57.07	37.45	40.23
泰州	12.87	2.99	51.78	66.66	35.35	30.36
宿迁	29.41	4.31	41.53	52.82	29.06	42.87
浙江						
杭州	6.03	4.11	51.88	50.51	42.09	45.38
宁波	6.28	2.72	56.03	54.75	37.69	42.53
温州	4.72	1.10	57.15	56.62	38.13	42.28
嘉兴	7.97	7.21	59.28	55.15	32.75	37.65
湖州	11.29	9.32	53.34	53.40	35.37	37.28
绍兴	7.57	3.17	59.20	49.79	33.23	47.04
金华	7.16	10.35	55.71	46.43	37.13	43.22
衢州	17.17	13.80	47.24	48.02	35.58	38.18
舟山	19.15	14.84	41.30	44.22	39.55	40.93
台州	9.33	5.24	58.10	61.49	32.57	33.26
丽水	17.71	13.26	44.21	41.91	38.09	44.82
安徽						

6-3 续表3

城市	第一产业占GDP比重		第二产业占GDP比重		第三产业占GDP比重	
	地区	市区	地区	市区	地区	市区
合肥	8.25	1.12	50.25	55.10	41.50	43.78
芜湖	8.58	0.37	57.12	66.10	34.30	33.53
蚌埠	19.86	2.19	43.41	56.12	36.74	41.70
淮南	10.42	5.43	51.10	54.69	38.49	39.88
马鞍山	7.05	0.92	64.90	71.32	28.05	27.76
淮北	12.85	3.56	53.19	64.53	33.95	31.90
铜陵	4.93	1.34	57.97	61.32	37.09	37.34
安庆	22.92	2.41	45.18	52.57	31.89	45.03
黄山	19.26	14.92	33.57	31.36	47.16	53.72
滁州	20.90	9.54	43.59	49.77	35.51	40.70
阜阳	35.08	21.86	28.13	37.45	36.79	40.69
宿州	42.18	35.50	23.23	27.02	34.58	37.49
巢湖	25.41	14.71	40.14	46.51	34.44	38.78
六安	31.01	28.87	34.52	34.87	34.47	36.26
亳州	37.82	23.03	26.38	35.14	35.80	41.84
池州	25.92	20.41	38.63	44.05	35.45	35.54
宣城	21.66	22.61	40.66	37.37	37.68	40.02
福建						
福州	10.66	1.96	50.57	48.73	38.76	49.31
厦门	2.42	2.42	58.51	58.51	39.06	39.06
莆田	15.25	14.36	49.74	51.98	35.01	33.66
三明	24.26	6.84	41.75	57.71	33.98	35.45
泉州	6.09	3.94	53.24	53.81	40.67	42.25
漳州	21.01	4.35	39.35	42.69	39.65	52.96
南平	24.88	13.59	34.95	48.51	40.17	37.89
龙岩	21.37	8.87	42.96	58.16	35.67	32.97
宁德	25.53	20.47	35.34	24.94	39.13	54.60
江西						
南昌	8.24	1.22	50.57	55.31	41.19	43.46
景德镇	8.80	1.93	54.10	59.78	37.10	38.30
萍乡	11.31	5.57	58.76	61.52	29.93	32.91
九江	16.83	1.56	48.02	56.84	35.15	41.60
新余	13.47	11.12	52.52	52.96	34.01	35.92
鹰潭	15.51	3.35	47.61	24.79	36.88	71.86
赣州	29.17	4.74	32.66	51.75	38.17	43.52

6－3 续表4

城　　市	第一产业占GDP比重		第二产业占GDP比重		第三产业占GDP比重	
	地　区	市　区	地　区	市　区	地　区	市　区
吉　安	29.83	16.15	38.32	40.70	31.84	43.15
宜　春	30.18	21.90	37.76	40.95	32.06	37.16
抚　州	27.41	20.66	42.75	42.89	29.84	36.45
上　饶	24.77	8.54	36.73	44.61	38.51	46.85
山　东						
济　南	7.68	3.26	43.92	42.74	48.39	54.00
青　岛	8.48	2.43	52.64	59.16	38.88	38.41
淄　博	4.91	3.01	60.99	62.19	34.10	34.80
枣　庄	12.20	11.60	56.39	60.41	31.41	27.98
东　营	5.37	1.69	79.47	86.19	15.16	12.12
烟　台	11.10	4.80	53.57	58.08	35.33	37.12
潍　坊	15.53	4.61	50.49	60.28	33.98	35.11
济　宁	14.40	6.21	49.02	52.23	36.58	41.57
泰　安	13.39	9.83	50.41	43.78	36.20	46.39
威　海	11.06	6.55	58.85	54.49	30.08	38.96
日　照	18.53	15.97	44.60	43.16	36.88	40.87
莱　芜	9.03	9.03	56.45	56.45	34.53	34.53
临　沂	14.93	5.51	49.40	59.88	35.67	34.62
德　州	18.43	5.68	50.28	54.60	31.29	39.72
聊　城	22.13	19.94	50.32	49.28	27.55	30.78
滨　州	17.92	8.95	52.14	54.69	29.95	36.36
菏　泽	39.77	24.02	35.63	40.74	24.60	35.24
河　南						
郑　州	4.47	1.38	51.85	39.21	43.68	59.41
开　封	25.69	4.99	37.84	39.21	36.47	55.80
洛　阳	10.16	1.88	56.77	56.00	33.08	42.12
平顶山	12.81	1.97	55.44	62.84	31.75	35.19
安　阳	16.90	1.87	53.85	62.95	29.25	35.19
鹤　壁	19.50	5.87	51.93	58.39	28.57	35.74
新　乡	16.72	1.69	48.94	55.18	34.34	43.13
焦　作	11.61	2.21	55.47	64.47	32.92	33.32
濮　阳	16.35	3.02	59.22	73.69	24.43	23.29
许　昌	16.40	1.94	58.26	72.54	25.34	25.52
漯　河	17.45	1.65	59.06	69.81	23.49	28.54
三门峡	10.57	1.79	55.18	52.14	34.25	46.07

6－3 续表 5

城　市	第一产业占 GDP 比重		第二产业占 GDP 比重		第三产业占 GDP 比重	
	地　区	市　区	地　区	市　区	地　区	市　区
南　阳	27.00	14.57	48.67	54.07	24.33	31.36
商　丘	30.52	18.43	39.12	40.87	30.37	40.71
信　阳	27.79	13.17	39.81	47.69	32.40	39.14
周　口	31.13	4.65	42.23	44.59	26.63	50.76
驻马店	27.46	7.78	43.14	51.79	29.40	40.43
湖　北						
武　汉	5.72	5.72	44.63	44.63	49.64	49.64
黄　石	7.92	1.72	53.14	55.85	38.95	42.43
十　堰	12.55	0.90	51.79	63.31	35.65	35.79
宜　昌	13.43	6.75	54.63	60.72	31.94	32.53
襄　樊	21.24	13.89	46.51	47.14	32.25	38.97
鄂　州	13.21	13.21	51.87	51.87	34.92	34.92
荆　门	19.93	7.49	45.49	56.94	34.58	35.57
孝　感	23.68	16.77	42.29	40.87	34.03	42.36
荆　州	25.82	15.00	42.11	45.70	32.07	39.30
黄　冈	23.04	11.04	46.20	52.60	30.76	36.36
咸　宁	21.56	15.46	46.62	55.52	31.82	29.01
随　州	24.16	22.56	46.58	47.97	29.25	29.47
湖　南						
长　沙	8.96	1.58	42.35	38.25	48.69	60.18
株　洲	13.22	2.39	49.02	55.22	37.76	42.39
湘　潭	13.81	1.94	40.60	47.99	45.58	50.07
衡　阳	23.60	3.77	35.32	37.23	41.08	59.00
邵　阳	30.48	6.76	28.92	41.19	40.60	52.05
岳　阳	21.32	5.78	42.59	48.66	36.09	45.56
常　德	23.78	9.51	40.63	55.80	35.59	34.70
张家界	18.87	10.65	25.14	23.91	55.99	65.45
益　阳	24.39	22.47	29.08	34.42	46.54	43.10
郴　州	19.82	8.95	38.77	47.50	41.41	43.55
永　州	30.82	22.95	27.00	40.42	42.18	36.64
怀　化	22.74	2.75	28.43	16.36	48.84	80.89
娄　底	18.55	5.52	42.16	52.18	39.29	42.29
广　东						
广　州	3.14	2.46	43.13	41.14	53.73	56.41
韶　关	19.30	2.23	46.81	62.43	33.89	35.34

6－3 续表 6

城市	第一产业占 GDP 比重		第二产业占 GDP 比重		第三产业占 GDP 比重	
	地区	市区	地区	市区	地区	市区
深圳	0.57	0.57	59.53	59.53	39.90	39.90
珠海	3.81	3.81	56.37	56.37	39.82	39.82
汕头	8.90	8.62	49.20	49.40	41.90	41.98
佛山	5.63	5.63	55.35	55.35	39.03	39.03
江门	10.07	6.57	48.58	46.34	41.36	47.09
湛江	21.39	6.97	42.61	56.75	36.00	36.28
茂名	26.40	10.17	38.33	46.22	35.27	43.61
肇庆	28.82	7.27	33.58	41.49	37.60	51.25
惠州	12.36	4.81	58.87	67.96	28.77	27.23
梅州	27.18	5.96	39.49	53.66	33.33	40.37
汕尾	28.44	24.90	34.08	35.96	37.47	39.14
河源	30.73	8.71	32.27	53.36	37.00	37.93
阳江	32.74	18.54	34.97	38.04	32.29	43.42
清远	35.37	18.02	34.63	43.70	30.00	38.27
东莞	2.96	2.96	54.04	54.04	43.00	43.00
中山	5.43	5.43	63.01	63.01	31.56	31.56
潮州	17.74	2.16	45.43	44.65	36.83	53.20
揭阳	17.59	6.41	51.57	62.73	30.84	30.86
云浮	31.43	19.96	37.86	45.68	30.71	34.36
广西						
南宁	19.03	3.92	29.54	29.95	51.42	66.13
柳州	13.66	1.88	49.31	57.42	37.04	40.70
桂林	27.21	3.00	35.47	40.74	37.32	56.27
梧州	24.83	3.84	34.58	35.88	40.59	60.28
北海	27.89	20.80	30.56	30.79	41.56	48.41
防城港	27.71	22.75	33.34	34.55	38.95	42.71
钦州	44.93	44.88	23.93	17.41	31.14	37.70
贵港	39.07	31.13	26.72	31.42	34.21	37.45
玉林	32.55	14.08	37.08	53.11	30.37	32.81
百色	30.96	19.79	38.01	34.71	31.03	45.51
贺州	35.40	39.13	33.26	37.06	31.33	23.81
河池	30.87	15.78	32.35	32.44	36.78	51.78
来宾	40.87	36.24	34.80	42.19	24.34	21.57
崇左	38.23	40.34	23.93	30.92	37.84	28.73
海南						

6-3 续表7

城　　市	第一产业占GDP比重		第二产业占GDP比重		第三产业占GDP比重	
	地 区	市 区	地 区	市 区	地 区	市 区
海　口	9.12	9.12	33.25	33.25	57.63	57.63
三　亚	41.46	41.46	22.12	22.12	36.41	36.41
重　庆	**14.95**	**7.78**	**43.42**	**52.08**	**41.63**	**40.14**
四　川						
成　都	8.19	4.05	45.54	45.26	46.27	50.69
自　贡	19.25	7.83	42.36	48.36	38.39	43.81
攀枝花	5.89	2.54	70.34	72.99	23.77	24.47
泸　州	24.05	13.60	39.37	46.84	36.58	39.56
德　阳	20.53	13.71	45.92	46.24	33.56	40.04
绵　阳	20.46	7.93	39.50	55.67	40.04	36.40
广　元	35.26	21.65	28.35	40.71	36.39	37.64
遂　宁	30.42	31.14	33.60	33.98	35.98	34.88
内　江	20.41	19.09	45.26	36.59	34.33	44.32
乐　山	20.32	12.48	48.48	54.79	31.20	32.73
南　充	31.75	15.94	29.73	33.97	38.51	50.08
眉　山	27.27	18.04	41.85	46.92	30.88	35.04
宜　宾	19.38	5.64	49.59	68.86	31.03	25.50
广　安	28.70	25.19	36.75	32.77	34.54	42.04
达　州	33.67	12.04	34.44	41.80	31.89	46.16
雅　安	21.76	13.82	49.81	45.35	28.43	40.83
巴　中	43.17	42.32	20.63	18.15	36.20	39.54
资　阳	34.02	23.78	34.19	41.92	31.79	34.30
贵　阳						
贵　阳	7.56	3.85	50.39	51.10	42.05	45.05
六盘水	13.18	2.09	57.74	62.75	29.08	35.16
遵　义	28.20	6.66	39.23	37.29	32.56	56.05
安　顺	25.82	15.00	42.09	32.77	32.09	52.22
云　南						
昆　明	7.32	2.33	46.51	47.62	46.17	50.06
曲　靖	21.98	6.22	50.21	58.33	27.81	35.44
玉　溪	10.85	1.81	65.75	78.67	23.41	19.52
保　山	37.23	33.28	20.27	23.68	42.50	43.05
昭　通	29.26	14.40	29.79	41.89	40.96	43.71
丽　江	26.18	10.03	29.95	38.34	43.87	51.63

6－3续表8

城市	第一产业占GDP比重		第二产业占GDP比重		第三产业占GDP比重	
	地区	市区	地区	市区	地区	市区
思茅	32.09	16.36	29.73	35.54	38.18	48.10
临沧	38.91	27.75	31.09	30.99	29.99	41.26
陕西						
西安	5.39	3.45	44.15	44.77	50.47	51.78
铜川	8.41	6.76	47.77	48.61	43.82	44.62
宝鸡	11.74	3.56	50.54	51.05	37.72	45.39
咸阳	21.00	6.09	42.84	55.14	36.15	38.76
渭南	21.25	17.27	39.73	33.48	39.02	49.25
延安	14.01	6.55	61.58	71.12	24.41	22.33
汉中	22.51	9.34	34.61	47.06	42.88	43.60
榆林	13.98	15.39	57.01	49.30	29.01	35.31
安康	26.02	17.22	24.59	32.11	49.39	50.67
商洛	28.22	22.91	29.70	36.68	42.08	40.41
甘肃						
兰州	4.22	2.20	52.86	51.92	42.92	45.88
嘉峪关	2.81	2.81	81.33	81.33	15.86	15.86
金昌	9.86	3.76	71.75	79.07	18.39	17.17
白银	13.90	3.37	52.68	66.91	33.42	29.72
天水	17.95	9.43	40.44	47.53	41.61	43.04
武威	30.81	26.77	33.40	33.77	35.79	39.46
张掖	34.87	31.81	33.08	31.66	32.05	36.53
平凉	25.43	10.10	37.61	38.83	36.96	51.07
酒泉	23.64	28.18	42.94	26.22	33.42	45.60
庆阳	21.48	25.33	44.53	32.02	33.99	42.65
定西	41.57	35.40	25.51	27.50	32.91	37.11
青海						
西宁	6.53	1.58	46.78	39.71	46.69	58.71
宁夏						
银川	9.16	4.08	47.45	45.43	43.39	50.49
石嘴山	10.18	0.65	57.93	64.47	31.89	34.88
吴忠	17.32	15.82	54.79	44.93	27.89	39.24
固原	29.88	21.79	30.50	29.52	39.62	48.69
新疆						
乌鲁木齐	1.48	0.90	35.47	35.79	63.04	63.31
克拉玛依	0.39	0.39	85.38	85.38	14.23	14.23

6-4 国有及限额以上工业企业指标

城市	工业企业数(个)		工业总产值(当年价)(万元)		从业人员年平均人数(万人)	
	地区	市区	地区	市区	地区	市区
北京	**4019**	**3813**	**38103630**	**37346412**	**100.81**	**95.89**
天津	**5341**	**4620**	**40496103**	**36922997**	**115.28**	**101.59**
河北	**7927**	**2212**	**55132219**	**29093060**	**263.57**	**135.96**
石家庄	1568	337	11981505	6182098	51.19	27.23
唐山	1209	594	12139175	8025259	52.80	31.29
秦皇岛	393	222	2664729	2117884	11.28	7.50
邯郸	476	182	5594611	3712205	31.34	22.77
邢台	669	93	3766264	1139846	20.51	8.43
保定	1080	186	5144919	1981544	28.87	9.31
张家口	311	162	2218685	1875461	15.41	11.74
承德	311	87	1833740	1085315	11.10	5.50
沧州	717	87	3707030	1235846	17.08	4.46
廊坊	556	157	3103730	941560	11.35	3.74
衡水	637	105	2977831	796042	12.64	3.99
山西	**3613**	**1130**	**24399206**	**12264167**	**182.50**	**92.22**
太原	452	326	5183200	4521030	33.00	28.92
大同	405	223	2390674	2094272	23.06	19.79
阳泉	189	126	1293077	1035429	14.10	10.40
长治	411	111	2418060	1298358	17.80	10.30
晋城	202	34	1355965	577252	13.49	6.64
朔州	130	62	1027656	744633	6.74	3.46
晋中	388	85	1775781	506531	20.00	4.15
运城	433	39	3478250	432720	20.28	2.29
忻州	258	27	610072	120123	6.50	1.54
临汾	445	72	3428342	802421	17.74	3.86
吕梁	300	25	1438129	131398	9.79	0.87
内蒙古	**1408**	**732**	**12740063**	**8876910**	**68.31**	**46.21**
呼和浩特	185	138	2407794	1753699	9.49	7.66
包头	254	236	4317813	4264498	20.30	19.87
乌海	83	83	590524	590524	4.70	4.70
赤峰	173	76	979690	705654	10.82	7.16
通辽	100	51	879863	565652	3.59	1.91
鄂尔多斯	228	60	1864025	630774	7.36	2.66
海拉尔	120	25	609620	93569	5.61	0.73

6-4 续表1

城市	工业企业数(个)		工业总产值(当年价)(万元)		从业人员年平均人数(万人)	
	地区	市区	地区	市区	地区	市区
巴彦淖尔	124	37	544992	182214	3.28	0.90
乌兰察布	141	26	545742	90326	3.16	0.62
辽宁	**6841**	**4428**	**61129582**	**52137152**	**242.17**	**185.75**
沈阳	1349	1192	10643612	10307604	41.14	38.36
大连	1280	1007	15468641	14022558	44.20	34.44
鞍山	649	295	6336764	4251412	28.00	19.72
抚顺	395	281	4312819	4153243	15.61	14.29
本溪	233	159	3544547	3332977	17.00	15.35
丹东	410	173	1435466	953739	9.96	5.35
锦州	393	206	2665235	2169292	9.72	6.64
营口	703	377	2940417	1893285	12.80	7.79
阜新	179	119	825014	711128	8.51	7.70
辽阳	395	228	3245377	2468229	11.60	8.60
盘锦	200	120	4332995	3983620	11.40	10.56
铁岭	262	90	1274242	668424	11.03	2.92
朝阳	236	77	1188548	422267	8.44	2.76
葫芦岛	157	104	2915905	2799374	12.76	11.27
吉林	**2033**	**974**	**25736870**	**20620584**	**92.72**	**62.53**
长春	552	408	15115270	14431907	30.32	26.22
吉林	441	262	4542868	2785527	21.29	15.64
四平	263	65	1252393	303676	6.66	2.17
辽源	160	74	537072	307228	6.74	4.40
通化	215	57	1547943	1012748	8.41	4.19
白山	130	29	774852	259954	9.06	3.34
松原	120	30	1506175	1267502	5.99	4.31
白城	152	49	460297	252042	4.25	2.26
黑龙江	**2662**	**1439**	**28348574**	**24114560**	**136.27**	**100.28**
哈尔滨	764	499	7215089	5567509	36.82	26.86
齐齐哈尔	270	164	1764887	1427351	14.77	12.30
鸡西	184	85	778950	436026	12.71	10.17
鹤岗	51	29	394001	357134	6.80	6.51
双鸭山	149	27	476886	300142	6.21	4.17
大庆	287	239	14280634	14121019	20.95	19.97
伊春	102	77	417714	355751	4.17	3.35

6-4 续表2

城市	工业企业数(个)		工业总产值(当年价)(万元)		从业人员年平均人数(万人)	
	地区	市区	地区	市区	地区	市区
佳木斯	207	99	644231	460106	9.10	4.54
七台河	70	46	443513	379729	6.26	5.64
牡丹江	295	140	1071845	644174	8.56	5.96
黑河	125	16	189768	31021	4.98	0.42
绥化	158	18	671056	34598	4.94	0.39
上海	**10956**	**10750**	**103428195**	**102845596**	**219.84**	**216.21**
江苏	**23895**	**11045**	**180436964**	**99198187**	**569.33**	**282.61**
南京	2064	1818	25093816	23398173	59.17	54.59
无锡	3925	2517	32847344	18561938	83.09	48.28
徐州	835	329	7261281	4590258	35.47	22.91
常州	2804	2290	15272769	12705644	54.97	43.14
苏州	4553	1366	49765079	19147236	128.67	38.91
南通	2211	583	11239073	4011296	43.97	15.09
连云港	486	248	2114602	1618707	10.19	6.06
淮安	794	417	3536744	2653416	15.08	9.52
盐城	1518	172	7614522	1512993	35.11	7.72
扬州	1535	586	8372354	3991971	36.68	17.16
镇江	1412	459	8553554	4027594	32.00	11.49
泰州	1209	232	7366458	2811105	24.38	6.51
宿迁	549	28	1399368	167856	10.55	1.23
浙江	**25551**	**10193**	**128701650**	**64993565**	**482.58**	**205.27**
杭州	4689	3230	32025226	26945006	85.83	63.70
宁波	4672	2119	26302862	15944163	91.96	45.99
温州	3824	1642	12659636	5873580	69.72	34.19
嘉兴	2526	516	11135272	2346476	54.17	10.44
湖州	1323	550	5886152	3027252	20.76	9.25
绍兴	2448	486	18953957	3194921	54.96	10.96
金华	2082	319	7290449	1327300	38.15	6.20
衢州	518	171	1688461	783541	9.43	4.14
舟山	314	240	1530256	1312511	6.23	5.33
台州	2634	859	9558209	3785451	43.03	13.73
丽水	521	61	1671170	453364	8.34	1.34
安徽	**4144**	**1845**	**26103421**	**19416449**	**148.92**	**99.35**

6-4 续表3

城市	工业企业数(个)		工业总产值(当年价)(万元)		从业人员年平均人数(万人)	
	地区	市区	地区	市区	地区	市区
合肥	436	346	5348605	4447760	16.66	14.47
芜湖	360	247	3306914	2952924	10.07	7.55
蚌埠	207	136	1312619	1132517	7.84	6.57
淮南	141	118	1534684	1365442	16.95	15.50
马鞍山	184	117	2568230	2350326	10.71	9.82
淮北	110	85	1216161	1135241	15.69	14.77
铜陵	98	71	1450354	1394881	6.89	6.23
安庆	438	125	2251898	1409690	12.13	5.25
黄山	153	63	395449	192974	2.44	1.07
滁州	376	75	1629531	780972	9.88	3.03
阜阳	300	86	891924	509669	6.73	3.09
宿州	185	59	463344	263964	4.30	1.92
巢湖	303	79	1050997	486162	7.74	3.20
六安	285	72	841404	259418	7.84	1.96
亳州	123	37	457827	198941	3.84	2.01
池州	100	42	300723	188533	2.11	1.01
宣城	345	87	1082757	347035	7.10	1.90
福建	**9208**	**3699**	**49537358**	**27509706**	**221.35**	**108.44**
福州	1901	960	12889573	5573513	41.12	22.40
厦门	943	943	13201500	13201500	37.67	37.67
莆田	431	348	2191847	1940617	13.47	11.35
三明	602	127	2369389	1186256	11.95	4.33
泉州	3183	716	11397980	2883204	81.08	20.71
漳州	909	276	3351702	821324	15.64	4.70
南平	532	138	1571419	749696	8.37	3.19
龙岩	369	163	1625356	1067813	7.37	3.51
宁德	338	28	938592	85783	4.68	0.58
江西	**3063**	**1006**	**14442573**	**8603637**	**93.16**	**44.07**
南昌	500	346	4149169	3525924	19.55	15.35
景德镇	183	68	1127606	900944	8.06	4.80
萍乡	155	92	852054	769737	5.93	4.82
九江	379	97	1878479	1200675	10.01	4.48
新余	106	73	1083222	1012338	6.43	5.60
鹰潭	77	36	1109351	72313	3.88	0.55
赣州	470	83	1151083	392642	11.40	2.85

6-4 续表4

城市	工业企业数(个)		工业总产值(当年价)(万元)		从业人员年平均人数(万人)	
	地区	市区	地区	市区	地区	市区
吉安	251	39	683287	170652	5.80	1.21
宜春	350	40	995642	137278	9.56	1.22
抚州	296	86	626898	293194	5.48	2.12
上饶	296	46	785782	127940	7.06	1.07
山东	**16191**	**6696**	**154223359**	**76275154**	**593.73**	**274.23**
济南	1319	819	13185425	10227611	40.37	29.09
青岛	2393	1105	25588695	17304200	83.99	45.18
淄博	1412	1160	14136951	12091390	53.59	45.34
枣庄	700	465	4476903	3109475	30.00	23.78
东营	291	121	7794538	5378783	15.44	10.22
烟台	1876	636	19588163	5777180	62.95	18.64
潍坊	1970	457	12437041	3556687	59.85	16.53
济宁	769	188	7256617	2381349	41.01	10.71
泰安	623	268	5440280	1323118	36.07	8.10
威海	962	285	16737254	3949229	36.36	11.70
日照	283	160	2076118	1312869	10.23	5.11
莱芜	145	145	2466602	2466602	11.31	11.31
临沂	1185	464	6296828	3457453	36.86	20.03
德州	1022	167	5258525	1545275	24.74	7.28
聊城	468	109	4831975	807193	21.72	4.20
滨州	415	74	4802951	1134537	18.45	4.29
菏泽	358	73	1848493	452203	10.79	2.72
河南	**8972**	**2407**	**52798589**	**24218722**	**309.33**	**150.08**
郑州	1569	531	9270494	3652391	47.69	22.47
开封	406	143	1417069	514460	10.47	5.66
洛阳	660	238	5626239	3941760	27.99	16.94
平顶山	330	117	2676895	1676689	25.72	18.93
安阳	429	158	3823569	2256693	18.74	9.60
鹤壁	249	120	1256126	595636	9.97	6.94
新乡	644	158	3446630	1533500	24.32	10.06
焦作	643	122	3827177	1584193	22.91	12.29
濮阳	396	118	2660386	1823592	13.93	9.89
许昌	650	77	3478741	1061831	17.92	3.74
漯河	350	65	2848759	1317282	11.00	4.88
三门峡	349	36	2263177	497603	14.42	2.47

6－4 续表 5

城市	工业企业数(个)		工业总产值(当年价)(万元)		从业人员年平均人数(万人)	
	地区	市区	地区	市区	地区	市区
南阳	854	217	3862514	1640081	24.97	14.67
商丘	264	83	1390054	497134	9.07	3.10
信阳	296	112	1453839	744027	8.74	3.25
周口	345	29	2050995	334500	11.18	2.31
驻马店	538	83	1445925	547350	10.29	2.88
湖北	**5635**	**2997**	**37194049**	**27746884**	**178.85**	**119.67**
武汉	1313	1313	13344938	13344938	47.53	47.53
黄石	298	163	2142819	1474692	13.46	9.31
十堰	293	135	3609778	3080769	14.76	11.03
宜昌	430	164	2748494	1452319	15.01	7.64
襄樊	371	169	3252663	2474900	19.69	15.00
鄂州	202	202	1525809	1525809	5.30	5.30
荆门	348	135	2012990	1383842	9.44	4.55
孝感	565	59	2295684	370749	12.51	1.88
荆州	516	201	2266872	1026486	13.58	6.70
黄冈	651	60	1777085	177251	12.68	1.63
咸宁	287	97	893730	285771	7.30	2.33
随州	361	299	1323187	1149358	7.59	6.77
湖南	**5573**	**1955**	**25412605**	**15273552**	**151.50**	**71.21**
长沙	912	375	5339304	3094384	24.67	11.03
株洲	521	210	2620980	2091790	18.24	10.96
湘潭	400	209	2025508	1578233	13.32	9.50
衡阳	533	210	2112036	958999	16.99	7.65
邵阳	419	121	845098	309823	8.88	3.36
岳阳	489	183	4359114	3319807	13.67	8.10
常德	388	123	2204555	1259193	10.48	3.71
张家界	82	38	157787	63933	1.77	0.90
益阳	404	148	823495	450532	6.76	3.11
郴州	591	153	1675898	619431	12.16	3.86
永州	300	94	987690	663018	6.44	3.01
怀化	314	55	870582	170417	6.95	1.06
娄底	220	36	1390558	693992	11.17	4.96
广东	**24494**	**18574**	**214914594**	**190129634**	**735.15**	**606.32**
广州	4709	3586	40178324	34742568	127.7	104.88
韶关	369	119	2362729	1755048	11.8	6.31

6－4 续表 6

城市	工业企业数（个）		工业总产值（当年价）（万元）		从业人员年平均人数（万人）	
	地区	市区	地区	市区	地区	市区
深圳	2317	2317	52451037	52451037	123.86	123.86
珠海	798	798	10089840	10089840	23.50	23.50
汕头	1048	1031	4611717	4588215	18.49	18.36
佛山	3359	3359	25819560	25819560	82.25	82.25
江门	2111	1067	11169542	5609513	41.31	19.52
湛江	525	255	4043718	3354069	11.50	6.07
茂名	520	134	5214353	4040748	11.50	3.91
肇庆	820	166	4466533	1297070	18.38	5.52
惠州	808	545	10204438	8914870	33.98	25.09
梅州	348	46	1139620	283836	7.91	1.03
汕尾	145	45	489161	257157	4.67	1.97
河源	163	53	678223	281099	4.30	1.80
阳江	367	138	1209887	533117	7.24	2.63
清远	286	75	1018429	326921	6.12	1.66
东莞	2042	2042	21449306	21449306	110.09	110.09
中山	2496	2496	13092541	13092541	62.19	62.19
潮州	495	135	1527531	513605	9.58	2.84
揭阳	454	138	2091250	514790	10.28	2.62
云浮	314	29	1606855	214724	8.50	0.22
广西	**2869**	**1246**	**14364321**	**9671373**	**95.29**	**52.17**
南宁	491	260	2083763	1411602	12.26	7.00
柳州	421	281	4265218	3688501	15.92	12.55
桂林	479	182	1613613	1045360	11.34	6.31
梧州	181	87	695258	466661	5.66	3.22
北海	104	65	550792	374377	2.61	1.58
防城港	60	31	510942	439373	0.96	0.43
钦州	133	69	310990	158585	2.80	1.23
贵港	107	51	482440	376415	3.54	2.11
玉林	272	67	1074576	687235	9.88	2.11
百色	191	46	929482	186340	5.43	1.38
贺州	85	43	212583	145184	17.19	11.69
河池	167	28	579310	163007	5.08	1.43
来宾	70	19	633585	411348	2.62	1.13
崇左	108	17	421769	117385	0.00	0.00
海南	**247**	**247**	**2119080**	**2119080**	**43.89**	**43.89**

6－4 续表7

城　市	工业企业数(个)		工业总产值(当年价)(万元)		从业人员年平均人数(万人)	
	地　区	市　区	地　区	市　区	地　区	市　区
海　口	219	219	2025643	2025643	43.32	43.32
三　亚	28	28	93437	93437	0.57	0.57
重　庆	**2243**	**1445**	**15889928**	**13045235**	**84.33**	**59.50**
四　川	**5137**	**2339**	**31868231**	**19910997**	**187.07**	**103.27**
成　都	1462	950	9700976	7062751	49.16	35.20
自　贡	239	161	1238124	1035817	7.85	6.12
攀枝花	86	67	2112523	1767798	12.69	12.06
泸　州	195	94	976770	741791	6.66	3.90
德　阳	467	110	2815487	744292	16.42	5.09
绵　阳	343	177	3399244	2553502	14.44	7.97
广　元	119	57	416923	314700	4.17	2.80
遂　宁	108	56	648534	226667	4.38	1.33
内　江	248	74	1472198	599400	8.87	2.72
乐　山	445	175	2067985	990491	14.89	6.68
南　充	272	122	1166170	677670	6.03	3.48
眉　山	237	70	1083264	441005	6.82	2.28
宜　宾	221	61	2201282	1684274	12.88	6.17
广　安	124	28	463356	152307	3.78	0.94
达　州	183	36	784514	316484	7.06	2.27
雅　安	165	29	434859	155909	3.97	1.19
巴　中	68	22	139577	42262	1.65	0.50
资　阳	155	50	746445	403877	5.35	2.57
贵　州	**1164**	**713**	**6959111**	**4382065**	**47.11**	**31.00**
贵　阳	672	549	3569419	2800236	22.55	17.93
六盘水	88	32	1007709	590481	10.43	5.76
遵　义	270	74	1692818	712214	9.09	4.57
安　顺	134	58	689165	279134	5.04	2.74
云　南	**1427**	**717**	**11754265**	**7936573**	**47.94**	**22.75**
昆　明	685	496	5809573	4339721	23.82	15.76
曲　靖	198	40	2189737	1043126	9.88	2.28
玉　溪	239	100	2685415	2141165	6.04	2.60
保　山	57	23	165914	82403	1.63	0.67
昭　通	62	17	397473	233439	1.85	0.66
丽　江	40	9	84543	14441	1.03	0.24

6-4 续表8

城市	工业企业数(个)		工业总产值(当年价)(万元)		从业人员年平均人数(万人)	
	地区	市区	地区	市区	地区	市区
思茅	97	23	221542	69127	2.32	0.40
临沧	49	9	200068	13151	1.37	0.14
陕西	**2457**	**1238**	**17509842**	**10599080**	**111.33**	**67.31**
西安	735	607	6386627	6063883	36.55	33.21
铜川	95	84	423019	412831	6.13	5.99
宝鸡	334	170	2218861	1352557	17.79	11.79
咸阳	335	135	2525560	1868409	15.93	7.90
渭南	268	55	1688703	254565	13.32	2.13
延安	97	33	1917635	182293	4.47	0.90
汉中	235	56	1021822	206995	9.21	2.46
榆林	134	32	898962	91565	4.07	1.34
安康	132	46	272245	116397	2.20	1.05
商洛	92	20	156408	49585	1.66	0.54
甘肃	**2565**	**1291**	**10828884**	**8032636**	**69.35**	**50.07**
兰州	988	659	5215490	4624316	26.00	21.59
嘉峪关	22	22	694161	694161	3.35	3.35
金昌	61	29	856554	690763	5.40	4.08
白银	90	52	1006220	953098	9.55	8.70
天水	210	118	449866	409060	5.70	4.83
武威	142	83	298092	238516	3.20	2.65
张掖	222	84	273982	122509	2.52	1.11
平凉	179	54	250293	197694	4.28	1.63
酒泉	255	72	977030	49664	4.49	0.84
庆阳	228	80	652325	33794	2.92	0.91
定西	168	38	154871	19061	1.94	0.38
青海	**129**	**85**	**1148959**	**503756**	**6.63**	**3.86**
西宁	129	85	1148959	503756	6.63	3.86
宁夏	**683**	**260**	**3588451**	**2057632**	**23.66**	**14.60**
银川	173	116	1464867	1073667	7.17	4.77
石嘴山	79	46	906535	727414	9.19	7.69
吴忠	157	61	1121824	237465	5.98	1.84
固原	274	37	95225	19086	1.32	0.30
新疆	**379**	**376**	**7014307**	**7008186**	**20.35**	**20.30**
乌鲁木齐	316	313	3110943	3104822	11.22	11.17
克拉玛依	63	63	3903364	3903364	9.13	9.13

6－5 限额以上工业总产值分组

单位:万元

城市	内资企业		港、澳、台商投资企业		外商投资企业	
	地区	市区	地区	市区	地区	市区
北京	**22571879**	**22013835**	**4186491**	**4143952**	**11345260**	**11188625**
天津	**21535552**	**18264805**	**2620712**	**2477252**	**16339839**	**16180940**
河北	**47710827**	**24602071**	**3511820**	**2114609**	**3909572**	**2376380**
石家庄	11171137	5697703	255466	175399	554902	308996
唐山	10239714	6559953	1371431	1135565	528030	329741
秦皇岛	1429633	1003221	327599	318883	907497	795780
邯郸	4791616	3340646	332536	61967	470459	309592
邢台	3594798	1130338	64978	0	106488	9508
保定	4366811	1750606	457256	153590	320852	77348
张家口	2086296	1790755	34362	4045	98027	80661
承德	1777215	1053112	19734	7856	36791	24347
沧州	3292394	1209599	201115	12411	213521	13836
廊坊	2322892	417305	235243	126773	545595	397482
衡水	2638321	648833	212100	118120	127410	29089
山西	**23008043**	**11464139**	**484654**	**381137**	**906509**	**418891**
太原	5014097	4355185	118824	118824	50279	47021
大同	2077660	1805887	33632	9003	279382	279382
阳泉	1223381	969891	51268	51268	18428	14270
长治	2407222	1288544	2319	1295	8519	8519
晋城	1060861	574958	2294	2294	292810	0
朔州	1021889	738866	0	0	5767	5767
晋中	1498929	332553	188906	162068	87946	11910
运城	3361147	427203	21832	0	95271	5517
忻州	575769	103980	29780	16143	4523	0
临汾	3338460	735674	31785	20242	58097	46505
吕梁	1428628	131398	4014	0	5487	0
内蒙古	**11229728**	**7843304**	**571985**	**542140**	**938350**	**491466**
呼和浩特	1635869	1418933	321692	312984	450233	21782
包头	4106995	4055174	126736	125242	84082	84082
乌海	581180	581180	8920	8920	424	424
赤峰	957204	690030	22359	15497	127	127
通辽	762936	452357	0	0	116927	113295
鄂尔多斯	1581303	349781	29063	29063	253659	251930
海拉尔	595725	81221	10547	10547	3348	1801

6－5 续表1

单位:万元

城市	内资企业		港、澳、台商投资企业		外商投资企业	
	地区	市区	地区	市区	地区	市区
巴彦淖尔	485761	143375	30543	20814	28688	18025
乌兰察布	522755	71253	22125	19073	862	0
辽宁	**46619461**	**38808154**	**2923536**	**2501087**	**11586585**	**10827911**
沈阳	5671142	5354499	869574	863825	4102896	4089280
大连	9009328	8098010	547932	375583	5911381	5548965
鞍山	6058839	4103158	151912	111235	126013	37019
抚顺	4005416	3861073	118246	105045	189157	187125
本溪	3515008	3317112	12922	5650	16617	10215
丹东	1193257	814950	93802	71662	148407	67127
锦州	2302702	1840654	195541	173804	166992	154834
营口	2038377	1176791	198255	139057	703785	577437
阜新	763031	658440	18913	10303	43070	42385
辽阳	2728709	1978495	426225	415984	90443	73750
盘锦	4272542	3956679	28132	16012	32321	10929
铁岭	1067798	494812	193616	165647	12828	7965
朝阳	1157038	413767	16152	8500	15358	0
葫芦岛	2836274	2739714	52314	38780	27317	20880
吉林	**18148757**	**13576919**	**393051**	**264786**	**7195062**	**6778879**
长春	8008067	7620138	192703	184693	6914500	6627076
吉林	4409720	2700213	50926	41008	82222	44306
四平	1122304	284362	95011	11395	35078	7919
辽源	528022	298654	0	0	9050	8574
通化	1487020	986695	47604	25353	13319	700
白山	724860	247612	3916	2337	46076	10005
松原	1479651	1257803	2307	0	24217	9699
白城	389113	181442	584	0	70600	70600
黑龙江	**26554933**	**23113582**	**546065**	**355287**	**1247576**	**645691**
哈尔滨	6237393	5107541	307029	268255	670667	191713
齐齐哈尔	1668527	1361393	34373	4579	61987	61379
鸡西	696212	356293	1382	1382	81356	78351
鹤岗	388015	351148	0	0	5986	5986
双鸭山	472426	300142	0	0	4460	0
大庆	14122026	13978272	38575	22714	120033	120033
伊春	386129	335097	3281	1621	28304	19033

6－5 续表2

单位:万元

城市	内资企业		港、澳、台商投资企业		外商投资企业	
	地区	市区	地区	市区	地区	市区
佳木斯	579295	399382	19122	19122	45814	41602
七台河	441958	378174	1555	1555	0	0
牡丹江	872801	485830	65576	33987	133468	124357
黑河	186936	29246	622	0	2210	1775
绥化	503215	31064	74550	2072	93291	1462
上海	**39160698**	**38720975**	**13837164**	**13797044**	**50430333**	**50327577**
江苏	**120380920**	**61926537**	**19555257**	**10695870**	**40500786**	**26575781**
南京	18101874	16883987	2020701	1756775	4971241	4757411
无锡	24707913	12273677	2764733	1620970	5374698	4667291
徐州	6823191	4314334	262116	131083	175974	144841
常州	12050293	9956454	1054060	807949	2168416	1941241
苏州	19645962	4165512	9966156	5057119	20152961	9924606
南通	7258312	1780863	1132827	467914	2847934	1762519
连云港	1412663	1018966	112441	61206	589498	538535
淮安	3203959	2417359	120342	47623	212443	188434
盐城	6354784	938382	382281	53600	877457	521011
扬州	7156475	3227888	487972	282699	727907	481384
镇江	5980538	2374018	844241	252427	1728775	1401149
泰州	6308977	2411980	396946	155191	660535	243934
宿迁	1375979	163117	10441	1314	12947	3425
浙江	**102821493**	**49154067**	**12046414**	**6580198**	**13833743**	**9259300**
杭州	23574199	19139833	3318518	2919623	5132509	4885550
宁波	19455698	11264578	3563627	2384014	3283537	2295571
温州	11358141	5054771	513494	294973	788001	523836
嘉兴	8372290	1647959	1029825	268815	1733157	429702
湖州	5179147	2699962	453018	229779	253987	97511
绍兴	15686249	2627827	2223540	317271	1044168	249823
金华	6700078	1253230	296628	15283	293743	58787
衢州	1596086	763774	45344	14372	47031	5395
舟山	1278314	1087095	28838	6708	223104	218708
台州	8028414	3173224	521920	127169	1007875	485058
丽水	1592877	441814	51662	2191	26631	9359
安徽	**21627993**	**15898043**	**1483195**	**1244017**	**2992233**	**2274389**

6-5 续表3

单位:万元

城 市	内资企业		港、澳、台商投资企业		外商投资企业	
	地 区	市 区	地 区	市 区	地 区	市 区
合 肥	3123516	2826858	295246	210072	1929843	1410830
芜 湖	2457333	2138373	626006	617601	223575	196950
蚌 埠	1204339	1048373	50916	26893	57364	57251
淮 南	1347603	1178361	166643	166643	20438	20438
马 鞍 山	2474963	2264198	15072	11629	78195	74499
淮 北	1088820	1010972	45487	44067	81854	80202
铜 陵	1292737	1237680	7299	6883	150318	150318
安 庆	2136501	1332695	48095	9693	67302	67302
黄 山	381748	183171	3345	2217	10356	7586
滁 州	1324277	503469	122176	114870	183078	162633
阜 阳	859209	491002	12288	6758	20427	11909
宿 州	447894	257615	8314	2845	7136	3504
巢 湖	1000171	466873	6716	2075	44110	17214
六 安	763536	251890	28201	1700	49667	5828
亳 州	451034	197663	0	0	6793	1278
池 州	288984	186379	1647	0	10092	2154
宣 城	985328	322471	45744	20071	51685	4493
福 建	**18274818**	**9493579**	**18944889**	**9217617**	**12317651**	**8798510**
福 州	3945469	2015508	6149849	1968648	2794255	1589357
厦 门	2036100	2036100	5148500	5148500	6016900	6016900
莆 田	760129	684140	749752	627258	681966	629219
三 明	2186124	1136732	153410	44925	29855	4599
泉 州	4834766	1610436	4844599	866119	1718615	406649
漳 州	1099727	425709	1436401	333736	815574	61879
南 平	1280076	589387	145410	109293	145933	51016
龙 岩	1380011	923851	192576	113447	52769	30515
宁 德	752416	71716	124392	5691	61784	8376
江 西	**12658327**	**7268148**	**530336**	**327283**	**1253910**	**1008206**
南 昌	3067060	2483962	136979	118458	945130	923504
景 德 镇	1121457	897277	1723	1723	4426	1944
萍 乡	829295	750870	21248	18867	1511	0
九 江	1727533	1188101	42133	7536	108813	5038
新 余	1019830	960062	52276	52276	11116	0
鹰 潭	1104607	71443	1891	870	2853	0
赣 州	923663	290008	144540	74573	82880	28061

6-5续表4

单位:万元

城市	内资企业		港、澳、台商投资企业		外商投资企业	
	地区	市区	地区	市区	地区	市区
吉安	622001	133698	15129	1580	46157	35374
宜春	941566	124775	37585	12503	16491	0
抚州	535001	243795	73761	38435	18136	10964
上饶	766314	124157	3071	462	16397	3321
山东	**129380608**	**63986975**	**6205012**	**2796818**	**18637739**	**9491361**
济南	12067946	9396259	345897	261454	771582	569898
青岛	19105685	13821639	1065736	448949	5417274	3033612
淄博	12850308	11088555	417927	314646	868716	688189
枣庄	4083666	2766362	109402	78015	283835	265098
东营	7684872	5279897	41174	32134	68492	66752
烟台	14312291	2777379	1551192	498355	3724680	2501446
潍坊	9610466	3125840	588894	172468	2237681	258379
济宁	6168367	1858920	407451	58504	680799	463925
泰安	5184109	1241783	83602	53249	172569	28086
威海	13567968	3208051	492799	192584	2676487	548594
日照	1562085	836755	218964	197174	295069	278940
莱芜	2317360	2317360	133674	133674	15568	15568
临沂	5653250	3112325	295753	124177	347825	220951
德州	4741036	1127027	64187	32888	453302	385360
聊城	4550171	643491	114865	44376	166939	119326
滨州	4200580	941766	233904	152548	368467	40223
菏泽	1720448	443566	39591	1623	88454	7014
河南	**49271316**	**22137827**	**1870847**	**1030065**	**1656426**	**1050830**
郑州	8345390	3289101	427359	253068	497745	110222
开封	1326790	431115	21961	21804	68318	61541
洛阳	5467325	3823702	35186	6875	123728	111183
平顶山	2451555	1500875	177929	147855	47411	27959
安阳	3418296	1860938	327300	322649	77973	73106
鹤壁	1190031	558723	40924	12820	25171	24093
新乡	3006187	1140293	93162	68654	347281	324553
焦作	3610076	1488551	110349	39960	106752	55682
濮阳	2609749	1792388	21677	5842	28960	25362
许昌	3329492	992214	94800	54228	54449	15389
漯河	2599227	1219006	155813	14882	93719	83394
三门峡	2225442	486188	14162	10287	23573	1128

6-5 续表5

单位:万元

城市	内资企业		港、澳、台商投资企业		外商投资企业	
	地区	市区	地区	市区	地区	市区
南阳	3644721	1500705	107743	42943	110050	96433
商丘	1366276	482685	18045	8716	5733	5733
信阳	1438813	730958	8243	8243	6783	4826
周口	1843090	331175	197150	0	10755	3325
驻马店	1398856	509210	19044	11239	28025	26901
湖北	**31805785**	**23038190**	**1557216**	**1110186**	**3831048**	**3598508**
武汉	10287141	10287141	625426	625426	2432371	2432371
黄石	1988544	1340703	105136	89005	49139	44984
十堰	3003017	2474008	11927	11927	594834	594834
宜昌	2499676	1297333	222221	131982	26597	23004
襄樊	2895872	2208168	25677	13496	331114	253236
鄂州	1327324	1327324	111466	111466	87019	87019
荆门	1900276	1368065	85132	15777	27582	0
孝感	2074455	320022	170804	16060	50425	34667
荆州	2033888	872746	88740	46635	144244	107105
黄冈	1666633	150010	52471	20248	57981	6993
咸宁	848977	284044	27579	0	17174	1727
随州	1279982	1108626	30637	28164	12568	12568
湖南	**22943211**	**14043519**	**1076892**	**581763**	**1392502**	**648270**
长沙	4255611	2869116	357538	124771	726155	100497
株洲	2347048	1875452	141559	104428	132373	111910
湘潭	1942685	1499847	43637	39200	39186	39186
衡阳	1984627	873236	66551	49248	60858	36515
邵阳	833880	308963	4223	860	6995	0
岳阳	4016547	2995800	73040	54480	269527	269527
常德	1954135	1098326	194856	148538	55564	12329
张家界	140047	60587	14169	3346	3571	0
益阳	762443	408515	28145	19370	32907	22647
郴州	1536669	588810	130087	26215	9142	4406
永州	951630	640002	18900	10827	17160	12189
怀化	828747	131353	2771	0	39064	39064
娄底	1389142	693512	1416	480	0	0
广东	**78205738**	**64906303**	**77056304**	**68038832**	**59652554**	**57184500**
广州	14967928	12290933	11735860	9829566	13474536	12622069
韶关	1963839	1566977	372966	179395	25924	8676

6－5 续表6

单位:万元

城市	内资企业		港、澳、台商投资企业		外商投资企业	
	地区	市区	地区	市区	地区	市区
深圳	11880923	11880923	19469486	19469486	21100628	21100628
珠海	2330632	2330632	2881374	2881374	4877834	4877834
汕头	3006353	2989181	825700	821744	779664	777290
佛山	15243819	15243819	8219437	8219437	2356304	2356304
江门	5822045	2794071	3168075	1332113	2179422	1483329
湛江	1626252	1034689	2187575	2098157	229891	221223
茂名	4614878	3957577	540594	68868	58881	14303
肇庆	2395496	449201	1646055	579690	424982	268179
惠州	629972	447750	5709255	4816689	3865211	3650431
梅州	828915	256849	206696	26987	104009	0
汕尾	209903	96139	245792	157053	33466	3965
河源	361602	70271	292554	190088	24067	20740
阳江	976487	491740	186288	36010	47112	5366
清远	436379	153818	492071	109161	89979	63943
东莞	3435549	3435549	11177250	11177250	6836507	6836507
中山	4621078	4621078	5696871	5696871	2774593	2774593
潮州	946317	327099	466344	156094	114870	30412
揭阳	1112628	302135	769663	169253	208959	43402
云浮	794743	165872	766398	23546	45715	25306
广西	**11090735**	**7219390**	**772844**	**367062**	**2323431**	**1959467**
南宁	1809058	1281478	155204	51466	119501	78658
柳州	3468071	2982295	137028	88796	660119	617411
桂林	1376227	899955	78212	18467	159174	126938
梧州	528260	365373	113814	52455	53185	48833
北海	462625	345344	75153	16019	13014	13014
防城港	105317	33748	7118	7118	398507	398507
钦州	258326	119520	44141	39065	8523	0
贵港	453479	351286	25852	23195	3109	1934
玉林	521143	219372	53431	2741	500002	465122
百色	919197	186340	8511	0	1774	0
贺州	6007	2105	8864	2224	20400	15400
河池	523696	163007	0	0	55614	0
来宾	398902	226763	0	0	234683	184585
崇左	260427	42804	65516	65516	95826	9065
海南	**1756489**	**1756489**	**132423**	**132423**	**230168**	**230168**

6－5 续表 7

单位:万元

城市	内资企业		港、澳、台商投资企业		外商投资企业	
	地区	市区	地区	市区	地区	市区
海口	1669493	1669493	130259	130259	225891	225891
三亚	86996	86996	2164	2164	4277	4277
重庆	**13060607**	**10539104**	**1065881**	**1047482**	**1763440**	**1458649**
四川	**29025103**	**17955166**	**996557**	**686864**	**1846571**	**1268967**
成都	7848421	5736977	590148	462758	1262407	863016
自贡	1140415	938108	32512	32512	65197	65197
攀枝花	2059059	1755352	41018	0	12446	12446
泸州	966311	733977	9898	7814	561	0
德阳	2705729	725657	39791	9465	69967	9170
绵阳	3263427	2441777	44789	42521	91028	69204
广元	383460	284636	0	0	33463	30064
遂宁	626157	225080	895	0	21482	1587
内江	1407979	547690	41026	41026	23193	10684
乐山	1821883	796673	46597	4694	199505	189124
南充	1125996	644373	19982	19982	20192	13315
眉山	1028740	432327	11857	6667	42667	2011
宜宾	2170492	1657335	30790	26939	0	0
广安	416457	142106	46899	10201	0	0
达州	781602	313572	2912	2912	0	0
雅安	398942	139376	32239	14169	3678	2364
巴中	139577	42262	0	0	0	0
资阳	740456	397888	5204	5204	785	785
贵州	**6546035**	**4027307**	**56788**	**51891**	**316307**	**302867**
贵阳	3276303	2514023	45834	42487	247282	243726
六盘水	1006285	589881	1424	600	0	0
遵义	1640661	666854	9530	8804	42628	36556
安顺	622786	256549	0	0	26397	22585
云南	**10928783**	**7260958**	**348935**	**283242**	**476547**	**392373**
昆明	5261374	3863761	205528	184807	342671	291153
曲靖	2136598	1023658	23007	11978	30132	7490
玉溪	2523289	2014525	64366	35860	97760	90780
保山	159930	79453	0	0	5984	2950
昭通	356312	192278	41161	41161	0	0
丽江	84543	14441	0	0	0	0

6-5 续表8

单位:万元

城市	内资企业		港、澳、台商投资企业		外商投资企业	
	地区	市区	地区	市区	地区	市区
思茅	207137	59691	14405	9436	0	0
临沧	199600	13151	468	0	0	0
陕西	**15910095**	**9172766**	**570855**	**516268**	**1028892**	**910046**
西安	5429843	5136870	131123	130157	825661	796856
铜川	421318	411130	0	0	1701	1701
宝鸡	2173874	1318007	7139	4179	37848	30371
咸阳	2043832	1434350	400567	373662	81161	60397
渭南	1650234	243046	7124	2939	31345	8580
延安	1912612	182293	0	0	5023	0
汉中	1014259	201664	7563	5331	0	0
榆林	850283	91565	16835	0	31844	0
安康	258538	104256	504	0	13203	12141
商洛	155302	49585	0	0	1106	0
甘肃	**10419318**	**7743544**	**282933**	**194739**	**126633**	**94353**
兰州	4881142	4354658	225805	176691	108543	92967
嘉峪关	694161	694161	0	0	0	0
金昌	856554	690763	0	0	0	0
白银	1006220	953098	0	0	0	0
天水	439786	398980	10080	10080	0	0
武威	296667	237091	1425	1425	0	0
张掖	273982	122509	0	0	0	0
平凉	241445	197694	2242	0	6606	0
酒泉	961346	48278	4200	0	11484	1386
庆阳	652217	33794	108	0	0	0
定西	115798	12518	39073	6543	0	0
青海	**1079630**	**484314**	**52191**	**2304**	**17138**	**17138**
西宁	1079630	484314	52191	2304	17138	17138
宁夏	**3252274**	**1759378**	**83531**	**71228**	**252646**	**227026**
银川	1185623	804853	72938	71228	206306	197586
石嘴山	878678	699557	0	0	27857	27857
吴忠	1116237	235882	4004	0	1583	1583
固原	71736	19086	6589	0	16900	0
新疆	**6896128**	**6890007**	**59181**	**59181**	**58998**	**58998**
乌鲁木齐	3003534	2997413	54958	54958	52451	52451
克拉玛依	3892594	3892594	4223	4223	6547	6547

6-6 限额以上工业企业财务

单位:万元

城市	产品销售收入		利税总额		本年应交增值税	
	地区	市区	地区	市区	地区	市区
北京	**38856527**	**38118237**	**2352909**	**2308527**	**1475676**	**1447894**
天津	**42020153**	**38631728**	**2376194**	**2128177**	**1244444**	**1141519**
河北	**57215748**	**32232699**	**3528846**	**1739948**	**2348787**	**1574586**
石家庄	12123579	6682113	886265	424433	457714	319815
唐山	12403634	8570988	941205	590251	555949	396935
秦皇岛	2753657	2183040	96600	76097	90806	65905
邯郸	6025184	4197247	379203	263477	337842	272784
邢台	3860189	1204004	303202	88117	158080	87472
保定	5242289	2147247	301852	84319	170124	65804
张家口	3197569	2894870	62778	56518	190582	179470
承德	1763801	1093260	83175	29058	110628	72526
沧州	3807084	1413070	147487	11678	100052	39822
廊坊	3167731	1003139	151529	60987	93820	41480
衡水	2871031	843721	175550	55013	83190	32573
山西	**24701193**	**13085866**	**1534632**	**543823**	**1661121**	**853218**
太原	5965197	5335187	124147	100074	353819	317169
大同	2263331	1979034	315332	138356	138480	122175
阳泉	1306004	1065204	57695	49871	93000	78915
长治	2256976	1264581	195285	101272	184278	106947
晋城	1441460	687387	161550	43541	131327	52135
朔州	984178	772177	44781	36170	78599	62188
晋中	1808749	512613	58377	8663	111711	30327
运城	3380798	427190	305141	19131	206085	20206
忻州	580144	115285	13737	-1494	47547	9314
临汾	3277360	786997	159063	38823	216141	43330
吕梁	1436996	140211	99524	9416	100134	10512
内蒙古	**11885661**	**8406303**	**602029**	**421741**	**655444**	**429841**
呼和浩特	2274891	1652232	183411	133494	113737	89047
包头	4126649	4077371	160797	158729	188334	185513
乌海	487044	487044	37399	37399	43073	43073
赤峰	1017989	722494	28379	17028	63107	50497
通辽	790287	496586	32883	15396	28297	12734
鄂尔多斯	1818842	674359	125793	44786	120797	30779
海拉尔	515981	59996	-4027	13696	49448	7083

6－6 续表1

单位:万元

城市	产品销售收入		利税总额		本年应交增值税	
	地区	市区	地区	市区	地区	市区
巴彦淖尔	460574	163317	20841	1007	21607	5995
乌兰察布	393404	72904	16553	206	27044	5120
辽宁	**61105010**	**52816641**	**2364132**	**1967254**	**2358462**	**2064537**
沈阳	10659450	10349827	246568	241643	384931	363430
大连	15448043	14066620	612629	543049	381168	337624
鞍山	6245385	4369718	253500	141888	342045	291212
抚顺	4616435	4472405	47934	41956	168092	164252
本溪	4358208	4160616	92392	86941	213372	202881
丹东	1402189	942418	47194	32454	65868	45374
锦州	2509791	2047836	25607	2964	87769	71349
营口	2693206	1772484	104167	64708	77542	58408
阜新	679102	580356	10797	6152	42224	39037
辽阳	3261520	2525224	127759	95510	98385	84004
盘锦	4182698	3870899	709367	706915	262109	257829
铁岭	1116825	609842	46524	25864	67627	35896
朝阳	1189863	418370	55094	－5929	68766	19282
葫芦岛	2742295	2630026	－15400	－16861	98564	93959
吉林	**25677620**	**16939112**	**1582343**	**1432705**	**1049362**	**908029**
长春	14954824	9155018	1064795	1032730	507054	495123
吉林	4856821	4180861	133273	70723	213999	179220
四平	1189362	352680	4213	3105	64060	28353
辽源	500779	306783	－10361	－15117	24843	20275
通化	1487476	1045611	142924	105311	92134	67811
白山	725687	312746	18800	10167	33719	14660
松原	1490700	1278888	208746	209619	89920	85337
白城	471971	306525	19953	16167	23633	17250
黑龙江	**28244227**	**24311444**	**6215896**	**6061196**	**2068209**	**1885707**
哈尔滨	7031550	5545846	239033	160631	310878	248700
齐齐哈尔	1757081	1408768	－48490	－60298	93163	73424
鸡西	752134	440821	50543	32337	52372	34843
鹤岗	391938	352978	24559	24124	32677	31468
双鸭山	449929	284135	10873	9937	25830	22821
大庆	14497084	14359328	5866546	5856193	1347706	1340566
伊春	382299	321967	7833	4797	20922	19051

6－6 续表2

单位:万元

城市	产品销售收入		利税总额		本年应交增值税	
	地区	市区	地区	市区	地区	市区
佳木斯	726162	556064	76425	74362	51979	45486
七台河	424267	356175	－8841	－12235	37614	33437
牡丹江	1053613	640972	－15371	30647	53919	32517
黑河	131026	16565	－5691	－598	13260	2062
绥化	647144	27825	18477	2593	27889	1332
上海	**109826171**	**109224479**	**8056509**	**8025665**	**3841392**	**3823705**
江苏	**174048858**	**96731363**	**7909599**	**4509111**	**5390103**	**3216071**
南京	24529920	23311026	1125060	1062343	894721	864418
无锡	32067553	18181574	1613161	841419	899507	521723
徐州	6708392	4191221	289107	189367	304318	239854
常州	15107655	12724201	656226	555593	429106	331739
苏州	49248746	18867015	2194415	804620	1116686	410745
南通	10528746	3888167	548460	258267	318805	132644
连云港	1938285	1465394	113562	101274	84484	70589
淮安	3427194	2611194	161548	129826	148585	119287
盐城	7224679	1384863	256548	79604	241022	56600
扬州	7726188	3693700	295068	184306	306710	174717
镇江	7665652	3749454	282296	168386	321539	167917
泰州	6519568	2475713	335344	122182	286861	119180
宿迁	1356280	187841	38804	11924	37759	6658
浙江	**125833160**	**63513504**	**7884902**	**4043531**	**4557737**	**2428564**
杭州	31174590	26495983	1941589	1701051	1168495	999151
宁波	26048962	15867906	1892997	1286454	854470	586390
温州	11959808	5410326	662492	266847	484353	197714
嘉兴	10877568	2243043	703628	153910	394044	89942
湖州	5814643	2903532	377121	154432	233820	96467
绍兴	18490024	3084394	1172042	139579	603245	156483
金华	7269909	1258889	395045	85225	282546	65150
衢州	1620075	740402	89237	22850	80050	37213
舟山	1443507	1251205	53645	49385	48492	42337
台州	9210286	3507960	513936	160443	331881	130129
丽水	1923788	749864	83170	23355	76341	27588
安徽	**26076550**	**19963445**	**1565940**	**1243006**	**1243146**	**987563**

6-6 续表 3

单位:万元

城市	产品销售收入		利税总额		本年应交增值税	
	地区	市区	地区	市区	地区	市区
合肥	5185412	4744683	416209	378373	203462	179459
芜湖	3027684	2683974	208996	160716	138405	117247
蚌埠	1292799	1130151	56917	53872	67684	62797
淮南	1663833	1497994	63414	43316	129205	114607
马鞍山	2658935	2447834	337011	332511	172736	165513
淮北	1290419	1210414	43241	42749	95871	95326
铜陵	1822230	1774579	67167	65842	58788	57307
安庆	2270201	1452067	72224	22800	91110	63650
黄山	361175	183322	12325	10794	14478	7938
滁州	1460968	646609	52615	34735	59185	22047
阜阳	875884	503111	12574	4538	32604	23090
宿州	427336	228166	4022	4973	15053	8506
巢湖	1075038	502242	56668	23376	58386	29446
六安	826692	243636	29261	4262	26656	7511
亳州	509003	246354	20144	13819	17941	10378
池州	316064	188329	39858	38620	18069	13285
宣城	1012877	279980	73294	7710	43513	9456
福建	**48189671**	**26958173**	**3111218**	**1817255**	**1438064**	**770797**
福州	11910297	5004077	608700	192088	281600	121558
厦门	13383500	13383500	1084000	1084000	284757	284757
莆田	2078341	1837919	110258	103036	78597	72348
三明	2371567	1223623	139637	125484	127156	68890
泉州	11075680	2818038	668962	161271	352320	84206
漳州	3299178	801108	261884	34497	100443	21093
南平	1530626	740291	64323	34595	66577	32691
龙岩	1610924	1066218	144303	81329	113950	82294
宁德	929558	83399	29151	955	32664	2960
江西	**14290733**	**8467749**	**513839**	**329133**	**682043**	**418499**
南昌	4088976	3459532	232231	210013	182357	162125
景德镇	1039958	819220	18632	15021	38599	29136
萍乡	862751	782956	65902	62721	48346	43790
九江	1699227	1165341	-4581	-25090	76744	49438
新余	1160591	1095008	22243	19130	76775	73445
鹰潭	1412228	71467	45378	2608	42833	1534
赣州	1111618	392753	43251	17334	59548	20109

6－6 续表4

单位:万元

城市	产品销售收入		利税总额		本年应交增值税	
	地区	市区	地区	市区	地区	市区
吉安	640339	166680	15712	7355	34360	11184
宜春	944401	130113	41218	4767	58702	5527
抚州	531237	242313	15308	12618	21491	11877
上饶	799407	142366	18545	2656	42288	10334
山东	**146313441**	**74552195**	**9073238**	**4984159**	**5332236**	**3126265**
济南	12238844	9446382	547096	342030	497559	386565
青岛	25567364	18090331	779321	602186	616799	467356
淄博	13939652	11975493	656416	521824	585960	507653
枣庄	4356485	3051075	252800	214800	230026	160848
东营	7528489	5144445	1812635	1650029	563118	508332
烟台	17695930	5427466	1235284	310169	536945	179689
潍坊	12239598	3405500	649657	185978	410036	145000
济宁	7458435	2380369	608819	168774	348214	95513
泰安	4692516	1216491	211075	44914	206494	49312
威海	13053061	3218950	735551	206168	299012	110740
日照	2053826	1267008	83859	63421	61450	39690
莱芜	2312550	2312550	77448	77448	144423	144423
临沂	6167435	3355828	334813	212001	198761	105604
德州	5307936	1633032	427391	257921	231796	89027
聊城	4898264	791833	304324	36545	157612	42372
滨州	5093783	1499720	305143	76503	188614	74853
菏泽	1709273	335722	51606	13448	55417	19288
河南	**49489960**	**23495611**	**2530322**	**964493**	**1932498**	**1125454**
郑州	8765104	3418861	531792	170171	390011	179610
开封	1291220	450066	33804	－13960	29581	14578
洛阳	5547876	3882978	169083	39110	199348	137011
平顶山	2546443	1577825	90831	45409	162071	115358
安阳	3614488	2161090	167943	125580	191701	142504
鹤壁	960689	491848	28405	16393	34918	28095
新乡	2955959	1354036	109327	57893	90978	47432
焦作	3425074	1313964	262039	121634	144481	80945
濮阳	3011133	2215232	132171	86258	98201	87559
许昌	3367935	982155	223721	57311	104477	51641
漯河	2838539	1580227	145936	86673	62638	49477
三门峡	2160540	465536	195703	23749	67823	22971

6－6 续表 5

单位:万元

城市	产品销售收入		利税总额		本年应交增值税	
	地区	市区	地区	市区	地区	市区
南阳	3560732	1753916	174446	82408	176848	103088
商丘	1311126	450205	99913	17583	54631	13724
信阳	1205093	586722	35573	13047	41585	26618
周口	1689177	303729	79935	13742	39058	3815
驻马店	1238832	507221	49700	21492	44148	21028
湖北	**36841650**	**27757912**	**1853888**	**1509887**	**1766569**	**1293040**
武汉	13299713	13299713	771333	771333	669751	669751
黄石	2048789	1398619	63971	30101	100704	77108
十堰	4288085	3753108	41978	27218	147694	118673
宜昌	2746589	1355274	272652	247837	157092	109217
襄樊	3043073	2113492	168166	92448	297413	109050
鄂州	1517867	1517867	130600	130600	64529	64529
荆门	1961527	1388978	17587	2171	66666	51422
孝感	2189131	353797	156116	87538	75368	10148
荆州	2036638	949646	76831	33113	82766	42070
黄冈	1610830	202962	75756	36618	48849	5456
咸宁	784951	276861	29852	6120	27183	10684
随州	1314457	1147595	49046	44790	28554	24932
湖南	**25109635**	**15647597**	**1048269**	**673989**	**1213075**	**820269**
长沙	5194488	3050561	400102	220707	250262	161679
株洲	2659386	2212389	116230	101660	119055	100151
湘潭	2064764	1674798	47979	46143	111572	98713
衡阳	1970654	926207	64776	46639	70118	35760
邵阳	831824	318766	6105	－6302	35392	12600
岳阳	4176993	3236100	4563	4563	137585	124933
常德	2140196	1298868	128343	120239	151658	117784
张家界	142280	66499	－4813	－2427	8732	3584
益阳	796465	466110	108	－7862	35911	21166
郴州	1780330	699650	95236	23091	104482	40831
永州	987900	681484	80103	71895	50922	38168
怀化	773726	175054	45581	8709	44163	6656
娄底	1590629	841111	63956	46934	93223	58244
广东	**214992500**	**191604992**	**10747499**	**10159705**	**6150303**	**5485118**
广州	40810727	35782038	3184744	3022891	1556036	1440318
韶关	2784966	2132459	218235	200587	161873	127128

6-6 续表6

单位:万元

城市	产品销售收入		利税总额		本年应交增值税	
	地区	市区	地区	市区	地区	市区
深圳	51801132	51801132	3741234	3741234	1287446	1287446
珠海	9807129	9807129	387506	387506	203746	203746
汕头	4876864	4852500	106399	106399	154758	153606
佛山	25662487	25662487	708544	708544	766852	766852
江门	10713883	5596374	147896	110972	264815	146621
湛江	3707518	3045424	403237	403379	142940	115605
茂名	5524040	4333303	81131	50737	129079	87928
肇庆	4177976	1328560	85214	9862	103225	45433
惠州	10131299	8864181	345947	311123	115809	101271
梅州	1209465	323381	64715	-3514	76621	22336
汕尾	532603	287806	10960	9959	17705	11787
河源	27077	11182	18226	3194	28366	8373
阳江	1215090	586778	14222	-745	54937	15905
清远	1122522	392034	22672	-9529	55784	14639
东莞	22598003	22598003	747504	747504	595965	595965
中山	12764297	12764297	364218	364218	303611	303611
潮州	1679275	572208	27554	9130	54795	19098
揭阳	2171812	599129	27732	-13870	20712	16863
云浮	1674335	264587	39609	124	55228	587
广西	**13951404**	**9342119**	**651060**	**430328**	**814842**	**533639**
南宁	2022731	1305914	67563	30601	115947	77209
柳州	4345664	3743939	200909	190027	241557	209187
桂林	1550714	995737	69409	44823	89817	55185
梧州	654934	429633	7418	2743	30647	21319
北海	508267	359084	31397	31852	35409	31295
防城港	481770	420183	20181	18953	6197	3205
钦州	298108	141243	-4	-1573	12325	5664
贵港	489605	376559	-1632	456	25358	19453
玉林	1109337	686528	51714	51333	62691	41994
百色	857820	182578	85173	4419	59683	7974
贺州	1597	1207	0	0	13110	10093
河池	580002	164771	33820	-5683	44486	8319
来宾	622348	415233	55039	51695	47746	33480
崇左	428507	119510	30073	10682	29869	9262
海南	**2110233**	**2110233**	**112045**	**112045**	**90414**	**90414**

6-6 续表 7

单位:万元

城市	产品销售收入		利税总额		本年应交增值税	
	地区	市区	地区	市区	地区	市区
海口	2021031	2021031	110841	110841	85190	85190
三亚	89202	89202	1204	1204	5224	5224
重庆	**15950727**	**13105096**	**859689**	**702618**	**737834**	**585188**
四川	**31570840**	**19918839**	**1716589**	**1179557**	**1511133**	**957283**
成都	9799382	7323585	567195	453587	489544	392307
自贡	1201871	1002774	47605	34409	52872	46971
攀枝花	2070830	1722471	73182	49423	179528	134121
泸州	982839	747481	46290	39752	47994	33458
德阳	2791114	758153	187338	44032	124321	36610
绵阳	3185563	2350303	68599	61273	123779	82103
广元	407471	301609	-25988	-24342	14985	10393
遂宁	616957	227596	39702	19407	23096	4892
内江	1449980	528385	75035	15016	54159	9753
乐山	2081299	1071412	241420	164966	90524	49324
南充	1076767	619500	17397	10100	26182	11600
眉山	1074796	426138	30477	27805	33028	11690
宜宾	2306626	1789901	254111	239184	123843	75261
广安	455867	161431	10562	4724	27848	12002
达州	753757	292199	17795	7436	34446	19599
雅安	429482	155901	42013	26747	31417	13470
巴中	137579	41208	1002	97	8639	704
资阳	748660	398792	22854	5941	24928	13025
贵州	**7007167**	**4704344**	**334880**	**132203**	**424208**	**303410**
贵阳	3682895	2954660	117439	104733	220197	193511
六盘水	1084649	653548	19527	12753	69518	57465
遵义	1585012	777751	152006	6632	100417	39308
安顺	654611	318385	45908	8085	34076	13126
云南	**11585527**	**7723658**	**796206**	**689372**	**925057**	**654084**
昆明	5714850	4198297	335829	312054	400204	299606
曲靖	2191944	1034196	131675	56872	171211	77861
玉溪	2654299	2100553	331939	331213	268767	243286
保山	164325	80028	-1074	3085	13637	6297
昭通	387124	228516	24892	3398	30783	20776
丽江	74693	14005	-4949	200	5874	1169

6-6 续表8

单位:万元

城市	产品销售收入		利税总额		本年应交增值税	
	地区	市区	地区	市区	地区	市区
思茅	210932	55956	-26518	-8795	14850	4023
临沧	187360	12107	4412	-8655	19731	1066
陕西	**17404502**	**11067616**	**912836**	**451277**	**895628**	**512415**
西安	6455260	6169890	338169	338572	273189	261920
铜川	374845	370955	4859	4415	28185	27611
宝鸡	2143222	1486711	43348	21115	114062	75142
咸阳	2416918	1788097	105066	88932	96074	80573
渭南	1960103	492396	50729	2410	104599	16236
延安	1716617	189467	285889	1921	143989	20318
汉中	982854	219935	13474	-9297	42529	11828
榆林	975834	182201	65659	3960	68735	8573
安康	239546	106324	-6083	-10343	17533	7175
商洛	139303	61640	11726	9592	6733	3039
甘肃	**10894183**	**8206587**	**410075**	**195959**	**525708**	**434953**
兰州	5079529	4539320	47971	32833	191319	173186
嘉峪关	853219	853219	63796	63796	74059	74059
金昌	1050875	848293	46922	61897	66551	54481
白银	1059732	1012045	33289	33634	73628	71920
天水	398375	367164	6370	5149	23103	22064
武威	249137	197266	8745	7870	13059	11330
张掖	216379	78090	8418	1023	10239	5445
平凉	363568	197940	4622	-4331	30874	18311
酒泉	872701	51762	35580	-1129	31452	2676
庆阳	625849	44424	152736	-4964	5387	932
定西	124819	17064	1626	181	6037	549
青海	**1254452**	**577713**	**55648**	**14392**	**64786**	**27673**
西宁	1254452	577713	55648	14392	64786	27673
宁夏	**3571002**	**2145524**	**85584**	**40894**	**577054**	**88473**
银川	1449813	1095602	34321	24175	59030	43062
石嘴山	1052563	890800	24894	16924	468840	39457
吴忠	985155	146499	27352	-296	45954	5672
固原	83471	12623	-983	91	3230	282
新疆	**7215187**	**7211830**	**775805**	**775537**	**419687**	**419443**
乌鲁木齐	3138504	3135147	170056	169788	156232	155988
克拉玛依	4076683	4076683	605749	605749	263455	263455

6－7 固定资产投资

单位:万元

城市	固定资产投资完成额		房地产开发投资完成额		住宅	
	地区	市区	地区	市区	地区	市区
北京	**19999107**	**19113272**	**12024763**	**11372937**	**6329718**	**5874489**
天津	**9338629**	**9044154**	**2113876**	**2056308**	**1509252**	**1463018**
河北	**17506145**	**8388690**	**2519514**	**1925803**	**1648205**	**1208834**
石家庄	4155500	2335548	620931	574538	361086	320850
唐山	2147760	1080810	280005	177642	181129	111407
秦皇岛	900626	735439	257356	222386	142760	120994
邯郸	1749488	793022	197788	160515	165311	132471
邢台	1001806	484370	108373	94964	68695	54670
保定	2577246	810676	191215	137214	127805	94987
张家口	745316	434880	160976	95360	115540	53197
承德	728433	320659	148890	106712	95811	64215
沧州	1011689	448085	131160	72986	87340	47820
廊坊	1580822	529214	285321	165768	183832	106986
衡水	907459	415987	137499	117718	118896	101237
山西	**9551802**	**5068626**	**948526**	**841272**	**491613**	**427986**
太原	1973167	1714289	426123	416236	167997	163981
大同	830689	730349	91461	90711	52335	43108
阳泉	326118	254795	65974	48476	47999	37601
长治	1183115	614277	70478	66418	41806	38249
晋城	738676	451131	49088	42279	30096	25541
朔州	488878	362014	25876	25876	13919	13919
晋中	890887	169111	60862	45939	38732	31385
运城	1009308	263724	76252	53309	43524	29119
忻州	481000	122000	6574	4983	4734	4157
临汾	1025425	188746	62151	39442	41161	34320
吕梁	604539	198190	13687	7603	9310	6606
内蒙古	**10028884**	**5284667**	**835881**	**709130**	**485213**	**402276**
呼和浩特	1821221	1110944	273982	272968	124985	124663
包头	2236500	1980700	179100	170211	117404	111251
乌海	467443	467443	38098	38098	28877	28877
赤峰	968449	475471	61430	38662	45472	26659
通辽	920175	525123	73950	65102	30633	25209
鄂尔多斯	1204713	171853	55574	41855	36426	25003
海拉尔	912704	140757	73346	23839	37718	11898

6－7 续表 1

单位:万元

城市	固定资产投资完成额		房地产开发投资完成额		住宅	
	地区	市区	地区	市区	地区	市区
巴彦淖尔	647237	165752	54587	48412	45550	41698
乌兰察布	850442	246624	25814	9983	18148	7018
辽宁	**17511879**	**14379600**	**4863947**	**4433551**	**3442555**	**3104861**
沈阳	5568516	4873900	1773283	1754664	1306195	1288315
大连	4065425	3690826	1511363	1427042	1035736	987938
鞍山	1152291	917932	192573	149130	128613	95997
抚顺	710836	630658	136749	121705	113405	104004
本溪	617000	489220	124316	85035	82424	56105
丹东	482463	295788	132764	103501	93397	75602
锦州	610846	458469	155834	147276	120233	116170
营口	826557	615009	146933	114900	106924	83813
阜新	407652	305739	108760	81570	67781	50835
辽阳	441796	332464	44550	40682	24990	23736
盘锦	1196102	1084839	117260	114360	78766	24708
铁岭	522261	172344	104746	61178	75387	42147
朝阳	397925	205079	113282	77327	74055	50465
葫芦岛	512209	307333	201534	155181	134649	105026
吉林	**7862623**	**6152925**	**1254758**	**1177528**	**921766**	**863239**
长春	2936937	2678181	700020	692750	525272	521902
吉林	2518441	1867082	304976	269889	226428	200949
四平	385192	261928	36687	32587	20990	20990
辽源	237078	221629	53453	51753	32723	31313
通化	383057	216987	61365	44297	44662	23239
白山	257208	86782	34415	25510	25354	21609
松原	723924	574651	33058	33058	23058	23058
白城	420786	245685	30784	27684	23279	20179
黑龙江	**9732139**	**7427547**	**1615573**	**1519322**	**873818**	**815881**
哈尔滨	4229569	3490547	1060366	1029959	500947	487452
齐齐哈尔	662357	458799	180256	177586	136678	135010
鸡西	262456	154099	16971	16471	12559	12359
鹤岗	285744	199012	55443	45513	37940	29310
双鸭山	282263	160015	12964	11974	10357	9367
大庆	2154088	2014872	45369	41539	20381	16701
伊春	165672	128587	31571	26120	26198	21815

6－7 续表2

单位:万元

城市	固定资产投资完成额		房地产开发投资完成额		住宅	
	地区	市区	地区	市区	地区	市区
佳木斯	352078	219566	59392	41061	39049	31615
七台河	242472	217683	42265	39040	28888	25728
牡丹江	556517	256825	86842	76497	45095	40058
黑河	220120	115620	9248	5621	7268	3296
绥化	318803	11922	14886	7941	8458	3170
上海	**22735547**	**22604147**	**9012427**	**8993027**	**6762825**	**6743925**
江苏	**40543986**	**28557948**	**8094676**	**5593725**	**5964850**	**4105445**
南京	7944136	7682998	1838038	1771904	1293320	1253300
无锡	5978468	4416944	1317920	928174	1033558	727146
徐州	2866730	1953674	300958	180912	233404	132043
常州	3049055	2541382	527754	457158	369717	316737
苏州	8551063	4870857	1779403	913967	1481696	793253
南通	2308202	1103908	483169	264114	318225	149882
连云港	1605477	1239623	197645	156578	116550	86939
淮安	1475583	1160508	215353	198669	117688	104411
盐城	1458258	592301	231264	67392	181822	58798
扬州	1754181	1075231	438181	259968	301559	200704
镇江	1532128	1087415	322858	220983	231514	170949
泰州	1360926	566873	311484	123536	202643	83991
宿迁	659779	266234	130649	50370	83154	27292
浙江	**31109137**	**18785227**	**9800514**	**6316462**	**7158355**	**4676033**
杭州	7169624	6051400	2588452	2176433	1940139	1624373
宁波	5546918	4028138	1842589	1187784	1368423	914055
温州	3255600	2273087	1349297	970360	969086	686020
嘉兴	2829012	1281811	724390	345327	557448	262700
湖州	1206131	659339	415160	184357	243926	110152
绍兴	2956118	1096048	744682	342533	541020	249343
金华	2717389	983894	775553	359814	547910	282491
衢州	1400686	693115	355283	212421	230934	133087
舟山	787562	440245	181872	156714	162892	141362
台州	1883271	855583	564954	306757	424154	218201
丽水	1356826	422567	258282	73962	172423	54249
安徽	**11541060**	**8360655**	**2406505**	**2019817**	**1790334**	**1437414**

6－7 续表3

单位:万元

城　　市	固定资产投资完成额		房地产开发投资完成额		住宅	
	地　区	市　区	地　区	市　区	地　区	市　区
合　　肥	2445667	2174187	896970	873776	638531	620815
芜　　湖	1265977	1062619	259285	223661	233002	147060
蚌　　埠	697928	525286	135081	122966	114569	105662
淮　　南	477699	443087	67286	64339	54425	33477
马 鞍 山	1019143	899597	136244	118274	133447	117269
淮　　北	462000	424843	60655	59510	47578	46465
铜　　陵	426414	397839	93126	77987	60567	49535
安　　庆	791059	339382	105231	70484	81113	43469
黄　　山	451063	336865	108456	79906	57806	44147
滁　　州	455170	185946	66846	48754	45559	39784
阜　　阳	504274	315357	79321	74868	57784	54307
宿　　州	354239	192576	44776	35567	24852	17740
巢　　湖	500720	324652	75064	32204	59589	13212
六　　安	454151	174810	93270	41167	52401	23822
亳　　州	295904	234781	46034	38314	46034	38314
池　　州	311361	215128	46293	33211	36028	26615
宣　　城	628291	113700	92567	24829	47049	15721
福　　建	**12236112**	**7592937**	**3620657**	**2863975**	**2376658**	**1926114**
福　　州	3755708	2734093	1670394	1455845	1136397	984478
厦　　门	2375028	2375028	792737	792737	548790	548790
莆　　田	418383	372848	85544	75472	42103	38245
三　　明	802335	233108	89816	39467	51784	21135
泉　　州	1782200	781188	391318	198396	262251	145643
漳　　州	1143856	298442	209877	121951	102980	70391
南　　平	778196	236662	134460	53403	90748	43298
龙　　岩	600200	357202	110509	72638	61439	44167
宁　　德	580206	204366	136002	54066	80166	29967
江　　西	**9097522**	**3792912**	**1773460**	**1349016**	**1067637**	**707950**
南　　昌	2097382	1125353	600118	573121	445574	299033
景 德 镇	536037	380405	171012	165164	63766	59723
萍　　乡	531584	366917	68074	63808	27353	25564
九　　江	1181607	623524	122990	96993	70905	54096
新　　余	313618	275004	62343	60823	23027	18687
鹰　　潭	287552	73452	43623	31335	22418	12431
赣　　州	1443100	253547	134959	66316	78786	39758

6－7 续表4

单位:万元

城市	固定资产投资完成额		房地产开发投资完成额		住宅	
	地区	市区	地区	市区	地区	市区
吉安	627366	93124	121713	57269	81986	44387
宜春	640266	150153	107133	56830	44437	21897
抚州	588894	256862	167466	113056	110372	77541
上饶	850116	194571	174029	64301	99013	54833
山东	**41043116**	**21230087**	**5819041**	**4350923**	**4127587**	**2968863**
济南	4293567	2127941	897967	852309	740877	699673
青岛	5475526	2181532	1277969	971116	938652	694383
淄博	3235387	3074571	363655	338133	229038	213589
枣庄	926275	672972	148758	105463	115433	75791
东营	2738323	2278457	202712	182074	98461	81263
烟台	4579894	2244766	717756	427030	490369	301786
潍坊	3108202	1102942	371004	157007	263041	103862
济宁	2295091	754460	249058	152205	153203	91996
泰安	1558527	647072	150760	112223	115678	82352
威海	2867106	1249063	436945	329845	314420	210363
日照	1071738	932619	141724	124739	90305	74814
莱芜	635430	635430	28192	28192	23038	23038
临沂	2070777	1154901	232469	182183	120427	80338
德州	2482785	852458	233692	190495	160364	129985
聊城	1194815	326527	226455	120206	181440	60720
滨州	1622362	577838	57101	27643	45244	18534
菏泽	887311	416538	82824	50060	47597	26376
河南	**16168887**	**8439939**	**1851100**	**1603931**	**1348205**	**1207683**
郑州	3733908	1794623	742644	697784	642084	607009
开封	430037	328171	72739	71948	38655	38440
洛阳	1432121	926787	208155	168260	149990	140220
平顶山	592515	351518	34476	32594	25780	24543
安阳	775445	489115	110769	101677	77875	71669
鹤壁	272127	222311	11330	11330	6241	6241
新乡	1175984	491697	122509	87322	55743	43072
焦作	864989	563777	67429	48438	28722	22566
濮阳	853114	718404	51162	47991	37482	34390
许昌	653855	230468	45118	38811	36006	30318
漯河	438430	213624	52605	46855	45398	41388
三门峡	608712	153115	12184	8699	11283	7863

6－7 续表5

单位:万元

城市	固定资产投资完成额		房地产开发投资完成额		住宅	
	地区	市区	地区	市区	地区	市区
南阳	1468525	865099	110760	98813	63046	55563
商丘	914192	364333	33424	26390	27954	21570
信阳	842943	329411	86225	41303	55631	26648
周口	667000	230852	63905	55060	28453	21189
驻马店	444990	166634	25666	20656	17862	14994
湖北	**14517973**	**11002208**	**2348069**	**2213793**	**1711551**	**1599787**
武汉	6228215	6228215	1695468	1695468	1248271	1248271
黄石	585548	394188	43312	29337	30685	22237
十堰	546463	315700	94681	84229	57251	47772
宜昌	2359031	1846780	127950	110486	94687	83830
襄樊	908019	633625	117245	93235	85543	67921
鄂州	293657	293657	23407	23407	21117	21117
荆门	523404	176192	39353	34891	36081	29405
孝感	716769	180018	53701	25880	36178	14174
荆州	790000	406077	69725	57039	43305	31216
黄冈	774082	213529	35097	25665	22506	7928
咸宁	512733	127703	19771	8334	13359	5778
随州	280052	186524	28359	25822	22568	20138
湖南	**12103004**	**7167743**	**2402335**	**2001084**	**1380574**	**1115316**
长沙	4339489	2979901	1225551	1103388	732833	645502
株洲	823635	622699	184631	150013	90363	71920
湘潭	628976	496177	118657	101075	75842	53995
衡阳	824337	400535	115094	115094	64523	62382
邵阳	374293	125789	66020	34747	23572	12256
岳阳	957536	518720	118558	67758	52334	28260
常德	799597	413942	146735	96816	96483	67153
张家界	322613	157069	41894	39738	21866	20045
益阳	439641	250531	79050	60995	37319	26384
郴州	1001767	364947	166813	127110	90477	66315
永州	574900	259722	25405	19390	15958	11493
怀化	395016	121974	73828	48546	64632	37892
娄底	621204	455737	40099	36414	14372	11719
广东	**39109248**	**33489774**	**12335222**	**11580606**	**8225377**	**7651656**
广州	10885608	10269134	4194806	3910617	3172115	2958572
韶关	924740	389571	100853	53508	51997	23223

6－7 续表6

单位：万元

城市	固定资产投资完成额		房地产开发投资完成额		住宅	
	地区	市区	地区	市区	地区	市区
深圳	8753965	8735965	4126636	4126636	2501914	2501914
珠海	1007728	1007728	388141	388141	266058	266058
汕头	862391	849811	150494	150494	112641	112641
佛山	2130698	2130698	885028	885028	568435	568435
江门	1310608	558269	238671	174117	173135	123796
湛江	924637	689142	114567	94102	77564	63861
茂名	715590	297774	53051	31778	32517	24466
肇庆	766252	333727	164823	128800	113542	89710
惠州	1994490	1774844	272724	252541	171787	155665
梅州	782214	343000	129531	22400	119437	11500
汕尾	307062	124591	21180	10090	13463	6813
河源	440429	158890	46396	28911	28956	16267
阳江	429308	224496	112318	80860	66382	48617
清远	775463	310765	137985	109342	71885	49042
东莞	2441152	2441152	551184	551184	329857	329857
中山	2263796	2263796	519381	519381	255896	255896
潮州	344374	194532	37877	24110	30446	20241
揭阳	674389	259935	58483	26923	46744	18207
云浮	374354	131954	31093	11643	20606	6875
广西	**7669555**	**4269138**	**1201369**	**981096**	**730790**	**621742**
南宁	1699199	1275377	394830	353820	229928	210433
柳州	1016780	823254	278999	267266	201884	195537
桂林	830104	393208	262400	162623	144286	89965
梧州	352286	229227	54389	46608	34400	33550
北海	425785	324611	47385	45938	33514	32722
防城港	190865	119218	12065	5197	8308	4415
钦州	437173	264032	16291	11073	10672	8719
贵港	351231	218807	47384	30671	25696	16982
玉林	467384	165137	30366	24839	16635	14490
百色	579816	191826	25744	12063	16495	8082
贺州	221781	110438	12653	9818	1793	832
河池	479315	63870	9525	6127	4278	4040
来宾	328031	57499	9227	5053	2901	1975
崇左	289805	32634	111	0	0	0
海南	**1228623**	**1228623**	**360726**	**360726**	**288124**	**288124**

6－7 续表 7

单位:万元

城市	固定资产投资完成额		房地产开发投资完成额		住宅	
	地区	市区	地区	市区	地区	市区
海口	992462	992462	277007	277007	226977	226977
三亚	236161	236161	83719	83719	61147	61147
重庆	**11868146**	**7071316**	**3278881**	**2695298**	**1774341**	**1419081**
四川	**17539192**	**11236661**	**4519646**	**3517057**	**3297445**	**2553254**
成都	7880037	6000285	2453991	2127754	1890935	1625787
自贡	343890	275015	124627	111710	78308	69116
攀枝花	636250	592641	92829	91129	77563	76763
泸州	572213	475180	191590	160855	128153	102522
德阳	680663	248761	150412	75405	113512	55221
绵阳	923027	587786	301223	246026	224589	178385
广元	343402	239085	51103	44026	33238	28473
遂宁	512722	259228	82027	64548	55615	41606
内江	468208	231561	116961	64960	64013	37546
乐山	590499	294821	130436	78653	102711	62870
南充	833870	370748	167079	111438	94392	57327
眉山	760016	315961	149271	83444	89565	49256
宜宾	840701	492843	136793	77221	93897	51270
广安	580003	247841	94084	57460	66466	41611
达州	647353	228569	140054	43511	90295	26769
雅安	453228	131761	30798	28268	17065	15915
巴中	189071	104567	49190	21897	36889	14748
资阳	284039	140008	57178	28752	40239	18069
贵州	**4071864**	**2664359**	**849940**	**793084**	**450241**	**414995**
贵阳	2309086	2007897	611961	591523	305696	293879
六盘水	458266	220173	50268	42264	34981	29763
遵义	1151868	345584	160474	136928	93083	77517
安顺	152644	90705	27237	22369	16481	13836
云南	**6333275**	**2208217**	**981498**	**870721**	**714424**	**632947**
昆明	3416701	1104266	700700	649965	521439	478123
曲靖	929776	227273	47819	35784	40524	28389
玉溪	527522	256362	52234	39054	35766	28195
保山	227162	87019	21260	14890	9046	7246
昭通	297237	117311	23914	17870	14566	13580
丽江	280969	161562	105434	92239	73460	63589

6-7 续表 8

单位:万元

城市	固定资产投资完成额		房地产开发投资完成额		住宅	
	地区	市区	地区	市区	地区	市区
思茅	337573	92785	17774	12064	10070	7152
临沧	316335	161639	12363	8855	9553	6673
陕西	**10578237**	**6495995**	**1873792**	**1754008**	**1202363**	**1116135**
西安	4457381	4229306	1248177	1248177	783868	783868
铜川	209934	200084	26777	25893	24499	23615
宝鸡	891814	384734	130044	103491	100328	84468
咸阳	1079508	636894	115920	110470	48669	45471
渭南	717359	134300	38208	18491	24923	11312
延安	1061225	316701	64523	52081	48961	40425
汉中	352470	149823	127000	99556	101213	80271
榆林	1169000	232166	48269	43756	15373	13289
安康	401609	134747	66969	45738	48478	28915
商洛	237937	77240	7905	6355	6051	4501
甘肃	**5220702**	**3263969**	**499122**	**446628**	**343917**	**298374**
兰州	2028339	1775174	301456	295743	198156	193308
嘉峪关	285172	285172	23717	23717	22023	22023
金昌	221203	178560	4200	2750	4100	2650
白银	395461	223202	12858	11954	9417	8513
天水	275516	202768	47155	35324	30321	24690
武威	260689	100995	22477	21361	12778	11662
张掖	376205	155622	20568	14703	16502	8485
平凉	293819	47172	17709	12346	10661	6929
酒泉	435227	132673	23032	16248	19186	12834
庆阳	452022	127913	12190	8152	11580	6401
定西	197049	34718	13760	4330	9193	879
青海	**761128**	**478736**	**188950**	**188950**	**127292**	**127292**
西宁	761128	478736	188950	188950	127292	127292
宁夏	**2520785**	**1463190**	**508872**	**440081**	**350361**	**303248**
银川	1336232	992402	393550	373654	279647	264445
石嘴山	436965	319925	49459	39668	36385	27784
吴忠	446264	24960	53265	17848	27121	4912
固原	301324	125903	12598	8911	7208	6107
新疆	**2665696**	**2650238**	**507373**	**506137**	**270692**	**270292**
乌鲁木齐	1803200	1787742	461572	460336	232970	232570
克拉玛依	862496	862496	45801	45801	37722	37722

6-8 外商直接投资

地区	当年新签项目(合同)个数(个)		当年合同外资金额(万美元)		当年实际使用外资金额(万美元)	
	地区	市区	地区	市区	地区	市区
北京	**1360**	**1303**	**327132**	**310014**	**214675**	**210275**
天津	**941**	**896**	**351297**	**343499**	**163325**	**158878**
河北	**529**	**235**	**179669**	**82554**	**145591**	**67432**
石家庄	95	39	36890	8362	25414	11849
唐山	65	42	18990	9208	20198	11909
秦皇岛	62	49	27512	24415	15443	12556
邯郸	17	9	28367	12744	8528	2333
邢台	32	8	5253	948	5784	1253
保定	82	40	21160	12919	26603	12261
张家口	12	2	7752	1510	2183	2101
承德	16	1	10543	2568	7509	2276
沧州	54	8	8087	2721	8404	186
廊坊	68	30	12754	6717	18686	8653
衡水	26	7	2361	442	6839	2055
山西	**93**	**54**	**46880**	**30016**	**19868**	**13679**
太原	35	30	13662	12727	11887	11336
大同	10	8	7611	7350	96	96
阳泉	5	5	670	670	803	778
长治	4	1	3669	2986	1162	815
晋城	8	4	2170	1900	859	654
朔州	1	0	1000	0	0	0
晋中	10	4	3119	2806	300	0
运城	12	0	8545	0	3642	0
忻州	0	0	0	0	0	0
临汾	6	2	3118	1577	792	0
吕梁	2	0	3316	0	327	0
内蒙古	**138**	**86**	**65953**	**33062**	**35939**	**22208**
呼和浩特	46	40	12865	10704	10546	5559
包头	15	15	6623	6623	12143	12143
乌海	2	2	950	950	0	0
赤峰	15	14	7822	5711	1063	1034
通辽	8	3	4851	2300	1353	600
鄂尔多斯	14	7	6002	763	4604	739
海拉尔	14	1	1339	497	1860	453

6－8 续表1

地　　区	当年新签项目(合同)个数(个)		当年合同外资金额(万美元)		当年实际使用外资金额(万美元)	
	地　区	市　区	地　区	市　区	地　区	市　区
巴彦淖尔	5	1	9095	4559	4045	1550
乌兰察布	19	3	16406	955	325	130
辽　宁	**2322**	**1973**	**970070**	**805353**	**555330**	**490723**
沈　阳	743	724	225074	219747	224237	219610
大　连	879	795	457489	389172	221126	195144
鞍　山	69	40	63066	39393	22651	13091
抚　顺	53	45	14044	9770	6776	5866
本　溪	30	26	11986	10387	3559	2925
丹　东	147	70	24333	15110	10106	4517
锦　州	47	33	30000	23572	13131	12393
营　口	130	82	68320	44339	21530	16895
阜　新	45	37	4783	3970	2230	1902
辽　阳	60	47	11443	9117	4005	2418
盘　锦	37	22	21172	16574	8100	6437
铁　岭	38	22	22476	13258	10196	6565
朝　阳	24	14	4845	2510	3088	844
葫芦岛	20	16	11039	8434	4595	2116
吉　林	**202**	**164**	**61600**	**49475**	**84880**	**74580**
长　春	109	103	38898	38634	75101	68267
吉　林	40	35	10027	4587	6020	5164
四　平	11	7	3532	2980	288	189
辽　源	3	3	2578	2578	450	450
通　化	16	10	1250	505	1150	480
白　山	8	3	1422	141	585	0
松　原	9	1	3782	15	1252	10
白　城	6	2	111	35	34	20
黑龙江	**231**	**154**	**51082**	**46721**	**32577**	**29717**
哈尔滨	125	101	32270	31818	22603	22300
齐齐哈尔	12	7	1237	687	1934	1804
鸡　西	9	5	1974	1030	785	502
鹤　岗	1	1	10	10	12	12
双鸭山	5	1	771	250	70	0
大　庆	10	10	2452	2452	1839	1839
伊　春	12	10	607	567	183	177

6－8 续表2

地　区	当年新签项目（合同）个数（个）		当年合同外资金额（万美元）		当年实际使用外资金额（万美元）	
	地　区	市　区	地　区	市　区	地　区	市　区
佳木斯	12	2	566	130	137	41
七台河	3	2	383	321	1300	1100
牡丹江	27	14	9899	8856	2277	1857
黑　河	1	1	600	600	85	85
绥　化	14	0	313	0	1352	0
上　海	**4321**	**4305**	**1106371**	**1105979**	**585022**	**584125**
江　苏	**7301**	**3454**	**3077970**	**1702253**	**1580370**	**905137**
南　京	843	743	400933	378081	221022	212890
无　锡	1007	634	500763	334509	270057	189117
徐　州	166	81	57301	30508	34095	17304
常　州	533	409	205376	161486	85522	64246
苏　州	2399	943	1249606	513941	680511	294402
南　通	906	124	231084	83431	73092	29556
连云港	235	98	50863	30728	21240	13920
淮　安	66	40	13820	9464	10036	8093
盐　城	147	19	35267	7763	23907	5044
扬　州	295	156	95095	66682	48097	29473
镇　江	440	114	175381	58802	80552	27152
泰　州	217	81	47966	18595	30269	13548
宿　迁	47	12	14515	8263	1970	392
浙　江	**4541**	**2301**	**1204198**	**644183**	**545675**	**299586**
杭　州	869	684	200104	165994	100850	83875
宁　波	1209	787	344382	227643	172727	116787
温　州	174	108	29528	19057	11969	7603
嘉　兴	635	206	209639	80083	79768	28324
湖　州	479	176	144777	61931	53734	23634
绍　兴	568	114	150121	33226	74271	15760
金　华	325	81	70183	22051	25750	10193
衢　州	39	22	5397	4372	2069	1381
舟　山	33	28	5001	4649	1704	1406
台　州	200	87	40204	22039	21588	10452
丽　水	10	8	4862	3138	1245	171
安　徽	**441**	**310**	**113628**	**82503**	**97336**	**78899**

6－8 续表 3

地　区	当年新签项目(合同)个数(个)		当年合同外资金额(万美元)		当年实际使用外资金额(万美元)	
	地　区	市　区	地　区	市　区	地　区	市　区
合　肥	102	99	25439	22797	26048	25096
芜　湖	75	53	12208	7118	21000	16974
蚌　埠	18	10	3577	1843	8065	7658
淮　南	11	11	9056	9056	8126	8126
马鞍山	27	24	8109	7995	3000	2972
淮　北	15	14	4838	4838	3061	3061
铜　陵	9	9	2060	2060	4546	4546
安　庆	18	11	4246	2807	1338	471
黄　山	15	13	2660	2501	3105	2548
滁　州	27	11	3186	1706	4015	2343
阜　阳	24	16	14867	11143	654	225
宿　州	12	7	1235	263	1146	531
巢　湖	30	9	9273	1908	4329	1105
六　安	13	3	2464	1803	534	334
亳　州	9	8	2105	2008	2504	1798
池　州	12	9	3779	2593	2050	872
宣　城	24	3	4526	64	3815	239
福　建	**2257**	**1032**	**721205**	**359064**	**501101**	**271773**
福　州	360	221	161412	70649	130198	77828
厦　门	374	374	166949	166949	124286	124286
莆　田	51	44	20972	20073	25069	22180
三　明	66	13	10292	1793	7286	1414
泉　州	904	270	209100	68466	99360	31636
漳　州	268	58	101049	11580	75016	5347
南　平	161	35	35558	11314	27659	5616
龙　岩	41	14	6493	3107	4639	2058
宁　德	32	3	9380	5133	7588	1408
江　西	**3055**	**709**	**229690**	**97706**	**192985**	**82617**
南　昌	172	130	73579	53238	58350	48250
景德镇	29	29	15208	13909	10291	9772
萍　乡	24	17	7013	3593	3924	1619
九　江	90	24	28498	12104	32815	11879
新　余	24	22	4307	4127	3715	3655
鹰　潭	15	7	4125	495	2678	878
赣　州	179	30	51575	6607	47626	5485

6－8 续表4

地　区	当年新签项目(合同)个数(个)		当年合同外资金额(万美元)		当年实际使用外资金额(万美元)	
	地　区	市　区	地　区	市　区	地　区	市　区
吉　安	85	0	15993	0	10200	0
宜　春	53	4	12811	2680	8391	208
抚　州	2337	443	8751	318	6415	236
上　饶	47	3	7830	635	8580	635
山　东	**5299**	**2312**	**1994637**	**855711**	**956649**	**486890**
济　南	170	134	70909	59958	65329	58825
青　岛	2248	855	800581	331728	281480	171628
淄　博	169	136	61607	50025	35058	27349
枣　庄	32	24	15316	10745	4681	3002
东　营	68	40	29232	19745	26334	20640
烟　台	938	481	401103	166286	204995	85653
潍　坊	288	84	100275	14268	50331	8475
济　宁	136	52	59286	22891	23020	11893
泰　安	67	39	25003	18696	15017	10134
威　海	642	246	221463	75750	109820	39557
日　照	67	50	22061	20518	13272	12488
莱　芜	36	36	12273	12273	6156	6156
临　沂	142	49	32376	20295	24255	17361
德　州	113	33	50100	11896	33592	7063
聊　城	49	4	17752	1160	12203	891
滨　州	62	19	53062	8053	38208	2232
菏　泽	72	30	22238	11424	12898	3543
河　南	**325**	**136**	**162401**	**76765**	**69910**	**30656**
郑　州	98	30	48422	15402	29120	5676
开　封	16	9	5550	3622	1494	962
洛　阳	19	13	12018	7189	967	461
平顶山	9	4	5970	2658	2648	2082
安　阳	8	7	6097	6088	3200	3100
鹤　壁	7	7	580	580	1223	911
新　乡	17	9	5919	2806	4526	4303
焦　作	18	5	12029	4262	2996	1902
濮　阳	10	1	3807	53	3021	412
许　昌	18	9	7803	6038	734	208
漯　河	24	16	8066	5028	4981	3831
三门峡	13	4	16969	13159	4199	2955

6－8 续表5

地　区	当年新签项目(合同)个数(个)		当年合同外资金额(万美元)		当年实际使用外资金额(万美元)	
	地　区	市　区	地　区	市　区	地　区	市　区
南　阳	23	7	8920	650	3492	923
商　丘	16	5	5805	1729	2200	653
信　阳	10	2	4711	418	2002	248
周　口	7	2	4353	3411	2055	1237
驻马店	12	6	5382	3672	1052	792
湖　北	**600**	**459**	**348560**	**307710**	**268013**	**243662**
武　汉	290	290	243989	243989	176155	176155
黄　石	22	17	15443	14137	15410	13600
十　堰	36	10	11223	3961	3050	889
宜　昌	40	22	30372	23922	33445	31692
襄　樊	20	13	7588	6825	6604	5717
鄂　州	15	15	2712	2712	5021	5021
荆　门	33	18	3865	1892	6285	3928
孝　感	32	12	4724	1191	6574	2257
荆　州	30	21	9611	5720	5501	3382
黄　冈	39	12	14511	720	4948	302
咸　宁	24	11	2411	536	4527	541
随　州	19	18	2111	2105	493	178
湖　南	**582**	**243**	**203614**	**74462**	**154200**	**71922**
长　沙	122	76	77674	33487	50209	27124
株　洲	43	31	14181	8061	9007	7096
湘　潭	28	9	20405	3521	11116	8629
衡　阳	103	16	18672	1826	15208	2800
邵　阳	26	10	3714	1294	4550	1514
岳　阳	62	31	12576	7447	12300	7300
常　德	34	15	14113	6962	10642	3447
张家界	15	10	4157	3049	1544	1222
益　阳	22	15	2349	1877	5419	3545
郴　州	54	17	17099	5071	20952	7895
永　州	34	10	7490	977	5075	460
怀　化	9	0	2407	0	1922	0
娄　底	30	3	8777	890	6256	890
广　东	**7449**	**6327**	**2105310**	**1769460**	**1587527**	**1335305**
广　州	870	777	351117	320831	258076	233673
韶　关	110	35	32596	7364	30498	10906

6－8 续表6

地区	当年新签项目（合同）个数（个）		当年合同外资金额（万美元）		当年实际使用外资金额（万美元）	
	地区	市区	地区	市区	地区	市区
深圳	2254	2254	484700	484700	362300	362300
珠海	508	508	170707	170707	94153	94153
汕头	78	77	99160	99060	20190	19740
佛山	346	346	126570	126570	122508	122508
江门	374	183	106739	67812	84935	42423
湛江	50	33	25663	19951	18012	15384
茂名	199	52	14499	6319	10103	3014
肇庆	145	57	91953	18100	68202	15084
惠州	388	234	154329	101466	140703	99883
梅州	90	48	19709	10850	15875	7930
汕尾	39	19	13700	9741	12689	9658
河源	136	27	41542	5665	17568	2737
阳江	47	17	14188	5245	13256	5310
清远	183	100	55079	32046	18015	11316
东莞	1132	1132	144780	144780	175400	175400
中山	374	374	119546	119546	94660	94660
潮州	45	23	12040	10316	11928	4324
揭阳	32	9	12561	2793	14191	3100
云浮	49	22	14132	5598	4265	1802
广西	**331**	**225**	**95688**	**82276**	**47586**	**40067**
南宁	60	52	34226	32659	9476	8137
柳州	18	17	2611	2571	6272	6272
桂林	57	36	7337	4520	6354	5539
梧州	68	68	20242	20242	8300	8300
北海	25	0	11710	10908	3002	2200
防城港	17	13	5149	4779	2639	2191
钦州	16	11	2107	1965	757	531
贵港	12	2	2592	285	2540	221
玉林	19	5	808	220	4013	3930
百色	7	4	2190	1425	1533	1370
贺州	24	16	2099	1448	1994	1376
河池	2	0	2125	0	400	0
来宾	1	1	1325	1254	88	0
崇左	5	0	1167	0	218	0
海南	**115**	**115**	**16398**	**16398**	**46383**	**46383**

6－8 续表 7

地　区	当年新签项目(合同)个数(个)		当年合同外资金额(万美元)		当年实际使用外资金额(万美元)	
	地　区	市　区	地　区	市　区	地　区	市　区
海　口	93	93	14030	14030	27693	27693
三　亚	22	22	2368	2368	18690	18690
重　庆	**187**	**161**	**55301**	**44992**	**31112**	**29330**
四　川	**599**	**376**	**120507**	**94660**	**70770**	**45156**
成　都	203	154	66874	58529	42549	27329
自　贡	208	125	245	223	1823	1801
攀枝花	7	4	3891	3546	2070	1653
泸　州	19	14	3407	2809	649	514
德　阳	20	8	10041	3848	3980	670
绵　阳	15	11	7158	6483	1234	1059
广　元	2	2	2880	2880	0	0
遂　宁	2	1	2124	2100	1884	1246
内　江	3	2	695	625	601	601
乐　山	15	13	13225	8103	8103	5503
南　充	75	25	3074	1895	2500	2500
眉　山	4	1	1432	820	981	478
宜　宾	7	7	1820	1820	519	519
广　安	2	0	824	0	1753	0
达　州	4	1	670	175	93	73
雅　安	4	0	1223	0	219	0
巴　中	0	0	0	0	0	0
资　阳	9	8	924	804	1812	1210
贵　州	**43**	**38**	**10692**	**9708**	**10305**	**9710**
贵　阳	35	34	9317	9317	7492	7492
六盘水	0	0	0	0	1713	1698
遵　义	7	4	1057	391	1057	520
安　顺	1	0	318	0	43	0
云　南	**98**	**12**	**27405**	**2068**	**9920**	**986**
昆　明	58	0	15433	0	5148	0
曲　靖	8	4	5405	628	2911	110
玉　溪	22	4	3310	925	844	596
保　山	2	0	1601	0	376	0
昭　通	1	1	320	320	75	75
丽　江	3	3	195	195	195	195

6-8 续表8

地　区	当年新签项目(合同)个数(个)		当年合同外资金额(万美元)		当年实际使用外资金额(万美元)	
	地　区	市　区	地　区	市　区	地　区	市　区
思　茅	0	0	0	0	259	10
临　沧	4	0	1141	0	112	0
陕　西	**231**	**161**	**120906**	**105796**	**33342**	**27832**
西　安	132	132	96380	96380	25557	25557
铜　川	2	2	907	907	230	230
宝　鸡	17	9	2929	2579	0	0
咸　阳	14	12	5792	4965	2157	1849
渭　南	9	1	6248	24	1780	24
延　安	0	0	300	0	512	12
汉　中	49	5	4308	941	1075	160
榆　林	0	0	0	0	1508	0
安　康	3	0	84	0	75	0
商　洛	5	0	3958	0	448	0
甘　肃	**54**	**47**	**25217**	**20677**	**1090**	**569**
兰　州	39	39	18900	18900	0	0
嘉峪关	0	0	0	0	0	0
金　昌	0	0	0	0	0	0
白　银	5	4	4181	688	123	24
天　水	0	0	0	0	0	0
武　威	3	2	413	27	133	27
张　掖	0	0	178	178	248	248
平　凉	0	0	0	0	0	0
酒　泉	4	2	1383	884	456	270
庆　阳	2	0	42	0	42	0
定　西	1	0	120	0	88	0
青　海	**28**	**28**	**9588**	**9588**	**776**	**776**
西　宁	28	28	9588	9588	776	776
宁　夏	**33**	**16**	**8235**	**2251**	**5016**	**2940**
银　川	13	13	2100	2100	2878	2878
石嘴山	7	3	635	151	600	62
吴　忠	0	0	0	0	0	0
固　原	13	0	5500	0	1538	0
新　疆	**31**	**31**	**5779**	**5779**	**1400**	**1400**
乌鲁木齐	31	31	5779	5779	1400	1400
克拉玛依	0	0	0	0	0	0

6－9 财政金融(不包括市辖县)

单位:万元

城市	地方财政预算内收入	地方财政预算内支出	城市维护建设费	科学事业费支出	教育事业费支出	城乡居民储蓄年末余额
北京	**5815478**	**7057965**	**343112**	**106753**	**947933**	**52045282**
天津	**1996169**	**3010624**	**272376**	**19298**	**434945**	**18253200**
河北	**1384804**	**2116324**	**133853**	**9905**	**277891**	**22266749**
石家庄	316341	426010	28668	2745	62088	5436477
唐山	263777	435750	23297	1575	63626	4188705
秦皇岛	124763	205824	21789	376	25700	2022919
邯郸	123888	138171	8195	630	12263	2615098
邢台	68289	107871	4469	386	12956	1394227
保定	126014	178494	5901	541	20576	1655301
张家口	79089	194035	11353	772	18897	1357478
承德	49970	106582	4747	492	12336	765664
沧州	115430	119953	6071	1066	15399	982487
廊坊	73843	128365	16281	776	22677	1147999
衡水	43400	75269	3082	546	11373	700394
山西	**677870**	**1024767**	**78541**	**3839**	**159620**	**14868103**
太原	300295	360553	45993	1183	44442	5894732
大同	114916	200624	11063	1118	31098	2463189
阳泉	53193	86448	4238	295	12888	798879
长治	67491	110889	5668	700	18237	1064469
晋城	49756	71717	3697	355	9084	823753
朔州	33389	60419	1145	84	12131	390404
晋中	14447	32959	1035	41	6708	767701
运城	10854	23997	272	33	4798	625738
忻州	7583	22166	323	22	6874	596498
临汾	19399	38059	4255	5	9202	1194819
吕梁	6547	16936	852	3	4158	247921
内蒙古	**589841**	**1009143**	**91373**	**1854**	**126418**	**8042279**
呼和浩特	165838	293662	45858	178	32587	2313183
包头	237616	370686	18772	1280	32044	2265401
乌海	35132	83699	3853	242	7696	504074
赤峰	32172	85795	6969	36	22531	974664
通辽	18687	49766	6297	39	10014	280000
鄂尔多斯	39519	41978	2933	21	4144	412294
海拉尔	25135	19387	388	28	4605	410690

6－9 续表 1

单位：万元

城　　市	地方财政预算内收入	地方财政预算内支出	城市维护建设费	科学事业费支出	教育事业费支出	城乡居民储蓄年末余额
巴彦淖尔	20209	36831	1917	12	9837	430103
乌兰察布	15533	27339	4386	18	2960	451870
辽　宁	**2895118**	**4856428**	**401845**	**22760**	**468976**	**43383099**
沈　阳	778195	1316300	169904	7863	156790	13322211
大　连	961707	1239279	76171	3580	94887	10767112
鞍　山	241929	336992	38065	1262	32621	3251579
抚　顺	127246	257387	13385	1319	27673	2486088
本　溪	130676	251678	15823	774	30405	1615776
丹　东	35854	133089	3001	1735	10839	1454681
锦　州	93173	203221	10751	1458	17401	1910193
营　口	69805	160122	12636	641	17116	1252581
阜　新	41700	171888	6905	522	15172	912593
辽　阳	89445	170491	14888	916	16954	1512070
盘　锦	145821	163172	21470	556	8878	1934324
铁　岭	52786	126674	3556	1237	11776	951212
朝　阳	30690	158795	4549	470	13703	700345
葫芦岛	96091	167340	10741	427	14761	1312334
吉　林	**626870**	**1333434**	**93526**	**5650**	**152450**	**12719147**
长　春	380335	651760	44228	1815	66012	7160952
吉　林	105246	255431	31738	1075	30407	2727476
四　平	19675	84801	5829	371	13006	762559
辽　源	20995	68450	1034	127	7612	429876
通　化	26487	82004	2602	969	10122	624766
白　山	15928	46876	1425	169	6627	449125
松　原	37056	60273	3409	108	8886	187963
白　城	21148	83839	3261	1016	9778	376430
黑龙江	**1139042**	**1912062**	**190574**	**8061**	**265368**	**21994408**
哈尔滨	597855	841912	144295	5484	111615	9083654
齐齐哈尔	74358	137822	8245	286	31833	1753882
鸡　西	22848	59829	4764	259	12823	951052
鹤　岗	22797	77312	679	109	15385	643780
双鸭山	16226	57364	1417	141	9927	436740
大　庆	269712	295128	18503	304	17752	3937161
伊　春	17314	89958	970	429	10137	1061593

6-9 续表2

单位:万元

城市	地方财政预算内收入	地方财政预算内支出	城市维护建设费	科学事业费支出	教育事业费支出	城乡居民储蓄年末余额
佳木斯	29745	101933	2406	212	14556	1239758
七台河	21567	49636	3028	184	7668	493703
牡丹江	48490	123080	4054	404	15002	1617043
黑河	8914	51163	1685	148	7400	261682
绥化	9216	26925	528	101	11270	514360
上海	**8986227**	**10857424**	**558094**	**113439**	**1313724**	**54705700**
江苏	**4374032**	**5092187**	**646328**	**21886**	**615206**	**40029469**
南京	1303844	1462883	262862	9421	162023	10899690
无锡	671282	711302	122400	2172	95546	6228800
徐州	187626	248201	21053	1467	37467	2364049
常州	473538	514181	77291	1197	61580	4783100
苏州	756338	873252	81420	2438	88259	5963699
南通	221128	238506	12093	1265	21499	2024705
连云港	94861	131062	7355	872	17336	917591
淮安	133456	203799	15996	507	34560	1104929
盐城	62833	88353	2341	421	14359	1214721
扬州	172178	203578	10375	708	31830	1783844
镇江	168234	218439	22764	936	30179	1551701
泰州	106377	149924	7251	413	15395	876217
宿迁	22337	48707	3127	69	5173	316423
浙江	**3647882**	**4072599**	**438919**	**22222**	**578926**	**34603245**
杭州	1290778	1340463	156584	5819	166973	12648900
宁波	959709	1220526	193811	4414	116034	6393243
温州	442490	247547	13365	3205	57778	5139438
嘉兴	126133	145432	18473	1032	26322	1482455
湖州	121834	138961	7946	474	29871	1419233
绍兴	141561	146403	8369	729	23648	1937704
金华	112351	153523	5126	1455	33775	1120148
衢州	64858	118417	5121	288	20736	672174
舟山	92468	172631	5209	924	29268	999293
台州	245674	289367	20404	2751	57065	2343639
丽水	50026	99329	4511	1131	17456	447018
安徽	**1162997**	**1772320**	**104985**	**4866**	**226570**	**13469463**

6－9 续表 3

单位：万元

城　市	地方财政预算内收入	地方财政预算内支出	城市维护建设费	科学事业费支出	教育事业费支出	城乡居民储蓄年末余额
合　肥	303798	348525	29590	1008	37326	3009042
芜　湖	128433	170358	13516	110	12151	982240
蚌　埠	74494	113957	7118	311	16285	1062679
淮　南	70287	110538	5265	150	15558	1280681
马鞍山	130505	139143	12669	213	10040	941290
淮　北	59990	77332	5280	251	11848	785015
铜　陵	47212	72938	3471	272	6395	509845
安　庆	70675	108500	5825	412	12572	692473
黄　山	30587	68388	2934	214	8313	405260
滁　州	31527	69550	3625	534	10435	369726
阜　阳	43826	112365	5413	285	17279	855313
宿　州	39399	80583	1964	298	2755	669139
巢　湖	30565	64696	2084	179	10664	383482
六　安	37058	92702	2410	405	20310	532881
亳　州	27298	59651	2212	144	12381	396801
池　州	21550	52103	1094	30	11138	264324
宣　城	15793	30991	515	50	11120	329272
福　建	**1706655**	**1970617**	**87284**	**12506**	**318799**	**15048628**
福　州	463966	408556	27434	3107	60014	5558140
厦　门	701456	902510	24729	4465	110753	3971559
莆　田	79694	119839	2562	786	47054	1433969
三　明	59718	62568	4669	573	10824	540074
泉　州	170954	187448	6498	1887	40651	1581276
漳　州	84071	98908	3347	587	15611	736411
南　平	50203	58144	2137	330	10728	405697
龙　岩	87498	111561	15204	681	15371	648977
宁　德	9095	21083	704	90	7793	172525
江　西	**535689**	**792338**	**62456**	**3383**	**106059**	**9425665**
南　昌	258346	277212	23576	1273	27007	3767018
景德镇	31498	57495	2332	278	5883	571498
萍　乡	51547	90921	3170	502	11082	542545
九　江	69289	101659	8124	522	9769	870874
新　余	49465	82666	10398	322	10863	669831
鹰　潭	15232	34870	4360	154	3974	288584
赣　州	13513	26943	8078	228	5972	680262

6-9 续表4

单位:万元

城市	地方财政预算内收入	地方财政预算内支出	城市维护建设费	科学事业费支出	教育事业费支出	城乡居民储蓄年末余额
吉安	10156	28793	934	22	7103	431024
宜春	10774	38484	610	42	9046	372366
抚州	15509	35682	721	7	11504	810338
上饶	10360	17613	153	33	3856	421325
山东	**3545649**	**4461630**	**452867**	**19737**	**604305**	**34869018**
济南	638962	729595	96351	3127	87105	6463128
青岛	908798	1067110	71411	1755	121819	5837400
淄博	339421	379189	37786	4731	64423	3979560
枣庄	114854	172150	11699	848	32001	1008525
东营	176453	195607	32534	795	15092	2071043
烟台	269581	367964	82837	1344	42947	3299299
潍坊	166362	203644	6975	1205	38043	1803572
济宁	159322	194216	11649	809	32232	1185462
泰安	114667	157797	6510	1279	25805	1225248
威海	143814	205967	33590	272	18393	1332796
日照	71912	96626	4544	299	18583	785679
莱芜	75827	114230	12368	344	21694	847742
临沂	147567	218099	12385	877	36526	1930302
德州	56736	107319	17211	517	11480	901006
聊城	59417	73010	6138	981	6847	892319
滨州	50435	81834	4266	226	14844	579414
菏泽	51521	97273	4613	328	16471	726523
河南	**1505472**	**2445557**	**160282**	**9458**	**293511**	**24836504**
郑州	489070	579261	45627	1615	62999	7904771
开封	43920	120182	2622	451	14296	1187864
洛阳	184646	250089	24511	381	22438	3050049
平顶山	84361	122627	7168	439	16169	1212957
安阳	103284	175363	13877	880	20758	1352041
鹤壁	29452	64511	2217	220	9968	414652
新乡	77996	150382	7679	517	22846	1359322
焦作	81850	129174	9235	614	15895	1049508
濮阳	67576	98800	3642	842	12455	1094974
许昌	37776	74905	8165	355	9068	676576
漯河	47142	79045	5543	364	7322	648843
三门峡	32072	66835	10290	92	5838	480698

6－9 续表 5

单位:万元

城市	地方财政预算内收入	地方财政预算内支出	城市维护建设费	科学事业费支出	教育事业费支出	城乡居民储蓄年末余额
南阳	82564	158634	8632	730	21560	1436285
商丘	44807	116155	3528	458	16105	988764
信阳	38385	107550	2040	522	18111	886400
周口	23822	71944	1659	447	6793	529183
驻马店	36749	80100	3847	531	10890	563617
湖北	**1313185**	**2088127**	**140015**	**12129**	**338669**	**21933688**
武汉	804368	1177840	72754	9052	175636	12855341
黄石	50656	83628	8553	333	12506	781797
十堰	46530	75689	4908	148	9743	1166918
宜昌	97407	159026	14028	345	25378	1441106
襄樊	94947	148740	16497	765	33774	1701900
鄂州	35242	70224	7371	254	13138	556277
荆门	43007	68527	6060	195	11281	648278
孝感	18890	50342	1947	261	8827	577692
荆州	44589	93455	2934	382	19579	973096
黄冈	20095	51137	1811	253	8056	321678
咸宁	28827	46190	1239	88	6979	282746
随州	28627	63329	1913	53	13772	626859
湖南	**1115360**	**1778504**	**179866**	**6340**	**182713**	**15748325**
长沙	464498	538922	87335	2431	41534	5596509
株洲	107272	181881	28744	675	13244	1441364
湘潭	63353	114318	8443	405	7210	1148087
衡阳	42221	105768	4560	496	6155	2034210
邵阳	27301	85908	2205	247	9509	640163
岳阳	107603	167887	10291	368	17085	863465
常德	91905	160873	22496	266	20437	987600
张家界	24593	55708	928	122	8127	199570
益阳	34898	94148	1120	298	13271	624267
郴州	78687	102745	6826	469	16549	525093
永州	39986	95245	5347	398	15134	585835
怀化	24939	54701	1537	100	9678	534341
娄底	8104	20400	34	65	4780	567821
广东	**8931585**	**11791689**	**576052**	**76542**	**1530357**	**116373253**
广州	2628875	3524002	172348	20662	338932	35123240
韶关	80149	137744	17146	430	13978	1122960

6－9 续表6

单位：万元

城市	地方财政预算内收入	地方财政预算内支出	城市维护建设费	科学事业费支出	教育事业费支出	城乡居民储蓄年末余额
深圳	2908370	3489526	132964	15274	389452	21994500
珠海	348215	453492	23575	2808	56572	3573900
汕头	205414	434281	27204	4708	99157	5579602
佛山	954359	1204456	74592	21713	192510	17839900
江门	167956	227910	8897	1760	37819	2134405
湛江	44108	92959	4304	70	19845	2251158
茂名	87647	142429	12063	484	19162	1231650
肇庆	58358	106061	3586	2318	13398	1153295
惠州	189261	262194	14848	1277	35305	2446086
梅州	30566	101721	6232	316	9090	461900
汕尾	18610	53889	1383	424	6875	240583
河源	16625	59463	1936	330	6299	0
阳江	32329	72389	3272	241	11055	751464
清远	28497	65454	2669	730	11558	726578
东莞	674461	765190	44240	1280	163390	12310616
中山	366327	398741	16925	1311	67596	5436969
潮州	32705	65565	2961	36	9100	835603
揭阳	35866	86522	3210	0	23699	743046
云浮	22887	47701	1697	370	5565	415798
广西	**952428**	**1421529**	**137924**	**4133**	**201572**	**11108794**
南宁	258984	331847	67888	1172	30368	3374694
柳州	198846	243184	40824	874	23292	1963589
桂林	131021	181824	8474	1037	22178	1546593
梧州	52541	99930	2120	163	12860	539356
北海	62649	89000	5093	210	14149	614925
防城港	22622	55396	2049	33	7599	263372
钦州	40905	79418	3514	151	11894	395762
贵港	48162	80963	1871	57	19118	512930
玉林	55756	92249	3276	160	13170	838540
百色	8059	21188	0	3	6922	238872
贺州	16296	29818	211	29	11118	263623
河池	6672	19271	0	60	6575	279357
来宾	30523	70406	1716	159	16215	171179
崇左	19392	27035	888	25	6114	106002
海南	**163258**	**285141**	**21672**	**423**	**40034**	**3320577**

6-9 续表7

单位:万元

城 市	地方财政预算内收入	地方财政预算内支出	城市维护建设费	科学事业费支出	教育事业费支出	城乡居民储蓄年末余额
海 口	122541	230392	19543	329	29486	2843664
三 亚	40717	54749	2129	94	10548	476913
重 庆	**502155**	**1036852**	**89512**	**1544**	**129798**	**11308103**
四 川	**1383523**	**2158783**	**177061**	**10063**	**290731**	**23012752**
成 都	699404	539050	116460	3312	88912	11298877
自 贡	47752	101318	3656	974	12442	773220
攀 枝 花	84480	158815	8123	1286	11658	927310
泸 州	55474	116946	4169	626	14656	944164
德 阳	50862	94072	4673	400	8209	648443
绵 阳	102023	207934	5759	707	15020	1346211
广 元	27629	82458	1451	208	11342	527958
遂 宁	21488	77244	1089	175	12840	600583
内 江	29892	87913	2159	357	14620	673460
乐 山	53181	119873	5892	169	18303	863546
南 充	42880	146014	2723	812	24729	1160987
眉 山	13704	32791	0	47	7428	480765
宜 宾	90116	174065	14837	642	15043	685942
广 安	23892	77993	2033	102	10098	566697
达 州	6547	17829	202	51	3183	520972
雅 安	2687	16134	78	20	3203	322448
巴 中	7922	40177	527	65	8793	257190
资 阳	23590	68157	3230	110	10252	413979
贵 州	**441708**	**569642**	**39418**	**2061**	**68533**	**4511326**
贵 阳	358063	414398	30466	1649	42568	3168853
六 盘 水	34388	71998	3499	222	7749	320606
遵 义	29851	48470	4604	145	8230	699561
安 顺	19406	34776	849	45	9986	322306
云 南	**602902**	**823957**	**63030**	**3202**	**117660**	**8067870**
昆 明	487873	556372	47387	2488	61632	5862449
曲 靖	24500	43776	1784	53	10491	573709
玉 溪	20678	48108	4264	80	9124	674347
保 山	15704	38127	684	6	10942	268663
昭 通	27860	76820	4994	360	13092	206281
丽 江	9055	16989	870	143	3200	185408

6-9 续表 8

单位:万元

城市	地方财政预算内收入	地方财政预算内支出	城市维护建设费	科学事业费支出	教育事业费支出	城乡居民储蓄年末余额
思茅	12025	24427	2357	42	4371	185983
临沧	5207	19338	690	30	4808	111030
西安	850368	1035103	104081	2753	156706	16594570
西安	616911	651255	78054	1374	75887	11283283
铜川	20088	45656	2191	77	9174	38177
宝鸡	74007	97678	9231	704	16634	1542176
咸阳	62927	80713	8284	43	7415	1283440
渭南	7544	19147	65	9	6951	557388
延安	19635	28082	1701	71	7620	460362
汉中	18308	22998	3051	38	6205	574864
榆林	7539	19776	545	6	6314	289768
安康	17680	51169	854	379	12526	313222
商洛	5729	18629	105	52	7980	251890
甘肃	**356761**	**836688**	**49996**	**2983**	**129680**	**7703353**
兰州	189353	302622	29327	1547	40715	4308295
嘉峪关	26623	33050	4654	36	834	286147
金昌	21785	39507	3875	92	3512	299432
白银	28145	67772	3518	165	7923	484895
天水	2924	134045	2986	175	25404	613000
武威	18911	70515	820	88	15205	492395
张掖	15970	26898	801	28	7088	298507
平凉	17136	55068	766	381	7518	222300
酒泉	10606	24645	589	63	6069	331817
庆阳	19563	55952	2403	405	7820	229700
定西	5745	26614	257	3	7592	136865
青海	**65407**	**127167**	**9027**	**222**	**15196**	**1574364**
西宁	65407	127167	9027	222	15196	1574364
银川	143478	235212	15554	522	33182	2457370
银川	104156	138743	12124	310	14113	1602442
石嘴山	28472	44425	2982	123	5195	466641
吴忠	7699	22377	120	31	5445	268725
固原	3151	29667	328	58	8429	119562
新疆	**536766**	**478555**	**43239**	**1657**	**62045**	**5007688**
乌鲁木齐	405931	334364	25374	746	34918	4109568
克拉玛依	130835	144191	17865	911	27127	898120

6-10 劳动工资

城市	在岗职工平均人数(万人)		在岗职工工资总额(万元)		职工平均工资(元)	
	地区	市区	地区	市区	地区	市区
北京	**434.15**	**419.76**	**10989365**	**10786972**	**25312.37**	**25697.95**
天津	**174.50**	**163.10**	**3254148**	**3100837**	**18648.41**	**19011.88**
河北	**496.68**	**262.50**	**5379124**	**3286341**		
石家庄	86.74	54.96	1067432	789683	12306.11	14368.32
唐山	86.29	60.58	890722	683614	10322.42	11284.48
秦皇岛	28.55	19.88	384841	305858	13479.54	15385.21
邯郸	58.98	36.03	592268	385935	10041.84	10711.49
邢台	32.84	13.55	331694	169710	10100.30	12524.72
保定	59.19	20.15	626501	251948	10584.58	12503.62
张家口	36.99	18.88	388256	232305	10496.24	12304.29
承德	23.93	10.19	257520	128568	10761.39	12617.08
沧州	38.16	10.34	371909	125304	9746.04	12118.38
廊坊	22.96	9.18	260076	121047	11327.35	13185.95
衡水	22.05	8.76	207905	92369	9428.80	10544.41
山西	**341.43**	**191.67**	**3613458**	**2254970**		
太原	74.55	68.33	945212	872219	12678.90	12764.80
大同	48.67	39.96	501491	434223	10303.90	10866.44
阳泉	20.41	16.45	222896	186306	10920.92	11325.59
长治	29.62	16.64	326076	207607	11008.64	12476.38
晋城	20.88	10.48	245062	143406	11736.69	13683.78
朔州	12.25	6.94	117096	74528	9558.86	10738.90
晋中	28.04	7.61	263215	73318	9387.13	9634.43
运城	31.90	7.11	313232	78791	9819.18	11081.72
忻州	21.80	5.99	174293	47588	7995.09	7944.57
临汾	32.99	8.79	322870	102614	9786.91	11673.95
吕梁	20.32	3.37	182015	34370	8957.43	10198.81
内蒙古	**206.03**	**107.19**	**2328446**	**1350986**		
呼和浩特	28.90	26.23	407963	396124	14116.37	15101.94
包头	35.13	32.13	471324	437367	13416.57	13612.42
乌海	9.85	9.85	99544	99544	10105.99	10105.99
赤峰	29.93	11.60	286670	117426	9578.02	10122.93
通辽	22.91	8.37	216403	83146	9445.79	9933.81
鄂尔多斯	13.04	4.52	171471	54458	13149.62	12048.23
海拉尔	39.18	4.15	392506	55123	10018.02	13282.65

6-10 续表1

城 市	在岗职工平均人数(万人)		在岗职工工资总额(万元)		职工平均工资(元)	
	地 区	市 区	地 区	市 区	地 区	市 区
巴彦淖尔	15.28	6.79	149258	64398	9768.19	9484.24
乌兰察布	11.81	3.55	133307	43400	11287.64	12225.35
辽 宁	**490.61**	**376.34**	**6354359**	**5371132**		
沈 阳	101.70	94.30	1521548	1462835	14961.14	15512.57
大 连	82.13	68.52	1442215	1276889	17560.15	18635.27
鞍 山	42.22	34.23	537520	462989	12731.41	13525.83
抚 顺	30.36	26.78	365012	331928	12022.79	12394.62
本 溪	25.40	22.30	303115	271733	11933.66	12185.34
丹 东	19.58	12.75	208319	140267	10639.38	11001.33
锦 州	26.66	13.00	286914	164559	10761.97	12658.38
营 口	17.85	13.99	194924	158755	10920.11	11347.75
阜 新	19.75	17.31	194994	164912	9873.11	9526.98
辽 阳	16.77	14.19	210273	190090	12538.64	13396.05
盘 锦	38.01	20.14	386295	306455	10162.98	15216.24
铁 岭	24.13	8.64	241010	104482	9987.98	12092.82
朝 阳	22.70	12.10	218889	132299	9642.69	10933.80
葫芦岛	23.35	18.09	243331	202939	10421.03	11218.30
吉 林	**247.28**	**143.98**	**2729239**	**1940070**		
长 春	89.70	69.94	1244167	1097659	13870.31	15694.30
吉 林	42.00	26.17	445670	317831	10611.19	12144.86
四 平	24.95	8.18	196945	81549	7893.59	9969.32
辽 源	11.02	7.19	94771	66831	8599.91	9294.99
通 化	21.46	9.07	209531	104138	9763.79	11481.59
白 山	17.21	6.32	144821	57987	8414.93	9175.16
松 原	21.93	9.22	233490	141940	10647.06	15394.79
白 城	19.01	7.89	159844	72135	8408.42	9142.59
黑龙江	**451.18**	**283.07**	**4952301**	**3643809**		
哈尔滨	168.83	132.82	2102165	1753883	12451.37	13204.96
齐齐哈尔	45.07	26.21	454306	304703	10080.01	11625.45
鸡 西	20.55	13.23	178011	117425	8662.34	8875.66
鹤 岗	20.60	12.50	169462	114690	8226.31	9175.20
双鸭山	24.41	8.57	179227	87188	7342.36	10173.63
大 庆	41.89	34.69	825319	766299	19702.05	22089.91
伊 春	21.05	16.50	124610	97815	5919.71	5928.18

6－10 续表2

城　　市	在岗职工平均人数(万人)		在岗职工工资总额(万元)		职工平均工资(元)	
	地　区	市　区	地　区	市　区	地　区	市　区
佳木斯	21.78	11.91	197946	114763	9088.43	9635.85
七台河	11.51	8.52	107448	84338	9335.19	9898.83
牡丹江	28.29	12.92	268528	145564	9491.98	11266.56
黑　河	19.50	2.50	128933	38010	6611.95	15204.00
绥　化	27.70	2.70	216346	19131	7810.32	7085.56
上　海	**281.51**	**274.95**	**7686511**	**7531871**	**27304.58**	**27393.60**
江　苏	**582.03**	**319.84**	**9152780**	**6002470**		
南　京	87.91	83.84	1950742	1891930	22190.22	22565.96
无　锡	47.93	34.24	907238	667837	18928.40	19504.59
徐　州	59.23	32.51	802685	569466	13552.00	17516.64
常　州	35.22	26.49	607812	484491	17257.58	18289.58
苏　州	78.55	33.92	1554557	783710	19790.67	23104.66
南　通	51.09	19.13	692102	314594	13546.72	16445.06
连云港	27.19	13.32	306213	189115	11261.97	14197.82
淮　安	34.15	19.36	368939	231133	10803.48	11938.69
盐　城	45.78	10.84	486108	147626	10618.35	13618.63
扬　州	36.43	17.42	502789	280391	13801.51	16095.92
镇　江	29.49	17.39	450122	294223	15263.55	16919.09
泰　州	31.77	8.91	362917	117098	11423.26	13142.31
宿　迁	17.29	2.47	160556	30856	9286.06	12492.31
浙　江	**365.28**	**193.55**	**7827624**	**4450867**		
杭　州	75.72	63.35	1867776	1617477	24666.88	25532.39
宁　波	59.88	37.22	1418635	942400	23691.30	25319.72
温　州	58.02	29.36	1097329	584686	18912.94	19914.37
嘉　兴	27.90	10.00	579688	206679	20777.35	20667.90
湖　州	13.68	6.12	273205	121479	19971.13	19849.51
绍　兴	37.18	10.17	732221	196545	19693.95	19325.96
金　华	27.16	7.10	558269	162589	20554.82	22899.86
衢　州	11.55	6.21	214499	124569	18571.34	20059.42
舟　山	9.73	8.02	182703	148372	18777.29	18500.25
台　州	31.73	12.50	666248	272661	20997.42	21812.88
丽　水	12.73	3.50	237051	73410	18621.45	20974.29
安　徽	**339.51**	**201.51**	**3582326**	**2346696**		

6－10 续表 3

城市	在岗职工平均人数(万人)		在岗职工工资总额(万元)		职工平均工资(元)	
	地区	市区	地区	市区	地区	市区
合肥	37.88	29.90	526577	455434	13901.19	15231.91
芜湖	21.34	14.32	243237	177712	11398.17	12410.06
蚌埠	20.37	12.55	209072	152916	10263.72	12184.54
淮南	26.40	23.09	311967	274824	11816.93	11902.30
马鞍山	15.90	14.15	258386	238348	16250.69	16844.38
淮北	26.39	22.96	280101	252500	10613.91	10997.39
铜陵	11.64	10.28	127845	115322	10983.25	11218.09
安庆	28.00	12.06	269796	127322	9635.57	10557.38
黄山	9.35	4.76	102141	57265	10924.17	12030.46
滁州	21.59	6.05	182643	65239	8459.61	10783.31
阜阳	26.25	11.25	224500	105600	8552.38	9386.67
宿州	20.74	8.90	168960	82088	8146.58	9223.37
巢湖	16.70	12.30	167571	60609	10034.19	4927.56
六安	21.43	7.72	178142	68913	8312.74	8926.55
亳州	16.27	5.66	130091	51660	7995.76	9127.21
池州	6.94	3.24	70757	36372	10195.53	11225.93
宣城	12.32	2.32	130540	24572	10595.78	10591.38
福州	**324.02**	**180.96**	**4616645**	**2875224**		
福州	71.30	43.77	1073262	705691	15052.76	16122.71
厦门	54.78	54.78	1042111	1042111	19023.57	19023.57
莆田	22.68	18.61	265327	223819	11698.72	12026.81
三明	21.56	7.14	301030	118842	13962.43	16644.54
泉州	69.24	29.93	909243	396585	13131.76	13250.42
漳州	30.57	8.96	338667	121070	11078.41	13512.28
南平	20.13	6.00	240132	87552	11929.06	14592.00
龙岩	18.95	8.22	254732	127756	13442.32	15542.09
宁德	14.81	3.55	192141	51798	12973.73	14590.99
江西	**252.43**	**105.98**	**2613247**	**1327185**		
南昌	49.79	39.85	692717	605978	13912.77	15206.47
景德镇	14.22	6.75	136183	76506	9576.86	11334.22
萍乡	12.64	9.99	130748	103571	10343.99	10367.47
九江	31.15	12.30	303947	146094	9757.53	11877.56
新余	9.98	8.43	113817	98683	11404.51	11706.17
鹰潭	8.09	1.82	92618	20651	11448.45	11346.70
赣州	33.28	6.24	309894	82200	9311.72	13173.08

6-10 续表4

城　市	在岗职工平均人数(万人)		在岗职工工资总额(万元)		职工平均工资(元)	
	地　区	市　区	地　区	市　区	地　区	市　区
吉　安	20.79	3.81	182400	39414	8773.45	10344.88
宜　春	24.74	5.73	229003	54773	9256.39	9558.99
抚　州	20.35	6.90	165072	55386	8111.65	8026.96
上　饶	27.40	4.16	256848	43929	9374.01	10559.86
山　东	**750.60**	**385.14**	**9406834**	**5698694**		
济　南	78.38	63.04	1256160	1090986	16026.54	17306.25
青　岛	104.55	64.47	1603305	1171937	15335.29	18178.02
淄　博	47.27	38.05	633598	536890	13403.81	14110.12
枣　庄	31.23	23.19	328190	252771	10508.81	10900.00
东　营	30.95	25.57	655588	587392	21182.16	22971.92
烟　台	63.91	29.83	858218	423887	13428.54	14210.09
潍　坊	58.24	20.71	627874	255555	10780.80	12339.69
济　宁	55.66	13.76	667195	173953	11986.97	12641.93
泰　安	44.63	13.39	464199	152436	10401.05	11384.32
威　海	34.22	16.57	383801	206143	11215.69	12440.74
日　照	16.60	9.20	169765	108220	10226.81	11763.04
莱　芜	13.16	13.16	174284	174284	13243.47	13243.47
临　沂	46.41	15.43	458764	180335	9885.02	11687.30
德　州	32.43	12.82	269845	109225	8320.84	8519.89
聊　城	33.52	9.45	329877	94498	9841.20	9999.79
滨　州	25.83	7.25	264736	81628	10249.17	11259.03
菏　泽	33.61	9.25	261435	98554	7778.49	10654.49
河　南	**646.83**	**312.76**	**6163832**	**3588830**		
郑　州	83.99	61.19	1137056	898947	13537.99	14691.08
开　封	30.51	16.88	235036	145765	7703.57	8635.37
洛　阳	50.39	30.80	541450	362417	10745.19	11766.79
平顶山	43.06	25.61	446423	303303	10367.46	11843.15
安　阳	38.37	19.80	405372	246253	10564.82	12437.02
鹤　壁	15.42	10.72	141462	105252	9173.93	9818.28
新　乡	41.77	19.66	351173	197046	8407.30	10022.69
焦　作	31.12	17.65	298981	190659	9607.36	10802.21
濮　阳	29.39	18.87	354743	272197	12070.19	14424.85
许　昌	25.56	7.97	220099	88217	8611.07	11068.63
漯　河	18.39	8.78	145556	80712	7914.95	9192.71
三门峡	22.65	6.82	224349	73998	9905.03	10850.15

6－10 续表 5

城　　市	在岗职工平均人数(万人)		在岗职工工资总额(万元)		职工平均工资(元)	
	地　区	市　区	地　区	市　区	地　区	市　区
南　阳	62.81	25.58	551114	281813	8774.30	11016.93
商　丘	37.51	12.48	259598	89210	6920.77	7148.24
信　阳	37.51	12.89	308235	108310	8217.41	8402.64
周　口	45.49	8.70	287989	63439	6330.82	7291.84
驻马店	32.89	8.36	255196	81292	7759.08	9723.92
湖　北	**437.17**	**268.74**	**4663923**	**3303551**		
武　汉	136.08	136.08	1868350	1868350	13729.79	13729.79
黄　石	27.05	16.50	280736	179822	10378.41	10898.30
十　堰	28.73	15.92	397883	278757	13849.04	17509.86
宜　昌	36.42	20.57	363176	232765	9971.88	11315.75
襄　樊	44.20	23.38	374011	226949	8461.79	9706.97
鄂　州	13.61	13.61	112181	112181	8242.54	8242.54
荆　门	19.93	8.52	191291	91212	9598.14	10705.63
孝　感	33.15	6.79	265767	66048	8017.10	9727.25
荆　州	37.62	12.72	320043	120106	8507.26	9442.30
黄　冈	30.49	1.58	242415	12794	7950.64	8097.47
咸　宁	18.17	4.91	153888	49333	8469.35	10047.45
随　州	11.72	8.16	94182	65234	8036.01	7994.36
湖　南	**360.37**	**160.17**	**4359807**	**2328711**		
长　沙	60.04	45.23	1019924	795129	16987.41	17579.68
株　洲	26.75	17.32	359855	257960	13452.52	14893.76
湘　潭	22.87	14.24	272925	178008	11933.76	12500.56
衡　阳	42.62	13.89	455537	171559	10688.34	12351.26
邵　阳	28.83	8.35	286265	85264	9929.41	10211.26
岳　阳	31.00	15.90	341380	231400	11012.26	14553.46
常　德	23.43	8.26	293503	121182	12526.80	14670.94
张家界	7.60	3.78	93365	53697	12284.87	14205.56
益　阳	26.00	7.92	231620	89637	8908.46	11317.80
郴　州	23.57	6.94	285896	106782	12129.66	15386.46
永　州	22.96	7.37	236276	84689	10290.77	11491.04
怀　化	22.51	4.40	239138	57795	10623.63	13135.23
娄　底	22.19	6.57	244123	95609	11001.49	14552.36
广东	761.55	552.18	15130094	12862630		
广　州	182.16	168.63	5247087	5021555	28804.83	29778.54
韶　关	27.65	11.22	386400	209677	13974.68	18687.79

6－10续表6

城市	在岗职工平均人数(万人)		在岗职工工资总额(万元)		职工平均工资(元)	
	地区	市区	地区	市区	地区	市区
深圳	104.98	104.98	3259900	3259900	31052.58	31052.58
珠海	34.36	34.36	659767	659767	19201.60	19201.60
汕头	35.86	34.96	428881	422477	11959.87	12084.58
佛山	45.18	45.18	797047	797047	17641.59	17641.59
江门	34.12	16.90	423262	245180	12405.10	14507.69
湛江	36.41	15.68	438195	246622	12035.02	15728.44
茂名	28.23	8.87	351158	163548	12439.18	18438.33
肇庆	23.64	9.68	308960	143966	13069.37	14872.52
惠州	48.55	35.29	644073	498384	13266.18	14122.53
梅州	22.16	3.92	262990	61891	11867.78	15788.52
汕尾	11.59	3.75	132566	49332	11437.96	13155.20
河源	15.32	2.41	191431	73999	12495.50	30704.98
阳江	16.22	6.33	173799	75174	10715.10	11875.83
清远	18.85	5.38	263136	83938	13959.47	15601.86
东莞	16.06	16.06	362935	362935	22598.69	22598.69
中山	15.84	15.84	322782	322782	20377.65	20377.65
潮州	12.04	4.99	128580	67510	10679.40	13529.06
揭阳	19.55	4.82	198300	53700	10143.22	11141.08
云浮	12.78	2.93	148845	43246	11646.71	14759.73
广西	**250.84**	**127.02**	**2986362**	**1756552**		
南宁	50.79	33.00	668976	503696	13171.41	15263.52
柳州	36.38	26.22	515712	402700	14175.70	15358.50
桂林	30.73	16.03	377322	219882	12278.62	13716.91
梧州	14.42	7.35	155257	93875	10766.78	12772.11
北海	8.69	5.45	101290	69852	11655.93	12816.88
防城港	4.98	3.09	57322	39371	11510.44	12741.42
钦州	9.84	4.79	90471	46931	9194.21	9797.70
贵港	12.57	6.37	122157	64930	9718.14	10193.09
玉林	20.24	6.44	209702	92185	10360.77	14314.44
百色	17.10	4.50	203781	56503	11917.02	12556.22
贺州	7.64	3.88	80755	42013	10570.03	10828.09
河池	16.57	3.44	185889	46995	11218.41	13661.34
来宾	10.12	4.55	114891	57167	11352.87	12564.18
崇左	10.77	1.91	102837	20452	9548.47	10707.85
海南	**28.46**	**28.46**	**63920**	**403966**		

6-10续表7

城市	在岗职工平均人数(万人)		在岗职工工资总额(万元)		职工平均工资(元)	
	地区	市区	地区	市区	地区	市区
海口	22.97	22.97	346	340392	15.06	14818.98
三亚	5.49	5.49	63574	63574	11579.96	11579.96
重庆	**203.79**	**127.96**	**2535070**	**1753924**	**12439.62**	**13706.81**
四川	**447.04**	**239.44**	**5444764**	**3259076**		
成都	124.03	88.09	1894496	1448882	15274.50	16447.75
自贡	17.95	13.01	193006	144298	10752.42	11091.31
攀枝花	20.07	18.42	299855	277283	14940.46	15053.37
泸州	21.68	13.31	238961	154071	11022.19	11575.58
德阳	22.27	9.31	312071	139137	14013.07	14944.90
绵阳	30.60	15.60	350283	194015	11447.16	12436.86
广元	14.30	7.00	133944	66073	9366.71	9439.00
遂宁	15.17	5.61	134052	51828	8836.65	9238.50
内江	21.26	9.40	216337	103138	10175.78	10972.13
乐山	25.75	12.92	270940	136024	10521.94	10528.17
南充	23.65	10.12	226303	104788	9568.84	10354.55
眉山	12.06	2.93	130070	35068	10785.24	11968.60
宜宾	27.21	11.05	306924	145829	11279.82	13197.19
广安	10.88	3.46	120870	41030	11109.38	11858.38
达州	25.20	6.13	243900	70000	9678.57	11419.25
雅安	8.59	4.09	95179	48271	11080.21	11802.20
巴中	12.65	4.14	122546	38412	9687.43	9278.26
资阳	13.72	4.85	155027	60929	11299.34	12562.68
贵州	**105.44**	**67.98**	**1103467**	**796966**		
贵阳	54.53	46.16	664234	561680	12181.07	12168.11
六盘水	16.14	7.96	189206	97294	11722.80	12222.86
遵义	23.15	7.39	249913	76443	10795.38	10344.11
安顺	11.62	6.47	114000	61549	9810.67	9512.98
云南	**163.42**	**83.84**	**2143105**	**1161184**		
昆明	73.34	56.70	1045469	833534	14255.10	14700.78
曲靖	24.20	6.68	314000	92999	12975.21	13922.01
玉溪	14.21	4.51	194376	80443	13678.82	17836.59
保山	9.59	4.21	107003	45462	11157.77	10798.57
昭通	15.29	4.98	178075	40492	11646.50	8130.92
丽江	5.50	1.80	68443	23248	12444.18	12915.56

6－10 续表 8

城　市	在岗职工平均人数(万人)		在岗职工工资总额(万元)		职工平均工资(元)	
	地　区	市　区	地　区	市　区	地　区	市　区
思　茅	12.70	4.03	136020	34355	10710.24	8524.81
临　沧	8.59	0.93	99719	10651	11608.73	11452.69
陕　西	**307.12**	**181.55**	**3465267**	**2290081**		
西　安	113.73	106.50	1535896	1472419	13504.76	13825.53
铜　川	10.55	9.93	97294	92509	9222.18	9316.11
宝　鸡	32.89	17.77	351300	214941	10681.06	12095.72
咸　阳	37.21	16.76	372533	202527	10011.64	12083.95
渭　南	32.58	6.61	305585	67114	9379.53	10153.40
延　安	17.48	4.58	197435	44082	11294.91	9624.89
汉　中	22.92	6.69	215960	69124	9422.34	10332.44
榆　林	17.59	4.43	178830	46322	10166.57	10456.43
安　康	12.22	5.16	122232	52762	10002.62	10225.19
商　洛	9.95	3.12	88202	28281	8864.52	9064.42
甘　肃	**157.81**	**102.39**	**1921345**	**1321819**		
兰　州	54.91	49.75	740661	703628	13488.64	14143.28
嘉峪关	4.20	4.20	72718	72718	17313.81	17313.81
金　昌	8.45	5.77	127554	100533	15095.15	17423.40
白　银	14.56	10.18	170283	121676	11695.26	11952.46
天　水	16.81	11.62	161138	111632	9585.84	9606.88
武　威	10.95	6.78	98002	49469	8949.95	7296.31
张　掖	8.28	3.98	82774	43246	9996.86	10865.83
平　凉	11.20	2.04	123718	19666	11046.25	9640.20
酒　泉	9.49	3.00	137852	39242	14526.03	13080.67
庆　阳	9.78	2.73	106110	32197	10849.69	11793.77
定　西	9.18	2.34	100535	27812	10951.53	11885.47
青　海	**20.60**	**15.03**	**301364**	**301364**		
西　宁	20.60	15.03	301364	301364	14629.32	20050.83
宁　夏	**60.11**	**36.79**	**759273**	**497687**		
银　川	29.12	24.45	393035	345296	13497.08	14122.54
石嘴山	9.06	5.94	109737	77452	12112.25	13039.06
吴　忠	14.60	4.01	157098	40712	10760.14	10152.62
固　原	7.33	2.39	99403	34227	13561.12	14320.92
新　疆	**57.76**	**57.15**	**1008813**	**1000340**		
乌鲁木齐	47.42	46.81	782873	774400	16509.34	16543.47
克拉玛依	10.34	10.34	225940	225940	21851.06	21851.06

6－11 在校学生数

城市	高等学校(人)		中等学校(万人)		小学(万人)	
	地区	市区	地区	市区	地区	市区
北京	**450789**	**450789**	**97.681**	**92.471**	**54.65**	**50.18**
天津	**245213**	**245213**	**80.165**	**63.384**	**58.54**	**44.84**
河北	**591777**	**550490**	**603.796**	**111.644**	**609.59**	**84.68**
石家庄	186344	186344	97.418	21.900	86.06	15.61
唐山	79464	79464	62.898	24.542	50.40	19.81
秦皇岛	55562	41280	22.502	7.193	20.13	4.90
邯郸	41536	41536	82.952	15.340	89.70	11.27
邢台	22374	22374	63.469	9.070	68.39	4.43
保定	96964	86082	88.534	7.130	92.56	6.00
张家口	25373	25373	30.452	7.767	35.36	6.65
承德	19146	19146	24.320	2.769	26.27	3.11
沧州	15451	15451	55.409	3.208	64.27	3.38
廊坊	42528	26405	37.881	7.876	38.07	5.81
衡水	7035	7035	37.962	4.849	38.38	3.71
山西	**290010**	**270660**	**275.665**	**82.156**	**363.57**	**91.58**
太原	158823	158823	28.837	23.753	30.40	22.06
大同	21967	21967	24.591	12.772	36.07	17.68
阳泉	3112	3112	8.927	4.847	12.16	5.31
长治	17601	17601	27.114	7.930	31.97	6.05
晋城	8065	8065	15.113	3.183	23.02	3.56
朔州	0	0	10.053	4.263	20.22	8.91
晋中	21919	6737	25.120	4.832	29.53	4.32
运城	5200	5200	43.390	6.085	53.94	7.32
忻州	7634	7200	25.754	3.788	32.82	4.82
临汾	37750	37750	34.867	8.577	46.36	8.25
吕梁	7939	4205	31.899	2.127	47.08	3.30
内蒙古	163198	163198	148.592	60.232	150.23	54.49
呼和浩特	89837	89837	17.262	13.092	19.62	14.25
包头	28836	28836	19.602	15.512	14.98	11.38
乌海	6088	6088	3.166	3.166	3.84	3.84
赤峰	4458	4458	34.501	10.841	30.04	8.70
通辽	13625	13625	19.477	6.297	24.96	6.18
鄂尔多斯	1012	1012	8.820	1.660	9.73	2.08
海拉尔	7716	7716	18.604	2.642	19.08	1.70

6－11 续表1

城　　市	高等学校(人)		中等学校(万人)		小　　学(万人)	
	地　区	市　区	地　区	市　区	地　区	市　区
巴彦淖尔	3650	3650	13.370	5.430	12.28	3.92
乌兰察布	7976	7976	13.791	1.591	15.70	2.44
辽　宁	**535579**	**533808**	**276.767**	**129.364**	**289.21**	**108.21**
沈　阳	236080	236080	50.050	30.650	43.20	27.70
大　连	149999	149999	43.647	25.401	37.99	18.74
鞍　山	18846	18846	22.173	11.128	23.39	7.10
抚　顺	17977	17977	14.549	10.137	13.13	7.64
本　溪	6733	6733	10.509	6.749	10.08	5.69
丹　东	18554	18554	14.550	5.250	16.14	4.32
锦　州	43628	43628	17.756	6.445	21.31	5.54
营　口	5227	5227	17.794	6.012	15.80	5.29
阜　新	22581	22581	12.151	5.617	14.17	5.00
辽　阳	6426	4655	10.004	4.564	11.92	3.67
盘　锦	2889	2889	8.274	4.594	9.59	4.34
铁　岭	1394	1394	15.489	3.679	22.14	2.96
朝　阳	2532	2532	23.287	3.319	28.32	3.68
葫芦岛	2713	2713	16.532	5.818	22.03	6.54
吉　林	**304500**	**304500**	**152.861**	**52.271**	**169.54**	**51.88**
长　春	233558	233558	46.143	19.442	51.52	19.10
吉　林	43059	43059	30.360	13.467	29.28	11.85
四　平	17436	17436	19.286	4.489	24.12	9.16
辽　源	1229	1229	6.810	2.657	6.78	0.95
通　化	5697	5697	15.092	3.577	14.81	2.42
白　山	0	0	8.250	2.576	8.65	2.83
松　原	0	0	15.757	2.499	20.41	2.29
白　城	3521	3521	11.164	3.565	13.97	3.28
黑龙江	**378775**	**377431**	**257.720**	**91.137**	**233.39**	**73.15**
哈尔滨	257136	256067	66.461	28.169	59.80	16.76
齐齐哈尔	25111	25111	37.861	8.301	30.03	7.47
鸡　西	8100	8100	10.929	5.809	11.61	4.71
鹤　岗	1055	1055	7.724	4.446	7.92	5.06
双鸭山	0	0	9.854	3.644	10.57	3.06
大　庆	32019	32019	22.524	11.906	18.20	9.30
伊　春	1318	1318	8.256	5.166	7.95	4.80

6－11 续表 2

城市	高等学校(人)		中等学校(万人)		小学(万人)	
	地区	市区	地区	市区	地区	市区
佳木斯	25959	25959	16.569	6.429	21.34	7.41
七台河	870	870	6.110	4.048	5.66	3.32
牡丹江	21159	21159	17.516	5.825	17.51	5.39
黑河	1650	1650	13.925	1.342	13.00	1.01
绥化	4398	4123	39.993	6.053	29.80	4.86
上海	**378517**	**378517**	**96.101**	**92.371**	**64.83**	**61.47**
江苏	**828725**	**806814**	**538.186**	**167.742**	**579.39**	**152.45**
南京	333648	333648	37.207	30.842	35.16	29.08
无锡	48366	43313	35.456	17.754	32.98	15.74
徐州	71811	71811	83.567	15.557	96.28	12.86
常州	53059	53059	28.069	18.777	26.35	16.39
苏州	80523	67813	43.115	18.885	38.15	13.51
南通	43681	43681	51.631	7.430	50.01	5.81
连云港	24247	24247	36.908	6.228	50.40	5.44
淮安	37249	35320	36.179	19.739	52.13	28.21
盐城	23513	23513	61.509	7.424	52.06	4.49
扬州	47426	47088	28.611	8.338	30.76	7.66
镇江	43720	41839	18.665	6.784	18.30	6.34
泰州	10371	10371	35.333	6.235	34.98	4.12
宿迁	11111	11111	41.936	3.749	61.83	2.80
浙江	**520609**	**499265**	**320.896**	**106.993**	**340.06**	**106.05**
杭州	269798	259687	46.829	27.792	44.90	26.03
宁波	80108	80108	39.391	16.712	45.26	18.55
温州	39868	39868	57.732	12.663	62.01	13.49
嘉兴	18677	18677	23.488	6.083	27.68	6.87
湖州	12051	12051	19.213	8.219	19.25	7.80
绍兴	19344	19344	33.760	5.762	33.54	5.15
金华	43683	39870	28.263	6.028	33.00	6.00
衢州	7160	7160	16.742	6.266	16.19	5.29
舟山	6146	6146	6.822	5.312	5.23	3.68
台州	11768	4348	32.493	8.519	36.09	10.20
丽水	12006	12006	16.162	3.637	16.91	2.99
安徽	**420662**	**409865**	**468.005**	**143.749**	**661.22**	**160.09**

6-11 续表3

城市	高等学校(人)		中等学校(万人)		小学(万人)	
	地区	市区	地区	市区	地区	市区
合肥	152502	152502	41.940	18.405	40.41	12.91
芜湖	65316	65316	15.238	5.744	18.17	4.54
蚌埠	27189	27189	28.241	6.294	36.37	6.01
淮南	32628	32628	16.197	12.057	21.81	14.95
马鞍山	16769	16769	8.801	4.053	10.83	4.55
淮北	15529	15529	17.386	8.108	23.64	8.32
铜陵	8674	8674	4.911	3.103	5.92	3.18
安庆	10902	10902	45.814	6.080	62.79	5.08
黄山	6096	6096	9.332	3.173	12.60	3.46
滁州	22438	15836	33.123	4.456	43.22	4.38
阜阳	13210	13210	54.270	12.780	117.30	24.49
宿州	13369	13369	52.444	17.562	70.49	17.57
巢湖	10118	5923	31.125	6.710	41.24	7.71
六安	14968	14968	44.876	14.919	57.47	14.75
亳州	2762	2762	34.422	9.687	65.57	15.78
池州	6592	6592	9.927	4.224	14.35	5.96
宣城	1600	1600	19.957	6.394	19.04	6.45
福建	**265602**	**243717**	**280.877**	**85.291**	**314.61**	**73.04**
福州	129942	114301	51.960	19.375	53.86	12.60
厦门	47814	47814	14.069	14.069	14.02	14.02
莆田	7052	7052	25.283	18.241	30.87	19.07
三明	5277	5277	25.584	3.544	23.61	2.36
泉州	43540	37296	56.458	10.699	68.95	9.39
漳州	11048	11048	33.332	5.148	40.47	3.78
南平	10788	10788	23.745	6.118	24.82	4.22
龙岩	7250	7250	28.667	5.025	25.47	3.47
宁德	2891	2891	21.779	3.072	32.54	4.13
江西	**333279**	**333140**	**321.269**	**72.661**	**389.51**	**61.34**
南昌	184418	184418	41.987	22.737	37.18	14.75
景德镇	10882	10882	10.827	3.278	12.80	4.05
萍乡	7043	7043	13.897	6.347	13.44	5.43
九江	42478	42478	35.261	5.001	42.00	4.47
新余	4452	4452	10.287	8.567	7.11	3.37
鹰潭	2070	2070	8.157	1.507	8.95	1.22
赣州	35913	35913	57.452	4.074	79.82	3.35

6－11 续表4

城市	高等学校(人)		中等学校(万人)		小学(万人)	
	地区	市区	地区	市区	地区	市区
吉安	10228	10089	30.653	3.820	42.04	4.14
宜春	11784	11784	35.433	6.458	43.74	8.41
抚州	14223	14223	29.016	7.423	33.90	9.41
上饶	9788	9788	48.298	3.450	68.53	2.74
山东	**916492**	**857021**	**748.083**	**225.635**	**642.75**	**171.10**
济南	301603	301603	42.349	26.935	37.97	20.21
青岛	168439	168439	58.667	21.229	46.76	14.78
淄博	39971	39971	35.268	23.508	24.44	16.03
枣庄	12855	12855	29.882	16.955	36.96	20.43
东营	24309	22709	14.921	6.690	12.79	5.94
烟台	79476	56769	61.770	18.516	34.41	9.09
潍坊	43966	38665	73.900	13.619	57.55	9.55
济宁	41014	14430	73.869	11.191	59.93	6.31
泰安	67912	67912	41.980	11.732	26.90	7.02
威海	17393	17393	22.095	5.284	13.66	3.47
日照	25000	25000	22.701	10.512	17.69	7.20
莱芜	3396	3396	9.969	9.969	6.33	6.33
临沂	24386	24386	77.678	17.620	78.08	16.47
德州	13965	10686	39.058	6.194	36.26	3.53
聊城	25010	25010	43.850	9.694	43.33	6.81
滨州	18988	18988	26.833	5.415	26.02	4.02
菏泽	8809	8809	73.292	10.571	83.67	13.91
河南	**555832**	**555832**	**843.740**	**179.857**	**1052.51**	**136.39**
郑州	256497	256497	82.607	38.376	61.83	18.28
开封	36375	36375	42.880	8.280	44.59	5.26
洛阳	48229	48229	53.741	14.310	69.45	12.42
平顶山	18543	18543	38.581	8.912	47.22	7.11
安阳	17697	17697	42.227	8.655	49.01	8.81
鹤壁	1562	1562	12.245	5.450	16.19	5.05
新乡	50883	50883	56.463	9.253	51.96	6.04
焦作	27843	27843	27.823	8.918	38.09	7.18
濮阳	2971	2971	37.023	8.368	42.74	4.67
许昌	10937	10937	37.332	4.147	42.10	2.41
漯河	5527	5527	23.119	3.888	22.58	2.32
三门峡	2497	2497	19.455	3.220	22.43	2.12

6－11 续表 5

城　市	高等学校(人)		中等学校(万人)		小　学(万人)	
	地区	市区	地区	市区	地区	市区
南阳	24623	24623	81.175	17.655	90.89	14.19
商丘	14985	14985	79.991	16.174	112.88	18.26
信阳	18823	18823	67.783	13.353	89.90	11.90
周口	9895	9895	85.481	4.985	149.52	3.20
驻马店	7945	7945	55.815	5.912	101.13	7.17
湖北	**723219**	**715950**	**423.539**	**165.660**	**456.69**	**149.48**
武汉	490530	490530	68.641	68.641	62.33	62.33
黄石	17233	17233	21.053	6.241	31.55	5.78
十堰	30304	24185	28.084	5.104	31.99	4.91
宜昌	23499	23499	31.080	10.750	25.06	8.06
襄樊	26770	26770	44.758	21.357	45.53	16.45
鄂州	3130	3130	8.307	8.307	11.11	11.11
荆门	21144	21144	25.405	5.878	20.10	4.40
孝感	19526	19526	38.490	8.090	50.50	9.00
荆州	51133	51133	46.677	10.045	52.90	6.80
黄冈	20600	19450	63.720	2.792	73.84	2.81
咸宁	17646	17646	25.470	6.892	31.25	5.74
随州	1704	1704	21.853	11.562	20.53	12.09
湖南	**519196**	**504694**	**515.336**	**117.709**	**438.89**	**81.00**
长沙	268613	255611	54.028	18.012	31.36	10.71
株洲	45006	45006	34.976	9.861	22.39	5.43
湘潭	68223	68223	26.580	11.290	17.63	5.18
衡阳	37429	37429	45.546	10.667	52.35	7.86
邵阳	14376	14376	58.320	6.526	53.25	4.02
岳阳	7740	7740	44.088	7.214	39.00	7.93
常德	14059	12559	44.678	13.646	37.73	9.82
张家界	9751	9751	10.149	3.130	11.12	3.66
益阳	8781	8781	40.622	11.901	27.40	8.00
郴州	12489	12489	37.927	6.565	33.29	4.65
永州	12233	12233	43.130	8.426	46.78	7.74
怀化	11802	11802	37.158	6.711	34.07	2.55
娄底	8694	8694	38.136	3.760	32.52	3.45
广东	588401	585618	587.537	256.378	1030.71	416.44
广州	374742	374742	62.752	52.355	84.75	66.73
韶关	17388	17388	21.515	2.705	32.04	4.00

6－11 续表6

城市	高等学校(人)		中等学校(万人)		小学(万人)	
	地区	市区	地区	市区	地区	市区
深圳	32106	32106	18.522	18.522	46.97	46.97
珠海	0	0	7.337	7.337	11.66	11.66
汕头	7821	7821	31.814	31.174	72.55	71.65
佛山	19713	19713	35.209	35.209	40.82	40.82
江门	7189	7189	29.898	11.438	40.46	13.47
湛江	46913	46913	57.838	14.738	107.14	19.94
茂名	11471	11471	51.901	9.848	92.38	16.51
肇庆	17215	17215	28.247	6.280	41.12	4.90
惠州	6586	6586	21.547	9.990	39.11	17.02
梅州	10255	10255	36.274	3.708	54.58	3.58
汕尾	2023	2023	18.829	3.079	47.10	6.07
河源	2037	2037	21.760	2.680	37.11	3.75
阳江	3557	3557	18.562	5.418	30.05	7.47
清远	0	0	26.949	4.360	43.64	5.92
东莞	6884	6884	15.486	15.486	38.69	38.69
中山	4524	4524	12.044	12.044	19.21	19.21
潮州	8861	8861	17.796	2.931	29.47	4.12
揭阳	6333	6333	35.315	5.285	89.18	10.18
云浮	2783	0	17.944	1.792	32.68	3.78
广西	**234566**	**221520**	**326.760**	**97.729**	**491.84**	**115.95**
南宁	107292	98697	50.695	18.436	61.56	14.00
柳州	27686	27686	23.489	10.090	31.50	9.55
桂林	58548	58548	33.205	6.640	33.75	4.52
梧州	6287	6287	20.710	4.422	37.87	4.22
北海	1500	1500	11.394	4.350	18.22	6.47
防城港	0	0	4.914	3.120	8.72	4.76
钦州	3278	3278	19.974	7.554	33.98	11.20
贵港	0	0	34.100	14.020	54.46	20.01
玉林	9378	9378	41.950	7.978	68.76	8.46
百色	8043	8043	20.270	2.490	33.97	2.53
贺州	4194	4194	13.630	5.820	28.73	12.42
河池	4451	0	23.091	2.972	37.38	2.38
来宾	3909	3909	17.241	8.330	25.19	12.61
崇左	0	0	12.098	1.508	17.75	2.82
海南	**30515**	**30515**	**14.503**	**14.503**	**24.34**	**24.34**

6－11 续表7

城市	高等学校(人)		中等学校(万人)		小学(万人)	
	地区	市区	地区	市区	地区	市区
海口	30202	30202	11.183	11.183	16.99	16.99
三亚	313	313	3.320	3.320	7.35	7.35
重庆	**255266**	**242539**	**193.585**	**70.047**	**277.94**	**73.09**
四川	**530192**	**464103**	**508.437**	**142.078**	**687.52**	**177.25**
成都	300742	236300	70.706	20.483	76.27	33.89
自贡	24571	24571	17.732	6.813	24.58	7.12
攀枝花	9661	9661	6.663	5.013	9.01	4.77
泸州	16372	16372	24.751	8.531	40.92	9.95
德阳	14055	12408	22.614	4.998	27.46	4.32
绵阳	48305	48305	34.638	10.397	40.86	8.31
广元	0	0	20.189	6.795	28.80	8.30
遂宁	4368	4368	26.918	6.239	34.13	13.57
内江	11230	11230	32.694	11.930	30.39	9.76
乐山	9000	9000	18.100	6.475	27.43	8.03
南充	59363	59363	47.149	12.923	65.81	15.34
眉山	2069	2069	19.974	5.043	28.13	6.64
宜宾	11596	11596	29.367	6.007	52.65	7.53
广安	0	0	29.605	7.065	46.00	12.00
达州	4500	4500	39.959	3.993	63.10	3.65
雅安	14360	14360	8.396	1.956	14.41	2.78
巴中	0	0	22.726	8.302	41.64	13.35
资阳	0	0	36.257	9.115	35.93	7.94
贵州	**249361**	**243671**	**109.922**	**32.602**	**195.26**	**40.77**
贵阳	219487	219487	27.637	18.841	36.31	19.83
六盘水	5230	5230	19.625	3.375	39.52	5.91
遵义	13595	13595	48.562	5.907	85.18	6.69
安顺	11049	5359	14.099	4.480	34.25	8.34
云南	**162975**	**162975**	**149.217**	**39.102**	**281.90**	**49.54**
昆明	135599	135599	32.092	15.332	42.75	16.13
曲靖	4949	4949	37.257	5.777	63.48	5.73
玉溪	9549	9549	13.769	3.139	18.78	3.23
保山	2142	2142	14.134	5.354	24.14	8.74
昭通	3387	3387	24.225	4.710	77.74	9.99
丽江	3019	3019	6.631	1.171	11.86	1.32

6－11 续表 8

城　市	高等学校(人)		中等学校(万人)		小　学(万人)	
	地　区	市　区	地　区	市　区	地　区	市　区
思　茅	2414	2414	12.028	1.978	21.33	2.12
临　沧	1916	1916	9.081	1.641	21.82	2.28
陕　西	**539657**	**539657**	**313.552**	**110.494**	**400.88**	**114.54**
西　安	401180	401180	67.326	49.226	66.78	43.39
铜　川	0	0	6.879	6.129	8.55	8.45
宝　鸡	13578	13578	33.276	12.406	38.96	12.32
咸　阳	55120	55120	45.537	7.982	58.50	7.00
渭　南	21148	21148	46.159	8.502	57.20	9.18
延　安	7600	7600	19.413	4.188	29.05	6.01
汉　中	16167	16167	23.943	3.954	33.22	4.13
榆　林	16144	16144	31.630	6.104	45.57	6.34
安　康	4740	4740	20.510	7.384	32.36	11.11
商　洛	3980	3980	18.880	4.620	30.69	6.61
甘　肃	**166451**	**166451**	**160.402**	**61.138**	**253.67**	**71.83**
兰　州	130373	130373	26.251	17.381	26.68	14.78
嘉峪关	0	0	1.222	1.222	1.43	1.43
金　昌	0	0	3.772	1.572	4.06	1.64
白　银	0	0	17.136	4.472	26.28	5.15
天　水	12644	12644	25.316	9.556	44.31	14.78
武　威	4216	4216	15.735	8.899	24.30	11.34
张　掖	9146	9146	9.210	3.700	11.63	4.44
平　凉	258	258	14.578	3.038	29.34	4.91
酒　泉	890	890	7.261	2.761	9.26	3.15
庆　阳	7324	7324	19.413	3.890	37.07	4.67
定　西	1600	1600	20.510	4.650	39.31	5.54
青　海	**26124**	**26124**	**13.081**	**5.771**	**16.30**	**6.39**
西　宁	26124	26124	13.081	5.771	16.30	6.39
宁　夏	**38025**	**38025**	**40.741**	**16.033**	**65.56**	**20.53**
银　川	30891	30891	12.775	8.147	13.46	7.54
石嘴山	0	0	5.156	3.014	6.34	2.96
吴　忠	2148	2148	10.667	1.480	19.84	3.62
固　原	4986	4986	12.143	3.393	25.92	6.41
新　疆	**87650**	**87650**	**17.737**	**17.359**	**17.79**	**17.15**
乌鲁木齐	86107	86107	15.736	15.359	15.51	14.87
克拉玛依	1543	1543	2.000	2.000	2.28	2.28

6－12 交通运输(包括市辖县)

城市	客运总量（万人）	铁路客运量（万人）	公路客运量（万人）	货运总量（万吨）	铁路货运量（万吨）	公路货运量（万吨）
北京	**29291.80**	**4351.80**	**24940**	**30626**	**2265**	**28361**
天津	**3390.00**	**1281.00**	**2109**	**25734**	**5662**	**20072**
河北	**62943.04**	**4258.04**	**58685**	**70567**	**12204**	**58363**
石家庄	11833.44	1088.44	10745	10006	1396	8610
唐山	4614.00	552.00	4062	13630	4078	9552
秦皇岛	4499.20	367.20	4132	4788	1329	3459
邯郸	9795.30	362.30	9433	9706	2328	7378
邢台	4306.87	188.87	4118	3805	663	3142
保定	6218.16	527.16	5691	5716	323	5393
张家口	2967.00	298.00	2669	5730	988	4742
承德	3033.10	358.10	2675	3181	536	2645
沧州	7839.00	139.00	7700	6339	339	6000
廊坊	4487.34	157.34	4330	4960	137	4823
衡水	3349.63	219.63	3130	2706	87	2619
山西	**35318.83**	**2861.81**	**32457**	**104534**	**36704**	**67830**
太原	2872.00	824.00	2048	15244	5186	10058
大同	2272.30	601.30	1671	14543	8211	6332
阳泉	2900.50	88.50	2812	9153	2730	6423
长治	3326.40	125.00	3201	8516	2517	5999
晋城	5853.35	205.35	5648	11795	4018	7777
朔州	1553.00	142.00	1411	12814	7202	5612
晋中	2941.00	320.00	2621	8454	1690	6764
运城	3324.00	123.00	3201	3122	412	2710
忻州	3028.74	271.62	2757	5866	634	5232
临汾	5810.00	131.00	5679	11363	3595	7768
吕梁	1437.54	30.04	1408	3664	509	3155
内蒙古	**25477.96**	**2528.96**	**22949**	**55868**	**14279**	**41589**
呼和浩特	3369.60	384.60	2985	4154	302	3852
包头	9288.62	255.62	9033	15638	3218	12420
乌海	267.12	54.12	213	6921	4091	2830
赤峰	2834.49	244.49	2590	7537	817	6720
通辽	2699.00	710.00	1989	5224	1668	3556
鄂尔多斯	1126.02	61.02	1065	5715	1394	4321
海拉尔	2875.10	567.10	2308	6320	2527	3793

6－12 续表 1

城　　市	客运总量（万人）	铁路客运量（万人）	公路客运量（万人）	货运总量（万吨）	铁路货运量（万吨）	公路货运量（万吨）
巴彦淖尔	2012.01	112.01	1900	2258	120	2138
乌兰察布	1006.00	140.00	866	2101	142	1959
辽　　宁	**52082.63**	**8997.53**	**43085**	**84012**	**14656**	**69356**
沈　　阳	6389.00	2570.00	3819	14631	481	14150
大　　连	10308.00	1345.00	8963	17767	1651	16116
鞍　　山	5681.90	445.90	5236	7358	1166	6192
抚　　顺	2695.30	706.30	1989	4093	2367	1726
本　　溪	2982.80	1235.80	1747	6140	2090	4050
丹　　东	2301.00	290.00	2011	2767	355	2412
锦　　州	2944.24	642.24	2302	5037	546	4491
营　　口	2187.30	287.30	1900	4163	863	3300
阜　　新	2363.20	158.20	2205	4377	1097	3280
辽　　阳	2917.81	302.81	2615	3943	1253	2690
盘　　锦	1514.34	56.34	1458	2882	211	2671
铁　　岭	3078.80	488.80	2590	3563	1254	2309
朝　　阳	3073.56	205.46	2868	3798	541	3257
葫 芦 岛	3645.38	263.38	3382	3493	781	2712
吉　　林	**22855.85**	**5826.85**	**17029**	**30103**	**7639**	**22464**
长　　春	6936.00	2304.00	4632	10891	2022	8869
吉　　林	4176.00	1331.00	2845	5282	2250	3032
四　　平	3134.89	732.89	2402	2892	443	2449
辽　　源	1630.79	65.79	1565	1691	228	1463
通　　化	2711.19	492.19	2219	4119	1050	3069
白　　山	1540.98	257.98	1283	2693	689	2004
松　　原	1596.00	71.00	1525	1316	198	1118
白　　城	1130.00	572.00	558	1219	759	460
黑 龙 江	**26636.85**	**7122.25**	**19515**	**37345**	**12534**	**24811**
哈 尔 滨	6353.00	2491.00	3862	9143	1353	7790
齐齐哈尔	4621.80	1213.80	3408	4909	986	3923
鸡　　西	3327.00	320.00	3007	3726	2563	1163
鹤　　岗	323.70	56.70	267	2329	1537	792
双 鸭 山	1458.70	47.70	1411	2352	1138	1214
大　　庆	1282.20	560.40	722	3002	1255	1747
伊　　春	430.60	112.50	318	527	200	327

6－12 续表2

城市	客运总量（万人）	铁路客运量（万人）	公路客运量（万人）	货运总量（万吨）	铁路货运量（万吨）	公路货运量（万吨）
佳木斯	1969.44	522.44	1447	2017	512	1505
七台河	1315.40	61.40	1254	3871	1575	2296
牡丹江	2778.90	835.20	1944	2545	894	1651
黑河	511.11	190.11	321	1032	240	792
绥化	2265.00	711.00	1554	1892	281	1611
上海	**5442.90**	**3390.90**	**2052**	**37078**	**6400**	**30678**
江苏	**116466.56**	**5147.56**	**111319**	**59804**	**5051**	**54753**
南京	16467.00	1119.00	15348	10138	872	9266
无锡	15861.40	784.40	15077	6069	178	5891
徐州	7046.59	754.59	6292	6595	1543	5052
常州	11396.80	576.80	10820	4294	254	4040
苏州	24046.27	1211.27	22835	5555	166	5389
南通	8050.00	0.00	8050	5885	0	5885
连云港	5423.81	178.81	5245	4217	1155	3062
淮安	3076.00	0.00	3076	1868	78	1790
盐城	6112.00	0.00	6112	2986	0	2986
扬州	6880.00	0.00	6880	3977	0	3977
镇江	6226.69	522.69	5704	4661	805	3856
泰州	3480.00	0.00	3480	2029	0	2029
宿迁	2400.00	0.00	2400	1530	0	1530
浙江	**142683.83**	**4705.16**	**137979**	**66491**	**3152**	**63339**
杭州	21044.37	1534.37	19510	12556	438	12118
宁波	24758.30	438.30	24320	10228	1158	9070
温州	23888.32	338.32	23550	6536	59	6477
嘉兴	11100.11	390.44	10710	2390	72	2318
湖州	7081.52	96.52	6985	4433	214	4219
绍兴	13274.69	330.69	12944	6904	138	6766
金华	15577.24	1290.24	14287	9505	614	8891
衢州	3676.34	192.34	3484	4998	330	4668
舟山	5946.00	0.00	5946	1339	0	1339
台州	13743.00	0.00	13743	5193	0	5193
丽水	2593.94	93.94	2500	2409	129	2280
安徽	**62473.05**	**2895.35**	**59578**	**47303**	**7405**	**39898**

6－12 续表 3

城　市	客运总量（万人）	铁路客运量（万人）	公路客运量（万人）	货运总量（万吨）	铁路货运量（万吨）	公路货运量（万吨）
合　肥	5988.53	638.53	5350	4111	641	3470
芜　湖	2466.22	196.22	2270	2719	167	2552
蚌　埠	2407.12	429.12	1978	2252	182	2070
淮　南	1892.50	107.00	1786	3061	1776	1285
马鞍山	1362.97	81.77	1281	1521	411	1110
淮　北	1989.33	75.33	1914	4380	2296	2084
铜　陵	1270.00	102.00	1168	1380	209	1171
安　庆	5764.00	118.00	5646	2616	213	2403
黄　山	2132.00	101.00	2031	1316	18	1298
滁　州	4975.20	199.20	4776	4099	111	3988
阜　阳	4525.30	425.30	4100	2943	88	2855
宿　州	6185.32	149.32	6036	4636	638	3998
巢　湖	6088.80	13.80	6075	2075	95	1980
六　安	6933.00	0.00	6933	4913	0	4913
亳　州	2384.86	71.86	2313	1379	57	1322
池　州	2592.00	0.00	2592	1872	0	1872
宣　城	3515.90	186.90	3329	2030	503	1527
福　建	**47377.33**	**1451.60**	**45926**	**27658**	**3743**	**23915**
福　州	9418.74	472.60	8946	5132	287	4845
厦　门	3588.00	262.00	3326	1995	322	1673
莆　田	5596.71	0.00	5597	1585	0	1585
三　明	3915.40	126.40	3789	3965	996	2969
泉　州	8609.40	28.40	8581	5328	613	4715
漳　州	5852.47	155.47	5697	3749	156	3593
南　平	3815.70	305.70	3510	2240	491	1749
龙　岩	2072.72	88.48	1984	3068	872	2196
宁　德	4508.19	12.55	4496	596	6	590
江　西	**38322.33**	**3075.38**	**35247**	**26176**	**3390**	**22786**
南　昌	5606.64	1083.69	4523	4279	353	3926
景德镇	1880.29	166.29	1714	2146	155	1991
萍　乡	3091.19	129.19	2962	2326	871	1455
九　江	4131.00	324.00	3807	1787	483	1304
新　余	1059.61	127.61	932	1507	466	1041
鹰　潭	1174.55	342.55	832	1308	306	1002
赣　州	5030.75	227.75	4803	2961	93	2868

6-12 续表4

城市	客运总量（万人）	铁路客运量（万人）	公路客运量（万人）	货运总量（万吨）	铁路货运量（万吨）	公路货运量（万吨）
吉安	3694.24	185.24	3509	2157	80	2077
宜春	4749.37	135.37	4614	3565	246	3319
抚州	2740.69	70.69	2670	1506	63	1443
上饶	5164.00	283.00	4881	2634	274	2360
山东	**78952.40**	**4242.28**	**74710**	**113703**	**15728**	**97975**
济南	5722.70	1575.70	4147	14353	6887	7466
青岛	13705.84	573.84	13132	27776	535	27241
淄博	15725.27	269.15	15456	6085	1170	4915
枣庄	4340.58	147.58	4193	5501	1149	4352
东营	2212.81	26.81	2186	4565	71	4494
烟台	7412.47	201.47	7211	9923	701	9222
潍坊	4037.29	332.29	3705	7395	598	6797
济宁	4106.25	262.25	3844	14303	1755	12548
泰安	2702.40	203.40	2499	5554	1335	4219
威海	3185.00	108.00	3077	3963	163	3800
日照	2433.71	34.71	2399	2132	456	1676
莱芜	965.93	3.93	962	1315	267	1048
临沂	4206.17	59.17	4147	3242	143	3099
德州	1812.96	222.96	1590	2137	267	1870
聊城	2107.69	67.69	2040	1198	46	1152
滨州	1679.63	4.63	1675	2232	87	2145
菏泽	2595.70	148.70	2447	2029	98	1931
河南	**79286.93**	**4765.93**	**74521**	**67465**	**12795**	**54670**
郑州	10626.00	1570.00	9056	7835	2330	5505
开封	3463.69	174.69	3289	3456	136	3320
洛阳	7617.36	418.36	7199	6371	1323	5048
平顶山	4022.42	115.42	3907	5653	3264	2389
安阳	4665.75	200.75	4465	3750	538	3212
鹤壁	1040.91	19.91	1021	1271	458	813
新乡	3874.00	283.00	3591	4633	251	4382
焦作	2973.36	105.36	2868	4668	690	3978
濮阳	1696.20	4.20	1692	1682	227	1455
许昌	2886.00	148.00	2738	2130	315	1815
漯河	2858.18	200.18	2658	1823	176	1647
三门峡	6462.20	211.20	6251	6162	1509	4653

6－12 续表 5

城市	客运总量（万人）	铁路客运量（万人）	公路客运量（万人）	货运总量（万吨）	铁路货运量（万吨）	公路货运量（万吨）
南阳	6762.60	162.60	6600	4863	213	4650
商丘	4215.41	449.41	3766	2582	188	2394
信阳	5327.28	417.28	4910	3586	411	3175
周口	4817.30	41.30	4776	3265	581	2684
驻马店	5978.27	244.27	5734	3735	185	3550
湖北	**59038.43**	**4802.15**	**54236**	**42241**	**11043**	**31198**
武汉	11547.60	2611.60	8936	13610	5824	7786
黄石	2857.56	43.00	2815	4414	815	3599
十堰	4746.20	155.20	4591	1587	98	1489
宜昌	6585.87	208.07	6378	4424	219	4205
襄樊	7230.00	456.00	6774	5131	439	4692
鄂州	1787.14	18.13	1769	1073	733	340
荆门	3799.41	65.20	3734	3482	776	2706
孝感	7003.25	498.55	6505	4493	1582	2911
荆州	3877.60	9.60	3868	1234	110	1124
黄冈	4816.00	376.00	4440	1237	197	1040
咸宁	3344.00	264.00	3080	730	108	622
随州	1443.80	96.80	1347	826	142	684
湖南	**90953.70**	**5024.11**	**85930**	**55641**	**5846**	**49795**
长沙	10293.00	942.00	9351	9761	189	9572
株洲	6157.50	517.65	5640	3831	575	3256
湘潭	2855.03	144.03	2711	3258	614	2644
衡阳	6546.13	575.80	5970	5048	565	4483
邵阳	10837.32	117.32	10720	3195	82	3113
岳阳	7768.00	603.00	7165	3648	822	2826
常德	10104.60	95.60	10009	4160	120	4040
张家界	3408.20	118.20	3290	991	15	976
益阳	4413.90	38.90	4375	2784	47	2737
郴州	6221.00	237.00	5984	6940	645	6295
永州	4684.58	179.23	4505	2688	135	2553
怀化	8988.16	1037.10	7951	2904	1132	1772
娄底	8676.28	418.28	8258	6433	905	5528
广东	**182022.85**	**7734.95**	**174288**	**106464**	**8653**	**97811**
广州	29124.00	5285.00	23839	19545	4852	14693
韶关	3557.00	434.00	3123	5725	739	4986

6－12 续表6

城　　市	客运总量（万人）	铁路客运量（万人）	公路客运量（万人）	货运总量（万吨）	铁路货运量（万吨）	公路货运量（万吨）
深　圳	9765.00	1130.00	8635	5749	316	5433
珠　海	2870.00	0.00	2870	2033	0	2033
汕　头	1853.30	118.30	1735	1315	117	1198
佛　山	11949.00	0.00	11949	10977	0	10977
江　门	8181.00	0.00	8181	2043	0	2043
湛　江	5533.05	179.05	5354	4353	1173	3180
茂　名	21896.00	79.00	21817	10596	696	9900
肇　庆	6454.00	48.00	6406	4739	87	4652
惠　州	4332.00	196.00	4136	3011	226	2785
梅　州	5922.60	139.60	5783	5473	338	5135
汕　尾	4647.00	0.00	4647	1827	0	1827
河　源	2741.00	0.00	2741	1914	0	1914
阳　江	5199.00	0.00	5199	2818	21	2797
清　远	3990.50	100.00	3891	2060	69	1991
东　莞	32566.00	0.00	32566	4046	0	4046
中　山	8423.00	0.00	8423	3220	0	3220
潮　州	1682.00	26.00	1656	1611	19	1592
揭　阳	3039.00	0.00	3039	2055	0	2055
云　浮	8298.40	0.00	8298	11354	0	11354
广　西	**44777.18**	**1448.18**	**43329**	**32795**	**3772**	**29023**
南　宁	6814.19	422.19	6392	5384	393	4991
柳　州	4006.34	352.34	3654	3816	675	3141
桂　林	3732.71	226.71	3506	1455	214	1241
梧　州	1871.00	0.00	1871	978	0	978
北　海	2645.00	10.00	2635	2202	221	1981
防城港	2282.80	10.80	2272	2119	997	1122
钦　州	2558.40	10.40	2548	933	66	867
贵　港	2282.49	44.49	2238	1367	121	1246
玉　林	4100.41	158.41	3942	3202	128	3074
百　色	3392.12	46.12	3346	1609	118	1491
贺　州	828.00	0.00	828	2640	0	2640
河　池	5276.00	0.00	5276	2230	0	2230
来　宾	2089.52	127.52	1962	2644	790	1854
崇　左	2898.20	39.20	2859	2216	49	2167
海　南	**13741.60**	**5.80**	**13736**	**2176**	**106**	**2070**

6－12 续表7

城　市	客运总量（万人）	铁路客运量（万人）	公路客运量（万人）	货运总量（万吨）	铁路货运量（万吨）	公路货运量（万吨）
海　口	12538.00	0.00	12538	1487	58	1429
三　亚	1203.60	5.80	1198	689	48	641
重　庆	**56741.80**	**1068.80**	**55673**	**30234**	**1828**	**28406**
四　川	**164515.64**	**4796.34**	**159719**	**70125**	**13516**	**56609**
成　都	72224.20	2601.00	69623	28701	4977	23724
自　贡	7957.00	27.00	7930	2590	202	2388
攀枝花	2161.40	171.50	1990	3299	1715	1584
泸　州	8654.00	0.00	8654	1785	80	1705
德　阳	4370.40	111.00	4259	3791	506	3285
绵　阳	5213.51	224.51	4989	2299	739	1560
广　元	2477.00	378.00	2099	4359	2821	1538
遂　宁	3108.18	160.18	2948	1118	27	1091
内　江	6628.70	102.70	6526	3462	250	3212
乐　山	4830.95	64.85	4766	2975	435	2540
南　充	10550.00	155.00	10395	1495	61	1434
眉　山	5180.15	12.15	5168	1340	150	1190
宜　宾	9360.00	180.00	9180	3094	910	2184
广　安	4453.20	98.00	4355	1891	295	1596
达　州	9028.66	448.66	8580	3492	182	3310
雅　安	2312.50	0.00	2313	1051	0	1051
巴　中	1954.00	0.00	1954	1301	117	1184
资　阳	4051.79	61.79	3990	2082	49	2033
贵　州	**43942.53**	**1222.53**	**42720**	**14121**	**2989**	**11132**
贵　阳	18369.52	570.52	17799	5311	1088	4223
六盘水	9586.46	290.46	9296	5130	1196	3934
遵　义	10908.65	273.65	10635	2573	338	2235
安　顺	5077.90	87.90	4990	1107	367	740
云　南	**15232.62**	**807.32**	**14425**	**26092**	**2651**	**23441**
昆　明	4737.00	656.00	4081	12328	2076	10252
曲　靖	3453.22	147.82	3305	5529	443	5086
玉　溪	1051.70	0.00	1052	2161	99	2062
保　山	778.00	0.00	778	1380	0	1380
昭　通	3048.70	3.50	3045	563	33	530
丽　江	543.00	0.00	543	1011	0	1011

6-12 续表8

城市	客运总量（万人）	铁路客运量（万人）	公路客运量（万人）	货运总量（万吨）	铁路货运量（万吨）	公路货运量（万吨）
思茅	1115.00	0.00	1115	1434	0	1434
临沧	506.00	0.00	506	1686	0	1686
陕西	**38935.90**	**3021.91**	**35914**	**27074**	**6827**	**20247**
西安	11141.00	1889.00	9252	9388	3662	5726
铜川	644.33	16.33	628	1983	1128	855
宝鸡	5424.00	337.00	5087	2234	380	1854
咸阳	4111.61	119.61	3992	2314	163	2151
渭南	3153.76	483.77	2670	2159	985	1174
延安	1441.50	37.50	1404	1056	256	800
汉中	4256.70	138.70	4118	1701	253	1448
榆林	1779.00	0.00	1779	2259	0	2259
安康	6263.00	0.00	6263	3568	0	3568
商洛	721.00	0.00	721	412	0	412
甘肃	**12557.04**	**1362.62**	**11194**	**23179**	**4898**	**18281**
兰州	2168.87	473.87	1695	5580	653	4927
嘉峪关	149.62	50.00	100	2391	970	1421
金昌	514.72	18.72	496	1136	148	988
白银	1201.50	15.50	1186	2454	576	1878
天水	1693.00	492.00	1201	1611	280	1331
武威	1189.60	186.80	1003	2373	1388	985
张掖	1318.74	29.74	1289	679	28	651
平凉	678.62	47.62	631	2260	566	1694
酒泉	1405.27	35.27	1370	1612	273	1339
庆阳	932.00	0.00	932	1642	0	1642
定西	1305.10	13.10	1292	1441	16	1425
青海	**2772.60**	**177.60**	**2595**	**2037**	**214**	**1823**
西宁	2772.60	177.60	2595	2037	214	1823
宁夏	**4984.36**	**150.00**	**4834**	**5090**	**230**	**4860**
银川	2124.00	150.00	1974	2127	230	1897
石嘴山	641.00	0.00	641	599	0	599
吴忠	1374.58	0.00	1375	1737	0	1737
固原	844.78	0.00	845	627	0	627
新疆	**5939.82**	**1096.00**	**4844**	**13678**	**4616**	**9062**
乌鲁木齐	1973.00	1096.00	877	12754	4616	8138
克拉玛依	3966.82	0.00	3967	924	0	924

6－13　城市道路与交通(不包括市辖县)

城　　市	年末实有铺装道路面积（万平方米）	人均铺装道路面积（平方米）	年末实有公共营运汽电车（辆）	每万人拥用公共汽电车（辆）	公共汽电车客运总量（万人次）	年末实用出租汽车（辆）
北　　京	**9240**	**8.56**	**18667**	**17.30**	**379434**	**65984**
天　　津	**5489**	**7.23**	**6066**	**7.99**	**62048**	**31939**
河　　北	**10026**		**7234**		**66184**	**35682**
石家庄	1747	8.28	1526	7.23	17540	6553
唐　山	1651	5.60	1735	5.88	11165	3261
秦皇岛	1102	14.90	662	8.95	6820	3567
邯　郸	1157	8.37	1036	7.50	8829	4611
邢　台	586	10.58	375	6.77	3000	3148
保　定	1120	11.74	572	5.99	5570	2831
张家口	728	8.51	569	6.65	3651	3604
承　德	341	7.51	350	7.71	4517	1899
沧　州	602	12.59	201	4.20	1792	3008
廊　坊	507	6.78	149	1.99	2700	1700
衡　水	485	11.02	59	1.34	600	1500
山　　西	**5588**		**3548**		**47326**	**25864**
太　原	1972	7.88	1267	5.06	22292	8292
大　同	992	7.09	408	2.92	5450	5182
阳　泉	364	5.60	389	5.99	7410	1965
长　治	319	4.81	307	4.62	4237	1800
晋　城	407	14.44	220	7.81	845	1475
朔　州	274	4.75	120	2.08	609	1100
晋　中	368	6.97	218	4.13	1000	1500
运　城	260	4.19	247	3.98	2701	1830
忻　州	162	3.17	104	2.04	360	650
临　汾	379	4.93	200	2.60	2409	1800
吕　梁	91	3.83	68	2.86	13	270
内蒙古	**4178**		**2471**		**23917**	**25071**
呼和浩特	979	8.92	603	5.50	7817	3960
包　头	1209	6.79	772	4.34	8451	6293
乌　海	384	9.23	387	9.30	2197	1000
赤　峰	307	2.71	132	1.17	711	3046
通　辽	296	3.69	179	2.23	1300	2200
鄂尔多斯	268	12.22	108	4.92	1642	2200
海拉尔	249	9.83	120	4.74	540	1971

6－13 续表 1

城　　市	年末实有铺装道路面积（万平方米）	人均铺装道路面积（平方米）	年末实有公共营运汽电车（辆）	每万人拥用公共汽电车（辆）	公共汽电车客运总量（万人次）	年末实用出租汽车（辆）
巴彦淖尔	235	4.51	98	1.88	600	1601
乌兰察布	251	9.73	72	2.79	660	2800
辽　宁	**10544**		**14479**		**333064**	**71161**
沈　阳	3271	6.70	4552	9.32	123626	17015
大　连	1715	6.24	3788	13.79	110842	13524
鞍　山	918	6.31	1377	9.47	20653	5405
抚　顺	588	4.16	1406	9.94	24662	4535
本　溪	435	4.52	504	5.23	18969	2714
丹　东	432	5.71	368	4.86	8999	1915
锦　州	505	5.83	473	5.46	5777	3910
营　口	385	4.52	390	4.58	4311	4500
阜　新	370	4.73	379	4.85	2983	2760
辽　阳	612	8.55	312	4.36	5061	2600
盘　锦	589	10.41	370	6.54	3008	3226
铁　岭	218	5.02	251	5.78	1920	1870
朝　阳	199	4.15	100	2.09	975	3200
葫芦岛	307	3.29	209	2.24	1278	3987
吉　林	**4763**		**6354**		**84617**	**31829**
长　春	2180	7.03	3681	11.87	57799	12528
吉　林	1183	6.59	1032	5.75	14204	6100
四　平	249	4.87	288	5.63	2720	2155
辽　源	279	6.25	327	7.32	307	3570
通　化	219	4.82	226	4.97	4008	1500
白　山	142	4.30	193	5.85	679	643
松　原	259	5.03	398	7.72	4100	2187
白　城	252	5.21	209	4.32	800	3146
黑龙江	**8180**		**8606**		**106996**	**41041**
哈尔滨	1997	6.34	4019	12.75	55856	11397
齐齐哈尔	762	5.34	536	3.76	3503	4261
鸡　西	320	3.50	399	4.37	4280	2710
鹤　岗	282	4.09	376	5.46	9575	2155
双鸭山	172	3.41	165	3.27	1509	2000
大　庆	2433	20.62	1277	10.82	9937	5774
伊　春	421	5.03	190	2.27	1520	2268

6－13 续表2

城　市	年末实有铺装道路面积（万平方米）	人均铺装道路面积（平方米）	年末实有公共营运汽电车（辆）	每万人拥用公共汽电车（辆）	公共汽电车客运总量（万人次）	年末实用出租汽车（辆）
佳木斯	334	4.07	429	5.23	4167	2500
七台河	358	7.12	226	4.49	5000	1500
牡丹江	807	10.42	706	9.12	10924	3046
黑　河	105	5.42	95	4.90	220	820
绥　化	189	2.18	188	2.17	505	2610
上　海	**16510**	**12.92**	**18625**	**14.57**	**273100**	**48672**
江　苏	**24284**		**14390**		**216552**	**29246**
南　京	5941	12.13	4439	9.06	91818	9216
无　锡	4355	19.83	1944	8.85	25069	4153
徐　州	1299	7.76	1006	6.01	20917	2850
常　州	3563	16.70	1804	8.45	15523	1442
苏　州	2816	12.98	1198	5.52	23570	2403
南　通	750	9.04	392	4.72	6578	1277
连云港	751	11.44	266	4.05	2784	1909
淮　安	812	3.03	1208	4.50	7194	570
盐　城	420	6.33	287	4.33	2577	808
扬　州	772	6.86	838	7.45	9960	1846
镇　江	1015	10.10	470	4.68	7212	1254
泰　州	1038	16.66	221	3.55	1400	740
宿　迁	752	26.25	317	11.06	1950	778
浙　江	**10715**		**10352**		**153890**	**20831**
杭　州	2556	6.50	3512	8.93	63989	7404
宁　波	1409	6.81	2044	9.88	26922	2900
温　州	945	7.02	1509	11.21	24284	3443
嘉　兴	784	9.82	448	5.61	3522	723
湖　州	1010	9.38	585	5.43	4945	912
绍　兴	734	11.49	758	11.87	8749	2051
金　华	770	8.35	386	4.19	5116	622
衢　州	433	5.40	276	3.44	6628	321
舟　山	366	5.31	257	3.73	2133	998
台　州	1528	10.46	492	3.37	5751	1090
丽　水	180	4.89	85	2.31	1851	367
安　徽	**10136**		**7567**		**100320**	**35049**

6－13 续表 3

城　　市	年末实有铺装道路面积（万平方米）	人均铺装道路面积（平方米）	年末实有公共营运汽电车（辆）	每万人拥用公共汽电车（辆）	公共汽电车客运总量（万人次）	年末实用出租汽车（辆）
合　肥	2451	15.72	2199	14.11	28938	6500
芜　湖	608	8.80	716	10.37	11616	3130
蚌　埠	786	9.89	502	6.32	12696	2254
淮　南	724	5.10	869	6.12	10793	2500
马鞍山	560	9.80	554	9.69	8434	2911
淮　北	556	6.71	895	10.81	8174	1800
铜　陵	332	8.51	238	6.10	2277	1900
安　庆	567	9.51	210	3.52	2000	1720
黄　山	204	4.92	100	2.41	441	321
滁　州	315	6.26	97	1.93	595	1260
阜　阳	738	4.03	430	2.35	5409	1545
宿　州	522	3.68	171	1.21	2950	1298
巢　湖	424	4.94	121	1.41	185	1750
六　安	457	2.59	229	1.30	4985	3840
亳　州	545	3.86	93	0.66	235	1000
池　州	120	1.92	53	0.85	142	570
宣　城	227	2.72	90	1.08	450	750
福　建	**4437**		**5298**		**103851**	**12950**
福　州	1313	7.90	1604	9.65	32468	4541
厦　门	1155	8.15	1772	12.50	43914	3437
莆　田	485	2.41	498	2.47	5065	795
三　明	138	4.88	215	7.61	4012	340
泉　州	478	4.89	471	4.82	5775	1603
漳　州	343	6.61	147	2.83	883	985
南　平	164	3.35	174	3.55	4193	450
龙　岩	230	4.97	294	6.36	4790	229
宁　德	131	3.14	123	2.95	2750	570
江　西	**4452**		**4140**		**61978**	**8617**
南　昌	1506	7.67	1447	7.37	30357	3450
景德镇	272	6.45	233	5.53	3680	594
萍　乡	519	6.44	568	7.05	5180	600
九　江	360	5.79	785	12.62	9614	1478
新　余	449	5.72	191	2.43	3095	231
鹰　潭	140	7.58	53	2.87	228	271
赣　州	322	5.90	357	6.54	3227	539

6－13 续表4

城　　市	年末实有铺装道路面积（万平方米）	人均铺装道路面积（平方米）	年末实有公共营运汽电车（辆）	每万人拥用公共汽电车（辆）	公共汽电车客运总量（万人次）	年末实用出租汽车（辆）
吉　　安	144	2.89	116	2.33	2160	115
宜　　春	183	1.91	144	1.50	2500	372
抚　　州	298	2.88	135	1.30	1127	329
上　　饶	259	7.17	111	3.07	810	638
山　东	**24464**		**16475**		**167853**	**47264**
济　　南	3555	10.62	2600	7.77	45300	8300
青　　岛	2816	11.41	3648	14.78	58792	8109
淄　　博	1769	6.47	2794	10.22	6810	6010
枣　　庄	1738	8.40	1472	7.11	4780	844
东　　营	1730	21.95	606	7.69	5700	4000
烟　　台	1765	10.33	903	5.29	12416	2112
潍　　坊	2016	14.16	464	3.26	3073	2106
济　　宁	789	7.50	366	3.48	4248	1499
泰　　安	1342	8.47	341	2.15	2590	1290
威　　海	879	15.44	422	7.41	6668	1400
日　　照	1061	9.01	570	4.84	3750	1356
莱　　芜	1226	9.90	702	5.67	2284	1664
临　　沂	1056	5.57	778	4.10	6620	2700
德　　州	549	9.66	295	5.19	731	2405
聊　　城	1301	12.96	253	2.52	2100	1600
滨　　州	252	4.11	154	2.51	766	638
菏　　泽	620	4.53	107	0.78	1225	1231
河　南	**8866**		**8403**		**96786**	**44839**
郑　　州	1831	7.63	2426	10.11	42065	10757
开　　封	549	7.01	344	4.39	3599	2500
洛　　阳	623	4.18	689	4.63	11403	5012
平 顶 山	371	4.01	549	5.93	2980	2000
安　　阳	527	5.23	546	5.42	4317	2525
鹤　　壁	344	6.59	329	6.31	2442	670
新　　乡	490	6.14	436	5.46	4853	4900
焦　　作	652	8.17	478	5.99	3654	1400
濮　　阳	291	5.63	469	9.08	931	1947
许　　昌	241	6.26	293	7.61	1530	1699
漯　　河	538	15.27	607	17.23	5792	1070
三 门 峡	155	5.54	135	4.82	2697	1200

6－13 续表 5

城　市	年末实有铺装道路面积（万平方米）	人均铺装道路面积（平方米）	年末实有公共营运汽电车（辆）	每万人拥用公共汽电车（辆）	公共汽电车客运总量（万人次）	年末实用出租汽车（辆）
南　阳	860	5.11	285	1.69	4390	1253
商　丘	598	3.87	301	1.95	2710	3500
信　阳	219	1.60	173	1.26	890	1906
周　口	333	9.08	179	4.88	2233	900
驻马店	244	4.23	164	2.84	300	1600
湖　北	**10955**		**12615**		**171167**	**20457**
武　汉	3247	4.16	5367	6.87	105992	12137
黄　石	679	10.27	765	11.58	6963	813
十　堰	576	11.52	581	11.62	10566	782
宜　昌	1003	8.29	2147	17.75	13100	354
襄　樊	1108	5.07	981	4.49	8988	1913
鄂　州	523	5.01	437	4.19	2694	396
荆　门	551	7.64	441	6.11	7485	380
孝　感	494	5.52	320	3.58	2993	520
荆　州	741	6.77	495	4.52	7300	1588
黄　冈	602	16.61	402	11.09	2130	662
咸　宁	315	5.61	89	1.58	1117	380
随　州	1116	6.73	590	3.56	1839	532
湖　南	**6141**		**7292**		**106546**	**18830**
长　沙	1980	10.09	1785	9.10	37541	6257
株　洲	589	7.34	641	7.99	10260	1960
湘　潭	513	7.31	535	7.62	6440	907
衡　阳	520	5.68	509	5.56	8144	1394
邵　阳	208	3.28	294	4.64	3600	899
岳　阳	305	3.24	588	6.25	9500	1256
常　德	484	3.54	834	6.10	3774	1698
张家界	185	3.97	299	6.42	1490	753
益　阳	385	3.01	315	2.46	3177	765
郴　州	222	3.24	546	7.96	6720	1101
永　州	346	3.19	492	4.54	6398	230
怀　化	41	1.26	324	9.99	7802	800
娄　底	363	8.80	130	3.15	1700	810
广　东	**28493**		**31142**		**371639**	**47447**
广　州	6563	11.16	7508	12.76	190659	16923
韶　关	404	7.56	189	3.54	2567	766

6－13 续表 6

城　　市	年末实有铺装道路面积（万平方米）	人均铺装道路面积（平方米）	年末实有公共营运汽电车（辆）	每万人拥用公共汽电车（辆）	公共汽电车客运总量（万人次）	年末实用出租汽车（辆）
深　圳	7138	47.29	17344	114.91	96462	12459
珠　海	1927	23.49	1081	13.18	23018	1852
汕　头	1437	3.01	435	0.91	7168	1825
佛　山	1637	4.76	766	2.23	8442	2032
江　门	1019	7.69	265	2.00	6643	420
湛　江	598	4.15	365	2.53	3131	800
茂　名	244	2.03	128	1.06	1234	701
肇　庆	365	7.64	303	6.35	1156	591
惠　州	877	8.07	630	5.79	5763	778
梅　州	430	14.00	81	2.64	700	382
汕　尾	90	1.90	90	1.90	733	90
河　源	175	5.82	65	2.16	666	148
阳　江	231	3.67	129	2.05	931	357
清　远	555	10.24	230	4.24	2296	230
东　莞	3573	22.48	678	4.27	10995	3751
中　山	487	3.53	635	4.61	8420	1763
潮　州	200	5.82	94	2.74	405	510
揭　阳	302	4.59	78	1.18	29	995
云　浮	241	8.53	48	1.70	220	74
广　西	**5776**		**3722**		**73202**	**10948**
南　宁	1358	9.32	1444	9.91	28626	4167
柳　州	771	8.04	687	7.16	19685	1074
桂　林	500	7.04	531	7.48	12393	2820
梧　州	566	11.98	184	3.90	3208	534
北　海	565	10.48	171	3.17	1546	576
防城港	213	4.49	74	1.56	594	99
钦　州	449	3.73	115	0.96	647	200
贵　港	447	2.59	104	0.60	795	295
玉　林	282	3.13	99	1.10	1675	417
百　色	91	2.77	79	2.41	932	200
贺　州	223	2.41	79	0.85	910	184
河　池	119	3.85	115	3.72	1850	45
来　宾	83	0.84	32	0.32	335	283
崇　左	109	3.21	8	0.24	6	54
海　南	**1354**		**824**		**11049**	**2762**

6－13 续表 7

城　市	年末实有铺装道路面积（万平方米）	人均铺装道路面积（平方米）	年末实有公共营运汽电车（辆）	每万人拥用公共汽电车（辆）	公共汽电车客运总量（万人次）	年末实用出租汽车（辆）
海　口	984	7.07	709	5.09	9219	1773
三　亚	370	7.34	115	2.28	1830	989
重　庆	**4281**	**4.24**	**4988**	**4.94**	**87802**	**16143**
四　川	**11014**		**8537**		**171385**	**21014**
成　都	4602	10.17	4052	8.95	83000	8803
自　贡	646	6.04	562	5.26	11616	1284
攀枝花	420	6.32	618	9.30	9169	1369
泸　州	468	3.35	468	3.35	13000	826
德　阳	329	5.29	148	2.38	3454	550
绵　阳	570	5.15	614	5.55	16225	1086
广　元	334	3.68	122	1.34	2854	651
遂　宁	410	2.80	129	0.88	2409	433
内　江	260	1.88	446	3.22	7939	650
乐　山	595	5.26	193	1.71	2580	786
南　充	865	4.68	305	1.65	8216	1020
眉　山	338	4.11	153	1.86	820	388
宜　宾	151	1.96	251	3.26	6969	500
广　安	216	1.78	40	0.33	310	380
达　州	124	3.13	294	7.43	1881	1064
雅　安	304	8.90	57	1.67	341	344
巴　中	232	1.82	0	0.00	0	624
资　阳	150	1.43	85	0.81	602	256
贵　州	**1132**		**2680**		**55228**	**5200**
贵　阳	621	3.11	1870	9.37	44931	2444
六盘水	132	3.11	137	3.23	293	1350
遵　义	246	3.83	482	7.50	7096	1031
安　顺	133	1.68	191	2.42	2908	375
云　南	**1948**		**4060**		**47826**	**11860**
昆　明	1007	4.49	3438	15.33	38212	7739
曲　靖	246	3.89	203	3.21	4860	1589
玉　溪	279	7.09	55	1.40	1304	314
保　山	142	1.68	113	1.34	651	450
昭　通	59	0.78	0	0.00	0	531
丽　江	54	3.84	64	4.55	1643	777

6－13 续表 8

城　　市	年末实有铺装道路面积（万平方米）	人均铺装道路面积（平方米）	年末实有公共营运汽电车（辆）	每万人拥用公共汽电车（辆）	公共汽电车客运总量（万人次）	年末实用出租汽车（辆）
思　茅	83	4.19	133	6.71	599	260
临　沧	78	2.81	54	1.94	558	200
陕　西	**4054**		**5427**		**77633**	**20756**
西　安	2284	4.48	3736	7.32	54493	11028
铜　川	208	2.78	182	2.43	2550	795
宝　鸡	265	3.57	348	4.69	7800	3500
咸　阳	475	5.70	268	3.21	4300	1028
渭　南	72	0.79	125	1.37	850	795
延　安	95	2.54	176	4.70	3300	406
汉　中	185	3.52	91	1.73	1800	1078
榆　林	48	1.09	134	3.05	647	468
安　康	312	3.30	307	3.25	1297	1280
商　洛	110	2.02	60	1.10	596	378
甘　肃	**4291**		**3060**		**50362**	**18011**
兰　州	1228	6.30	2013	10.33	40669	6620
嘉峪关	188	11.48	89	5.44	317	511
金　昌	171	8.21	42	2.02	617	934
白　银	403	8.58	118	2.51	1957	980
天　水	984	8.10	210	1.73	2869	1729
武　威	209	2.13	120	1.22	1271	2510
张　掖	170	3.42	145	2.91	462	1187
平　凉	295	6.11	76	1.57	776	1500
酒　泉	302	8.83	81	2.37	11	670
庆　阳	280	8.56	132	4.04	1120	940
定　西	61	1.28	34	0.71	293	430
青　海	**490**	**4.92**	**1142**	**11.47**	**23760**	**5116**
西　宁	490	4.92	1142	11.47	23760	5116
宁　夏	**1568**		**958**		**8891**	**9208**
银　川	749	10.43	665	9.26	7087	4855
石嘴山	444	12.27	96	2.65	385	1890
吴　忠	160	4.51	116	3.27	653	980
固　原	215	4.43	81	1.67	766	1483
新　疆	**1724**		**4430**		**48291**	**8598.00**
乌鲁木齐	1125	6.49	3966	22.89	45956	6849
克拉玛依	599	19.58	464	15.16	2335	1749

指 标 解 释

年末总人口:是指本市本年 12 月 31 日 24 时的人口总数。

非农业人口:是指从事农业以外的职业维持生活的人口以及由他们抚养的人口,本年报采用按农业、非农业户口分类的户籍统计口径。

国内生产总值:是指一个国家(地区)领土范围内所有常住单位在一定时期内所生产和提供最终使用的产品和劳务的价值。国内生产总值包括三次产业,我国三次产业划分如下:

第一产业:包括农业、林业、牧业和渔业。

第二产业:工业(包括采掘业、制造业以及自来水、电力、蒸汽、热水、煤气和及供应业)和建筑业(包括建筑安装企业和自营施工单位)。**第三产业**:除上述第一、二产业以外的其他各业。

中央财政预算内收入:包括中央财政和地方财政两部分。是指按国家预算科目规定,包括(1)各项税收:指增值税、营业税、消费税、专项调节税、个人所得税、证券交易税、遗产税、土地增值税、外商投资企业和外国企业所得税、城市维护建设税、车船税、房产税、屠宰税、资源税、土地使用税、印花税、固定资产投资方向调节税、关税、农牧业税和耕地占用税类、企业所得税类等;(2)专项收入类:包括征收排污费收入、征收城市水资源费收入、教育费附加收入等;(3)其他收入类:包括基本建设贷款归还收入、基本建设收入、捐款收入等;(4)国有企业计划亏损补贴。

地方财政预算内收入本制度不包括上级返还款部分。

地方财政预算内支出:包括:(1)基本建设支出;(2)企业挖潜改造资金;(3)简易建筑费;(4)地质勘探费;(5)科技三项费用;(6)流动资金;(7)支援农村生产支出;(8)农林水利气象等部门的事业费;(9)工业交通等部门的事业费;(10)商业部门事业费;(11)城市维护费;(12)文教卫生事业费;(13)科学事业费;(14)其他部门事业费;(15)忧恤和社会福利救济费;(16)国防支出;(17)行政管理费;(18)武装警察部队支出;(19)公检法支出;(20)价格补贴支出;(21)债务支出;(22)对外援助支出;(23)支援不发达地区支出;(24)其他支出以及社会保险基金支出等等。

科学事业费支出:包括各级科委归口管理的科学事业费和中国社会科学院系统的国家预算拨款的科学事业费及科技三项费用。

教育事业费支出:包括教育部门举办和各部门举办由国家拨款的高等学校、中等专业学校、职业教育、中学、小学、幼儿教育、成人高等教育、普通业余教育、教师进修及民办教师补助费、特殊教育费、广播电视教育经费及其他教育事业费。

城乡居民储蓄年末余额:包括城镇居民储蓄、农民个人储蓄两部分的年末余额。不包括工矿企业、部队、机关团体等集团存款。

工业企业数:包括独立核算法人工业企业和附营工业生产单位。独立核算法人工业企业是指从事生产经营活动的单位。它同时具备以下条件:①依法成立,有自己的名称、组织机构和场所,能够独立承担民事责任;②独立拥有和使用资产,承担负债,有权与其他单位签订合同;③会计上独立核算,能够编制资产负债表。

工业总产值:是指货币表现的工业企业在报告期内生产的工业产品总量,它反映工业生产的总规模和总成果。包括范围:(1)成品价值;(2)工业性作业价值;(3)自制半成品、在制品期末期初差额价值。

从业人员年平均人数:(工业企业经济效益指标)指实际上报《工业企业主要经济指标》(国家统计局 B202 表)企业的从业人员平均人数之总和。

产品销售收入:指企业销售产品的销售收入和提供劳务等主要经营业务取得的业务收入总额。本项根据"损益表"中"产品销售收入"项的本年累计数填列。

利润总额:是指企业在一定时期内实现的盈亏总额。亏损以"-"表示。反映企业最终的财务成果。计算公式为:利润总额=营业利润(产品销售利润+其他业务利润-管理费用-财务费用)+投资收益+补贴收入+营业外收入-营业外支出。本项根据会计"损益表"中"利润总额"项的本年累计数填列。

税金总额:指企业在报告期内应上交给国家的各种税金之和。税金总额=产品销售税金及附加(城市维护建设税、消费税、资源税+和教育费附加)+本年应交增值税。

实现税利总额=税金总额+利润总额。

资金利税率=实现税利总额÷全部资金总额(固定资产净值平均余额+流动资金平均余额)。

货运量:指年内以重量单位(吨)计算的由各种运输工具实际完成运输过程的货物数量。包括铁路货运量、公路货运量、水运货运量(其中包括内河、沿海、远洋货运量)、民航货邮运量和管道运输量。本制度按铁路、公路、水运和民航分列。

客运量:指分别按各类运输方式实际运送的旅客人数。

铁路客运量:指发送旅客人数。即由铁路发站购票上车或未购票而后补票乘车的旅客人数,由国外铁路接运的旅客人数也包括在内。一般根据客票单据中记载的人数计算。往返票按二人计算,月票按往返 25 人计算。

公路客运量:指公路运输企业及由其组织的其他单位在一定时期内实际运送的旅客人数。计算时,以客票为依据,用"人"为计算单位,不论乘车路程远近和票价的多少。不足购票年龄的免票儿童不计算客运量。

当年新签项目(合同)数:是指本年内

经有关部门批准、签有正式协议合同书的我国企业事业单位与外商、侨商、港澳商签订的投资协议合同个数。不包括意向性的项目,分对外借款、直接投资和其他三种类型。

当年合同外资金额:是指本年内经有关部门批准、签有正式协议合同书的我国企业事业单位与外商、侨商、港澳商签订的协议合同的投资,分对外借款、直接投资和其他三种类型。

当年实际使用外资金额:是客商根据投资协议合同实际执行的投资额,分对外借款、直接投资和其他三种类型。

固定资产投资完成额:是以货币表现的在一定时期内建造、购置固定资产的工作量以及与此有关的费用总称。它是反映固定资产投资规模、结构和发展速度的综合性指标。又是观察工程进度和考核投资效果的重要依据。包括国有单位的基本建设投资、更新改造措施投资、其它固定资产投资,城镇集体单位固定资产投资以及城镇个人固定资产投资。

房地产开发投资完成额:指从本年1月1日起至本年最后一天止完成的全部用于房屋建设工程和土地开发工程的投资额。

住宅:是指专供居住的房屋,包括别墅、公寓、职工家属宿舍和集体宿舍(包括职工单身宿舍和学生宿舍)等。但不包括住宅楼中作为人防用、不住人的地下室等。

高等学校:是指按国家规定的标准和审批程序批准举办,通过全国统一招生考试、招收高级中等学校毕业和同等学历者,实施高等教育,培养高等专门人才的学校,包括大学、专业学院和职业大学等。

在岗职工平均人数:是指在国有经济、城镇集体经济和其他各种经济类型单位及附属机构生产或工作,并由单位支付工资的在岗人员人数(包括在乡镇一级管理机构中工作、由国家支付工资的干部),不包括已退休的职工、在农村乡镇企、事业单位中参加劳动并取得收入的劳动者和城乡个体劳动者。职工平均人数等于12个月月未人数之和除以12或4个季度的季未人数之和除以4求得。

在岗职工工资总额:指各单位在一定时期内直接支付给本单位在岗职工的劳动报酬总额。包括:计时工资、计件工资、奖金、津贴和补贴、加班加点工资和其他工资。